공천과 정당정치

르우벤 하잔 · 기드온 라핫 지음

강원택 감수

김인균 · 길정아 · 성예진 · 윤영관 · 윤왕희 옮김

박영사

한국어판 서문

이 책의 영어판이 나온 지 약 10년이 지났다. 이 책은 공천에 관해 몇 년 동안 진행한 연구에 토대를 두고 있다. 이 연구는 1999년 독일 만하임에서 개최된 유럽정치연구 컨소시엄(ECPR workshop)에서 시작되었으며, 그 결과물은 *Party Politics* 학술지에서 2001년 "공천의 민주화(Democratizing Candidate Selection)"라는 제목으로 발행한 특별호에 실렸다. 우리의 목표는 공천이라는 연구주제를 한 걸음 나아가게 하여, 1988년 갤러거와 마쉬가 펴낸 책의 제목처럼 "정치의 비밀의 화원(The Secret Garden of Politics)"이라고 일컬어지는 공천이라는 영역이 접근 가능해지도록 하는 것이었다. 지난 10여 년간 공천에 관한 연구가 늘어난 것을 볼 때, 우리의 목표는 달성되었다고 할 수 있을 것이다. 우리는 지난 10년 동안 공천연구가 증가하는 것과 동시에 현실세계에서 새로운 공천방식이 개발되는 변화들도 목도하고 있다. 한편으로, 온라인 세계는 당원이 아닌 사람들에게도 참여의 폭을 넓히면서 매우 개방적인 방식을 도입할 수 있는 기회를 만들어냈다. 다른 한편, 우리는 카리스마적이고 독단적인 지도자가 이끄는 정당들이 많아지면서 가장 배타적인 공천방식을 채택하는 것도 목격하고 있다.

날마다 수많은 동식물의 종들이 지구상에서 사라지고 있는 것과 달리, (이제 더 이상 예전만큼은 아니지만 여전히 비밀스러운) "정치의 비밀의 화원"은 번성하고 있으며 공천방식의 유형, 하위 유형, 그리고 그 하위의 하위 유형 등이 계속해서 증가하고 있음을 볼 수 있다. 그럼에도 불구하고 이 책은 여전히 적실성을 가지고 있으며 '꽃의 여신 플로라(Flora)'와 같은 역할을 계속할 수 있을 것으로 보인다. 첫째, 이 책은 공천주체의 개방성 수준, 후보자격요건, 분산화, 지명제-경선제뿐만 아니라 혼합 공천방식의 유형들에서 나타나는 세밀한 차이도 살펴볼 수 있는 분석틀을 담고 있다. 둘째, 공천방식이 참여, 대표성, 경쟁, 반응성에 미치는 다양한 영향과 그 정치적 결과들의 유형은 과거만큼 현재에도 적실성이 있으며, 오히려 그 적실성은 오늘날 더 클 수도 있다.

민주주의 국가들은 변화하며 발전하고 있다. 정치는 점점 더 인물 중심적으로 되고 있다. 이는 공천방식이 더 개방적으로 되거나 또는 더 배타적으로 된다는 것을 의미한다. 즉, 당 대의원이나 다른 당기구들에 의한 공천은 줄어들고 있다. 당원에 의한 공천, 심지어 정당 지지자와 유권자에 의한 공천은 더 이상 드문 현상이 아니다. 이것은 당내 경쟁이 더 명확히 드러나고 대중적으로 이루어진다는 것을 의미한다. 인물 중심의 정치는 더욱더 분명해지고 있다. 이와 동시에, 많은 정당들이 1인 지도자 중심으로 운영되고 있으며, 그 1인의 지도자는 독단적으로 후보자들을 공천한다. 결과적으로 공천에서는 침여가 확내뇌는 현상과 축소되는 현상이 동시에 나타나는 것처럼 보인다.

다른 중요한 변화는 정치에서 여성 대표성이 점점 더 확대되고 있다는 것이다. 이러한 현상이 나타나고 있는 이유는 정당들에서 성 대표성에 관한 최소한의 기준을 설정하고 있는 대표성 보정 장치를 당내에 마련하고 있기 때문이다. 그러나 공천주체가 1인 지도자이든, 당 대의원들이든, 당원들이든, 혹은 (그럴 가능성은 낮지만) 정당 지지자들이든 간에, 이러한 현상은 또한 공천주체의 행태와도 관련이 있다.

우리는 한국의 학자들이 이 책을 한국어로 번역할 만큼 중요하다고 생각했다는 것에 기쁘고 뿌듯함을 느낀다. 역자들의 노고에 감사를 표한다. 우리는 한국의 학자들과 연구자들이 한국 정당들의 공천에 관한 경험들을 기록하고 분석하는데 이 책이 유용하게 활용되기 바란다.

2019년 2월 예루살렘에서

르우벤 하잔(Reuven Y. Hazan)과 기드온 라핫(Gideon Rahat)

감사의 글

이 연구를 가능하게 해준 분들께 감사를 표한다. 우리는 이스라엘과 여러 나라의 동료들에게 도움을 받았다. 그들은 우리가 데이터를 수집할 때 좋은 연구환경을 제공해줬다. 또한, 우리가 분석틀을 발전시키면서 1990년대 중반부터 학회에서 발표했을 때, 그들이 통찰력 있는 조언을 해주어 연구가 한층 더 발전할 수 있었다. 그들이 우리의 노력에서 진정한 가치를 발견하게 되기를, 그리고 이 책으로 인해 더 많은 학자들이 공천이라는 주제에 관심을 갖게 되기를 바란다. 미진한 부분들이 존재하겠지만, 후속 연구를 통해 한층 더 발전이 이루어지기를 기대한다.

바네아(Shlomit Barnea), 하다르(Yael Hadar), 이츠코비치-말카(Reut Itzkovitch-Malka), 만델(Naomi Mandel), 바나이(Ayelet Banai), 슈타예르(Hila Shtayer), 아트모어(Nir Atmor), 콘(David Korn)이 연구를 도와주었다. 이 분들께 감사의 말을 전하고 싶다. 책의 편집은 프랜신 하잔(Francine Hazan)이 맡아주었는데 매우 큰 도움이 되었다. 그녀의 수고가 없었더라면, 우리의 생각은 적절한 형태의 글로 표현되지 못했을 것이다. 『비교정치(Comparative Politics)』 총서의 편집자인 파렐(David Farrell)과 옥스퍼드 출판부의 발행인인 바얏(Dominic Byatt)의 지원에 대해 특히 감사한다.

이 연구는 이스라엘 과학 재단(Grant No. 390/05)으로부터 지원을 받았다.

역자 서문

  하잔(Reuven Y. Hazan)과 라핫(Gideon Rahat)은 이스라엘의 정치학자로 공천 분야에 대해 오랫동안 연구해오고 있다. 하지만 그들의 관심사와 연구 범위는 이스라엘에 머물러 있지 않고 공천에만 한정되어 있지도 않다. 이스라엘에서 시작하여 서구 선진국들, 더 나아가 신생 민주주의 국가들까지 세계 여러 나라에 걸친 비교정치학적 분석이 그들의 저작에서 광범위하게 시도되고 있다. 한편으로는, 공천방식이 정당정치에 미치는 영향뿐만 아니라 궁극적으로는 민주주의 이론과 어떻게 접목되는지에 대해서도 그들은 매우 깊이 천착해가는 모습을 보여준다. 이 책은 하잔과 라핫이 2010년에 출판한 *Democracy within Parties: Candidate Selection Methods and their Political Consequences*를 번역한 것이다. 저자들의 이 책은 공천에 대한 종합적인 분석틀을 바탕으로 각 공천방식들과 그것에 의한 정치적 결과들을 체계적으로 분석하고 있다. 공천과 관련한 거의 모든 주제들을 포괄적으로 다루고 있기 때문에 공천 분야의 바이블로 여겨질 만큼 중요한 저작이다.

  그러나 정치학의 다른 세부 분과와 비교해 볼 때 공천에 대한 연구는 아직 풍부한 학문적 성취를 이루고 있지는 못하다. 저자들도 본문에서 언급하고 있지만, 일반적인 선거제도 연구에 비해 공천제도 연구는 한 세대 이상, 즉 30-40년 정도 뒤처져 있는 실정이다. 공천은 권력의 핵심부에서 이루어지는 내밀한 영역이기 때문에 제도화 되기 어려운 면이 있고, 따라서 학문적 틀을 정립하기가 힘들다는 것이 일반적인 통념이다. 또한 경험적 연구의 고질적 난점인 자료 부족에 시달릴 수밖에 없다는 점이 공천연구를 더 힘들게 만들고 있다. 한편, 현실정치 영역에서 공천은 자주 이론적 설명의 영역을 뛰어넘을 만큼의 불규칙성과 혼돈으로 점철되기도 한다. 이러한 요소들이 결국은 공천으로 하여금 정치학자들과 넓은 접촉면을 이루지 못하도록 만들고 있는 것이다.

한국정치는 이와 같은 상황이 가장 극대화 된 경우로 볼 수 있다. 민주화 이전과 '3김 시대'로 통칭되는 권위주의 시기의 공천은 곧 1인 지배 정당을 보장하는 형식적 절차에 지나지 않았다. 정당 민주주의의 미발달은 공천을 오랫동안 밀실에 가두어 두었고, 이것이 정당정치의 퇴행을 더 부채질하는 반복적 악순환의 굴레를 재생산해 왔던 것이다. 추측건대, 국민의 정치불신의 심연에는 정당 공천에 대한 깊은 절망감이 자리하고 있을 것으로 짐작된다. 현재 한국 보수정당이 겪고 있는 위기도 가장 직접적으로는 2016년 총선의 공천과정에서 벌어진 일련의 행태들이 그 단초를 제공했다고 봐도 크게 무리가 없을 것이다. 하지만, 다시 총선이 1년 앞으로 다가왔지만, 한국 정당정치는 지난 총선의 공천상황과 얼마나 더 다른 길을 걷고 있는지 자신 있게 말하기 어려운 것이 사실이다.

우리가 알고 있듯이, 공천은 정당이 선거에 앞서 최우선적으로 해야 할 일 중의 하나이며, 정당을 다른 사회집단 및 조직과 구별할 수 있도록 해주는 가장 고유한 기능이 바로 공천이다. 따라서 공천이 제 자리를 잡지 못한다면 정상적인 정당정치의 작동 또한 기대하기 어렵다. 대의민주주의의 가장 중요한 제도적 장치인 정당의 기능 이상은 민주주의 자체의 위기로 이어질 수밖에 없다. 이 책은 이러한 인식을 바탕으로 제1장에서 '공천이란 무엇인가'에 대한 명확한 개념 정의와 함께 정치를 이해하는 데 있어 공천이 왜 중요한지를 밝히고 있다.

이후 책은 크게 두 부분으로 나눠지는데, 제1부에서는 공천방식에 대한 분석틀을 제시해주며, 제2부에서는 앞에서 제시한 분석틀에 따른 다양한 공천방식들이 실제로 어떤 정치적 결과를 가져오는지에 대해 설명하고 있다. 공천제도에 관한 중요한 질문은 결국 네 가지로 요약될 수 있는데, '누가 정당의 후보자로 공천될 수 있는가(후보자격요건)', '누가 후보자를 공천하는가(공천주체)', '공천이 어디에서 이루어지는가(집중화-분산화)', '후보자가 어떤 방식으로 공천되는가(지명제-경선제)'라는 네 가지 물음에 대한 상세한 설명이 제2장에서 제5장까지 각각 펼쳐지고 있다.

한편, 저자들은 민주주의의 가장 중요한 네 가지 측면을 참여, 대표성, 경쟁, 반응성으로 인식하고 있는데, 제6장부터 제9장까지는 여러 공천방식이 이러한 각각의 측면에 미치는 정치적 결과를 하나씩 분석하는데 할애되었다. 공천에 관한 네 가지 차원의 분석틀과 민주주의의 네 가지 측면의 결과들이 빚어내는 동학은 공천이라는 제도 전반에 대한 이해를 한층 높일 수 있도록 해준다. 여기서 중심적인 개념은 개방성(inclusiveness)과 배타성(exclusiveness), 집중화(centralization)와 분산화(decentralization)인데, 이 두 축을 중심으로 각각의 공천방식은 다양한 조합이 가능해지며, 그 방식들마다 서로 다른 정치적 결과를 낳게 되는 것이다.

마지막 제10장에서 저자는 공천과 정당, 민주주의의 관계에 대한 근본적인 물음과 함께 과연 어떤 공천방식이 민주주의에 도움이 되는지에 관해 하나의 해답을 제시하고 있다. 저자들은 이것을 단지 하나의 제안(proposal)이라고 하면서 매우 조심스럽게 꺼내놓고 있지만, 그들의 해답에는 매우 탄탄한 논리적 일관성이 있을 뿐만 아니라 민주주의 이론에 대한 사상적 기반 또한 풍부하기 때문에 쉽게 지나칠 수 없는 무게감이 느껴진다. 저자들의 주장은 결국 정당이 전체로서의 민주주의 시스템이 결여하고 있는 점을 보완해 줄 수 있는 공천제도를 채택해야 한다는 것이다. 단순히 국민들의 선호를 취합하기만 하는 형식적 참여의 가치가 지배하는 민주주의 체제라면 이를 보완해줄 수 있는 좀 더 숙의적인 공천방식이 정당 수준에서 고안될 필요가 있다는 것이 저자들의 핵심 논지이다.

따라서 공천과정은 1단계로 끝나지 않고 여러 공천주체를 통한 다단계의 방식을 거쳐야 하며, 그 과정에서 숙의적인 형태의 당기구가 중간적인 역할을 할 수 있어야 한다. 그렇게 할 때에만 참여와 경쟁이라는 민주주의 규범을 구현하면서도 대표성과 반응성이라는 민주적인 결과물도 도출할 수 있게 되는 것이다. 더욱이 권력 분산이라는 자유주의적 규범에 부합할 뿐만 아니라 조직으로서의 정당의 질을 향상시키는 데도 이러한 공천방식이 유용하다는 것이 저자들의 결론이다.

정당에 대한 관심을 바탕으로 공천이라는 주제에 대해 공부하고 있던 역자들에게 하잔과 라핫의 이 책이 주는 메시지는 꽤 강렬했다. 쉽사리 풀리지 않던 정당정치에 대한 엉킨 실타래와 민주주의라는 미로 속 공간이 이 책을 통해 작은 빛을 드러내는 것처럼 보였다. 하지만 역자들의 의기투합은 강원택 선생님의 격려와 지도가 없었다면 끝내 번역서의 완성으로 결실을 맺지 못했을 것이다. 이 책을 추천하고 번역을 제안하신 것도 강 선생님이었고, 마지막까지 감수자의 역할을 맡아주신 것도 역시 선생님이었다. 감사의 마음을 담기가 모자랄 뿐이다.

좋은 정치학도가 되기 위해 함께 노력하고 있는 동학들로부터도 많은 빚을 졌다. 같은 대학원의 주민혜 원우는 초기에 번역작업의 틀을 잡는데 많은 도움을 주었고, 지난 학기 비교정당론 수강생들도 번역서의 초고를 꼼꼼히 읽고 난 후 아낌없는 피드백을 주었다. 마지막으로 역자들의 투박한 원고가 멋진 한 권의 책으로 출간될 수 있도록 애써주신 박영사의 이영조 팀장, 조보나 대리께도 감사의 말을 전한다.

물론, 역자들은 최선을 다해 저자들의 뜻이 왜곡되지 않고 정확하게 전달되도록 노력했지만, 역량의 한계로 인해 오역들이 여기저기서 출몰하지 않을까 두려운 마음이다. 모든 잘못은 당연히 역자들의 책임이다. 차후에 기회가 주어진다면 더 다듬어서 내놓겠다는 말로 용서를 구해본다.

그러나 두려운 마음에도 아직 배움의 길에 있는 역자들이 감히 번역을 결심하게 된 것은 바로 이 책의 가치, 공천의 중요성과 정치적 결과를 이론적으로 뿐만 아니라 실증적으로 너무나 명쾌히 드러내준 이 책의 내용을 한국의 독자들에게도 꼭 소개해야겠다는 간절한 열망 때문이었다. 부디 이 책을 통해 한국 정당의 공천이 더 이상 접근하기 힘든 '그들만의 리그'가 아니라 이론적으로 분석 가능하며 정당과 민주주의 발전을 위해서도 꼭 함께 논의해 나가야 할 '우리들의 이야기'로 독자들에게 조금 더 다가가기를 바랄 뿐이다.

2019년 3월

역자 일동

목 차

제1부   공천방식: 분석틀

제2부   공천방식의 정치적 결과

제1장

공천이란 무엇이며,
정치를 이해하는데 왜 중요한가?

    우리는 현실에서 일어나고 있는 일들과 밀접한 관련이 있는 이야기로 시작하려고 한다. 데보라는 정당의 충직한 당원이며 국회의원이 되겠다는 목표를 갖고 있다. 여러 해 동안 당원으로 활동한 그녀는 이제 때가 되었다고 생각했다. 데보라는 지난 3년 동안 정당의 중앙위원회(central committee)에 한 번도 빠짐 없이 참석했다. 약 1천 명의 대의원으로 구성되는 이 회의는 총선에 앞서 정당의 후보자를 결정한다. 데보라는 중앙위원회 개별 위원들이 주최하는 정치 활동에도 모두 참여했고, 모든 위원들에게 배부되는 주요 현안에 대한 성명서도 작성했다. 또한, 생일과 기념일마다 위원들에게 선물을 보내기도 했으며, 초대받은 결혼식과 가족행사에도 참석했다. 요컨대, 그녀는 자신을 후보자로 선정해 줄 수 있는 사람들의 환심을 사기 위해 많은 시간과 노력, 그리고 돈을 들였다. 총선이 다가오자, 당 지도부는 후보자명부를 작성할 결정권을 기존의 중앙위원회에서 당원으로 이양했다. 이러한 변화를 통해, 당 지도부는 당내민주주의를 실현함으로써 더 많은 유권자와 당원들을 정당으로 불러들일 수 있을 것이라고 주장했다. 데보라는 이전에 공천을 받기 위해 1천 명의 중앙위원회 위원들을 대상으로 공들여서 했던 활동들이 10만 명이 넘는 당원들에게는 아무런 소용이 없다는 것을 깨달았다. 그럼에도 불구하고 그녀는 자신의 당과 그 대의를 믿었기 때문에 포기하지 않았다. 마침내 당원들이 투표를 했고, 그 결과를 집계해보니 데보라는 후보자명부의 맨 끝부분에 이름을 올렸을 뿐이었다.

마이클은 대기업의 노조위원장이다. 그는 어느 정당도 지지하지 않으며, 정계에 진출하기 위해 치러야 하는 여러 수고스러운 일들을 하고 싶어 하지 않는다. 총선이 다가옴에 따라, 마이클은 노조원들에게 노동계에 친화적인 후보자를 지지하는 집회를 준비시켰으며, 이는 일종의 전통이었다. 그는 기업에서 일하는 1만 명 이상의 노동자들에게 집회의 날짜와 장소를 고지하다가, 당 지도부의 결정으로 인해 공천과정에 전 당원이 참여할 수 있게 되었다는 사실을 파악했다. 동시에, 노조원들이 당원이므로 그들 또한 정당의 공천과정에 참여할 수 있다는 사실을 알게 되었다. 그는 그 즉시 당원 가입 운동에 착수하여 노조원들에게 가족과 친구들을 당원으로 가입시키도록 했다. 마이클의 목표는 노동조합의 투표연합을 확대하고 이를 바탕으로 자신이 의원으로 당선되어 노조에 종전보다 훨씬 더 좋은 방법으로 도움을 주고자 하는 것이었다. 노조원들 중 당원의 숫자는 금세 두 배가 되었고, 이들은 마이클의 공천을 위해 동원되었다. 당원 투표가 집계된 결과, 그는 정당의 후보자명부에서 "안전한" 위치에 해당하는 중간 순번에 배치되었다. 그는 정당이 설령 총선에서 고전하게 되더라도 자신이 당선될 것임을 알고 있었다.

당 지도부는 공천에 전 당원이 참여할 수 있도록 결정한 것을 자랑스러워했다. 언론에서는 다른 정당들에서 있었던 내부 거래와 비교하면서 이 정당의 당내민주주의를 호의적으로 보도하였다. 또한 이 정당은 새롭고 활기 넘치며 진취적으로 비춰지면서 향후 자신들의 지지 자이자 재정적 자원이 될 당원수가 증가하였고, 이를 바탕으로 승리를 향해 나아갔다. 그러나 당 지도부는 당원들에 의한 경선이 끝나자 후보자들이 불과 몇 주 남지 않은 총선에 흥미를 잃은 듯한 모습을 보이는 것에 미처 대비하지 못했다. 데보라처럼 자신의 당선가능성이 희박하다는 것을 알고 있던 후보자들은 두문불출했고, 마이클처럼 안전한 위치를 확보한 후보자들은 선거운동을 거의 하지 않았다. 더욱이 총선 승리 이후에, 지도부는 당의 기율을 따르지 않는 의원들이 많다는 것을 알게 되었다. 그 중 한 사람인 마이클은 원내대표에게 자신이 이 정당의 후보자로 선정된 것은 그가 개인적인 지지 기반을 언제든 동원할 수 있기 때문이지, 결코 당 지도부의 영향력 덕분이 아니라고 말했다. 마이클의 의정활동에서 가장 중요한 고려대상은 노동조합이었으며, 정당은 그 다음이었다. 심지어 마이클이 여러 주요 현안들에서 당의 노선에 반하는 표결을 했음에도, 당 지도부에는 그를 다시 정당의 노선을 따르도록 할 수 있는 방법이 없었다. 이러한 상황은 당내 "반대세력(rebels)"으로 알려져 있는 몇몇 다른 의원들에게도 마찬가지였다. 정당 응집성이 더 이상 표준적인 운영 기준으로서의 역할을 하지 못하고 오히려 유지하고자 노력해야 하는 목표가 되면서, 공천방식을 바꾸어야 한다는 의견이 다시금 표면화되었다.

현직 수상인 당대표는 당내 반대세력이 효율적인 국정운영을 불가능하게 만들고 있으며, 그들의 수가 너무 많아서 중요한 정책을 입법화하지 못할 뿐만 아니라 원내에서 결속력 있는 다수당의 지위를 더 이상 갖지 못하게 되었음을 깨달았다. 상황이 악화됨에 따라, 당대표는 분당을 하고 의회를 해산한 후 조기총선을 실시함으로써 주도권을 쥐고자 하였다. 카리스마와 결단력을 갖춘 당대표는 그 당시 인기가 매우 많았으며 그의 새 정당은 대중들의 지지를 받았다. 기존 정당에 남아있던 의원들은 자신들이 그동안 너무 지나치게 행동했다는 것을 깨우쳤고, 그 정당의 지도부 역시 당의 운영을 재정비해야 할 때라고 생각했다.

총선이 다가오면서, 기존 정당과 신생 정당은 각기 다른 공천방식을 채택하여 당 내부의 혼란을 수습하고자 했다. 수상은 후보자명부를 작성할 공천위원회를 소수의 측근들로 구성했다. 당대표에게 충성을 보인 사람들은 후보자명부에 남을 수 있었고, 이밖에도 정치적 동지들이나 개인적 친분이 있는 사람들도 새롭게 충원되면서 신생 정당의 후보자명부는 길어졌다. 기존 정당은 여론조사 결과에서 지지율이 뒤처지고 있었고 잔류한 의원들도 질반이 채 되지 않는 상황이었는데, 과거의 공천방식으로 돌아가 중앙위원회에서 후보자를 선정하기로 했다. 마이클을 비롯한 반대세력은 졸지에 이러한 당의 노선과 지도부의 지시사항을 따르지 않을 수 없게 되었다. 결국 기존 정당에서 당내민주주의는 오래 지속되지 못했다. 예상하지 못한 상황이 발생하면서 공천방식은 기존의 배타적인 방식으로 회귀하였고 여당은 몰락하였으며 의원들의 숫자도 급격히 감소했다.

지금까지 살펴본 데보라, 마이클, 당 지도부의 이야기를 예외적인 사례로 간주하는 사람들은 정당이 어떻게 후보자를 결정하는지와 관련하여 당내 역학관계가 갖는 중요성을 제대로 파악할 수 없다. 공천의 영역은 일반 대중의 관심 및 미디어의 초점에서 벗어나 있지만, 실제로는 후보자와 정당뿐만 아니라 의회 및 그 의회의 성과와 관련하여 중요한 결과를 가져온다. 공천은 대부분의 국가에서 각 정당의 자율적인 결정권 내에 있는데, 당내 권력 균형에 영향을 미치고 의회 내 인적 구성도 결정하며 의원들의 행태에도 영향을 준다. 요컨대, 대의민주주의 정치에서 공천은 핵심적인 역할을 한다. 당 지도부는 공천방식을 개선하는 과정에서 참여, 대표성, 경쟁, 반응성과 같은 민주주의의 주요 변수들과 관련하여 예상치 못한 결과에 봉착할 수도 있다. 예를 들면, 다음과 같은 문제들을 생각해 볼 수 있다. 참여의 양적 증가가 참여의 질에 영향을 미치는가? 공천방식의 개방성이 확대될수록 여성들에게 유리한가 혹은 불리한가? 개방적인 공천주체에서는 현역의원이 재공천을 받을 가능성이 높은가? 정당의 개방성이 확대되면 의원들의 반응성이 향상되는가? 의원들은 누구에게 보다 높은 반응성을 보이는가? 상이한 공천방식을 도입할 때 발생하는 정치적 결과를 평가함에 있어서, 정치체제가 갖는 이와 같은 핵심적인 특성들은 빙산의 일각에 지나지 않는다.

— 공천의 정의

엡스타인은 수십 년 전에 "정당의 공천은 법적 규제하에 있더라도 근본적으로 개별 정당의 문제이다."(Epstein 1967, 201)라고 말했다. 래니는 공천을 "정당이 선출직 공무원이 될 수 있는 법적 자격을 갖춘 사람들 중에서 어떤 사람을 후보자로 추천하여 투표용지와 선거 공보(公報)에 올릴지를 결정하는 것으로서, 대체로 **법적 규제를 받지 않는 과정**"(Ranney 1981, 75. 래니의 원문에서 강조)이라고 정의한 바 있다. 그러므로 공천은 당내의 문제라고 할 수 있다. 즉, 공천은 대부분 특정한 정당의 내부에서 이루어지며, 대체로 법적 규제를 받지 않는다.[1] 핀란드, 독일, 뉴질랜드, (2002년까지의) 노르웨이처럼 민주주의가 확립

---

[1] 우리는 의회선거에서의 공천에 초점을 맞추고 있지만, 필요한 경우 광역의회, 기초의회, 초국가적인 의회에서의 공천방식도 분석하고자 한다. 우리는 당 지도부의 선출, 광역단체장 및 기초단체장과 같은 중앙정부와 지방정부 선출직 공무원의 공천에 대해서는 다루지 않는다. 공천과 당 지도부 선출을 함께 다루면 서로 도움이 될 수도 있지만, 각각의 과정에서 사용하는 방식과 그 정치적 결과에는 실질적으로 차이가 있기 때문에 별개로 다룰 필요가 있다(Kenig 2009a; 2009b).

된 소수의 국가들에서만 공천에 관한 기준을 법으로 규정하고 있으며, 유일하게 미국만이 법으로 광범위하게 공천과정을 통제하고 있다. 이 외의 대부분의 국가들에서는 정당이 공천에 관한 규칙을 자체적으로 결정할 수 있다.

정치에 대한 사법부의 개입이 증가하고 있는 최근의 현상은 공천을 포함한 당내 사안들에 대해 사법적 판단이 개입할 여지가 커질 수 있음을 시사한다.[2] 그럼에도 사법부의 개입은 정당이 당헌·당규를 따르고 있는지의 문제로 국한된다(Gauja 2006). 1990년대 이후, 여성 대표성 및 소수자 대표성과 관련된 법률의 제정과 그와 맥을 같이 하는 헌법 개정의 사례 역시 증가하는 추세를 보이고 있다(Htun 2004). 그러나 개정된 헌법이 공천방식을 규정하고 있는 것은 아니며, 단지 정당이 채택한 공천방식이 초래하게 될 결과의 차원에서만 규제하고 있을 뿐이다.

따라서 각 정당들이 총선에 출마할 후보자를 선택하는 공천방식은 표준화되어 있지 않으며 엄격하게 통제되지도 않는다. 공천과정의 결과는 후보자를 정당의 **공인된** 후보자로 확정하는 것이다. 이후 정당은 공천을 받은 후보자의 뒤에서 지지 세력을 동원하는데 전념한다.

그러므로 공천연구에서 분석단위는 특정 시점에 특정 국가에서 활동하는 **개별** 정당이 된다. 어떤 국가에서 여러 정당들이 유사한 공천방식을 채택한 경우와 법적 규제로 인해 유사한 공천방식을 채택할 수밖에 없는 경우에만 공천방식이 일반화될 수 있다.

---

[2] 일찍이 러쉬(Rush 1988)는 1980년대에 영국에서 공천과 관련한 분쟁에 대해 법원이 개입하는 경향이 증가하고 있음을 지적한 바 있다. 주요 사건으로는 사법부가 노동당이 여성으로만 이루어진 예비후보자명단(all-women short lists)을 허가하지 않는 판결을 내린 것을 들 수 있는데, 이후 2002년도 (선거 후보자에 관한) 여성우대법(Sex Discrimination Act of 2002)의 제정으로 이러한 명단을 작성할 수 있게 되었다(McHarg 2006).

— 공천 vs. 정치적 충원

정치적 충원이라는 용어는 행태주의적 전통에서 기인한다. 이는 알몬드(Almond 1960)가 제시한 기능주의적 접근의 주요 개념이며, 정치체제에서 발견되는 네 가지 투입기능(input functions) 중의 하나인 사회화와 연관된다. 츠드노브스키에 의하면, 정치적 충원은 "어떤 개인 혹은 집단이 정치적 역할을 맡게 될지를 결정하는 과정"(Czudnowski 1975, 155)이다. 행태주의적 전통의 학자들은 정치 엘리트와 대중의 인구통계학적 차이를 밝히는 것에 주력했다. 알려진 바대로 정치 영역에서 백인, 중산층, 교육수준이 높은 남성들 위주의 편향성이 나타난다는 것이 정치 엘리트 연구에서 반복적으로 검증되었다. 행태주의 학파는 공천을 기껏해야 복잡하고 포괄적인 충원 과정의 한 측면 정도로만 간주했다(Wright 1971). 츠드노브스키(Czudnowski 1975)가 공천방식이라는 제도적 요소를 충원 과정의 일부로 인식했을지라도, 그의 접근법은 사회적 변수를 강조했다는 점, 그리고 제도는 단지 사회적 변수를 반영한 것에 불과하며 따라서 적실성이 거의 없는 것으로 인식했다는 점으로 미루어보건대 명백히 행태주의적이다.

> 그러나 공천제도를 독립변수로 인식하게 되면 이론적 적실성을 결여한 기술적인(descriptive) 분석에 그치게 된다. 공천제도는 정치적 목적에 활용된다. 즉, 공천제도는 정치적 목적을 위해 채택되며, 정치적 목적을 위해 변경될 수 있다. 또한, 공천제도의 경직성은 그 자체가 정치와 관련된 문화적 변수이다. 공천제도는 그 체제 내 집합행동의 목적이 되는 가치들의 맥락에서 보상(또는 보상의 배분)의 지표로서의 충원 제도에 초점을 맞출 것이다(Czudnowski 1975, 228).

비교적 최근에는 제도주의적 접근법이 신제도주의라는 이름으로 다시 등장하면서 학자들이 공천방식을 정치가 반영된 것으로만 보는 것이 아니라 정치에 영향을 미치는 것으로도 인식하기 시작하였다. 이러한 관점에 대한 선구적인 연구는 갤러거와 마쉬(Gallagher and Marsh 1988)에 의해 이루어졌다. 노리스(Norris 1997a; 2006; Best and Cotta 2000a도 또한 참고할 것)는 공천을 "수요와 공급" 및 "기회구조"와 같은 "보다 연성적인" 구조적 요소와 함께 선거제도와 같은 제도적 측면을 포함하는 의원 충원이라는 포괄적인 과정의 한 요소로 묘사하면서, 행태주의적인 전통과 신제도주의적 접근법을 성공적으로 연결시켰다. 의원 충원에 관한 광범위한 개괄적인 연구에서도 공천을 하나의 연구 분야로 다루고 있다(Matthews 1985; Patzelt 1999).

충원에 대한 분석에서 제도적 요소가 점차 중요하게 다루어지고 있는 것은 신제도주의적 접근법의 등장과 그 발전이 반영된 것이다. 그러나 현실세계에서의 다른 전개 양상도 이러한 현상에 영향을 미치고 있다. 점점 더 발전하고 있는 주요한 연구 분야는 바로 여성 대표성에 관한 것이다. 최근 의회의 여성 대표성이 높아지고 있는 것은 부분적으로 국가 수준 혹은 정당 수준에서 할당제와 같은 제도적 장치가 도입되어 나타난 결과라고 할 수 있다(Caul 2001; Dahlerup 2006; Krook 2009). 다시 말하면, 정치적 충원에 관한 연구가 이전에는 특히 문화와 같은 사회적 가치의 영향력을 집중적으로 논의했다면, 이제는 점차 제도적 요소에 주목하고 있다. 의회 내에 여성 의원의 수가 얼마나 되는지를 계산하는 것이 고전적인 행태주의 연구가 취했던 전략이었다면, 현재는 할당제나 선거제도의 특정한 요소와 같은 제도적 장치가 도입되어 그러한 결과가 나타난 것으로 인식하기도 한다. 요컨대 제도, 특히 공천방식은 그 자체로서 독립변수로 자리매김할 수 있게 되었다(Kunovich and Paxton 2005).

이 연구는 제도주의적 접근법을 취하고 있으며, 독립변수로서의 공천방식이 갖는 다양한 측면을 분석한다. 그러나 과거의 실수를 반복하지 않기 위해, 우리는 제도가 모든 것을 설명할 수 있다고 전제하는 것이 아니라 단지 제도가 중요하다는 입장을 취하고자 한다. 물론 우리는 제도, 특히 상대적으로 안정성이 떨어지는 공천방식이라는 영역이 사회와 정치에 영향을 미치기보다는 그들을 반영하고 있다는 점에서, 종속변수로도 분석될 수 있다는 것을 인정한다. 그럼에도 우리가 제도주의적 접근법을 선택한 이유는 공천방식을 독립변수로 연구함으로써 의원 충원 현상의 광범위하고 다소 모호한 특성을 보다 잘 평가하고 설명할 수 있을 것이라고 생각하기 때문이다.

— 공천의 중요성

공천은 정당이 선거에 앞서 최우선적으로 해야 할 일 중 하나이다. 또한 공천은 다원주의적 민주주의에서 활동하는 정당의 고유한 기능들 중 하나로서 정당과 다른 조직들을 **구분하는** 기준이 될 수 있다. 사르토리의 정의에 따르면 "정당은 선거에 임하는 정치적 집단이며 공직 선거에 출마할 후보자를 추천할 수 있다."(Sartori 1976, 64). 당선자들은 공천을 받아 선거에서 승리를 거둔 후보자들로서, 이들에 의해 정당이 어떻게 비추어지는지, 정당이 무엇을 하는지가 결정된다. 게다가, 정당조직이나 강령보다도 오히려 정당의 후보자들이(인구통계학적, 지리적, 이념적으로) 정당의 특성을 보다 명확하게 규정할 것이다. 총선의 결과와 마찬가지로, 공천 결과 또한 공천(과 선거)이 끝난 후에도 오랫동안 의원, 정당, 의회에 영향을 미칠 것이다.

공천의 본질과 그 적실성은 이미 오래전부터 인식되어왔다. 그럼에도 공천 연구가 최근까지 거의 진행되지 않았다는 것은 놀랄 만한 일이다. 대부분의 정치학자들, 심지어 정당 및 선거제도에 관심이 있는 이들조차 공천을 정당이 수행하는 불분명한 기능 중 하나로 간주해 왔다. 공천에 직접적으로 관여하거나 혹은 이에 영향을 받는 이들만이 관심을 보였고, 이들을 제외하고는 공천이 별로 중요하게 다루어지지 않았다. 이러한 학문적 공백은 공천을 주제로 국가 간의 비교연구를 수행하는데 장애물이 되었다. 초기에 공천을 이론화하거나 이에 대한 분석틀을 만들고자 했던 일부 선구적인 연구들이 있었지만, 소수에 불과했다. 래니가 오래전에 언급했던 것이 유감스럽게도 지금까지 여전히 유효하다. "따라서 정치학의 문헌들에서 미국 외의 국가들의 공천에 대한 경험적 기술은 찾아보기 어렵다. 그리고 이러한 기술로부터 일반적 차원의 비교 이론을 확립하려는 시도는 더욱더 보기 어렵다. 이로 인해 현대 민주주의 국가의 제도 및 그 문제점에 대하여 우리가 가지고 있는 지식에는 공천제도라는 중대한 공백이 존재한다."(Ranney 1965, viii-ix).

"선거제도"라는 용어를 세계정치학데이터베이스[3]에서 검색해보면 2,783개의 문헌들이 출간되었음을 확인할 수 있으나, "공천방식"에 관한 문헌은 34개에 불과하다. 좀 더 일반화하여 "선거"라는 용어를 검색해 보니 28,534개의 문헌이 출간되었으나, "공천"에 대해서는 251개의 문헌만이 검색되었다(Worldwide Political Science Abstracts). 이처럼 공천에 대한 연구가 부족한 이유는 공천을 연구하고자 할 때 경험적 자료가 부족하거나 이에 대한 접근성이 낮다는 어려움에 직면하게

---

[3] [역자주] 세계정치학데이터베이스(Worldwide Political Science Abstracts)는 정치학 분야의 주요 학술저널, 연속 간행물, 단행본 등의 문헌에 대한 서지사항과 초록을 제공하는 데이터베이스이다. https://www.proquest.com/products-services/polsci-set-c.html (검색일: 2019년 2월 28일)

되기 때문이다. 여러 국가들의 선거제도를 비교하고 선거결과를 분석하고자 하는 연구자는 대부분의 자료를 인터넷을 통해 수집한다. 한 국가 내부의 공천방식을 비교하려는 연구자는 공개되지 않았거나 입수하기 어려운 자료를 구하기 위해 몇 달 동안이나 현지조사를 수행해야 할 것이다. 1950년대 초, 뒤베르제는 공천을 "당내에서 이루어지는 자율적인 활동이다. 정당은 선거라는 부엌에서 나는 냄새가 밖으로 퍼지기를 원치 않으므로 공천을 비밀에 부친다."(Durverger 1954, 354)라고 표현하였다. 그로부터 10여 년 후, 앤서니 하워드(Anthony Howard)는 의회선거의 공천을 영국 정치의 "비밀의 화원(Secret Garden)"으로 묘사하였다(Ranney 1965, 3에서 인용함). 이 표현은 1988년에 출판된 공천에 대한 최초의 국가 간 비교연구(Gallagher and Marsh 1988)에서 제목으로 사용되기도 했다.[4] 비밀의 화원은 20년이 지났음에도 민주주의 체제를 구성하는 요소들 중에서 별로 논의되지 않은 채 수수께끼로 남아있는 공천을 묘사하는 적절한 표현이라고 할 수 있다. 그러나 공천 분야의 최근 연구, 특히 지난 10년 동안의 연구는 이전의 가정들에서 벗어나 경험적 연구라는 새로운 장을 열었으며, 공천이 정당, 당원, 당 지도자, 민주적 거버넌스에서 폭넓고 중요한 의미를 갖는다는 것을 보여주었다(Hazan and Pennings 2001; Narud, Pedersen, and Valen 2002c; Ohman 2004; Siavelis and Morgenstern 2008).

공천에 대한 연구가 아직 활발하게 이루어지지 않고 있다고 해서 그것이 중요하지 않다는 것은 아니다. 오히려, 정치학에서 공천이라는 주제를 다루는 것이 적절하다는 점은 오래전부터 명백했다. 오스트로고르스키(Ostrogorski 1964[1902], 210)는 공천의 중요성에 대해 다음과 같이 주장했다.

---

4) [역자주] 이 책은 다음과 같다. Gallagher, Michael and Michael Marsh. 1988. *Candidate Selection in Comparative Perspective: The Secret Garden of Politics.* London: Sage.

공천은 후보자에게 같은 정당에 소속된 다른 경쟁자들에 대한 명백한 우위를 부여한다. 즉, 공천을 받은 후보자는 사실상 정당으로부터 기름 부음을 받은(anointed) 것과 같다. 그는 "선택받은 후보자"이다. … 만일 코커스(Caucus)에서 다른 사람을 공천한다면 현역의원일지라도 선거에 다시 출마할 수 없다. 정당의 재공천을 받지 못한 현역의원의 지위는 중세 시대에 파문을 당한 군주와 같다. 이전에 군주에게 충성을 바쳤던 신민들은 파문으로 인해 그에 대한 충성의 의무에서 벗어나게 된다.

대략 한 세기 전, 미헬스(Michels 1915, 183-184)는 당내에서 일어나는 지도부 간의 권력투쟁이 공천과 연관되어 있다는 점을 강조하며 공천의 중요성을 언급했다. 이에 대한 샤츠슈나이더(Schattschneider 1942, 64)의 주장은 제기된 지 거의 70년이 지났지만 여전히 자세하게 인용할 만한 가치가 있다.

권력의 획득이 선거를 통해 이루어지면 또 다른 결과가 초래된다. 즉, 공천이 정당의 활동 중에서 가장 중요한 것이 된다. 정당은 공천을 통해 선거에서 **통합된 전선(unified front)**을 형성할 수 있다. 이러한 이유로 인해 공천은 현대의 정당이 갖는 두드러진 특징이 되었다. 바꾸어 말하면, 공천을 할 수 없는 정당은 더 이상 정당이라고 할 수 없다. … 공천은 의원총회, 대의원대회, 당원 집회, 소규모 지도부,[5] 1인 지도자, 당내 경선을 통해 이루어진다. 정당의 공천은 그 자체로 구속력이 있는가? 그렇지 않다면, 구속력은 어떻게 생겼는가? 정당이 권위 있고

---

[5] [역자주] 독자의 이해를 돕기 위해 "CABAL"을 편의상 "소규모 지도부"로 번역하였다. "CABAL"은 17세기 후반 영국의 찰스2세가 통치할 당시에 활동한 국왕의 고문위원회로서, 내각제의 전신이라고 할 수 있다. 이 용어의 언어적 기원은 이탈리아어 단어 "Cabala"(비밀 단체)이며, 정치적 기원은 그 구성원인 클리포드, 알링턴, 버킹엄, 애슐리-쿠퍼, 로더데일 등 각료들의 머리글자였다. 출처: Edward Jenks. 1903. *Parliamentary England: The Evolution of the Cabinet System*. 24-25.

효과적인 방식으로 공천을 하지 못한다면, 그 정당은 살아남을 수 없다. 왜냐하면 한 정당에서 복수의 후보자가 출마할 경우 필연적으로 패배할 것이기 때문이다. 구속력 있는 공천을 통해서만 정당은 한 후보에게 전력을 집중하여 선거에서 통합된 전선을 형성할 수 있다. 따라서 공천과정은 정당에서 중요한 절차가 되었다. 공천 절차의 특성이 정당의 특성을 결정한다. 다시 말해서, 공천권을 가진 자가 정당의 주인이다. 그러므로 공천은 당내 권력 분포를 파악하기 위한 핵심적인 요소라고 할 수 있다.

래니는 이 주장을 지지하면서 다음과 같이 말했다. "따라서 어떤 정당에서든 파벌들 사이에 일어나는 가장 핵심적이고 경쟁이 치열한 논쟁이 공천을 두고 벌어지는 투쟁이라는 것은 전혀 놀랍지 않다. 왜냐하면 반대파가 잘 알고 있듯이, 공천에서 나타나는 투쟁에서의 승패가 정당이 무엇을 대표하고 무엇을 하는지에 관한 핵심을 통제하는 것과 같기 때문이다."(Ranney 1981, 103). 갤러거는 한 걸음 더 나아가 "공천을 둘러싼 경쟁은 일반적으로 정당의 강령을 두고 일어나는 경쟁보다 더 치열하게 나타난다."(Gallagher 1988a, 3)라고 말했다. 실제로, 선거를 치른 후에 대부분의 정당에서 활동의 핵심집단은 공직자가 된 사람들, 즉 당선되어 살아남은 후보자들이다.

더욱이, 의원내각제에서는 의원 신분이 아닌 자가 행정부의 각료나 당 지도자가 될 수 없는 것이 일반적이다. 그런데 의원이 되기 위해서는 먼저 후보자로 선정되어야 한다. 따라서 공천을 받아 당선된 후보자들이 당 지도자와 행정부의 각료가 될 수 있는 후보자군을 형성한다. 게다가 폐쇄형 정당명부제 및 준폐쇄형 정당명부제의 경우, 공천을 둘러싼 경쟁에서 승리하여 배치되는 순번이 높아질수록 원내에서 고위직 혹은 장관직을 맡게 될 가능성이 높아지게 된다(Kenig and Barnea 2009).

공천은 치열한 당권 경쟁, 당의 이미지와 정책을 둘러싼 투쟁, 당 지도자와 행정부 각료가 될 후보자군의 압축 이상의 의미를 갖는다. 공천은 의회 내에서 정당이 어느 정도의 결속력을 유지할 수 있는지 그 역량의 정도를 결정한다. 갤러거는 다음과 같이 주장했다. "공천이 중앙에서 통제되는 곳에서는 의원들이 의회 내에서 당의 노선을 충실히 따를 것으로 예상해볼 수 있다. 왜냐하면 당에 충성을 바치지 않을 경우 공천에서 탈락할 것이기 때문이다. … 만일 의원들의 재공천이 정당의 어느 조직에 의해서도 좌우되지 않는다면, 원내 정당의 기율이 약하게 나타날 것이다. … 당이 공천과정을 통제하지 못하는 상황에서는 응집성이 위협을 받을 수 있다."(Gallagher 1988a, 15). 따라서 개방적인 공천방식을 채택하고 있는 정당들의 경우, 정당조직에 대해서만이 아니라 당원에게도 직접 호소할 수 있는 출마희망자들의 역량은 의원들의 책임성 소재를 변화시키기도 한다. 만일 정당이 예비후보자를 걸러내는 여과장치의 기능을 하지 않는다면, 공천과정의 핵심 행위자는 지지자들을 직접 동원하는 후보자들 자신이 될 수도 있다. 그렇다면 공천의 전반적인 과정을 정당이 아니라 후보들이 이끌게 될 수 있다. 그 결과 당의 기율과 응집성이 약화될 수 있으며, 이것은 정당이 의회 내에서 효과적으로 작동하고 정치과정에서 안정적인 기반을 확보할 수 있는 역량을 축소시킨다. 이와 같은 당내 분열로 인해 정당은 선거에서 패배하게 될 수도 있다.

공천의 민주화가 수반하는 결과를 다루는 대안적인 접근법의 밑바탕에는 카르텔정당 모델이 있다(Katz and Mair 1995). 이 접근법에 의하면, 정당들은 자신들이 형성하고 있는 카르텔에 효과적으로 참여하기 위해 당 엘리트들에게 상당한 정도의 자율성을 부여할 필요가 있다. 즉, 카르텔정당 모델에서는 당 지도자가 자율성을 확보하고자 일반당원들에게 권한을 부여하는 전략을 취할 수 있다고 말한다. 이렇게 될 경우 이념적 색채가 강하고 견고한 조직을 갖추고 있는 정당활동가의 영향력은 약화될 수 있는데, 이 활동가들은 당 지도자의 자율성에 대한 효과적인 도전을 조직할 수 있는 존재이기 때문이다. 이 전략이 선택될 수 있다는 근거는 일반당원들의 경우 활동가들에 비해 열의가 부족하여 인지도와 같은 요소에 의해 좌우되는 경향이 있으며 그리하여 눈에 잘 띄는 당 지도부로부터의 단서(cues)를 취하고자 한다는 것이다. 다시 말하면, 정당의 기반이라고 할 수 있는 당원들이 갖는 명목상의 권력은 강화되는 대신 이념적 색채가 강한 중간층 활동가들의 권력은 약화될 것이다. 게다가 이 전략은 당 지도자의 권력을 유지하거나 강화시킬 것이며 당의 결속력을 유지하는데 도움이 될 수 있다.

공천의 민주화가 실현되어 정당의 결속력이 약화된다고 보는 접근법과, 공천의 민주화가 정당의 기반인 당원들에게 권한을 부여함과 동시에 그들을 통제하기 위한 당 엘리트의 수단이라고 보는 접근법은 모두 공천과 정당 응집성의 관계를 언급한다. 요컨대, 두 관점은 공천을 정당의 결속력이 약화되거나 유지되는 과정에서 작용하는 주요 변수로 간주한다.

정당의 공천방식 개혁은 정치체제 수준, 정당체계(혹은 정당 간) 수준, 당내 수준의 세 가지 수준에서 일어난 변화의 결과이다. 정당은 개별 당원들에게 누가 그들의 대표가 될 것인지를 결정할 권한을 부여할 수 있는데, 이러한 정치체제 수준에서의 민주화는 이념의 약화와 개인주의의 심화에 대처하기 위해 정당이 채택한 전략일 수 있다. 정당 간 차원에서 각 정당은 특히 선거에서 패배한 후 당의 이미지를 쇄신하고자 혁신을 추구할 수 있다. 정당은 공천방식의 개방성을 확대하여 보다 대중적이고 민주적인 이미지를 형성할 수 있다. 만일 민주적인 공천방식을 채택한 정당이 선거에서 승리한다면, 다른 정당들도 이를 따를 것이다. 당내 수준에서는 당내 권력투쟁으로 인해 공천방식이 개혁될 수 있다. 즉, 당내의 어떤 세력들은 개인을 중심으로 한 파벌, 이념 집단, 상이한 세대, 혹은 특정 시기의 특정 정당과 관련된 집단들 간에 형성되어 있던 기존의 세력균형을 변화시키기 위해 공천방식의 민주화를 촉구할 수 있다(Barnea and Rahat 2007).

　공천 영역에서 정당이 자율성을 갖는다는 것은 공천의 개방성을 확대할지 혹은 축소할지와 같은 변화를 모색할 이유가 많다는 것을 의미한다. 그러나 이러한 요인과 관계없이도, 정당은 국가가 선거제도를 개혁하는 것보다 훨씬 자주 공천방식을 변경한다. 한편으로, 공천방식은 법적 규제의 대상이 아닌 정당 내부의 과정이기 때문에 국가의 제도적 장치(가령, 선거제도)에 비해 안정성이 떨어지며 상대적으로 쉽게 바뀔 수 있다. 그렇기 때문에 공천방식은 정치를 반영하는 것으로 간주되어야 한다. 다른 한편으로, 공천방식의 변경을 정치의 반영물로만 다루는 것이 정당화될 수 있을 정도로 자주 나타나는 것은 아니다. 따라서 공천방식은 정당의 속성을 **반영하는** 동시에 정당정치에 **영향을 미치는** 제도적 장치로서도 다뤄져야 한다. 그러므로 우리는 정당조직의 역학관계를 이해하기 위해 공천을 연구할 필요가 있다. 예를 들면, 엘리트정당, 대중정당, 포괄정당에 이르는 정당의 발전과정은 정당이 공천을 어떻게 할지에 영향을 주었다. 이념이 약화되어 포괄정당이 등장하던 시대에 키르크하이머는 "대중적 인기에 근거한 정당성을 바탕으로 공직후보자를 추천하는 것은 오늘날 포괄정당이 지닌 가장 중요한 기능"(Kirchheimer 1966, 198)이라고 결론지었다. 이 주장은 카르텔정당의 시대에서는 한층 더 강화된다.

　공천은 유권자 앞에 주어질 선택지를 결정할 뿐만 아니라(이러한 선택지가 어떻게 인식되고 선택이 어떻게 이루어지는 지에도 영향을 미치기 때문에) 의회 내 정당의 구성을 결정하고 더 나아가 누가 여당이 되고 야당이 될지를 결정한다. 따라서 공천은 어떠한 이익이 정당에서 가장 우선적으로 다루어지고 그에 따라 어떤 정책결정이 입법화될 지에도 영향을 미친다. 요컨대, 공천은 현대 민주주의 정치와 거버넌스의 근본적인 성격에 영향을 미친다.

공천방식이 정치를 이해하는데 중요하다는 것은 위에서 제시한 세 가지 요소들의 조합으로부터 비롯된다.

- 첫째, 공천은 정당의 성격과 그 내부의 권력투쟁을 반영하고 규정한다.
- 둘째, 정당이 공천방식을 변경하는 것은 비교적 쉬운 편이며, 국가가 선거제도를 변경하는 것보다 훨씬 빈번하게 나타난다.
- 셋째, 공천방식의 변화는 정치의 투입 부문과 산출 부문에 모두 영향을 미칠 것이다. 정치의 투입 부문으로는 정당 내부의 참여의 질과 공천을 받은 후보자의 유형 등이 있으며, 정치의 산출 부문으로는 경쟁, 현역교체, 의회의 행태, 반응성의 대상 등이 있다.

다시 말하면, 공천은 제도들의 핵심적인 접점(crossroad)이라고 할 수 있다. 즉, 공천은 비교적 쉽게 변경될 수 있고, 의도적으로 또는 비의도적으로 의원, 정당, 의회의 행태에 변화를 줄 수 있는 중요한 정치적 제도이다. 후술할 세 가지 추가적인 요소들은 공천 연구의 적실성을 높여준다.

- 넷째, 각 국가의 특수한 변수들로 인해 공천은 그 고유한 가치 이상으로 중요성이 커질 수 있다.
- 다섯째, 민주주의에서 위임은 단계적인 과정을 거쳐 이루어지는데, 그 과정의 시작점은 공천이다.
- 여섯째, 인물 중심의 정치가 점차 많이 나타나면서 공천의 중요성이 커지고 있다.

어떤 국가에서 공천에 따른 결과는 다른 정치적 제도들이 나타내는 결과로 인해 더욱더 중요해질 수 있다. 예를 들면, 소선거구제를 채택하고 있는 어떤 국가에서 특정 정당이 승리할 가능성이 높은 선거구의 수가 많거나 증가하고 있는 상황이라면, 그 정당의 공천이 총선 그 자체보다 더 중요해질 수 있다. 미국과 영국에서 특정 정당이 10% 이상의 득표율 차이로 승리할 수 있는 선거구는 절반 이상을 차지한다. 이는 사실상 총선에서 유권자가 당선자를 결정하는 것이 아니라, 공천과정에서 당선자가 결정된다는 것을 의미한다. 러쉬는 영국에서 특정 정당이 승리할 가능성이 큰 선거구에서는 "**공천이 곧** 선거이다."(Rush 1969, 4)라고 언급하였다. 노리스와 로벤더스키는 "공천에 관여하는 공천주체가 의회의 전반적인 구성을 결정하며, 이는 결국 행정부의 각료가 될 후보자군을 결정하는 것과 같다."(Norris and Lovenduski 1995, 2)라고 결론지었다.

뿐만 아니라, 경합선거구의 경우에서조차도 정당이 적합한 후보자에게 공천을 주는지 여부가 선거의 승패에서 결정적인 차이를 초래할 수 있다. 비례대표제를 채택하고 있는 국가에서 특히 주요 정당의 후보자명부 상단에 배치된 후보자는 총선 결과와 관계없이 사실상 당선이 보장된다. 요컨대, 대부분의 민주주의 국가들에서, 그리고 대다수의 정당들에게 있어, 공천이 곧 선거이다. 갤러거가 지적한 대로 "(주로 소수의 활동가로 구성되는) 공천주체가 유권자에 비해 더 큰 영향력을 갖곤 한다. 이러한 현상은 같은 정당의 후보자들 중에서 특정 후보자를 선택할 수 없는 선거제도에서 특히 잘 나타난다. 즉, 후보자를 뽑는 것이 곧 의원을 뽑는 것이 된다."(Gallagher 1988a, 2).

따라서 공천 결과를 연구하는 것은 지난 수십 년 동안 정치학계 전체가 관심을 기울인 선거제도라는 주제를 연구하는 것만큼 중요하다. 래니는 "자유선거가 국민의 동의에 의한 정부의 구성이라는 이상을 실현하는 것과 마찬가지로, 공천은 자유선거의 이상을 실현하는데 필수적이다."(Ranney 1987, 73)라고 주장한 바 있다. 민주주의에서 위임은 단계적인 과정을 거쳐 이루어지며 그 과정의 시작점이 공천이라고 이해할 때, 이러한 래니의 주장은 더욱더 명백해진다. 행정부가 관료에게 권한을 위임하기 이전에, 의원내각제에서 의회가 행정부에 권한을 위임하기 이전에, 유권자가 그들의 대표인 의원에게 권한을 위임하기 이전에, 이 권한 위임의 단계적 과정에서의 첫 단계는 정당이 공직자가 될 후보자를 공천하는 것이다. 공천과정의 제도적 결정요인들은 위임의 단계를 시작하게 하고, 당선가능성이 높은 후보자를 중심으로 하는 전술적인 결정과 정당의 전략적인 선택 모두를 형성하게 된다(Mitchell 2000).

끝으로, 민주주의 정치가 보다 후보자 중심적으로, 보다 인물 중심적으로, 보다 "대통령제화 된(presidentialized)" 모습으로 바뀌고 있다는 점이 그 무엇보다도 중요하다(Poguntke and Webb 2005). 순수한 형태의 의원내각제, 비례대표제, 폐쇄형 정당명부제를 채택하고 있는 국가들에서도 집합적, 이념적, 조직적인 특성을 갖는 정당의 중요성이 감소하는 반면, 개인에게 보다 초점이 맞춰지고 있다. 그 결과 공천이 정치체제의 정치적 특성에 미치는 영향은 이전보다 커졌다. 공천이 갖는 인물 중심적이고 인사권적인 함의가 중요하다. 공천은 정치적 활동의 중심이 되고 있으며, 때로는 총선에서 정당의 역할을 넘어서기도 한다.

만일 공천이 당내의 구성을 드러내며 파벌들의 권력투쟁에 영향을 미친다면, 만일 공천이 선출된 의원들의 특성 및 의회 내에서의 행태와 성과에 영향을 미치는 충원 과정의 핵심이라면, 만일 정당이 중심이 되는 환경에서조차 후보자에게 점점 더 초점이 맞춰지는 민주적 위임의 단계에서 공천이 첫 번째 단계에 해당한다면, 만일 공천이 정당의 기본적 기능일 뿐만 아니라 "정당 쇠퇴"의 시대에서도 정당의 권한으로 남아있는 것이라면, 민주적 과정의 주요 요소를 이해하기 위해서 우리는 공천을 정치학에서 중요성이 떨어지는 것으로 인식했던 근시안적인 전통을 넘어서서 이를 중심적인 연구 과제로 이끌어내야 한다.

─ 공천 연구에 대한 도전

공천방식 연구의 핵심 도전 과제는 선거제도 연구에서 래(Rae 1967)가 약 40년 전에 『선거제도의 정치적 결과(The Political Consequences of Electoral Laws)』라는 명저를 저술한 것에 상응하는 연구를 해내는 것이다. 즉, 우리는 공천방식의 정치적 결과에 대한 정당 간 경험연구와 국가 간 경험연구를 할 필요가 있다.

이 작업은 결코 쉽지 않을 것이다. 실제로, 특히 정당정치 분야의 이론적 분석틀은 공천 연구에 대한 실질적인 과제를 발생시킨다. 국가 간 비교연구에서 나타나는 한 가지 문제는 지역 정치를 잘 알고 있어야 하며, 당내의 자료에 대해(언어나 기본적인 용어의 측면에서) 접근할 수 있어야 한다는 것이다. 이렇듯, 국가 간 비교연구가 부족한 현재의 상황은 후속 연구를 진행하기 어렵게 만드는 아킬레스건이다.

공천방식은 정당정치에 영향을 미칠 뿐만 아니라, 정당정치를 반영하기도 한다. 따라서 공천방식은 종속변수로서도, 그리고 독립변수로서도 분석될 필요가 있다. 예외적인 경우로서 미국에서의 공천을 종속변수로 다루고 있는 대표적인 사례는 키(Key 1949)에서부터 웨어(Ware 2002)의 연구에 이른다. 공천방식의 기원과 그 개혁 과정에서 나타나는 정치에 관해 우리가 결정적인 것을 발견하기 위해서는 반드시 국가 간 경험적 자료가 필요하다. 공천의 경향성을 설명하는 것뿐만 아니라, 정당 간 그리고 정당 내 수준의 상호작용의 결과로서 발생하는 정당 간 그리고 국가 간 차이를 설명할 수 있도록, 우리는 공천이라는 현상을 바라보는 보다 통합적인 관점을 가질 필요가 있다.

공천이라는 미지의 영역을 탐구함으로써 당원의 특성, 공천을 받은 후보자의 유형, 정당 내의 역학관계, 의회 내 정당의 권력과 성과에 대해 더 잘 이해할 수 있다. 그리고 이를 통해 우리는 일반적인 차원의 정치, 그중에서도 정당정치에 대해 평가할 수 있는 역량이 향상될 것이다. 정당의 굳게 닫힌 문 뒤에 있는, 정치의 "비밀의 화원(secret garden)"은 여전히 미지의 영역으로 남아있다. 이 책은 비밀의 화원의 문을 열고, 출입을 제한하는 "문지기"로서의 정당을 넘어서서, 지금까지 잘 알려지지 않은 미지의 땅에 빛을 비추는 것을 목적으로 한다.

― "당선가능성이 있는(realistic)" 순번과 선거구에 대한 정의

이 책은 어떻게 후보자가 선정되는지에만 주목하는 것이 아니라, 공천의 정치적 결과 또한 중요하게 다룬다. 따라서 우리는 이후에 치를 총선에서 당선가능성이 있는 후보자의 공천에 초점을 맞춘다. 우리는 정당명부제에서 당선가능성이 없는 명부의 하단에 후보자를 배치하는 방식이나 소선거구제에서 후보자를 내세워 경쟁을 치른다기보다 단지 후보자의 이름을 걸어두는 것만으로 만족하는 방식에 대해서는 전혀 관심이 없다.

기존 연구에서는 정당명부제에서의 **안전한(safe)** 순번 혹은 다수제에서의 안전한 지역구 개념을 자유롭게 사용하고 있다. 우리는 당선가능성이 있는 후보직, 즉 당선가능성이 있는 순번 혹은 당선가능성이 있는 지역구라는 개념을 사용하고자 한다. 이는 선거를 치르기 전에 최소한 승리할 가능성이 있는 것으로 간주되는 순번 및 지역구를 포괄하는 개념이다. 그러므로 이 연구는 앞서 언급한 바와 같이 당선가능성이 있는 후보자에 관한 것이다.[6]

따라서, 예를 들어 어떤 정당이 폐쇄형 정당명부제(혹은 준폐쇄형 정당명부제) 하에서 5석을 확보하고 있다면, 우리는 명부에서 상위 다섯 명에 해당하는 후보자들(정당이 총선에서 선전할 것을 가정한다면 그다음 순번을 몇 명 더 고려함)의 공천에만 관심을 보일 것이다. 우리는 명부의 하단까지는 관심이 없다. 가령, 40석을 확보하고 있는 어떤 정당에서는 다음 총선의 후보자명부에서 상위 50번 안에 들기 위해 후보자들이 서로 치열하게 경쟁할 것이다. 이 정당에서는 후보자명부를 100명으로 작성할 수도 있는데, 하위 50개는 공천 경쟁에서 패배한 후보자들 혹은 언론의 주목을 받기 위해 정치적 야망은 없는 공인들에게 할당할 가능성이 있다. 이러한 "상징적인" 후보직이 전혀 가치가 없다고 할 수는 없으며 어느 정도 정치적 의미를 갖고 있지만, 우리의 목적에는 부합하지 않는다.[7] 만일 우리가 당선가능성이 있는 후보직과 당선가능성이 없는 후보직을 모두 분석한다면, 적절한 공천주체가 무엇인지와 같은 공천의 가장 핵심적인 측면에 대하여 잘못 이해할 수 있다.

---

6) "당선가능성이 있는" 후보직이라는 개념을 조작화할 때, "당선가능성이 있음(realistic)"이라는 의미를 "당선가능성이 없음(unrealistic)"과 명확하게 구분하여 서술할 필요가 있다. 이 경우 우리는 현시점에서 정당이 차지한 의석수 내지 지역구의 수를 그 기준으로 활용한다. 공천은 총선 전에 이루어지므로 정당이 차지하게 될 의석수와 지역구를 미리 알 수는 없지만, 정당과 정치인은 당선가능성이 있는 후보직과 당선가능성이 없는 후보직을 구분하는 기준으로 정당의 현재 의석수와 지역구를 결부시켜 생각하는 경향이 있다. 신생 정당의 경우에는 의석수를 알 수 없으므로 여론조사를 활용하여 이를 **예측**할 수밖에 없는데, 이러한 예측치는 유동적이며, 특히 경합지역이나 아슬아슬한 순번일 때 상당히 유동적이다.

7) 예를 들면, 소선거구제 하에서, "제3정당"은 그들이 만만치 않은 도전자라는 메시지를 전달하기 위해 최대한 많은 선거구에 후보자를 내려고 할 것이다. 정당명부제 하에서는, 명부의 하단에 잘 알려진 공인들이나 존경받는 전직 고위 정치인들을 배치할 것이다. 소선거구제와 비례대표제에서 모두 후보자들은 자신의 정치인생이 시작된다는 것을 보여주기 위해 하단에 배치되는 것에 동의를 하거나 경우에 따라서는 원하기도 할 것이다.

이는 경쟁이 없는 선거구에서도 마찬가지이다. 소선거구제의 경우, 우리는 당선가능성이 있는 선거구에 대해서만 관심을 가질 뿐이지, 후보자가 "호의"로 정당에게 자신의 이름을 내세우는데 동의한 선거구에는 관심을 갖지 않는다.

─ 이 책의 구성

이 책은 2부로 구성되어 있다. 제1부에서는 공천방식에 대해 상세히 기술한다. 공천방식은 후보자격요건, 공천주체, 분산화, 지명제-경선제라는 네 가지 주요한 차원을 기준으로 분류할 수 있다. 이 네 가지 차원은 각각의 장에서 논의된다. 제2부는 위에서 제시한 차원에 따라 분류된 공천방식의 정치적 결과를 분석한다. 다양한 공천방식의 결과에 대한 평가는 민주주의의 네 가지 중요한 측면인 참여, 대표성, 경쟁, 반응성을 바탕으로 이루어진다. 이 네 가지 측면 또한 각 장에서 논의된다. 결론에서는 공천방식과 민주주의 정치에 대한 전반적인 평가를 제시한다.

1부

공천방식: 분석틀

제1부에서는 공천방식의 네 가지 유형을 제시한다. 각 장에서는 공천방식을 구분하는 네 가지 차원을 하나씩 설명하면서, 다음과 같은 핵심 질문에 답한다.

후보자격요건: 누가 정당의 후보자로 선정될 수 있는가?
공천주체: 누가 후보자를 선정하는가?
분산화: 공천이 어디에서 이루어지는가?
지명제-경선제: 후보자는 어떤 방식으로 선정되는가?

이 책의 제1부에서는 개념화와 유형화를 다룰 예정이다. 이를 통해 공천방식을 연구하기 위한 공통의 언어가 마련될 수 있기를 바란다.

공천방식을 구분하는 것은 그 방식의 도입·유지·개혁 및 정치적 결과를 다루는 유의미한 연구 수행에 필요한 전제조건이다. 우리는 이와 관련하여 학자들에게 도움이 될 것 같은 주제를 엄선하여 제시하고자 한다. 어떤 연구들에서는 공천주체와 분산화라는 두 가지 차원을 언급하는 것만으로도 충분할지 모르겠다. 그러나 대부분의 연구, 특히 넓게는 정당 내부의 활동, 좁게는 당내 민주화에 주목하는 연구들에서는 나머지 두 가지 차원 또한 중요할 것이다.

우리는 우리가 제시하고자 하는 분류법이 어떻게 사용될 수 있는지, 또 얼마나 유용한지를 증명하기 위해 기존 민주주의 국가들 및 신생 민주주의 국가들에 대한 자료를 수집했다. 어떤 자료들, 특히 공천주체 및 분산화와 관련된 자료들은 어렵지 않게 입수할 수 있지만, 후보자격요건에 관한 자료는 피상적인 편이고 지명제-경선제에 관한 경험적 정보는 구하기가 매우 힘들었다. 우리의 연구는 네 가지 차원이 분석적인 측면에서 갖는 잠재력과 중요성을 조명한다. 이를 바탕으로 학자들이 공천 분야를 연구하는데 더 많은 시간과 노력을 기울이면 좋겠다. 공천방식 연구가 한층 더 발전하기 위한 전제조건은 국가 간 자료의 체계적인 구축이다.

제2장
후보자격요건

공천방식을 평가하기 위한 첫 번째 차원의 질문은 다음과 같다. 누가 정당의 후보자로 선정될 수 있는가? 이 질문은 한편으로 공천방식의 네 가지 차원 중에서 가장 단순한 차원을 다룬다. 그러나 다른 한편으로는 전체 국민의 압도적 다수를 후보자군에서 배제할 가능성이 있다는 이유에서 가장 잔인한 차원으로 볼 수도 있다.

후보자격요건(Candidacy)은 특정 시점, 특정 정당의 공천과정에 누가 등장할 수 있는지를 나타낸다. 정당은 후보자격요건에 제한을 두는가? 만일 그렇다면, 그 제한은 얼마나 까다로운가? 그 제한은 예비후보자군의 크기와 특성에 얼마나 큰 영향을 주는가? 후보자격요건은 예비후보자들에게 적용되는 제한요소들을 바탕으로 개방성과 배타성의 수준에 따라 연속선 위에 구분될 수 있는데, 이에 관해서는 〈그림 2.1〉에 자세히 나와 있다.

후보자격요건의 연속선에서 가장 개방적인 지점은 모든 유권자가 정당의 후보자로 출마할 수 있는 곳이다. 미국 대부분의 주에서 도입한 후보자격요건은 가장 개방적인 지점 근처에 있다. 미국에서 후보자격요건이 개방적인 이유는 공천과정을 통제하고 있는 것이 정당의 당규가 아닌 각 주의 법령이기 때문이다.[1] 이와 같이 후보자격요건이 개방적인 성격을 갖고 있거나 별도로 존재하지 않는 경우, 정당은 예비후보자와 관련하여 문지기 역할을 거의 하지 못한다. 즉, 공직을 원하는 출마희망자라면 누구나 정당의 후보자가 될 수 있으며, 정당은 이를 무조건 받아들여야 한다. 이처럼 미국 정치는 후보자중심적인 것으로 묘사된다(Wattenberg 1991). 미국의 후보자격요건 중에서 가장 특이한 사례는 캘리포니아주의 중복 출마 허용제(cross-filing system)이다. 이 제도는 1913-1959년에 캘리포니아주에서 도입한 공천방식으로서, 후보자는 특정 정당의 당원일 필요가 없었으며 동시에 복수의 정당 예비선거에 참가할 수도 있었다(Key 1967).

가장 배타적인 지점에는 일련의 제한 조건들이 위치해 있다. 그 중한 가지 사례는 오블러(Obler 1974, 180)가 언급한 벨기에 사회당의 후보자격요건이다. 벨기에 사회당에서는 정당이 후보자격요건 단계에서부터 이미 문지기 역할을 했으며 그 영향력도 막강했다.

> 후보자격요건은 선거구마다 조금씩 차이가 있기는 하지만 출마희망자들이 명부에 이름을 올리기 위해서는 일반적으로 다음과 같은 사항을 준수할 것을 규정하고 있다. (1) 예비선거에 참여하기 전에 사회당, 노동조합, 협동조합, 보험협회의 회원으로 최소 5년간 활동했어야 함. (2) 사회주의 협동조합에서 매년 일정 금액 이상을 지출해야 함. (3) 당보를 정기 구독해야 함. (4) 자녀들을 가톨릭학교가 아닌 공립학교에 보내야 함. (5) 부인과 자녀들은 각자 해당되는 적절한 여성 조직, 청년조직에 가입해야 함. 사실상 이 조건들은 후보자가 총선에 출마하기전에 정당활동가들이 공유하는 하위문화의 구성원이 될 것을 요구하는

---

[1] 엡스타인(Epstein 1986)은 미국의 정당들을 수도나 전기를 공급하는 기업과 같은 "공공기관"에 비유했다.

것이다. 이 조건들은 강제적인 사회화의 양식을 포함하고 있으며, 정당은 사회화가 이루어지는 동안 출마희망자가 당에 헌신하게 되고 당이 지향하는 가치와 태도를 흡수하기를 바란다.

최소 당원 가입 기간, 정당에 대한 충성 서약과 같이 정당들이 공통적으로 설정하고 있는 후보자격요건은 충족하기에 어렵지 않다. 현실의 다양한 사례들을 개방성-배타성의 수준을 바탕으로 하는 후보자격요건의 연속선으로 나타낼 수 있으며, 이는 〈그림 2.1〉에 제시되어 있다.

▶▶ 그림 2.1. 후보자격요건

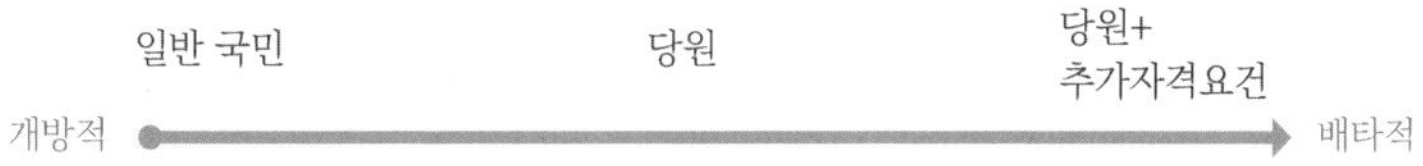

출처: 라핫과 하잔(Rahat and Hazan 2001)

정당은 왜 개방적이거나 혹은 배타적인 후보자격요건을 도입하는 것일까? 개방성은 미국에서처럼 법적 규제의 산물일 수 있다. 그러나 이는 정당의 주요 관심사가 선거에서의 승리라는 특성에서 비롯된 것일 수도 있다. 즉, 정당은 선거에서 승리하기 위해 득표율을 높일 수 있는 후보자라면 누구든지 받아들일 수 있다. 당원 요건 등이 사실상 부재한 상황에서는 신규당원이 최종 후보자로 낙점될 수도 있다. 가령, 캐나다의 1988년 총선에서 당선된 비현직 후보자들 중 14%가 입당한지 1년도 채 되지 않은 신규당원이었다(Erickson and Carty 1991).

한편, 배타성은 정당이 예비후보자의 공급 측면을 통제하려는 시도에서 비롯된 것일 수 있다. 이러한 시도를 통해 정당은 강화된 후보자격요건을 충족한 자가 이후에 공천을 받고 당선될 수 있도록 함으로써 당의 명령을 따르게 할 수 있다. 다시 말해서, 추가 자격요건을 통해 개인적인 문제가 있는 후보자를 배제할 수 있고 후보자가 당선된 이후에도 당이 원하는 방식으로 행동하게 될 것을 담보한다. 후보자격요건이 까다로운 정당은 독특한 정당문화를 드러냄과 동시에 응집성이 높은 단일체로서 원내에 입성할 수 있으며, 이를 통해 당선된 자들이 일사불란한 대오를 유지하도록 하기 위해서 별도의 징벌 수단을 사용할 필요가 없게 된다(Hazan 2003). 또한, 당 지도부는 장기간 충성심을 보인 활동가들에게 보상을 제공하는 방식으로 배타적인 후보자격요건을 활용할 수 있다. 이로써 예비후보자들을 대상으로 하는 선별적인 인센티브 체계기 구축될 수 있다.

일반적으로, 선거정치를 지향하고 포괄정당의 성격을 보이는 정당일수록 개방적인 후보자격요건을 추구할 것이며, 이념적인 색채가 강한 정당일수록 후보자를 정당문화로 편입시키는 "사회화"를 모색하기 위해 배타적인 요건을 도입할 것이다. 따라서 어떤 후보자격요건을 도입할 때에는 선거상의 목표와 정당 강령상의 목표 중 하나를 희생해야 할 수 있다. 갤러거(Gallagher 1988c, 247)는 후보자격요건에 대한 정당 간 차이는 이념에 따라 구분될 수 있다고 주장했다. 좌파 정당들은 우파 정당들에 비해 공식적인 후보자격요건을 많이 부과한다. 즉, 좌파 정당들이 우파 정당들에 비해 더 배타적이다. 티에보(Thiébault 1988, 82)도 프랑스의 우파 정당들이 좌파 정당들에 비해 정당 활동 경험이 전무한 사람들에게 공천을 더 많이 주었다는 점을 발견했다. 오블러(Obler 1970)는 앞서 언급한 벨기에의 사회당과 기독사회당[2]의 후보자격요건이 매우 상이하다는 점을 보여주었다. 즉, 사회당의 후보자격요

---

2) [역자주] 벨기에 기독사회당(Parti Social Chrétien: CVP-PSC)은 1945년에 창당되어 1968년에 소멸된 우파 계열의 기독민주주의 정당이다. 1968년에 네덜란드어권의 기독국민당(Christelijke Volkspartij: CVP)과 프랑스어권의 기독사회당(Parti Social Chrétien: PSC)으로 분당되었다.

건은 상당히 까다로웠던 반면, 기독사회당의 후보자격요건은 입당한지 1년 이상 경과되었을 것과(일부 선거구에서) 65세 이하의 시민들만 출마할 수 있다는 것으로 한정되었다.

경우에 따라서, 정당들은 선거에서 승리를 거두기 위해 후보자격요건을 무시하기도 한다. 이를테면, 배타성이 상당히 큰 이탈리아 공산당에서도 비당원을 후보자로 낙점한 적이 있다. "무당파의 유명인사들"은 "정당의 선거전략(과 이미지 형성의 전략)이 갖는 주요 특징"이었다(Wertman 1988, 154). 아일랜드 노동당에서는 후보자에게 1년 이상의 당원 요건을 요구했지만 매력적인 무당파 예비후보자에게는 이러한 후보자격요건을 적용하지 않았다(Galligan 2003). 체코의 기독민주연합-체코슬로바키아 국민당(KDU-ČSL)에서는 공천 규정을 위반하면서까지 유럽의회 선거의 후보자명부에 비당원의 이름을 올렸다(Linek and Outly 2006).

몇몇 공통적인 후보자격요건을 비교국가적으로 개괄하기 전에, 정당 수준의 후보자격요건과 국가 수준의 후보자격요건을 구분하는 것이 중요하다. 제2장은 정당 수준의 후보자격요건과 관련이 있으며, 이 요건은 개별 정당에서 독자적으로 결정한다. 즉, 각 정당은 저마다 중시하고자 하는 기준을 선택할 수 있으므로 후보자격요건에 차이가 있을 수 있다. 가령, 어떤 정당에서는 주소지, 연령, 기탁금과 같은 일반적인 규정을 중시할 수 있고, 다른 어떤 정당에서는 이념적 차원에서의 충성심, 정당 활동의 이력을 중시할 수 있다. 각 정당은 특정한 요건을 기준으로 제시할 수도 있다. 정당들은 주소지, 연령, 기탁금 등의 공통 기준을 제시할 수 있지만 그 구체적인 정도는 정당마다 매우 상이할 수 있다.

국가 수준의 후보자격요건과 정당 수준의 후보자격요건은 서로 다르면서도 밀접한 관련이 있다. 차이가 있는 부분은 국가 수준의 후보자격요건의 경우 헌법, 선거법, 국회법 등 국가의 공식 문서의 형태로 규정되어 있다는 것이다. 이때, 후보자격요건 중 일부는 "숨어있으며" 암묵적인 성격을 지닌다. 예를 들면, 만일 후보자가 되고자 하는 자는 선거권을 가지고 있어야 한다고 선거법에 명시되어 있다면, 연령, 주소지, 전과 여부 등 선거권에 관한 제한사항은 후보자격요건에도 자동으로 적용된다.

국가 수준의 후보자격요건 중에서 가장 일반적인 것은 연령, 시민권, 주소지(국가 또는 지역구), 기탁금, 겸직 금지 등이다. 일반적인 추가 자격요건은 공직자에게 요구되는 기준도 포함한다. 즉, 심신상실, 형의 선고를 받고 그 형이 실효되지 아니한 자, 파산한 자, 일부 개발도상국의 경우 교육 수준 미달 및 문맹인 자는 후보자가 될 수 없다 (Inter-Parliamentary Union 1986).[3]

국가 수준의 후보자격요건은 모든 정당이 준수해야 하는 공통분모를 설정한다는 점에서 정당 수준의 후보자격요건과 관련이 있다. 예를 들면, 만일 국가가 총선에 출마하려는 모든 후보자들에 대하여 출생을 통한 시민권 취득자(볼리비아, 브라질, 에콰도르, 필리핀, 베네수엘라), 귀화를 통한 시민권 취득자(대부분의 국가들), 시민권 불요(자메이카, 세인트 빈센트 그레나딘) 등으로 규정한다면(Massicotte, Blais, and Yoshinaka 2004, 55), 정당이 이보다 약한 제한을 부과하는 것은 불가능한 일이거나 국가가 이미 다루고 있기 때문에 이에 대해서는 언급할 필요가 없다. 겸직 불가와 같은 비적격 여부를 가리는 기준이든 시민권, 일정 수 이상의 추천자 서명과 같은 적격 여부를 가리는 기준이든 간에, 국가 수준의 후보자격요건은 모든 정당들에 적용되는 공통의 기준을 제시한다. 그러므로 정당들 간에는 각각의 기준에 대해서든 혹은 그 기준의 정도

---

3) 국가 간 비교연구를 통해 국가 수준의 후보자격요건을 포괄적으로 다루고 있는 연구로는 마시콧·블레이스·요시나카(Massicotte, Blais and Yoshinaka 2004, 42-49)가 있다.

에 대해서든 차이가 나타날 수 없다.[4]

우리는 정당이 후보자를 어떻게 선정하는지에 주목하며, 국가 수준의 후보자격요건에 대해서는 관심이 별로 없다. 국가 수준의 후보자격요건은 정당들 간의 차이를 구분하는데 별로 도움이 되지 않으며 이에 따른 정치적 결과도 평가하기 어렵다. 국가 수준의 후보자격요건과 정당 수준의 후보자격요건의 관계는 선거법과 각 정당의 공천방식과 유사하다. 이 책은 정당 수준의 후보자격요건과 각 정당의 공천방식에 주목하며, 우리의 관심은 국가 간 차이보다는 정당 간 차이에 있다. 공천이 법률의 통제를 받고 있다는 점에 대한 연구는 정당 그 자체보다는 정치 과정에 대한 사법의 통제에 대해 더 많은 것을 설명해준다. 우리는 국가 수준의 후보자격요건을 무시하려는 것이 아니다. 국가 수준의 후보자격요건은 정당들이 경쟁을 펼치는 경쟁의 장을 마련하므로, 우리의 논의에서 본격적으로 다루지는 않겠지만 중요하다고 할 수 있다.

정당 수준의 일반적인 후보자격요건은 국가 수준의 후보자격요건에서 제시하는 연령과 같은 기준을 포함하기는 하지만 상당한 차이가 존재한다. 가령, 최소 당원 가입 기간은 정당의 강령에 대한 충성 서약과 후보자에 대한 추천자의 서명처럼 아주 일반적인 후보자격요건에 해당한다. 하지만 정당 수준의 후보자격요건에 관한 자료는 구하기가 어려운 실정이다. 정당 수준의 후보자격요건의 기준은 대부분의 사람들이 접근할 수 없는 정당의 문서에 기록되어 있거나 당헌·당규에 명시되어 있다. 그런데 당헌·당규는 현지어로만 기술되어 있을 뿐 번

---

[4] 이에 관한 흥미로운 사례는 핀란드이다. 핀란드의 선거법은 정당들을 통제하기는 하지만, 정당들은 선거법의 규정들을 상당부분 피할 수 있다. 정당이 공천에 관한 당규를 제정하지 않을 경우에는 선거법의 조항들이 대부분 준용된다(핀란드 법무부). 선드버그(Sundberg 1997)와 쿠이투넨(Kuitunen 2002)은 핀란드의 정당들이 선거법의 명문규정을 거의 따르기는 하지만, 선거법을 벗어나기도 하고 정당들 간에 차이가 존재하기도 한다는 점을 지적한다.

역이 된 경우가 드물고, 인터넷과 같은 일반적인 매체에 공개된 경우도 거의 없다. 학술적인 문헌들에서도 정당 수준의 공천을 거의 다루지 않는다. 우리는 수년 동안 이러한 자료를 찾으면서 학술적인 문헌들을 폭넓게 탐독했으며, 국가 간 비교연구의 사례들을 통해 정당 수준의 후보자격요건에 대한 예비적 차원의 검토를 진행하고자 한다. 정당 수준의 후보자격요건을 분석하기에 앞서 일단 분석단위를 소개할 필요가 있을 것 같다.

우리는 특정 시점, 특정 국가의 정당을 분석단위로 한다. 한 국가 내에 있는 정당들이(주로 법률상의 후보자격요건으로 인해) 유사한 후보자격요건을 제시하는 경우, 한 정당이 그 유사한 후보자격요건을 계속 활용하는 경우, 또는 이 두 가지 경우가 동시에 나타나는 경우에서만 시간과 정당을 초월한 일반화가 이루어질 수 있을 것이다.

제2장에서 제공하는 도구는 1단계로 종결되는 단순 공천방식을 분석할 때 사용하기에 용이하다. 단순 방식에서는 모든 예비후보자에게 유사한 후보자격요건이 부과된다. 그러나 현실에서 우리는 복합적인 공천방식을 경험하게 된다. 복합적인 공천방식은 대체로 두 번째 차원인 공천주체에 대해 논의할 때 등장하므로, 제3장에서 소개하고 분석할 것이다. 후보자격요건을 분석할 때 유의할 점은 동일한 정당의 경우에도 지구당 차원 또는 시·도당 차원에서 다른 요건이 부과될 수 있다는 것이다.

─ 연령 제한

연령 제한은 예비후보자에게 요구되는 일반적인 요건이다. 가령, 오스트리아 사회당에서는 1945년까지 연령 제한을 두지 않았지만 1959

년부터는 다음과 같이 구체적인 제한사항을 부과했다. 즉, 모든 후보자는 65세 이하이어야 하며, 특히 출마 경험이 없거나 현역의원이 아닌 후보자는 60세 이하이어야 한다(오스트리아 국민당에서는 10년 후에 이 규정을 차용했다). 이 요건을 피하기 위해서는 정당 지도부 2/3 이상의 동의를 구해야 한다(Müller 1992). 벨기에의 정당들도 대부분 65세의 연령 제한을 부과했다(De Winter 1988). 뉴질랜드 노동당과 마찬가지로 호주 노동당의 뉴사우스웨일스주 지부는 후보자의 연령이 해당 직위의 임기를 채우기 전에 70세를 초과해서는 안 된다고 제한했다(Norris et al. 1990; Sheppard 1998).

많은 정당들에서 후보자에게 연령 제한을 부과하고 있다는 사실은 다음과 같은 중요한 질문들을 제기한다. 정당들이 연령 제한을 부과하는 이유는 무엇인가? 정당들은 노인을 대변하고 지지자로 동원하는데 관심이 없는가? 연령 제한에 임박한 다선 의원들은 정당이 활용할 수 있는 풍부한 경험을 갖춘 입법가들이지 않은가? 아마도 연령 제한은 직업 정치인이 된 이후에 자발적으로 은퇴할 생각이 없는 다선 의원들에 대한 대응방안인 듯하다. 정당의 "소장파"는 물러날 기미가 없는 다선 의원들 때문에 좌절감을 느끼며, 자신들이 정계에 진출하지 못한 원인이 "원로의원들" 때문이라는 결론을 내린다. 또한, 일부 고령의 현역의원들로 인해 정당의 이미지가 안 좋아질 수도 있는데, 특히 이들에게 신체적, 정신적 문제가 생겨서 제 능력을 발휘할 수 없다는 인식이 형성되면 정당의 이미지가 손상될 것이다. 따라서 연령 제한은 정치신인들을 위한 자리를 만들어 주며, 문제의 소지가 있는 인사들을 솎아내야 하는 부담도 덜어준다.

기대수명이 높아져 60대 이후에도 생산성을 가질 수 있게 되었고, 유권자들의 고령화로 연금수령자들의 정치조직 설립 시도가 성공하는 횟수가 늘어나면서, 향후에 연령 기준이 상향 조정될지 혹은 도전을 받게 될지 여부는 흥미로워질 것 같다. 미국의 사례에서 입증되었듯이, 연령 제한은 사실상 전체 시민들 중 특정 집단을 대상으로 설정하여 그들에게 손해를 입히는 것이므로, 연령 제한을 비판하는 것은 차별금지법이 추구하는 명목상의 원칙과 맥이 닿아있는 사안일 수 있다.

― 당원 요건

정당이 요구하는 당원 요건은 가장 일반적인 후보자격요건 중 하나이다. 그러나 당원 요건을 후보자격요건으로 부과하지 않는 정당들도 다수 존재한다. 대표적인 사례는 스웨덴의 자유당이며, 이 정당에서는 2004년 유럽의회 선거에서 비당원을 후보자로 내세웠다(Aylott 2005). 스웨덴의 좌파당(Pierre and Widfeldt 1992), 일본의 자민당(Shiratori 1988), 아이슬란드의 사회민주당(Kristjánsson 2002), 아일랜드의 주요 정당인 공화당(Fianna Fail), 통일아일랜드당(Fine Gael), 진보민주당(Gallagher 1988b) 등에서도 비당원을 후보자로 내세웠다. 방글라데시, 인도, 네팔, 파키스탄, 스리랑카의 정당을 다루는 한 연구에서는, 남아시아 국가들의 정당들에서는 당선가능성이 높은 비당원을 후보자로 내세우는데 별다른 거부감을 보이지 않음을 발견했다(Suri 2007).

우리의 연구는 당원 요건이 최소화될 수 있음을 보여준다. 핀란드에서는 국가가 정당을 다소간 통제하고 있기는 하지만, 선거법에서 후보자가 당원일 것을 요구하지는 않는다(Kuitunen 2002). 뉴질랜드의 국민당에서는 공천 시점에서 당비 납부 당원의 신분이면 후보자가 될 수 있다(Jackson 1980). 핀란드의 사회민주당에서는 후보자가 되려면 최소한 예비선거 직전 4개월 동안 당원 신분이어야 하며(Kuitunen 2002), 아일랜드의 녹색당에서는 그 기간이 6개월이다(Galligan 2003).

한 국가 내에서도 정당들 간의 차이는 흔히 나타난다. 예를 들면, 아일랜드의 공화당, 통일아일랜드당, 진보민주당에서는 별도로 당원 요건을 규정하고 있지는 않지만, 노동당에서는 후보자가 되기 위한 당원 요건은 6개월이고, 신페인당(Sinn Féin)에서는 1년이며, 노동자당(The Workers' Party)에서는 2년이다(Gallagher 1988b).

많은 정당들에서는 후보자로 선정되기 위한 당원 요건을 1년 또는 2년으로 설정한다. 극단적인 사례들로는 벨기에의 정당들과 이탈리아의 정당들을 들 수 있는데, 이 정당들에서는 당원 요건을 5년으로 정하고 있다. 이때, 5년이라는 시간을 충족하려면 당원 신분으로 총선을 최소한 두 번은 맞이해야 하며 그 중 두 번째 총선에서만 후보직에 도전해볼 수 있다는 것을 의미한다. 후보자격요건이 의미가 있었던 것은 이념적 색채가 강한 대중정당 시대의 특징이었던 듯하다. 포괄정당과 카르텔정당은 선거에서의 승리를 위해 후보자격요건을 완화하거나 무시하는 경향을 보인다.

― 추가 자격요건

대부분의 정당들은 후보자격요건으로 시민권, 주소지 등을 따로 요구하지 않는다. 왜냐하면 이 요건들은 이미 선거법에 규정되어 있기 때문이다.[5] 그러나 국가가 정당의 모든 후보자들에게 일괄적으로 요구하는 요건 외에도, 정당이 자체적으로 부과하는 후보자격요건들도 존재한다.

---

5) 이에 대한 반례로는 독일의 기민당이 있는데, 기민당은 독일 국민만이 의원 후보자격을 획득할 수 있다고 규정하고 있다(Poguntke and Boll 1992).

정당은 후보자들에게 기탁금을 요구하기도 한다. 일부 국가들에서는 국가 차원에서 후보자들에게 기탁금을 요구하기도 한다. 캐나다의 보수당은 기탁금으로 1천 달러를 요구했으며(Conservative Party of Canada 2009), 체코의 기독민주연합-체코슬로바키아 국민당은 유럽의회 선거의 기탁금으로 1만 코루나(약 5백 달러)를 요구했다(Linek and Outly 2006). 후보자는 득표율이 일정 기준에 이르지 못하면 금액을 반환받지 못한다. 케냐의 국민무지개연합[6]에서는 출마희망자에게 기탁금으로 약 380달러를 요구했다(Ohman 2004).

앞서 언급했던 벨기에 사회당에서 1960년대에 제시한 후보자격요건은 과도해 보인다. 사회당에서는 5년 이상의 당원 요건 및 노동조합 가입 요건, 5년 이상의 건강보험료 납부 외에도, 사회주의 협동조합 가입 및 일정 금액 이상의 지출, 당보 구독, 당직 역임 등을 요건으로 제시했다. 이러한 요건들의 대상은 예비후보자였지만, 그 가족에게도 부과되는 요건이 존재했다. 예비후보자의 배우자는 사회당원으로서 관련 조직에 소속되어야 했고, 노동조합에 가입하고 보험료도 납부해야 했다. 자녀들은 공립학교에 다녀야 했으며, 청년조직에 소속된 당원이어야 했다(Obler 1974; De Winter 1988). 협의제적 정치(consociational politics)의 성격이 약화되면서 벨기에를 지탱하던 사회구조가 무너졌고(이를테면, 당보의 폐간, 협동조합의 와해), 사회당의 엄격한 후보자격요건은 실효성을 잃게 되었다.

다른 정당들도 예비후보자에게 추가 자격요건을 부과하기는 하지만, 위의 극단적인 사례와는 거리가 멀다. 아일랜드의 노동자당에서는 2년의 당원 요건과 정당 활동에 대한 기록 외에도 정당의 교육과정을

---

6) [역자주] 국민무지개연합(National Rainbow Coalition: NARC)은 1964년부터 이어진 케냐아프리카민족동맹(KANU)의 장기집권체제를 무너뜨리기 위해 2002년 총선 직전에 여러 정당들이 조직한 정치연합이며, 실제로 이 총선에서 승리를 거두어 집권하였다. 이후 2005년에는 하나의 정당이 되었으며 사회민주주의 노선을 취하고 있다.

이수할 것을 요구한다. 그러나 이 요건은 중앙당의 집행부에 의해 유보될 수 있다. 아일랜드의 통일아일랜드당과 진보민주당에서는 후보자가 전당대회에서 공천을 받기 전에 원내 정당이 정한 일정 금액을 선거운동을 위해 "기부"하겠다고 서약할 것을 요구한다(Farrell 1992).

아일랜드의 공화당, 통일아일랜드당, 진보민주당에서 시행하고 있듯이, 정당 수준의 일반적인 후보자격 중 하나는 정당 강령에 대한 충성 서약이다(Gallagher 1988b). 이 서약에는 정당이 최종적으로 누구를 후보자로 선정하든지 그 후보자를 지지하겠다는 조항을 포함시킬 수도 있으며, 실제로 뉴질랜드의 일부 정당들이 이 조항을 포함시켰다(Milne 1966). 또한, 당선 이후에는 의회 내에서 당론에 따라 표결에 임할 것을 약속하는 조항도 포함시킬 수 있다. 이와 같은 요건이 예비후보자군에 영향을 미칠 수도 있지만, 다른 후보자격요건들에 비해 그 중요성은 떨어진다.

어떤 정당들에서는 후보자가 당원일 필요는 없지만 현재 당원으로 활동하고 있는 사람들의 추천서를 받아올 것을 요구하기도 한다. 뉴질랜드의 노동당에서는 6명의 당원들이, 국민당에서는 10명의 당원들이 1인의 후보자를 추천할 수 있다(Milne 1966). 캐나다의 자유당과 보수당에서는 당원 25명의 서명을 요구한다(Liberal Party of Canada 2009; Conservative Party of Canada 2009). 핀란드에서는 같은 선거구에서 활동하는 여러 지역 조직들의 회원 30명 또는 1개 조직의 회원 15명이 1인의 후보자를 추천할 수 있다(Ministry of Justice, Finland). 아이슬란드에서는 후보자가 되기 위해 선거구의 규모에 따라 20-50명의 당원으로부터 추천을 받아야 한다(Kristjánsson 2002). 멕시코 민주혁명당[7]에서는 1996년 총선의 후보자가 되기 위해 당원일 것을 요구하지

---

7) [역자주] 멕시코 민주혁명당(Partido de la Revolución Democrática)은 제도혁명당의 일부 세력이 탈당하여 만든 사회민주주의 계열의 정당이다.

는 않았지만 100명 이상의 당원으로부터 서명을 받아야 했다(Combes 2003). 당원의 추천을 요구하는 요건도 한 국가 내에서 정당들마다 차이를 보인다. 가령, 네덜란드의 사회당에서는 후보자가 되기 위해 10명 이상의 당원으로부터 추천을 받아야 하지만, 녹색좌파당에서는 15명의 추천을, 카톨릭인민당에서는 25명의 추천을 받아야 한다(Koole and van de Velde 1992).

영국 노동당과 같은 정당들에서 후보자는 선거구 내의 정당 조직(지구당, 연대노조, 정당이 인정하는 다른 조직 등)에 의해 추천을 받아야 한다(Norris and Lovenduski 1995). 미국 남부의 일부 주에서 도입하고 있는 후보자격요건은 흥미롭다. 민주당의 후보자가 되고 싶은 사람이 이전 선거에서 민주당에 반대하는 선거운동을 한 경험이 있으면 예비선거에 참가할 수 없다(Key 1967, 392).

체코의 주요 정당 네 곳에서는 유럽의회 선거에 출마하고자 하는 후보자에게 사용 인구가 많은 외국어를 1개 이상 구사할 것을 요구하며, 그 중 두 곳에서는 국회의원을 역임한 경험이 있거나 지방의회의 지도부 경험이 있어야 한다(Linek and Outly 2006). 벨기에 기독사회당의 플라망 지부는 1968년 총선에 앞서(인구가 3만 명 이상인) 지방정부에서 공직을 맡고 있는 자는 후보자가 될 수 없으며 공천을 받기 전에 사임해야 한다고 결정했다. 후보자들의 다수가 지방정부에서 활동하고 있었기 때문에 이 금지조항은 상당히 중요했으며 후보자들에게 자신이 갖고자 하는 직위가 무엇인지 택하게 했다(Obler 1970).

— **현역의원**

현역의원은 예비후보자 중에서 특별한 범주에 속한다. 호주, 영국,

뉴질랜드, 네덜란드와 같은 국가들에서 정당은 현역의원을 거의 자동적으로 재공천 한다. 아일랜드의 공화당에서는 일반적으로 전당대회에서 모든 현역의원들의 재공천을 선언하는 안건을 통과시킨다(Gallagher 1988b). 일본의 자민당에서도 현역의원들은 대부분 재공천을 받는다(Shiratori 1988). 벨기에의 국민연합과 같은 소수정당들에서도 지구당대회에서 정족수의 2/3 이상이 반대하지 않는 이상 재출마를 원하는 현역의원은 명부에서 이전과 같은 순번을 배정받는다(De Winter 1988). 많은 경우에, 출마가 보장된 현직자에게는 비현직자가 충족해야 하는 후보자격요건이 부과되지도 않는다. 즉, 출마희망자가 후보자격요건을 충족한 적이 있고 공천을 받아 선거에서 당선된 경험이 있다면, 이후에는 후보자격요건이 면제된다.

정당은 왜 현역의원에게 다음 선거의 후보직을 무조건 보장하거나 최소한 그 요건을 완화해주는가? 이에 대한 간단한 답은 다음과 같다. 정당은 선거에서 승리하기를 원하며, 이러한 측면에서 보면 현역의원은 이미 검증이 끝난 사람들이다. 또한, 현역의원은 지역구에 탄탄한 지지 기반을 갖고 있을 가능성이 높으며, 따라서 소선거구제 또는 중대선거구제로 선거가 치러지는 선거구에 후보자를 출마시키는 정당에서 특히 현역의원을 재공천하는 경향이 나타난다. 또한, 현역의원은 정당 내에서 강력한 행위자이기도 하다. 즉, 현역의원은 자신의 관심사를 어디에 두어야 할지 잘 알고 있으며, 당선된 그 순간부터 재공천을 목표로 설정하여 활동한다. 현역의원의 재공천은 정당에 충성한 대가일 수도 있다. 정당은 총선이라는 큰일을 앞두고서는 가급적 당내 갈등을 억제하고자 하며, 현역의원이 재공천을 받는다는 것은 총선 직전에 잠재적인 도전자와의 갈등을 발생시킬 필요가 없다는 것을 의미한다.

그런데, 어떤 정당에서는 왜 현역의원에게 엄격한 후보자격요건을 요구하는 것인가? 이는 모든 현역의원들을 자동 재공천 할 경우, 정당은 정체된 것처럼 보일 것이며, 이러한 모습은 보기에 좋지 않기 때문이다. 정당은 총선에 앞서 새로운 얼굴, 새로운 피를 충원하여 사람들의 이목을 끌면서 긍정적으로 인식될 수 있다. 그러나 한편 현역의원과 새로운 출마희망자 간에는 균형을 맞출 필요가 있다. 현역의원을 완전히 물갈이하는 것은 정당에 바람직한 일이 아니며, 앞서 설명했듯이 현실화되기도 어렵다. 정당이 새로운 도전자를 유입시키기 위해서는 출마희망자에게 해볼 만한 경쟁이라는 생각이 들게끔 현역의원에게도 후보자격요건이 부과되어야 하며, 도전자가 자신에게 공정한 기회가 주어진다고 느낄 여지가 있어야 한다. 그러면서 동시에 현역의원이 자신의 입지가 비교적 안전한 편이어서 다른 곳에 집중해도 괜찮겠다는 생각을 가질 수 있도록 해야 한다. 하지만 당 지도부는 현역의원들이 자신에게 위협이 될 수 있는 잠재적인 도전자군을 형성할 수 있으므로 이를 두려워할 수 있다. 당 지도부는 현역의원이 재공천을 받는데 더 집중하게 함으로써 당권 경쟁을 방해받지 않도록 할 수 있다. 즉, 당 지도부는(자신들 외의) 현역의원에게 가중 과반수의 동의와 같은 특별한 장애물을 설정하여 잠재적인 도전자를 제거할 수 있다.

　　영국을 대상으로 한 흥미로운 연구에 따르면, 지구당의 공천기구가 현역의원을 탈락시킨 35개의 사례에서 절반 이상을 차지한 가장 흔한 사유는 이념이었다. 그 밖의 사유로는 지역구 관리 부실, 개인적 흠결, 연령 등이 있었지만 사례수가 훨씬 적었다(Dickson 1975).[8] 그럼에도 불구하고 지구당 조직은 이념적 갈등을 무시한 채 대부분 현역의원을 재공천하는데 그 이유는 다음과 같다.

---

8) 이념 갈등은 대부분 다른 주요 정당이 지향하는 이념에 가까워진 현역의원들(좌파에 가까워진 보수당 의원, 우파에 가까워진 노동당 의원)과 관련이 있으며, 더 극단적인 이념을 표방하는 현역의원들과는 무관하다.

(a) 후보자를 교체할 경우 선거에서 패배할 수 있다.

(b) 현역의원에 대한 실망은 곧 사그라질 것이다.

(c) 버크적 관념에 따르면, 지구당 조직이 후보자를 통제해서는 안 된다.

(d) 중앙당 조직이 현역의원 지지에 관여한다.

정리하면, 현역의원은 완전히 자동적으로 재공천을 받지 않는 경우 조차도 현직효과로 인해 이점을 갖는다.

최근, 일부 정당들에서는 국민들에게 신선한 인물을 내세우고자 후보자명부를 뒤흔들려고 시도하고 있다. 자동 재공천제(automatic re-adoption)는 이전보다 찾아보기 힘들어졌으며, 많은 경우에 현역의원은 의정활동 평가의 대상으로 다루어지고 있다. 자동 재공천제를 대체하는 가장 유명한 사례는 영국의 노동당에서 1980년대 초에 후보자 공천을 위해 도입한 바 있는 "경쟁적 재공천제(mandatory reselection)"이다.[9] 그러나 갤러거가 주장했듯이, "비록 완전히 불확실한 공천과정에서 현역의원을 보호하기 위한 특별 규정을 갖고 있는 정당은 거의 없지만, 그럼에도 대다수의 현역의원은 살아남는다."(Gallagher 1988c, 249). 실제로 노동당이 도입한 경쟁적 재공천제 하에서 공천을 받지 못한 현역의원은 거의 없었다.

일부 정당들에서는 현역의원의 재공천과정에 장애물을 설치하여 재공천이 이루어지기 어렵게 만들기도 했다. 이 경우, 현역의원은 새로운 출마희망자와는 다른 후보자격요건을 충족해야 한다. 인도 국민의회당의 선거대책위원회에서는 1957년, 1962년에 현역의원 1/3 이

---

[9] 자동 재공천제의 반대인 경쟁적 재공천제는 "총선 전에 현역의원들이 다른 경쟁자와의 경쟁을 거쳐 재공천을 받는 과정을 가리킨다."(Shaw 2001, 36). 자동 재공천제가 실제로 줄어들기는 했지만, 현역의원이 차지하고 있는 의석에 대한 경쟁은 모든 경우에 허용된 것이 아니라 특정한 조건 하에서만 허용되었다. 그런데 시간이 흐르면서 경쟁적 재공천제를 위한 요건이 강화되는 상황이 나타나기도 한다. 즉, 현직자에게 도전하기 위해 필요한 "추천인"의 수가 증가하는 경우도 있는 것이다.

상을 교체하겠다는 결정을 내렸다(Graham 1986). 또한, 국민의회당에서는 10년 이상 활동한 현역의원들에게 자발적으로 물러날 것을 권고했다. 이 정당은 1967년 총선 전에 요건을 완화하기는 했지만, 현역의원은 이전 선거에서 1천표 차 이상으로 당선되었거나 선거구에 변동사항이 없는 경우에만 재공천을 받을 수 있었다. 이탈리아 기독민주당에서는 4선 연임 제한이 제안된 적이 있으나 도입되지는 않았다. 이탈리아 공산당에서 재선 의원은 그가 현직에 남아있는 것이 중요하다고 당이 결정하지 않는 이상 교체되었다(Wertman 1977).

오스트리아 국민당은 1972년부터 현역의원이 4선 이상의 연임을 위한 재공천을 받기 위해서는 비밀투표를 통해 2/3 이상의 동의를 얻어야 한다는 규정을 도입했다. 이 규정은 의회의 임기가 2년 미만인 경우에는 적용되지 않는다(Müller 1992). 이스라엘의 노동당과 자유당에서는 재선 의원이 재공천을 받으려면 중앙당위원회에서 60% 이상의 득표를 해야 했다(Goldberg and Hoffman 1983). 아르헨티나 급진당에서는 현역의원이 재공천을 받고자 할 경우 2/3 이상의 표를 획득해야 한다(Field 2006). 독일 녹색당은 현역교체에 관한 규정을 도입하였는데, 현역의원이 재공천을 받으려면 70% 이상의 동의를 얻어야 한다. 이 정당에서는 70%의 "기준이 적절"하다고 생각하고 있다(Ware 1987). 스웨덴 녹색당에서는 1986년에 의원들의 3선 이상 연임을 금지했다(Pierre and Widfeldt 1992).

─ 후보자격요건 유형화에 있어서의 장애물

우리가 정당 수준의 후보자격요건에 관한 비교연구의 자료를 얻는 정보원은 주로 세 가지이다. 첫 번째 정보원은 정당들에 관한 자료집이다. 자료집 중에서는 카츠와 메이어의 자료집(Katz and Mair 1992)이 가장 유명하다. 이외에도 각국의 전문가들이 내놓은 자료집이 있지만, 정당의 후보자격요건에 관해서는 거의 다루지 않는다.

두 번째 정보원은 공천만을 다루고 있는 책들인데, 여기에서는 각국의 전문가들이 해당 국가의 공천에 대해 다루고 있다. 이에 대한 사실상 유일한 사례라고 할 수 있는 것은 갤러거와 마쉬의 책(Gallagher and Marsh 1988)이다. 나루드·패더슨·베일런(Narud, Pedersen, and Valen 2002c)에서는 북유럽 4개국만 주목하고 있으며, 오만(Ohman 2004)은 아프리카, 그중에서도 특히 가나에만 집중한다. 이 세 권의 책들에서도 정당 수준의 후보자격요건에 대해서는 거의 주목하지 않는다.

세 번째 정보원은 민주주의를 지향하는 기관들, 특히 당내민주주의를 주창하는 기관들에서 축적한 자료이다. 가령, 국립민주주의연구소는 전 세계에 있는 여러 정당들의 후보자격요건에 대한 최신의, 최고의 자료들을 제공한다(Ashiagbor 2008). 이 자료들에서는 이를테면, 영국 노동당이 최소한의 후보자격요건을 부과하고 있다는 사실(1년의 당원 요건, 정당에서 인정한 노동조합의 가입, 노조 조합비 납부)을 알 수 있다. 캐나다 자유당의 2007년 중앙당 공천 절차 규정은 후보자격요건에 대해 다음과 같은 기준을 바탕으로 상세하게 설명했다(Ashiagbor 2008, 57).

- 당원(당비 납부 당원)
- 관련 서식 구비
- 캐나다의 법률상 피선거권 보유
- 정당과 선거구에 대한 채무 이행 완료
- 연방정부, 주정부, 지방정부의 법령 준수
- 당비 납부 당원 25명의 추천 서명
- 신원조사를 받을 것(이를 거부하거나 문제가 있을 경우 제재를 당함)
- 시·도당 또는 지구당 위원장의 승인(당 지도자에게는 이 승인을 철회할 수 있는 재량권이 있음)

가나 신애국당[10]의 당헌(제11조 제4항)에서 볼 수 있는 후보자격요
건은 명목상으로는 더 까다롭다(그러나 실제로는 그렇지 않을 수도 있다).
신애국당의 공천을 받고자 한다면 다음의 조건을 충족해야 한다
(Ashiagbor 2008, 61).

- 2년 이상 활동한 당원이어야 하며 이 사실이 알려져 있어야 함
- 출마하고자 하는 선거구에 등록된 유권자이자 당원이어야 함
- 성품이 좋아야 함
- 당비 납부 당원이어야 함
- 선거법상의 피선거권이 있어야 함
- 중앙당 집행위원회가 책정한 금액을 납부해야 함
- "총선 후보자 서약서"에 서명해야 함

또한, 가나의 정당들은 관행적으로 예비후보자에게 수수료를 요구
한다. 어떤 정당들에서는 원서료와 심사료로 나누어 비용을 두 차례
요구하기도 한다. 남아프리카공화국의 아프리카민족회의[11]에서는 후보
자들에게 다음과 같이 아주 독특한 후보자격요건을 요구한다(Ashiagbor
2008, 31).

- 당비 납부 당원으로서, 민주화 운동에 참여하고 헌신했다는 기록이
  있어야 함
- 정당에 긍정적인 기여를 할 수 있도록 경험과 전문성을 갖추고 있
  어야 함

---

10) [역자주] 가나 신애국당(New Patriotic Party: NPP)은 1992년 민주화 시기에 등장한 가나의
    주요 정당으로 중도 우파 노선을 취한다. 1992년 대선에서 부정이 있었다고 주장하며 같은 해
    에 치러진 총선에 불참하였으며, 이후에는 제1당 또는 제2당의 지위를 누렸다.
11) [역자주] 남아프리카공화국 아프리카민족회의(African National Congress: ANC)는 1912년에
    창당된 좌파민족주의 계열의 정당이다. 1990년대 이후로 모든 총선, 지방선거에서 승리했다.

- 전과기록이 없어야 함(1994년 4월 이전에 처벌받은 정치사범은 예외)
- 부정, 부패, 분열 획책에 개입하거나 정당의 행동강령에 위배된 적
  이 없어야 함

후보자격요건에 관한 포괄적인 자료 구축은 여전히 요원한 일이다. 정당의 홈페이지들이 양산되면서 다소 수월해지기는 했지만 여전히 많은 정당들에서는 공천과 후보자격요건에 대한 세부적인 사항들을 게시하고 있지 않으며 자료를 공개할 때에도 현지어로만 공유하고 있다. 공천에 대한 관심이 높아지고 이에 대한 출판물도 많이 나오고 있는 최근의 상황이 이어져 가까운 시일 내에 후보자격요건에 관한 포괄적인 자료가 구축되기를 소망한다. 지금은 여러 시기의 여러 정당들을 비교하여 후보자격요건의 차이와 변화를 분석하는 연구는 고사하고, 후보자격요건을 다루는 예비적 연구에서도 여전히 큰 어려움을 겪고 있는 상황이다.

─ 후보자격요건의 민주화

공천방식에서 민주화는 최근 나타나고 있는 흥미로운 경향 중 하나이다(Bille 2001; Hazan and Pennings 2001; Hazan 2002; Kittilson and Scarrow 2003; Scarrow, Webb and Farrell 2000). 공천방식에서 민주화의 경향이 나타나고 있다고 제기하는 주장들은 후보자격요건이 아닌 공천주체에 관한 자료에 근거를 두고 있다. 그러나 우리는 공천방식의 민주화를 공급 측면의 참여 확대와 공천과정에서의 참여 확대로 정의할 수 있다. 즉, 정당이 개방적인 후보자격요건과 개방적인 공천주체를 도입하는 것으로 정의할 수 있다. 후보자격요건을 민주화하

기 위해서는 정당들이 부과하는 제한사항을 줄여서 예비후보자군을 확대하면 되지만, 공천의 민주화에는 공천주체의 개방성 확대도 포함되어야 한다.

따라서 이 책의 제2부에서 다룰 예정인 공천의 민주화가 갖는 의의를 이해하기 위해서는 후보자격요건과 공천주체의 관계를 평가하는 것이 중요하다. 후보자격요건과 공천주체는 우리의 분석틀에서 공천방식을 분석하기 위한 두 가지 차원에 해당한다. 두 가지 차원이 모두 확대되면 의미 있는 정치적 결과가 나타나지만, 한 가지 차원은 배타적이고 다른 한 가지 차원은 개방적인 경우에는 의미 있는 정치적 결과가 산출되지 못하거나 제한적인 결과만 산출될 수 있다. 예를 들면, 만일 공천주체의 개방성에는 변화를 주지 않은 채 후보자격요건의 개방성을 확대한다면, 최종 결과에 대한 통제력은 크게 줄어들지는 않을 것이다. 이탈리아 공산당에서는 비당원들도 후보자가 될 수 있기는 했지만, 공천과정은 배타적인 공천주체의 통제 하에 있었다(Wetman 1988). 이와 반대되는 사례는 벨기에 사회당이다. 사회당에서는 공천주체가 당원이었으므로 개방성이 상당히 컸지만 동시에 후보자격요건의 배타성도 매우 컸다. 지금까지는 총선의 후보자격요건에 대하여 설명했다. 이제부터는 공천방식에서 후보자격요건보다 더 중요한 공천주체에 대해 살펴보자.

제3장
공천주체

공천방식의 분석에서 후보자격요건에 이은 두 번째 차원은 공천주체(Selectorate)이다. 두 차원은 각각 공천의 "공급"과 "수요" 측면에 해당하는데, 제3장에서는 공천의 대상이 아닌 주체를 다룬다. 후보자격요건은 공천의 대상이 될 수 있는 참가자의 수를 줄이며, 공천주체는 이렇게 줄여진 참가자의 수를 실제 총선 출마자의 수준으로 다시 압축한다.

정당정치의 구성요소로서 공천주체를 최초로 다룬 책은 패터슨의 『공천주체(The Selectorate)』(Paterson 1967)이다. 그는 이 책에서 영국의 공천을 설명하면서 불만을 드러내고 예비선거 도입의 필요성을 제기했다. 이 책은 공천주체에 주목하고 있기는 하지만, 이를 체계적으로 다루거나 명확하게 정의하고 있지는 않다. 비교적 최근에는 게임이론가들이 selectorate[1]이라는 용어를 받아들여 국내의 정치제도, 대외정책, 정치지도자의 생존 간의 상호작용에 주목하고 있다(Bueno de

---

1) [역자주] 현재 우리 학계에서는 메스키타(Bueno de Mesquita)의 selectorate 개념을 '선정인단(選定人團)' 또는 '선출인단(選出人團)'으로 번역하고 있다.

Mesquita et al. 2003). 이 이론에서는 선정인단의 개념을 "현직자의 승리연합(winning coalition)을 이루는 구성원이 될 것이라고 기대되는 시민들의 집합"으로 제시하고 있다(Bueno de Mesquita et al. 2002, 273). 이때, 지도자에게 정권의 획득 또는 유지를 위해 필요한 것은 승리연합(선정인단의 부분집합)이다(Enterline and Gleditsch 2000). 그러나 이 개념은 정당정치 연구자들에게 거의 도움을 주지 못한다. 왜냐하면 이 이론은 민주주의 국가의 선정인단을 유권자 혹은 투표참여자와 동일시하고 있기 때문이다. 다만, 합리적 선택 이론의 접근은 selectorate의 **규모**를 중요한 변수로 강조하고 있다는 점에서 흥미롭다.

정당, 특히 공천에 대해 논의할 때, 공천주체란 정당의 공직후보자를 선정하는 기구를 뜻한다. 베스트와 코타는 공천주체를 "중요한 매개체이다. … 유권자를 대표하고 공천에 관여하는 정당조직, 파벌, 관료집단 등이다."(Best and Cotta 2000a, 11)라고 서술했다. 이러한 공천주체는 1인 혹은 복수의 사람들로 구성될 수 있다(가장 많은 사람들로 구성되는 경우는 공천주체가 유권자 전체일 때이다). 공천방식의 분류에 이용되는 각각의 기준들은 정치에 서로 다른 영향을 미치지만, 공천주체는 공천방식의 다른 차원들에 비해 정치인, 정당, 의회에 미치는 영향이 매우 중요하며 광범위하다.

뒤베르제는 대표들이 이중의 위임을 받는다고 주장한다. "대표자들은 유권자들에 의해 선출되기 전에 정당의 선택을 받는다. … 국가와 정당마다 중요하게 여기는 바가 다를 수 있겠지만, 전반적으로 유권자의 위임보다 정당의 위임이 더 중시되는 듯하다."(Duverger 1954, 353). 각 공천주체가 우선순위에 따라 선정한 후보자들에게는 제약이 생긴다(공천주체의 우선순위가 달라질 경우 공천을 받는 후보자가 바뀔 수도 있다). 보첼과 덴버는 노동당의 공천주체를 다룬 연구에서 "공천주체는 자신의 선택에 의해 하원의 이념적 입장, 사회적 특성, 능력의 범위를 실제로 결정한다."(Bochel and Denver 1983, 45)라고 말했다. 이를 베스트와 코타는 다음과 같이 아주 적절하게 표현했다(Best and Cotta 2000a, 11-12).

> 공천주체에 의한 후보자의 선정은 복잡한 선택의 결과이다. 다시 말해서, 공천주체는 후보자가 선거에서 승리하기 위한 자원의 가치, 공천주체와의 이념적 일체성 및 공천주체를 위한 실무적 기능, 충성심(후보자가 당선된 이후에도 공천권자들이 명시적·묵시적으로 기대하고 있는 바를 충족할지) 등을 고려하여 선정한다. 공천주체는 정치적 충원이라는 시장에서 수요자이면서 동시에 유권자를 만족시킬 만한 공급을 제공해야 하는 공급자이기도 하므로, 공천과정에서 작용하는 요소들의 상대적 중요성은 그때그때마다 달라질 수 있다. 이를테면, 공천주체가 선거라는 시장의 중요한 부분을 확실하게 통제하고 있는 상황에서는 후보자의 선거운동 역량보다 충성심과 이념적 일치 여부가 중요한 것으로 간주될 수 있다.

따라서 공천주체의 변경은 중요한 정치적 결과를 초래할 것임을 예상해볼 수 있다. 공천주체가 매 선거 직전마다 변경되지는 않을 텐데, 그 이유는 이 제도 또한 다른 정치제도들과 마찬가지로 어느 정도의 안정성을 선호하기 때문이다. 그럼에도 공천방식(가령, 공천주체)은 선거제도보다 훨씬 더 자주 변경될 수 있으며 이로 인해 공천방식, 그 중에서도 특히 공천주체는 정치개혁과 정치변화를 위한 중요한 원천이된다.

공천방식에서 중요한 변화와 개혁은 정당정치의 세 가지 수준 간의 상호작용에서 비롯된다. 첫 번째는 정당 내 경쟁 즉, 권력 장악을 위한 파벌, 진영, 개인 간의 경쟁이다. 당내 수준에서 개인들과 파벌들은 당내 입지를 강화하기 위해 변화를 모색하고 추구한다. 가령, 소장파는 원로의원들을 몰아내고 우위를 점할 수 있다는 생각에서 당내에 예비선거를 도입하자고 주장할 수 있다. 두 번째는 정당 간 경쟁 즉, 권력 장악을 위한 정당들 간의 경쟁이며, 주로 선거를 통해 이루어진다. 정당 간 수준에서는 많은 경우에 한 정당이 경쟁 정당에 비해 입지를 강화하기 위하여 변화를 주도하고 도모한다. 예를 들면, 선거에서 패배한 정당은 당의 이미지를 개선하기 위해 공천방식을 개혁할 수 있다. 세 번째는 정당이 활동하는 일반적인 환경으로서의 정치체제이다. 정당이 공천방식을 유지할지 또는 개혁할지를 결정할 때, 그 기저에 있는 정치체제와 사회·기술·문화의 발전에 영향을 받거나 혹은 제약될 수도 있다(Barnea and Rahat 2007). 정치체제 수준에서, 보다 개방적인 공천주체의 도입은 정당의 쇠퇴나 적응을 유발하는 일반적인 차원에서의 장기적 발전에 대한 대응으로 설명할 수 있다(Scarrow 1999a; Katz 2001).

제3장에서는 공천주체를 상세히 설명하는 것에 초점을 맞춘다. 이를 통해 여러 국가의 학자들은 자국 및 타국의 공천주체를 분류하고 분석할 때 공통의 언어를 사용할 수 있을 것이다. 이 분류법을 수용하면 시간과 정당을 넘나들며 국가 내 비교와 국가 간 비교를 수행할 수 있을 것이다. 이어지는 절들에서는 정당의 공천 절차를 민주적으로 개혁할 경우 발생할 수 있는 정치적 결과를 볼 것이며, 특히 공천주체의 규모 확대에 초점을 맞추어 설명할 것이다.

— 공천방식:
단순 방식, 혼합 방식, 다단계 방식, 가중 방식

공천방식 중에서 단순 방식(simple selection method)이란 단일한 공천주체가 모든 후보자를 선정하는 것이다. 단순 방식은 개방성의 정도에 따라 쉽게 구분할 수 있다. 공천주체는 〈그림 3.1〉에 제시된 것처럼 전형적인 다섯 가지의 유형으로 구분된다.

▶▶ 그림 3.1. 공천주체

| 유권자 | 당원 | 당 대의원 | 당 엘리트 | 1인 지도자 |

개방적 ◀━━━━━━━━━━━━━━━━━━━━━━━━━━━● 배타적

1. 유권자(voters): 가장 개방적인 공천주체. 이 공천주체는 총선에서 투표권을 갖는 유권자 전체를 포괄한다.[2]
2. 당원(party members): 매우 개방적인 공천주체. 여기서 당원은 유럽식 의미의 당원이다. 즉, 미국과 같이 국가에 의해 당적이 관리되는 단순한 정당 지지자(1번 범주에 해당)를 의미하는 것이 아니라 정당이 자체적으로 관리하는 당원 개념을 말한다.[3]
3. 당 대의원(party delegates): 개방성이 중간 정도인 공천주체. 대의원은 당원들이 선출한 대표들로 구성되는데, 당기구(가령, 대의원대회, 중앙위원회)의 구성원일 수도 있고, 공천이라는 특수한 목적만을 위해 선출된 대의원단일 수도 있다.
4. 당 엘리트(party elite): 매우 배타적인 공천주체. 이 공천주체는 간선제로 선출되거나 보다 규모가 큰 당기구에서 승인을 받은 소규모의 당기구와 위원회를 말하며, 비공식적 집단들인 경우도 있다.
5. 1인 지도자(a single leader): 가장 배타적인 공천주체.

---

2) 일부 국가들에서는 이 범주의 공천주체가 유권자(선거권자)보다 더 포괄적인 경우가 존재한다. 가령, 캐나다에서는 이민자들이 아직 시민권을 획득하지 못한 상태에서도 당원이 될 수 있으며 공천과정에도 참여할 수 있다(Cross 2004). 이스라엘에서는 1992년 정당법 개정(Article 20A)으로 입당할 수 있는 최소 연령 기준이 17세로 하향 조정되었고 그 결과 미성년자들도 예비선거를 실시하는 정당들에서 투표권을 행사할 수 있게 되었지만, 총선에서 투표권을 행사하기 위한 최소 연령 기준은 18세이다(이스라엘 정당법). 핀란드의 중도당(Suomen Keskusta)은 15세 이상의 당원들이 예비선거에 참여할 수 있게 한다(Kuitunen 2002).
3) 미국의 정당 등록과 당원 신분의 차이에 대해서는 카츠와 콜로드니(Katz and Kolodny 1994)를 참고할 것.

제시된 범주들은 1단계로 종결되는 단순 방식(a simple, one-stage, and uniform candidate selection method)을 분석하는 데에는 용이하다. 가령, 단순 방식에서는 모든 예비후보자가 동시에 동일한 공천주체를 거치게 된다. 하지만 현실에서 우리는 복합적인 공천방식들(complex candidate selection methods)도 경험한다. 복합적인 방식들에서는 서로 다른 후보자들이 개방성의 수준이 다른 공천주체들을 거치게 되거나, 같은 후보자들이 개방성의 수준이 다른 복수의 공천주체들을 거치게 된다.

우리는 복합적인 공천방식을 **혼합**(assorted) 방식, **다단계**(multistage) 방식, **가중**(weighted) 방식의 세 가지 형태로 구분한다. 〈그림 3.2〉에서 볼 수 있듯이, 혼합 방식에서 **서로 다른** 후보자들은 개방성의 수준이 다른 공천주체들을 거치게 된다. 벨기에 정당들의 1960년대-1990년대 사례가 대표적인데, 같은 정당의 후보자들일지라도 서로 다른 공천주체들에게 공천을 받았다. 벨기에의 주요 정당들에서는 당원들, 중앙당·지구당의 대의원들, 지구당의 엘리트들이 각각 후보자 일부를 지명하거나 공천한다(De Winter 1988; De Winter and Brans 2003; Deschouwer 1994; Obler 1970). 호주에서는 같은 정당에 소속된 후보자들이라도 각 주마다 다른 공천주체들을 거치게 된다(Norris et al. 1990).

다단계 방식에서는 **같은** 후보자들이 복수의 공천주체들을 거치게 된다. 예를 들면, 영국의 보수당과 노동당에서는 중앙당의 특별위원회가 출마희망자들을 사전 심사하여 적격 후보자 명단을 만든다. 그 후 각 지구당의 소규모 당기구(20-25명 정도)가 후보자들을 다시 걸러내고, 수십에서 수백 명에 이르는 출마희망자들을 압축한 "예비후보자명부(short list)"를 작성한다. 이 명부는 개방성이 더 큰 당기구에 제출되어 공천 절차를 거치게 되는데, 최근에는 당기구 대신 매우 개방적인 공천주체인 당원이 그 역할을 대신하고 있다. 사전에 후보자격요건에 의해 걸러진 전체 후보자군을 첫 번째 단계에서 공천주체(또는 복수의 공천주체들)가 심사하여 최대한 압축하지만, 공천에 대한 최종 결정권을 가지고 있는 것은 마지막 단계의 공천주체(대의원 또는 당원)이다(Norris and Lovenduski 1995).

▶▶ 그림 3.2. 복합적인 공천방식

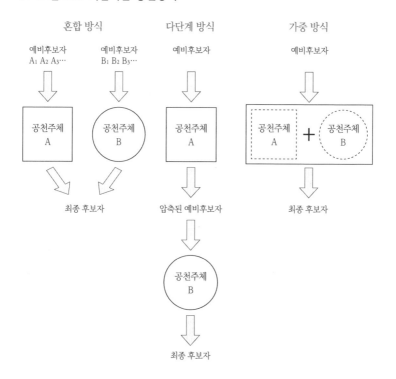

다단계 방식에서는 당원이 선정하는 단계 이후에 선출직 당기구가 선정하는 단계를 둘 수 있다. 예를 들면, 공천권을 당원과의 협의를 거쳐 당기구에 위임할 수도 있고, 당기구가 당원들이 선정한 후보자들에 대해 거부권을 행사할 수도 있다. 예를 들면, 프랑스 사회당에서는 시·도당의 집행위원회가 지구당의 당원들과 협의한 후에 후보

자를 선정한다(Depauw 2003). 한편, 영국의 정당들(Norris and Lovenduski 1995), 캐나다의 정당들(Cross 2002; Erickson 1997), 뉴질랜드의 정당들(Vowels 2002), 아일랜드의 정당들(Gallagher 2003)에서는 당기구가 그러한 거부권을 거의 행사하지 않는다. 그럼에도 불구하고 당기구의 영향력은 여전히 큰 편인데, 그 이유는 공천주체들이 추후 당기구에 의해 거부를 당할 가능성이 높은 후보자를 공천하려고 하지 않기 때문이다.

가중 방식이란 **같은** 후보자(들)를 선정할 때 복수의 공천주체들에 가중치를 부여한 후에 투표수를 **함께** 고려하여 결과를 정하는 방식이다. 영국 노동당은 1992년 총선의 후보자를 선정하기 위한 마지막 단계에서 가중 방식을 활용했다(Criddle 1992). 즉, 총선에 출마할 후보자를 연대노조들(40% 이하)과 당원들(60% 이상)에 가중치를 부여하여 집계된 결과로 결정하였다. 뉴질랜드 노동당도 소선거구의 후보자를 선정할 때 가중 방식을 이용했다(Mulgan 2004; Sheppard 1998). 이 방식에서는 중앙당기구가 추천한 대의원(3인)의 투표수, 지구당기구가 추천한 대의원(1인 또는 2인)의 투표수, 당원이 선출한 대의원(1인)의 투표수, 당원들의 투표(추가적인 대의원 1인으로 간주)에 가중치를 부여하여 집계되었다. 대만의 국민당과 민진당은 여러 해에 걸쳐 다양한 형태의 가중 방식을 이용한 경험이 있다. 이 방식에는 당 간부들과 당원들의 투표가 가중 방식으로 포함되었으며, 이후에는 당원들의 투표와 여론조사 결과를 가중 방식으로 포함하여 종전보다 개방성이 큰 방식을 도입하기도 했다(Baum and Robinson 1999; Fell 2005). 가중 방식 또한 혼합 방식 및 다단계 방식과 마찬가지로 권력을 정당 내부의 복수 세력들에게 분산시킨다. 이는 당내 세력 간의 타협에서 비롯된 결과로볼 수도 있지만, 최상의 후보자를 선정하기 위해 최적의 조합을 찾으려는 시도로 볼 수도 있다(Rahat 2009).

― 복합적인 공천방식에서 발생할 수 있는 문제의 처리

복합적인 공천방식은 분류하기가 쉽지 않다. 이 글의 목표는 국가 간 비교, 정당 간 비교의 분석틀을 제시하는 것이기 때문에, 1단계로 종결되는 단순한 공천방식과 복합적인 공천방식(혼합 방식, 다단계 방식, 가중 방식 등)을 통합할 필요가 있다.

혼합 방식이 복잡한 이유는 두 단계로 나누어 진술할 수 있다. 첫째, 정당 내 공천주체들 각각에 대하여 따로 연구를 진행해야 하기 때문이다. 둘째, 공천방식의 "종합(summing up)"이라는 목적을 달성하기 위하여, 각 공천주체의 상대적 영향력을 계산해야 하는데, 이때 어떤 공천주체가 선정했는지를 기준으로 당선가능성이 있는 후보자의 비율을 측정해야 하기 때문이다. 대의원과 당원이 각각 후보자의 절반씩 공천할 경우, (비교를 위해 종합하자면) 이때의 공천주체는 대의원의 영역과 당원의 영역 사이에 위치한다.

다단계 방식이 복잡한 이유는 약간 다른 두 가지 단계로 나누어 살펴볼 수 있다. 첫째, 각 단계에 대한 분석이 독립적으로 수행되어야 하기 때문이다. 둘째, 각 단계의 상대적 중요도가 측정되어야 하기 때문이다. 어떤 단계가 형식적인 절차에 불과하다면 고려대상에서 배제되어야 한다. 당선가능성이 있는 후보자에 초점을 맞추어, 명부 구성에 복수의 단계들이 실질적으로 영향을 미치고 있다면 각 단계의 비중을 고려해야만 결과를 도출할 수 있다. 이렇게 도출된 결과를 바탕으로 공천방식을 연속선상에 배치할 수 있게 된다.

가중 방식은 각 공천주체에 할당된 상대적 중요도를 고려하여 취급해야 한다. 예를 들면, 당원 투표와 대의원 투표의 비중이 같을 경우, 개방성의 수준은 두 영역 사이에 위치한다. 한 공천주체가 행사하는 표의 비중이 클 경우(가령, 당원 70 대 대의원 30), 개방성의 측면에서는 정당 예비선거에 가까운 것으로 취급한다. 이후의 절에서는 이와 같은 해법을 조작화한 사례들을 연속선 그림에 그려 넣어 보다 단순하게 비교해볼 수 있도록 제시하고자 한다.

─ 개방성-배타성의 연속선

이 절에서는 개방성-배타성의 연속선을 살펴본다. 가장 개방적인 공천주체인 유권자에서 시작해서 가장 배타적인 공천주체인 1인 지도자에서 끝날 것이다. 그 과정에서 기존 민주주의 국가들 및 신생 민주주의 국가들을 포괄하는 정당들의 사례를 접하게 될 것이다. 또한, 단순 방식뿐만 아니라 혼합 방식, 다단계 방식, 가중 방식 등 복합적인 방식들도 살펴볼 것이다.

유권자

연속선에서 가장 개방적인 지점에 해당하는 사례들의 대부분을 차지하고 있는 것은 미국 50개 주에서 시행하고 있는 예비선거이다. 미국 예비선거들의 정확한 위치는 각 주의 법률에 규정된 예비선거의 참여 관련 조항에 따라 조금씩 차이가 있다(Gerber and Morton 1998; Kanthak and Morton 2001; Merriam and Overacker 1928; Ranney 1981).[4] 뒤베르제는 미국의 일부 주에서는 후보자의 이름 옆에 소속 정당을 병기하지 않는다는 사실을 지적하면서, "이것은 더 이상 예비선거가 아니며 본선거의 첫 번째 투표에 해당한다."라고 했다(Duverger

---

[4] 예비선거 이전의 대의원대회 승인 여부가 공천방식이 어디에 위치하는지에 영향을 줄 수 있으며, 승인 절차가 있다면 예비선거가 더 배타적인 2단계 과정으로 전환된다. 그러나 이 요소가 공천과정에 미치는 효과가 미미하므로 무시하고자 한다(Galderisi and Ezra 2001).

1954, 363). 연속선에서 가장 개방적인 지점에는 루이지애나주의 1978-2006년[5] 총선 직전에 실시된 미국식 **초당적** 예비선거(Nonpartisan primary)가 있다(Engstrom and Engstrom 2008; Maisel and Brewer 2007).[6] 초당적 예비선거는 모든 등록 유권자가 어떤 정당의 후보자에게도 투표할 수 있기 때문에 개방성이 가장 크다고 할 수 있다(Ranney 1981).

〈그림 3.3〉에서 볼 수 있듯이, **일괄형** 예비선거(Blanket primary)도 가장 개방적인 지점에 위치하며 워싱턴주(1938년 이후), 알래스카주(1968년 이후), 캘리포니아주(1998년, 2000년)[7]에서 이용된 바 있다(Engstrom and Engstrom 2008). 일괄형 예비선거에서 유권자는 모든 정당의 후보자들이 함께 기재된 하나의 투표용지를 받게 되며 선거를 치르는 각각의 직위 별로 어떤 정당의 후보자에게 투표할지를 결정한다. 초당적 예비선거 및 일괄형 예비선거에 참여하는 사람들은 자신이 지지하는 정당을 밝히지 않아도 된다.

개방형 예비선거(Open primary)는 미국의 여러 주에서 이용하고 있는데,[8] 초당적 예비선거와 일괄형 예비선거에 비해 약간 배타적이다. 즉, 개방형 예비선거에서 유권자는 초당적 예비선거, 일괄형 예비선거에서와 마찬가지로 자신이 참여하고자 하는 예비선거를 결정할 때 지지하는 정당을 밝힐 필요가 없지만, 두 예비선거와 달리 그 중 한 정당의 예비선거에만 참여할 수 있다.

---

5) [역자주] 루이지애나주에서는 2006년 폐쇄형 예비선거로 전환하는 법안이 통과되어 2008년에 시행되었으나, 2010년 일괄형 예비선거로 다시 전환하는 법안이 통과되었다.
6) 초당적 예비선거는 미국의 연방정부 보다 낮은 수준, 특히 지방정부 수준에서 주로 나타난다.
7) 캘리포니아주 대법원의 판결로 일괄형 예비선거가 폐지된 것에 관해서는 페르실리의 논문(Persily 2001)을 참고할 것.
8) 다음의 주에서 공화당과 민주당은 개방형 예비선거를 이용한다. 미시간·몬태나(1960-1990년), 미네소타·유타·위스콘신(1960-1996년), 알래스카(1960-1966년), 노스다코타(1968-1986년), 버몬트(1972-1996년), 하와이(1960년대부터), 아이다호(1976년 이후).
출처: Kolodny and Katz 1992; Goodliffe and Magleby 2000; State of Hawaii; Idaho Secretary of State.

준폐쇄형 예비선거(Semi-closed primary)는 미국의 공화당과 민주당이 일부 주에서 이용하고 있다.[9] 준폐쇄형 예비선거의 참여자는 자신이 지지하는 정당을 예비선거일 당일에만 밝히면 된다. 무당파는 자신이 참여하고자 한다고 밝힌 정당의 공천에 참여할 수 있다.[10] 이 예비선거는 유권자의 정당 선호 공개를 요구하고 있으므로 가장 개방적인 지점으로부터 조금 더 떨어져 있다. 이와 같은 준폐쇄형 예비선거는 아이슬란드, 대만, 멕시코, 스페인에서도 이용하고 있다.[11] 크리스티안손에 따르면, 아이슬란드의 정당들(사회민주당, 진보당, 독립당)은 1971년부터 일부 선거구에서, 때로는 모든 선거구에서 예비선거를 실시하였으며 해낭 선거구의 시민이라면 누구나 참여할 수 있다(Kristjánsson 2002). 대만의 국민당에서는 1998년에(Fell 2005), 멕시코의 민주혁명당에서는 2003년에(Wuhs 2006) 모든 유권자가 참여할 수 있는 예비선거가 도입되었다. 스페인의 카탈루냐 사회당에서는 "등록된 지지자(registered sympathizers, 당원이 아니며 당비도 납부하지 않지만 지지자로 등록한 사람)"가 되면 후보선정에 참여할 수 있다(Hopkin 2001).

---

9) 일부 문헌들에서는 이 유형에 "준개방형(semi-open)"이라는 명칭을 붙인다. 우리가 준폐쇄형이라는 명칭을 선호하는 이유는 폐쇄형 예비선거와 개방형 예비선거 간의 핵심적인 차이가 폐쇄형 예비선거가 갖는 특성인 유권자가 자신의 정당 선호를 공개할 필요가 있다는 점에 있기 때문이다. 준폐쇄형 예비선거에서 유권자는 자신이 어떤 정당의 예비선거에 참여할 것인지를(참여 직전에라도) 공개해야 한다.

10) 다음의 주에서 공화당과 민주당은 준폐쇄형 예비선거를 이용한다. 앨라배마·아칸소·조지아·일리노이·인디애나·미시시피·미주리·사우스캐롤라이나·테네시·텍사스·버지니아(1980년대와 1990년대), 애리조나(2000년 이후), 캘리포니아(2002년 이후).
출처: Goodliffe and Magleby 2000; Arizona Constitution; California Secretary of State

11) 미국 외의 국가에서 "개방형(open)" 예비선거라고 부르는 것과 미국에서 개방형 예비선거라고 부르는 것 간에 차이가 있음을 언급할 필요가 있겠다. 미국 외의 국가에서 개방형 예비선거는 비당원들도 참여할 수 있는 공천방식이다. 미국식 개방형 예비선거에서 유권자는 자신이 지지하는 정당을 공개하지 않고도 예비선거에 참여할 수 있다. 따라서 우리는 미국 외의 국가에서 시행되고 있는 개방형 예비선거를 미국식 준폐쇄형 예비선거와 비슷한 것으로 간주한다.

미국식 **폐쇄형** 예비선거(Closed primary)는 유권자가 예비선거일 전에 자신이 지지하는 정당에 등록할 것을 요구한다. 그러므로 이 예비선거는 가장 개방적인 지점으로부터 조금 더 멀리 떨어져 있다. 미국의 일부 주에서 이용 중인[12] 폐쇄형 예비선거는 유권자의 영역과 당원의 영역 중간에 위치한다. 대만의 민진당에서 1998-2001년에 도입한 공천주체의 개방성도 이러한 중간지점에 위치하고 있는데, 민진당은 당원 투표와 여론조사 결과를 혼합하여 독특한 가중 방식의 공천주체를 도입한 바 있다(Baum and Robinson 1999; Fell 2005).

개방형 당대회(Open convention)에서는 모든 유권자가 공천을 위한 회합에 참여할 수 있지만, 개방성이 가장 큰 공천주체 중에서는 배타적인 편이다. 개방형 당대회에서 유권자는 자신이 지지하는 정당을 밝히거나 사전에 등록하지 않았더라도 공천 회합에 참여할 수 있다. 하지만 이 회합은 특정한 시간과 장소에서 개최되므로, 개방형 당대회는 유권자에게 요구하는 바가 많은 축에 속한다. 이 공천방식은 미국의 코커스(Caucus)와 유사하며(Marshall 1978), 캐나다에서는 정당들이 당원 가입을 제도화하기 이전 시기에, 특히 1920년대부터 1950년대까지의 시기에 이용했다(Engelmann and Schwartz 1975; O'Brien 1993).[13]

---

12) 다음의 주에서 공화당과 민주당은 폐쇄형 예비선거를 이용한다. 플로리다(1960-2008년), 애리조나(1960-1998년), 캘리포니아·코네티컷·델라웨어·켄터키·메인·메릴랜드·매사추세츠·네브래스카·네바다·뉴햄프셔·뉴저지·뉴멕시코·뉴욕·노스캐롤라이나·오하이오·오클라호마·오리건·펜실베이니아·사우스다코타·웨스트버지니아·와이오밍(1960-1996년).
출처: Kolodny and Katz 1992; Goodliffe and Magleby 2000; Florida Department of State. 이들 중 일부 주에서는 정당이 준폐쇄형 예비선거를 실시하고자 하면 허용해주며, 무당파 유권자도 참여할 수 있다. 물론, 이들 주에서도 폐쇄형 예비선거가 기본이다.
13) 스캐로우(Scarrow 1964)는 자유당이 1962년 온타리오주의 공천과정에서 보인 역동성을 기술한 바 있다.

당원

이제 당원의 영역으로 진입한다. 당원의 영역은 가장 개방적인 공천주체에 해당하는 것은 아니지만 일반 유권자에 가까운 편이다. 네덜란드의 민주66당(Democrats 66)이 2004년 유럽의회 선거에서 도입한 사례가 여기에 해당한다. 민주66당은 당원과 유권자가 모두 참여할 수 있는 공천 회합을 개최하였지만, 당원만이 최종 결정권을 가졌으며 우편투표를 통해 행사했다(Depauw and Van Hecke 2005; Hazan and Voerman 2006). 대만 국민당도 2001-2004년에 여론조사와 당원 투표를 모두 고려하는 가중 방식의 공천주체를 이용한 적이 있다(Fell 2005). 또 다른 사례인 아르헨티나의 페론당[14]과 급진당[15]에서는 1983-2001년 일부 선거구의 예비선거에서 당원과 무당파가 참여할 수 있었다(De Luca, Jones, and Tula 2002; Jones 2008).

당원의 영역 한가운데에는 전형적인 유럽식 폐쇄형 예비선거가 위치한다(Newman and Cranshaw 1973). 미국식 폐쇄형 예비선거와 달리, 유럽식 폐쇄형 예비선거란 등록만 한 정당 지지자는 공천권자가 될 수 없으며, 일반적으로 당원만이 공천권자가 되는 "정당 예비선거(party primary)"(Gallagher 1988c, 239-240)를 의미한다. 즉, 이 지점에 이르게 되면 정당 지지자가 배제된다. 점점 더 많은 서구 민주주의 국가들이 공천 영역에서 당원들이 중요한 역할을 수행하도록 한다(Scarrow, Webb, and Farrell 2000; Bille 2001; Kittilson and Scarrow 2003). "가장 순수한(purest)" 형태의 정당 예비선거에서는 당원들이 행사한 투표만으로 후보자가 구성되고 순번이 결정된다. 지속적이거나 모든 지역

---

14) [역자주] 아르헨티나 페론당(Peronist Party)의 공식 명칭은 정의당(Partido Justicialista)이며, 1940년대 말에 페론 대통령 부부가 노동당 조직을 바탕으로 창당한 정당이다.
15) [역자주] 아르헨티나 급진당(Unión Cívica Radical: UCR)은 1891년에 창당된 아르헨티나에서 가장 오래된 정당 중 하나로서 중산층의 지지를 바탕으로 한다. 당 내부의 이념적 노선은 사회민주주의에서 고전적인 자유주의에 이르기까지 매우 폭이 넓다.

구에서 실시된 것은 아니라고 하더라도 여러 시기, 여러 지역의 일부 정당들이 정당 예비선거를 이용해왔다. 이에 해당하는 사례들로는 호주 노동당(Epstein 1977b), 벨기에 에콜로당[16](Deschouwer 1994), 독일의 소선거구에서의 사민당·기민당·녹색당(Borchert and Golsch 2003; Schüttermeyer and Strum 2005), 아이슬란드의 독립당·사민당·진보당·국민동맹(Hardarson 1995; Kristjánsson 1998; 2002), 이스라엘의 노동당·하리쿠드당·카디마당(Hazan 1997a; 1997b; Rahat and Sher Hadar 1999a; 1999b; Rahat 2008a; 2011), 멕시코의 제도혁명당[17]·민주혁명당(Baldez 2007; Langston 2006; 2008; Wuhs 2006) 등이 있다.

공천과정에 당원과 함께 상대적으로 배타적인 다른 공천주체가 참여하는 경우도 있을 수 있다. 이때 당원은 유일한 공천권자는 아니지만, 중요한 혹은 지배적인 역할을 수행한다. 이 경우는 당원의 영역 내에 있기는 하지만 대의원의 영역 쪽으로 향한다. 다단계 방식과도 관련이 있는데, 덴마크의 일부 정당들에서는 1970년대부터 2000년대까지 중앙당기구가 당원이 선정한 후보자들을 거부하거나 수정할 수 있었다(Bille 1994; 2001; Pedersen 2002). 대만 국민당에서는 1988-1989년에 당원들의 의견이 90% 정도 존중되기는 했지만 당 지도부가 당원 투표를 무시할 수 있었다. 핀란드의 선거법은 정당조직이 당원 투표로 선정된 후보자를 1/4 범위 내에서 수정할 수 있는 권한을 갖는다고 규정하고 있다.[18] 캐나다에서는 중앙당의 지도자들이, 실제로

---

16) [역자주] 벨기에 에콜로당(Écologistes Confédérés pour l'organisation de luttes originales: ECOLO)은 프랑스어권에서 활동하는 생태주의 정당으로 1980년에 창당했다. 네덜란드어권에서 활동하는 녹색당(Groen)과 긴밀한 관계를 맺고 있다.

17) [역자주] 멕시코 제도혁명당(Partido Revolucionario Institucional: PRI)은 20세기에 멕시코의 정당정치를 사실상 독점하고 있던 좌파 정당으로서, 1989년 일부 세력이 탈당하여 민주혁명당을 창당하면서 그 독점적 지위를 상실했다. 분당 이후 정치적 노선도 중도파, 중도우파로 변화했다.

18) 핀란드 선거법 제117조: 정당 지도부의 추천과 관련하여, 당이 지명하는 후보자에 대해 당원 투표 결과를 바탕으로 1/4 내에서 수정할 수 있다(**수정권**). 이 경우에도 후보자의 절반 이상은 당원 투표에서 가장 많은 표를 획득한 자이어야 한다.
출처: Ministry of Justice, Finland(원문에서 강조)

행사하는 경우는 거의 없지만, 당원이 선정한 후보자에 대해 거부권을 가지고 있다(Cross 2002; 2004).[19] 반면에, 아일랜드에서는 중앙당의 지도자들이 당원 투표에 의한 후보선정에 대해 거부권을 확대하고자 했다(Galligan 2003; Weeks 2007).

당기구(일반적으로 중앙당 집행부나 당 지도부)가 거부권을 행사하는 일은 거의 없는데, 만약 거부권을 행사할 경우 일각에서 당내의 소수 실권자가 민의를 존중하지 않는다는 주장을 제기하며 당내 갈등을 발생시킬 수 있기 때문이다. 이런 이유 때문에 대의원(혹은 당 엘리트)이 예비후보자들을 사전심사한 후에 당원이 최종 결정을 하는 경우에 당기구가 당원에 비해 더 큰 영향력을 갖는다고 할 수 있다.

당기구가 후보자를 사전심사하고 당원이 투표로 결정하는 경우 당원의 영역과 선출직 대의원의 영역 중간지점 가까이에 있다. 만약 심사과정을 거친 후에도 예비후보자군의 규모가 크고 당원이 최종 결정권을 가지고 있다면, 이 경우는 여전히 당원의 영역 내에 있다고 할 수 있다. 이스라엘의 메레츠당은 1996년에 상당한 규모의 예비후보 "명단(panel)"을 마련하였고 당원들이 최종후보자명부를 확정했다(Hazan 1997a; Rahat and Sher Hadar 1999a). 영국의 사민당과 자유당 또한 이와 거의 비슷했으며(Criddle 1984; 1988; Norris and Lovenduski 1995; Rush 1988), 벨기에의 몇몇 정당들 특히 사회당의 경우 1960년대에 일부 선거구에서 이와 유사한 모습을 보였다(Obler 1970; 1974).

당원과 대의원의 비중을 동등하게 고려하는 경우는 당원의 영역과 대의원의 영역 중간에 위치한다. 대만의 민진당에서는 1995-1996년에 당원의 투표권과 대의원의 투표권을 동등하게 고려하는 가중 방식

---

19) 1970년 투표용지에서 후보자의 이름 옆에 소속 정당명을 병기할 것을 요구하는 법률이 도입될 때 당 지도자들은 후보자 거부권을 갖게 되었다. 자유당은 1992년에 대부분의 경우 여전히 해당 선거구의 당원들이 후보자를 선정하고 있기는 했지만 지도자에게도 공천권을 부여함으로써 공천권자로서의 권한을 확대해주었다(Carty and Eagles 2003).

을 이용했다(Baum and Robinson 1999). 다른 사례로는 영국의 노동당에서 1997년 이후로 이용하고 있는 다단계 방식(당기구의 예비후보자 사전심사, 당원의 후보선정, 중앙당 지도부의 거부권 보유)이 있다(Quinn 2004). 보츠와나 민주당[20]에서 2002년에 중앙당기구가 예비후보자를 심사하고 당원이 후보자를 선정했던 것도 유사한 사례이다(Ohman 2004). 네덜란드 노동당의 1960-1964년 사례, 평화사회당의 1957-1973년 사례도 이와 유사하다고 할 수 있다. 이 정당들에서 후보자명부를 마련하는 것은 당 지도부이지만, 당원들이 후보자명부의 구성과 순번을 바꿀 수 있었다(Koole and van de Velde 1992).

공천주체가 "당원"일 때, 당원에 관한 제한사항, 정당의 공천주체가 되기 위하여 충족해야 하는 추가 요건, 공천권자의 공천 참여 절차에 대한 접근성의 수준 등에 따라 추가적으로 구분할 수도 있다. 예를 들면, 당비에 관한 추가 요건을 통해 당원의 권리를 제한하거나 공천절차에 대한 참여권을 제한할 수 있다. 당원의 공천 참여권도 최소 기간의 당원 요건, 당 활동의 입증 요건 등을 통해 제한될 수 있다. 당원의 참여권에 제한을 가한 좋은 사례는 멕시코의 국민행동[21]이다. 국민행동의 당원은 입당 후 6개월이 경과되어야 공천에 참여할 수 있으며, 이 권리를 유지하기 위해서는 당비를 납부하고 당 모임에 참석해야 한다(Langston 2008).

---

20) [역자주] 보츠와나 민주당(Botswana Democratic Party: BDP)은 보수주의, 기독민주주의를 추구하는 우파 정당으로 1961년에 창당되었다. 영국의 식민지였던 보츠와나는 1964년 영국으로부터 자치권을 획득하여 1965년부터 소선거구 단순다수제로 총선을 실시하였는데, 민주당은 1965년부터 2014년까지 치른 모든 총선에서 단독과반을 확보하였다. 그 결과 대통령을 의회에서 간선제로 선출하는 보츠와나의 모든 대통령 또한 민주당 소속이었다.

21) [역자주] 멕시코 국민행동(Partido Acción Nacional: PAN)은 1939년에 창당된 우파정당이다. 1980년대에 접어들면서 세력이 크게 확대되었으며 제도혁명당, 민주혁명당과 함께 3대 주요정당으로 자리매김하였다.

접근성은 공천주체를 구분하는데 중요한 요소가 될 수 있다. 정당이 우편투표[22]나 전자투표[23]를 도입하면 접근성이 높아지고 개방성이 확대된다. 반면에, 현장에서 직접 투표권을 행사해야 하는 경우, 국가 전역에 투표소가 설치된다고 해도 접근성은 낮은 축에 속한다.[24] 전 당원이 참여하는 당대회는 접근성은 낮지만 개방성은 큰 방식에 해당하며, 2000년경부터 캐나다의 정당들과 아일랜드의 정당들에서는 이 방식으로 후보자를 선정하고 있다. 당대회에서 후보자를 선정하는 방식은 당원이면 누구나 참석할 수 있지만 품이 많이 든다.

선출직 당 대의원

당원의 영향력이 선출직 대의원에 비해 약할 경우 공천주체의 위치는 여전히 두 영역 사이에 있기는 하지만 후자에 좀 더 가까워진다. 당원들은 당기구가 마련한 명부에 대한 승인권과 거부권을 갖게 되는데, 1986년의 프랑스 사회당이 대표적인 사례이다(Thiébault 1988). 다단계 방식에서 당원이 한 단계에서만 공천주체가 되는 과정도 이 영역에 위치한다. 영국 보수당에서는 1980년대 이래로 [1단계에서] 중앙당의 비선출직 당기구가 심사를 하고 [2단계에서] 지구당의 선출직 당기구가 심사를 하며 [3단계에서] 당원들이 공천 회합에서 후보자를 확정하는 다단계 방식을 이용했다(Norris and Lovenduski 1995).

대의원대회에서 후보자를 결정하는 경우(가령, 대의원대회가 당원의 1/4-1/3 이하로 구성될 경우) 배타성이 커진다. 아일랜드에서 1990년대에 당원 투표를 도입하기 이전의 공화당과 통일아일랜드당, 그리고 노

---

22) 네덜란드의 민주66당, 영국의 노동당, 덴마크의 몇몇 정당들이 우편투표를 활용하였다.
23) 민주당은 애리조나주의 2000년 예비선거를 온라인으로 실시하였다(Alvarez and Nagler 2001).
24) 미국의 예비선거 과정에는 선거를 치르는 주 전역에 투표소를 설치하는 것도 포함된다.

동당이 이에 해당한다(Gallagher 1980; 1988b). 또 다른 사례로는 당기구가 후보자를 선정한 후에 당원 투표를 실시하거나 당원 투표를 한 후에 당기구가 후보자를 선정하는 경우가 있으며, 스웨덴의 공산당/좌파당이 이에 해당한다(Pierre and Widfeldt 1992).

공천주체가 하나의 당기구로 구성되는 경우는 연속선의 중앙에 위치한다. 당기구의 크기는 개방성의 수준을 나타내는 지표가 된다. 즉, 당기구는 대체로 중앙위원회에 비해 규모가 크며, 중앙위원회는 행정부의 국(局)과 같은 집행부서들에 비해 규모가 크다. 당기구의 규모가 작아질수록, 공천주체의 연속선상에서 가장 배타적인 지점으로 향한다. 이때, 특정 정당의 당기구를 지칭하는 용어를 염두에 두고 다른 정당의 당기구의 개방성 수준을 추론할 때 조심해야 하는데, 왜냐하면 당기구의 명칭이 다를 수 있기 때문이다. 당기구가 개방적일 때에는 당원이 선출한 대의원들로 구성되지만 배타적일 때에는 그러한 대의원들이 선출한 대표자들로 구성된다. 이와 같은 대의원은 폭넓게 활용된다. 독일의 주요 정당들은 1950년대 이래로 소선거구제로 선거가 치러지는 지역구에서 대의원대회를 활용해왔다. 이 정당들은 일반적으로 정당법에 규정된 개방적인 공천주체(당원)보다 대의원대회를 선호했다(Borchert and Golsch 2003; Roberts 1988). 호주에서도 전형적인 공천주체는 대의원대회이다(Epstein 1977b; Norris et al. 1990). 이스라엘의 일부 정당들(마프달당의 1996-2006년, 쉬누이당의 2003년, 헤루트당의 1977-1988년, 하리쿠드당의 1992년 및 1999-2006년)은 공천을 위해 중앙위원회들을 활용했다(Barnea and Rahat 2007; 2008a). 캐나다의 정당들 또한 1920년대부터 1950년대까지 대의원을 활용했다(O'Brien 1993). 개방적인 공천주체를 지향하거나 이미 활용한 경험이 있는 국가들에서도 어떤 정당들 또는 선거구 조직들에서 후보자를 선정할 때 대의원을 활용하며, 벨기에의 정당들과 아르헨티나의 정당들에서도 그러했다

(De Luca, Jones, and Tula 2002; De Winter and Brans 2003; Jones 2008; Obler 1970).

공천위원회와 같은 비선출직 당기구가 선출직 당기구와 함께 공천에서 영향력을 갖게 되는 경우 배타성이 큰 쪽으로 향하기는 하지만 여전히 선출직 당기구의 영역 내에 위치한다. 이와 관련된 한 가지 사례가 바로 코스타리카의 민족해방당과 통일사회기독당이 이용하고 있는 혼합 방식이다. 이 방식에서 대부분의 후보자들은 선출직 당기구에 의해 선정되지만, 일부는 당대표에 의해 지명된다(Taylor-Robinson 2001). 직선제와 간선제의 두 가지 방식으로 구성된 선출직 당기구들이 함께 공천에 참여하는 다단계 방식의 사례들도 많다. 1945-1990년의 오스트리아 사회당(Müller 1992), 네덜란드의 1986년의 기민당, 1960-1979년의 기독역사연합, 1973-1989년의 급진당(Koole and van de Velde 1992), 영국의 1950년대부터 1970년대까지의 보수당, 1950년대부터 1987년까지의 노동당(Denver 1988; Lovenduski and Norris 1994; Ranney 1965; Rush 1969)이 이에 해당한다. 비선출직 대의원과 선출직 대의원이 함께 후보자를 선정하는 가중 방식의 사례도 존재하며, 1950년대 이후의 뉴질랜드 노동당이 대표적이다(Catt 1997; Milne 1966; Mulgan 2004; Vowels 2002).

선출직 당기구와 비선출직 당기구 간의 상대적 권력이 균형을 이루고 있는 경우 선출직 대의원과 당 엘리트의 중간지점에 위치한다. 이 경우는 다단계 방식의 사례로서 1980년대의 프랑스민주연합(Thiébault 1988), 1960년대부터 1990년대까지의 네덜란드 자유민주인민당(Koole and van de Velde 1992), 1979-1998년의 스페인 사회당(Field 2006) 등이 있다. 노르웨이에서는 다인 선출 선거구 수준에서 (선출직) 대의원 대회가 공천을 하는 정당에 보조금을 지급하는 법률이 도입되어 1920년대부터 2002년까지 정당들이 대부분의 경우에 이 제도를 이용하였다. 즉, 공천위원회가 후보자명부를 마련한 후에 선출직 대의원이 명부의 각 순번마다 승인을 하거나 수정을 가했다(Valen 1988; Valen, Narud, and Skare 2002). 독일의 주 수준에서 이루어지는 공천도 여기에 속한다. 주 수준에서 공천과정의 최종 결정자는 대의원들이지만, 그 결정은 주의 당 엘리트가 마련한 후보자 추천명부에 기초하여 이루어진다(Borchert and Golsch 2003; Porter 1995).

당 엘리트

당 엘리트의 영역에는 공천만을 관장하는 공천위원회와 공천 외의 업무도 다루는 비선출직 당기구(대부분 소규모의 집행위원회들)가 포함된다.[25] 공천위원회는 대개 소수의 정당 지도자들, 대표자들 혹은 핵심 간부들로 구성된다. 공천위원회의 구성과 결정사항은 많은 경우에 상대적으로 개방성이 큰 당기구에 의해 일괄적으로(en bloc) 승인된다. 공천위원회와 비선출직 당기구가 간선제로 구성되면 조금 더 개방적인 것으로, 그렇지 않으면 조금 더 배타적인 것으로 간주될 수 있다.

당 엘리트의 공천에 관한 권한이 선출직 당기구에 비해 클 경우 당 엘리트의 영역으로 진입하며, 연속선상에서는 배타성이 큰 쪽에 위치하게 된다. 여기에는 선출직·비선출직(또는 간선제로 선출되는 비중이 높은) 당기구가 공천주체로 포함된 다단계 방식의 여러 사례들이 있는데, 비선출직 당기구들이 더 큰 영향력을 행사한다. 예를 들면, 프랑스 공화국연합에서는 1980년대에 공천위원회가 후보자를 선정했지만, 직선제·간선제로 구성된 다른 당기구도 일부 권한을 가지고 있었다(Thiébault 1988). 이탈리아 공산당에서는 1956-1986년에 선출직 당

---

25) 이 영역에는 간선제로 선출된 사람들이나(직선제 또는 간선제로 선출된) 다른 당기구에서 지명된 사람들로 구성되는 소규모(수십 명을 넘지 않음)의 당기구가 포함된다.

기구가 공천에 참여할 수 있었지만, 최종 결정권은 간선제로 선출되는 당기구가 보유했다(Bardi and Morlino 1992). 칠레의 민주당과 국민혁신당에서는 전국위원회와 중앙위원회가 각각 공천에 참여할 수 있지만, 변형비례대표제[26]로 인해 당 지도자들 간의 타협을 바탕으로 최종 결정이 이루어졌다(Navia 2008). 일본 자민당은 1950년대부터 1990년대까지 공천의 마지막 단계를 15명의 원로 지도자들로 구성된 배타적인 중앙당 지도부의 통제 하에 두었다(Fukui 1997). 선출직 당기구가 공천위원회의 결정사항에 대한 승인권만 가지고 있는 경우에는 당 엘리트의 영역에서 개방성이 큰 쪽으로 조금 다가간다. 여기에는 1995년의 대만 국민당(Baum and Robinson 1999), 1949-1955년의 이스라엘 마파이당(Brichta 1977)의 사례가 해당된다. 범그리스사회주의행동에서는 상대적으로 개방성이 큰 지구당기구가 공천과정의 초기 단계에서 의견을 낼 수 있지만, 최종적인 후보자명부는 당 지도자가 임명하는 위원회가 확정했다. 2006년에는 이 방식이 민주화되어 전국위원회 위원들이 뽑은 공천위원회가 결정하는 것으로 변경되었다. 변경된 방식은 이전보다 분명히 개방성이 큰 공천주체로서 "선출직 대의원의 영역" 쪽으로 향한다. 그러나 여전히 당 엘리트의 영역 내에 있다고 할 수 있는데, 왜냐하면 당원들이 공천위원회 위원들을 직접 뽑는 것이 아니기 때문이다(Ashiagbor 2008).

비선출직 당기구가 공천에 관여하는 경우는 정확히 당 엘리트의 영역 중간지점에 위치한다. 이 공천주체는 미헬스(Michels 1915)의 정당

26] [역자주] 칠레의 변형비례대표제(Binomial electoral system): 선거구당 2인씩의 의석을 폐쇄형 정당명부식 비례대표제에 의하여 다음과 같이 선출한다.
① 다수당이 유효투표 총수의 3분의 2 이상을 획득한 때에는 당해 선거구의 2개 의석이 배분된다.
② 3분의 2 이상을 획득한 정당이 없는 경우, 다수득표 정당에 1개의 의석을 배분하고 나머지 1석은 제2당에 배분된다.
③ 총선 시기에 결원이 발생하면 정당명부의 다음 순위 후보자로 충원된다.
출처: 중앙선거관리위원회. 1999. 『각국의회의원선거연대기(1997.1.1.~1998.12.31.)』. 71.

정치 개념을 반영하고 있는 듯이 보인다. 1990년대 베네수엘라 민주행동당(Coppedge 1994), 1957-1984년 이탈리아 기민당(Bardi and Morlino 1992), 2000년 이전의 멕시코 제도혁명당(Langston 2001), 1989-2001년의 칠레 독립민주연합(Navia 2008), 특히 1968년 이후에 벨기에의 주요 정당들이 상당수의 선거구에서 실시한 사례들(De Winter 1988; Deschouwer 1994), 1950년대부터 1960년대까지의 인도 국민의회당(Graham 1986; Kochanek 1967), 1998년 덴마크 국민당[27](Pedersen 2002), 아르헨티나의 페론당과 급진당의 일부 선거구 사례(De Luca, Jones, and Tula 2002; Jones 2008) 등이 이에 해당한다.

신생 정당 내 창당 주역들의 모임 또는 기성 정당 내 파벌 지도자들의 비공식 모임 등과 같은 배타적인 공천주체는 1인 지도자라는 가장 배타적인 지점으로 향한다. 여기에 해당하는 사례로는 이스라엘의 종교정당들이 있다. 샤스당에서 후보자명부는 현인회(Council of Sages, 영향력이 막강한 영적 지도자의 지도를 받는 랍비들로 구성된 기구)가 작성한다(Rahat and Hazan 2001).

1인 지도자

공천주체의 연속선에서 가장 배타적인 지점은 1인 지도자로 정의된다. 설령, 1인 지도자가 공천에 대한 전권을 갖고 있지 않더라도 그 근처에 위치한다. 전진이탈리아(Forza Italia)의 창당 주역인 베를루스코니(Silvio Berlusconi)는 1990년대에 시·도당 위원장들과 협의하여 후보자를 선택했다(Hopkin and Paolucci 1999). 국민전선(Front National)

---

27) [역자주] 덴마크 국민당(Dansk Folkeparti: DF)은 우파 정당인 진보당(Progress Party)의 일부 인사가 1995년에 탈당하여 만든 극우 정당이다. 2001년 총선에서부터 득표율 3위를 기록하면서 2001-2011년에 보수당-자유당과 함께 연립정부를 구성했다. 민족주의, 보수주의 등을 지향하며 특히, 반EU, 반이민, 반이슬람 정책을 추구한다.

의 지도자인 르펜(Jean-Marie Le Pen)은 비선출직 기구에 부여된 권력을 바탕으로 당 사무총장과 함께 후보자를 선택했다(Thiébault 1988). 뉴질랜드 제일당의 창당 주역인 피터스(Winston Peters)는 공천에서 전권에 버금가는 권한을 행사했다(Catt 1997; Miller 1999; Mulgan 2004).

당 엘리트와 마찬가지로, 1인 지도자가 선출직이면 개방성이 큰 쪽으로 향할 것이고 선출직이 아니면 배타성이 큰 쪽으로 향할 것이다. 이스라엘의 정당들 중 일부는 가장 배타적인 공천주체의 사례를 보여준다. 이스라엘의 종교정당인 데겔-하토라당은 1988-1996년에 1인의 랍비에게 정당 명부의 구성과 순번에 대한 결정권을 부여했다(Rahat and Sher-Hadar 1999a). 또한, 이스라엘의 사론 수상은 2005년 하리쿠드당을 탈당하고 카디마당을 창당하면서 조기총선을 요구했는데, 이때 그가 후보자명부를 독단적으로 작성했을 가능성이 높다(Hazan 2007).[28]

— 연속선상에서의 공천주체 유형화

〈그림 3.3〉은 25점 척도(0-24)를 이용하여 공천주체의 개방성 수준을 보여준다. 〈그림 3.3〉은 〈그림 3.1〉에 기초하고 있다. 〈그림 3.1〉에서 제시하고 있는 연속선에서 매 6점마다 하나의 공천주체 내지 영역을 배치한다. 즉, 1인 지도자(0), 당 엘리트(6), 당 대의원(12), 당원(18), 유권자(24)를 배치한다. 각 영역의 간격이 6점인 이유는 복잡한 사례들의 문제를 체계적으로 다루기 위해서이다. 특히, 6점의 간격은 공천주체가 복수인 사례(혼합 방식, 다단계 방식, 가중 방식)를 유형

---

28) 샤론(Ariel Sharon) 수상이 선거운동 기간 중에 뇌졸중으로 쓰러지자, 올메르트(Ehud Olmert) 부수상이 신생 정당의 당권을 넘겨받았고 독단적으로 후보자명부를 작성하였다.

화하기 위해 필요하다. 이 간격의 유용성을 보여주기 위해 앞의 절에서 언급한 사례들을 주요지점들에 배치했다.

간격을 6점으로 할 경우 다음의 네 가지 시나리오가 가능하다.

1. 단일한 공천주체가 후보선정을 담당한다. 이 경우 각 영역은 명확하게 구분된다(0, 6, 12, 18, 24).

2. (근처에 있는) 두 공천주체가 후보선정에서 같은 비중을 갖는다. 각 공천주체는 후보자의 절반씩 선정하거나, 혹은 둘의 영향력이 가중 방식에서든 다단계 방식에서든 동일하다. 이 경우 두 공천주체의 중간지점에 위치한다(3, 9, 15, 21).

3. (근처에 있는) 두 공천주체가 모두 후보선정에 관여하고 중요한 역할을 수행하지만, 한 공천주체의 영향력이 더 중요하거나 지배적이다. 이 경우에 해당하는 사례는 다음과 같다.

 (a) 한 공천주체가 후보자의 2/3를 선정하고 다른 한 공천주체가 나머지 1/3을 선정하는 경우(혼합 방식), 한 공천주체의 영향력이 다른 한 공천주체의 영향력보다 [2배 정도] 큰 경우(다단계 방식), 한 공천주체의 비중이 2/3에 해당하고 다른 한 공천주체의 비중이 1/3에 해당하는 경우(가중 방식). 이 사례들에서는 두 영역의 중간이 아닌 한 영역 쪽으로 치우친 곳에 위치한다(2, 4, 8, 10, 14, 16, 20, 22).

 (b) 한 공천주체가 후보자의 4/5를 선정하고 다른 한 공천주체가 나머지 1/5을 선정하는 경우(혼합 방식), 한 공천주체의 영향력이 다른 한 공천주체의 영향력보다 [4배 정도] 아주 큰 경우(다단계 방식), 한 공천주체의 비중이 4/5에 해당하고 다른 한 후보선정 주체의 비중이 1/5에 해당하는 경우(가중 방식). 이 사례들에서는 완전히 한 영역에 포괄되는 것은 아니지만 그 영역 쪽으로 많이 치우친 곳에 위치한다(1, 5, 7, 11, 13, 17, 19, 23).

개방적 ──→ 배타적

유권자						당원						당 대의원						당 엘리트						1인 지도자
24	23	22	21	20	19	18	17	16	15	14	13	12	11	10	9	8	7	6	5	4	3	2	1	0

척도	예시
24	미국 워싱턴주 민주당·공화당 (1938년부터)
23	미국 하와이주 민주당·공화당 (1960년대부터)
22	아이슬란드 일부 선거구 몇몇 정당들 (1970년대부터)
21	미국 플로리다주 민주당·공화당 (1960-2008)
20	네덜란드 민주66당 (1990년대)
19	아르헨티나 일부 선거구 정의당·급진당 (1983-2001)
18	이스라엘 노동당 (1992년부터)
17	핀란드 모든 정당 (1975년부터)
16	벨기에 사회당 (1960년대)
15	대만 민진당 (1995-1996)
14	영국 보수당 (1980년대 이후)
13	아일랜드 공화당 (1950년대-2007)
12	독일 대부분의 소선거구 모든 정당들 (1950년대 이후)
11	코스타리카 민족해방당·통일사회기독당 (2000)
10	뉴질랜드 노동당 (1950년대 이후)
9	노르웨이 대부분의 선거구 모든 정당들 (1920-2002)
8	이탈리아 공산당 (1956-1986)
7	일본 자민당 (1950년대부터 1990년대까지)
6	인도 국민의회당 (1950년대부터 1960년대까지)
5	–
4	–
3	이스라엘 샤스당 (1984-2006)
2	이탈리아 전진이탈리아 (1990년대부터 2000년대까지)
1	이스라엘 메갈-하토라당 (1988-1996)
0	이스라엘 카디마당 (2006)

우리는 25점 척도보다 길거나 짧은 연속선들도 몇 가지 고려해봤지만, 이것이 가장 적절하다는 결론을 내렸다. 25점 척도의 연속선을 통해 〈그림 3.3〉에서 제시하고 있는 국가 간 비교뿐만 아니라 공시적·통시적 비교도 할 수 있다. 첫째, 한 국가 내에서 활동 중인 특정 시점의 정당들이 활용하고 있는 공천방식들 간의 차이에 대해 명확한 시각을 확보할 수 있다. 〈그림 3.4〉는 이스라엘의 2006년 총선에서 활용된 정당의 공천주체들 간의 개방성의 정도 차이를 나타낸다.

▶▶ 그림 3.4. 이스라엘 정당들의 2006년 공천주체: 동일한 정당체계에서도
　　　차이가 크게 나타남

둘째, 25점 척도의 연속선을 통해(크고 작은) 시간의 변동을 고려하여 검토할 수 있다. 이에 대한 예시가 〈그림 3.5〉에 있다. 이스라엘의 마파이당과 그 후신인 노동당은 민주화가 선형적으로 이루어지는 모습을 보인다. 이 정당은 30년에 가까운 시간 동안 조금씩 변화하다가 (7→10), 1992년 이후로 큰 변화를 겪었다(10→18). 헤루트당과 그 후신인 하리쿠드당 또한 민주화를 이루었지만, 다른 양상을 보였다. 즉, 1996년까지는 마파이당-노동당에 비해 변화의 속도가 더 빨랐으며, 1999-2006년까지는 배타적인 공천주체로 회귀하였다가, 2008년 이후로 다시 민주화가 이루어졌다.

▲ 그림 3.5. 이스라엘 주요 정당들의 공천주체(1949-2009년)

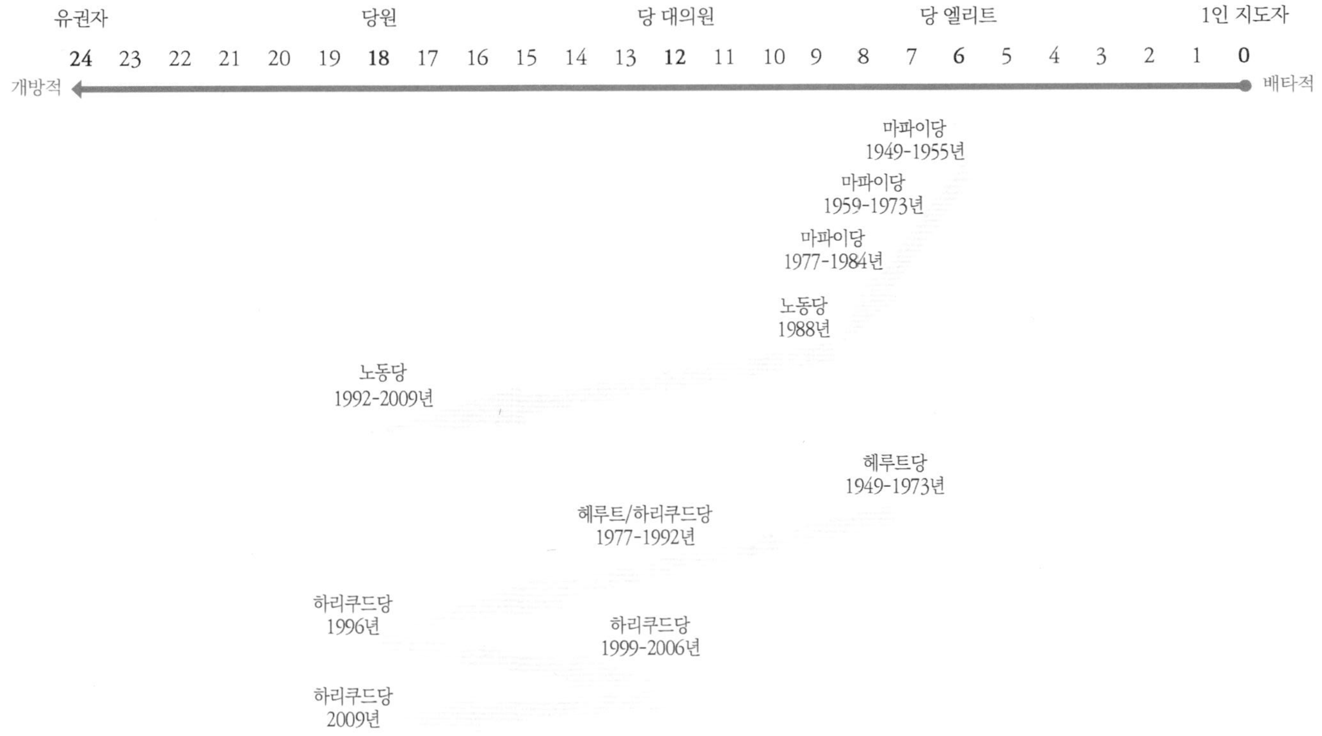

유권자   당원   당 대의원   당 엘리트   1인 지도자

개방적   24 23 22 21 20 19 **18** 17 16 15 14 **13** **12** 11 10 9 8 7 6 5 4 3 2 1 **0**   베타적

마파이당 1949-1955년

마파이당 1959-1973년

마파이당 1977-1984년

노동당 1988년

헤루트당 1949-1973년

헤루트/하리쿠드당 1977-1992년

하리쿠드당 1999-2006년

노동당 1992-2009년

하리쿠드당 1996년

하리쿠드당 2009년

13점 척도와 같이 간격이 듬성듬성한 척도를 사용하면, 두 정당 간의 차이가 실제에 비해 사소한 것으로 간주되어 더 가까운 곳에 배치된다. 예를 들면, 대의원이 예비후보자명부를 마련하고 당원이 최종적인 결정을 내리는 다단계 방식(13점 척도에서 8점에 위치함. 예: 1996년의 이스라엘 메레츠당)과 당원이 예비후보자명부를 마련하고 대의원이 최종적인 결정을 내리는 다단계 방식(13점 척도에서 7점에 위치함. 예: 1996년의 이스라엘 초메트당)을 바로 옆에 배치하기에는 그 차이가 너무 크다. 후보자명부가 너무 길어서 당선가능성이 있는 순번을 초과할 경우, 다른 조건이 일정하다는 전제하에 최종 결정권을 가지고 있는 공천주체가 더 큰 영향력을 행사한다는 것은 자명하다. 왜냐하면 그 공천주체는 자신의 결정권을 바탕으로 후보자를 당선가능성이 있는 순번에 배치할 수도 있고 그 순번에서 배제할 수도 있기 때문이다. 메레츠당에서는 원내에 확보하고 있는 의석이 12석에 불과했을 때 선출직 당기구(중앙위원회)가 30명의 후보자로 구성된 명부를 작성했다(즉, 당선가능성이 있는 숫자보다 두 배 이상 많은 후보자의 이름을 명부에 올렸다). 그 이후 당원이 순번 배정이라는 더 중요한 일을 맡았다. 한편, 초메트당의 당원은 38명의 후보자를 23명으로 추려내었으며, 그 외의 후보자는 현역의원 4명과 소규모 위원회에서 뽑은 9명으로 구성되었다. 표면상, 당원이 약 2/3에 해당하는 후보자를 선정했으므로 중요한 역할을 했다고 볼 수 있다. 그러나 선출직 당기구에서 후보자의 순번을 매길 때, 4명의 현역의원을 맨 앞 순번에, 그리고 소규모 위원회에서 지명한 2명을 그다음 순번에 배치한 후, 당원에 의해 선정된 1순위 후보자는 그다음 순번으로 배정되었다. 이 정당은 당시 의회에서 5석을 보유하고 있었기 때문에 당원이 선정한 후보자들이 배치된 순번은 당선가능성이 전혀 없었으며 당선가능성이 있는 순번들은 모두 현역의원들에게 돌아간 상황이었다. 따라서 메레츠당과 초메트당의 공천방식을 13점 척도에서 8점과 7점에 배치하는 것은 양자를 너무 가깝게 둔 것이다. 이보다는 25점 척도에서의 차이(각각 16점과 13점)가 개념상으로 더 적절하며, 경험상으로도 타당한 것으로 받아들여질 것이다.

25점 척도는 작지만 유의미한 변화도 민감하게 포착할 수 있다. 예를 들면, 이스라엘의 마파이당에서는 1949-1955년에 소수의 정당 지도자들로 구성된 배타적인 공천위원회를 이용하여 후보자명부의 구성과 순번을 결정했다. 그러므로 이 사례는 일단 6점에 배치할 수 있을 것이다. 그러나 이 사례의 최종적인 위치는 7점이 되는데, 그 이유는 공천위원회의 구성과 결정사항이 상대적으로 규모가 큰 당기구의 승인을 받았기 때문이다. 이후 1959년 총선에서 마파이당은 공천주체를 추가하여 2단계 과정으로 후보자를 결정했다. 1단계에서는 공천위원회와 정당의 11개 시·도당위원회가 각각 25명씩 후보자를 지명한다. 2단계에서는 공천위원회가 명부상에서 1번부터 50번까지 후보자의 순번을 매긴다. 공천위원회가 지배적인 공천주체이기는 하지만, 마파이당은 당선가능성이 있는 후보자가 항상 25명 이상이므로 시·도당도 후보자명부의 구성에 유효한 영향력을 행사할 수 있다(Barnea and Rahat 2007). 이를 반영하여 마파이당의 사례를 8점에 배치할 수 있는데, 이로써 당 엘리트의 지배력을 분명하게 나타낼 수 있으면서도 지역의 선출직 당기구가 부차적이지만 중요한 역할을 수행한다는 점도 보여줄 수 있다.

연속선의 간격이 촘촘해질수록 영역의 수가 많아질 것이며, 간격이 듬성듬성해질수록 영역의 수가 줄어들 것이다. 따라서 우리는 25점 척도가 이상적인 것은 아니지만 최적의 것이라고 생각한다. 하지만 앞에서 제시한 비교적 단순한 규칙들이 적용될 수 없어서 위치를 대략적으로 추정해야 하는 문제의 사례들이 아직 남아있다. 셋 혹은 그 이상의 공천주체가 공천과정에 유효하게 관여하는 사례, 두 공천주체가 관여하지만 개방성의 측면에서 양자(가령, 당 엘리트와 당원)가 서로 가까이에 위치하지 않는 사례 등이 이에 해당한다. 이 사례들은 12점으로 추정할 수 있는데, 이는 공천에 대의원이 참여하는 것은 아니지만 당원과 당 엘리트가 동등한 비중으로 참여하기 때문이다. 그러나 이와 같은 한계는 어쩔 수 없는데, 사례수가 많은 대상을 분석하기 위해서 개방성의 개념을 조작화할 필요가 있고 동시에 모든 경험적 사례에 대응될 만큼의 많은 유형을 가진 다차원적 모형을 만드는 것은 피하고 싶기 때문이다.

─ 공천주체의 민주화

공천주체에 관한 논의를 마무리 지으면서 두 가지 사안을 언급할 필요가 있을 것 같다. 첫 번째 사안에서는 바로 앞의 제2장에서 논의한 후보자격요건으로 돌아간다. 두 번째 사안에서는 제4장(분산화)과 제5장(경선제)에서 논의할 두 차원으로 나아간다.

〈표 3.1〉은 후보자격요건의 차원과 공천주체의 차원을 결합한 후에 개방성의 수준에서 각 정당의 공천방식을 제시한다. 미국의 경우 후보자격요건과 공천주체가 개방적이면 정당은 당 차원에서 후보자격요건에 관한 결정권을 거의 갖지 않는다. 이에 관해서는 스캐로우가 유명한 사례에 대해 다음과 같이 서술하고 있다(Scarrow 2005, 9).

> 당내에 안전장치가 없을 경우 어떤 일이 발생할 수 있는지를 보여주는 악명 높은 사례는 미국 루이지애나주의 1991년 공화당 예비선거에서 유권자들이 듀크(David Duke)를 주지사 후보로 선정한 것이다. 당시 후보자가 노골적인 백인 우월주의자이며 이전에 KKK(Ku Klux Klan) 단원이었다는 점을 고려하여 공화당의 지도자 개인의 입장에서는 그가 탐탁지 않았지만, 당 차원에서 그의 공천을 거부할 수는 없었다.

한편, 후보자격요건과 공천주체가 모두 배타적인 반대의 사례는 찾지 못했다. 이에 해당하는 사례가 전혀 없다고 증명하기는 어렵겠지만, 거의 없다는 것이 논리적으로 타당하다. 즉, 배타적인 공천주체가 공천에 대해 전권을 가지고 있다면 당 엘리트가 굳이 후보자군을 제한할 이유가 있겠는가?

<표 3.1> 후보자격요건과 공천주체의 개방성

		공천주체의 개방성	
		낮음	높음
후보자격요건의 개방성	낮음		벨기에 사회당(1960년내)
	높음	이탈리아 공산당 (1976년)	미국 공화당·민주당 (1920년대부터)

한 차원은 개방적이고 다른 한 차원은 배타적이라는 것은 당 지도부 또는 당기구가 공천과정에 대한 통제를 여전히 유지하고 있다는 것을 의미한다. 예를 들면, 이탈리아 공산당에서 당원이 아닌 사람들도 후보자가 될 수 있는 경우는 공천과정이 배타적인 공천주체에 의해 통제될 때였다(Wertman 1988). 이와 유사하게, 이스라엘의 종교정당들에서는 후보자격요건에 관한 공식적인 규정을 마련하고 있지는 않았지만, 배타적인 공천주체가 신앙심이 매우 깊은 사람들을 후보자로 선정할 것임은 자명하다. 이러한 현상은 유럽의 지도자 중심의 극우 정당과 포퓰리즘 우파 정당에서도 나타난다. 이 정당들에서는 지도자의 성향이 공천에 영향을 미치므로, 지도자의 마음에만 들면 그 누구라도 후보자가 될 수 있다. 선출직을 통제하는 논리를 반대로 활용한 사례로는 1960년대 벨기에 사회당이 있다. 벨기에의 정당들 중에서 사회당은 가장 개방적인 공천주체를 자주 활용하는 동시에 매우 배타적인

후보자격요건을 통해 정당의 응집성을 확보하고자 했다(Obler 1970). 그러나 오늘날 당파성과 이념정치는 약화되는 반면, 인물 중심의 정치와 선거정치는 강화되면서 후보자격요건의 중요성이 낮아지고 있다. 후보자격요건의 개방성이 매우 큰 경우에, **법률상**(de jure) 그리고 특히 **사실상**(de facto), 공천주체의 개방성 수준이 갖는 중요성이 커지게 된다.

공천의 민주화는 공천과정에서의 참여 확대로 표현할 수 있다. 즉, 공천방식의 개혁 이후에 공천주체의 개방성이 이전보다 커지는 것을 의미한다. 개방적인 후보자격요건의 도입(분석틀의 첫 번째 차원), 분산화의 실시(분석틀의 세 번째 차원), 지명제에서 경선제로의 전환(네 번째 차원)만으로도 민주화라는 이름표를 붙일 수는 있겠지만, 실상은 그렇지 않다. 즉, 세 가지 차원들은 민주화의 촉매 역할을 할 뿐이지, 민주화를 정의하거나 구현하는 것은 아니다. 개방적인 후보자격요건을 도입하더라도 배타적인 공천주체가 여전히 최종 결과를 통제할 수 있으며, 이로써 민주화의 영향이 축소될 수도 있다. 분산화는 오히려 공천에 관한 통제권이 중앙당에서 지구당의 소수 실권자로 넘어가는 것만을 의미할 수도 있다. 공천주체가 수천 명에 달하는 중앙당의 전당대회에서 십여 명의 명사로 구성되는 지구당의 위원회로 분산화가 이루어지더라도, 실상 공천주체는 더 배타적이게 될 수 있다. 또한, 공천이 지명제에서 경선제로 전환될 수도 있지만, 이때에도 상당히 배타적인 당기구만이 투표에 참여할 수 있게 제한할 수 있다. 정리하면, 공천방식의 민주화를 위해 필요한 변수는 공천주체의 개방성이라고 할 수 있다. 사르토리는 지금껏 배제를 당한 대중이 이제 [정치 영역으로] 진입할 수 있게 되었다는 점을 고려하여 민주화와 정치의 "대중화(massification)"를 등치시켰다(Sartori 1973, 19-20). 정당이 배타적인 후보자격요건을 통해 여전히 권력을 행사할 수 있다면, 그러한 당내 민주화의 결과는 축소될 수 있다. 반면에, 공천주체의 개방성과 후보자 격요건의 개방성이 확대된다면, 정당은 당내민주주의에서 비롯되는 정치적 파급력을 훨씬 더 많이 경험하게 될 것이다.

개방성-배타성의 연속선에 있는 공천주체가 어떠한 성격을 갖고 있는지가 중요하다. 이는 공천주체의 성격이 공천방식을 유형화하고, 각 공천주체의 정치적 영향력을 평가하며, 연속선에 위치한 서로 다른 공천주체의 차이와 그 파급력을 분석할 수 있도록 해줄 뿐만 아니라, 한 국가 내의 통시적 경향성과 국가들 간의 경향성을 밝히는 데에도 도움을 주기 때문이다. 이러한 경향성은 꽤 분명하게 나타나고 있으며 그 결과에 대해서는 제2부에서 다룰 것이다. 그러나 당내민주주의의 정치적 결과로 넘어가기 전에, 분산화의 차원과 지명제-경선제의 차원에 대해서 논의할 필요가 있다.

제4장
분산화

    공천 분야의 연구를 개척한 몇몇 저명한 학자들은 공천방식의 집중화(Centralization) 정도에 상당한 관심을 기울였다. 래니(Ranney 1981)는 공천의 다양한 방식을 비교하기 위한 세 가지 차원 중에서 첫 번째로 집중화를 꼽았다. 그다음으로는 개방성을, 마지막으로는 직·간접적 참여를 언급한다. 갤러거(Gallagher 1998a)는 공천을 설명하기 위해서 첫째로 집중화, 둘째로 참여(즉, 개방성), 셋째로 후보자격요건이라는 세 가지 주요 측면들을 선택했다. 마쉬(Marsh 2000)와 나루드·페더슨·베일런(Narud, Pedersen, and Valen 2002; 2000b; 2000c)은 두 차원 중에서 집중화를 첫째로, 참여를 둘째로 들었다. 이들은 시·도당, 지구당에 비해 중앙당이 공천에 영향을 미치는 정도를 집중화라고 주장한다. 우리는 이러한 지역적(territorial) 차원이 단지 집중화의 한 측면일 뿐이라고 주장할 것이다. 집중화는 반드시 지역적 차원에 국한될 필요는 없으며 젠더나 소수자와 같은 비지역적(nonterritorial) 차원을 의미할 수도 있다.

    마쉬(Marsh 2000)가 선택한 두 가지 차원들, 즉 집중화와 참여수준이 서로 완전히 독립적이지 않다는 주장은 타당하다. 실제로, 더 집중화 된 공천방식일수록 일반적으로 배타성이 더 크며, 그 반대의 경우도 마찬가지이다. 중앙당 수준에서는 상대적으로 작은 규모의 집행기구를 통해 관여하는 것이 전형적이다. 반면에, 시·도당과 지구당 수준에서는 일반적으로 선출직 대의원 혹은 당원들이 관여한다. 그러나 갤러거가 말했듯이, "공천이 지역구의 당기구에 의해 이루어진다는 사실을 알고 있더라도, 당원들과 유권자들이 얼마나 폭넓게 참여할 수 있는지에 대한 문제가 여전히 남는다."(Gallagher 1988a, 4-5). 우리는 대부분의 학자들, 심지어 공천주체의 개방성과 집중화의 다양한 방식이 가능하다는 것을 인식하고 있는 학자들조차도 양자의 차이를 명확하게 구분하지 못한다고 생각한다. 일반적으로 공천이 분산화될수록 개별 당원들이 영향을 미칠 수 있는 가능성이 높아지지만, 이것은 하나의 경향일 뿐이지, 법칙인 것은 아니다. 따라서 우리는 분산화 그 자체를 다룰 필요가 있다.

공천방식은 지역적, 사회적 두 가지 차원에서 분산화될 수 있다. 이두 차원은 레이파트(Lijphart 1999)가 연방제 및 단방제 민주주의 체제에서 권력분립 문제를 다룰 때 제안한 개념과 대응된다. 지역적 차원은 공천에 관한 권한이 중앙당에 있는가 아니면 지구당/시·도당에 있는가에 관한 것이다. 그러나 분산화의 정도와 무관하게, 동일한 지역적 차원에서도 개방성의 수준이 다양하게 나타날 수 있다. 예를 들면, 지구당이 결정권을 갖는 분산화 정도가 높은 한 가지 공천방식이 있다고 하자. 그러나 이러한 경우에도 결정권이 그 지역의 지도자에게 있을 수도 있고, 지구당의 위원회, 모든 당원, 심지어 해당 선거구의 모든 유권자에게 있을 수도 있다.

시·도당 수준의 대표성, 지구당 수준의 대표성을 확보하기 위한 지역적 차원의 분산화는 단순하다. 유럽의 많은 국가들에서는 지구당 수준의 공천주체가 공천과정에서 결정적인 역할을 수행한다. 노르웨이에서는 중앙당의 당기구가 지구당 수준에서 결정된 후보자들에 대해 거부권을 행사할 수 없으며[1] 지역적 대표성이 각 지구당 수준에서 고려되고 있으므로 지역적 분산화의 사례로 볼 수 있다(Valen 1988; Valen, Narud, and Skare 2002).

공천방식의 분산화는 사회적 차원 내지 집단적 차원일 수도 있다. 예를 들어, 분산화는 노동조합, 여성, 소수자 혹은 이들 집단 내의 하위집단 등 지역적으로 규정되지 않는 집단들의 대표성을 보장한다. 비지역적 차원의 분산화는 이익집단과 밀접하게 연결되어 있는 여러 정당들에서 나타난다. 우파 정당에는 기업인 단체와 농민 단체를 위한 대표가 있는 반면에, 사회주의 정당들에는 노동조합을 위한 대표들이 상당수 존재한다. 이에 대한 가장 대표적인 사례는 영국 노동당 내 노동조합의 역할일 것이다. 노조는 1950년대와 1960년대에 대략 후보자의 1/5, 의원의 1/3에 영향력을 행사하였다(Ranney 1965; Rush 1969). 벨기에서는 의원들이 이익집단과 친밀한 유대관계를 유지할 뿐만 아니라 당선된 후에도 자신이 이익집단 내에서 누리던 지위를 유지하고 있는데, 이는 자신의 공천이 조직된 이익집단을 통해 이루어졌기 때문이다. 드 빈터(De Winter 1977)는 벨기에서는 이익집단이 후보자의 선정 혹은 배제에서 중요한 역할을 했고, 때로는 공천을 독점하기도 했다고 말한다. 이러한 분산화는 정당의 당헌·당규에는 드러나 있지 않지만, 당내에서 이익집단들의 영향력을 보여주는 사례라고 할 수 있다.

지역적/사회적 대표성을 고려하는 절차가 부재한 상태에서 중앙당이 후보자들을 배타적으로 선정할 때, (공천방식이 중앙당의 선출되지 않은

---

[1] 노르웨이의 1920년도 공천관계법(Nomination Act)은 2002년에 폐지되었는데, 이 법에서는 후보자들이 지구당 수준에서 선정되어야 하며, 이렇게 결정된 사항은 중앙당에서 변경할 수 없다고 규정하고 있다(Narud 2003).

지도자에 의한 것이든, 중앙당의 당기구에 의한 것이든, 전 당원에 의한 것이든, 혹은 전국 단위의 모든 후보자들을 선정하는 유권자 전체에 의한 것이든 간에) 우리는 이러한 공천방식을 집중화가 가장 강한 지점에 배치한다(〈그림 4.1〉). 분산화가 가장 강한 지점에서는 후보자들이 지구당 수준의 공천주체 또는 당내 사회집단에 의해 배타적으로 선정된다.

▶▶ 그림 4.1. 공천의 집중화-분산화

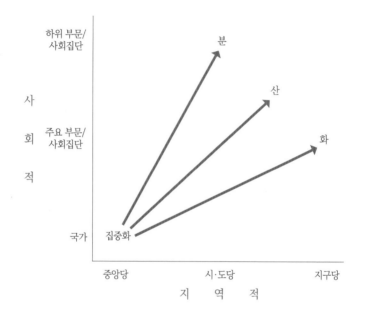

우리는 혼합 방식의 경우에 각각의 수준에서 서로 다른 공천주체들이 얼마만큼의 영향력을 갖는지를 정하고 그 비중을 살펴봐야 한다. 이탈리아 정당들의 1980년대 사례들이 이에 해당하는데 이 정당들에서는 중앙당, 시·도당, 지구당 수준의 공천주체들이 다단계 방식으로 참여했다. 워트먼(Wertman 1988)에 따르면, 시·도당의 당기구들이 중앙당, 지구당 수준의 공천주체들에 비해 중요한 역할을 담당했다. 그

러므로 이탈리아 정당들의 1980년대 사례들은 지역적 분산화의 연속선상에서 가운데 영역에 위치해 있었다. 그러나 이 정당들 간에도 다소간 차이가 있었는데, 가령, 이탈리아 공산당은 사회당에 비해 집중화 정도가 큰 편이다. 가중 방식과 혼합 방식에서도 이와 유사한 계산법이 적용될 수 있다.

지역적 집중화가 선거제도의 영향을 받는 것은 맞지만, 선거제도의 직접적인 결과인 것은 아니다. 연방체제에서는 분산화 된 공천방식을 도입하는 경향이 있기는 하지만, 그렇지 않은 예외들도 많이 존재한다. 연방제 국가인 오스트리아에서는 영국과 같은 단방제 국가에 비해 집중화 된 공천방식을 이용한다. 인도와 영국은 모두 소선거구 단순다수제 선거제도를 도입하고 있지만, 인도의 공천은 최소한 1950년대, 1960년대에는 매우 집중화 되어 있었고, 영국의 공천은 분산화 되어 있었다. 이스라엘과 네덜란드는 총선에서 전체 국가를 하나의 선거구로 하지만, 네덜란드의 여러 정당들에서는 공천과정에서 시·도당과 지구당의 기구들이 중요한 역할을 맡는 반면, 이스라엘에서는 공천과정이 매우 집중화 되어 있어서 시·도당과 지구당의 기구들이 갖는 역할이 훨씬 적었다.[2] 더욱이 한 국가 내의 여러 정당들이 특정 시점에서 상이한 공천방식을 이용하고 있다는 사실은 이러한 차이를 더 부각시킨다. 이러한 차이는 선거제도에는 변동사항이 없지만 정당들의 공천방식은 자주 변경되는 것으로도 알 수 있다. 다른 측면에서 보자면, 정당의 특수한 요인들 가령, 정당의 존속기간, 규모, 이념 등이 집중화 정도와 관련이 있을 수 있지만, 이 요인들이 보편적으로 적용 가능한 일반적인 규칙이라고 할 수는 없을 것 같다. 이념의 영향력을 부정할

---

2) 이스라엘의 주요 정당들에서는 지역적 대표성을 확보하기 위한 장치를 도입하기는 했지만, 그럼에도 중앙당에 유리한 구조를 취하고 있었다. 예를 들어, 마파이당과 그 후신인 노동당에서는 1959-1988에 시·도당, 지구당의 당기구들이 정당명부의 맨 위에서부터 대략 50번까지 들어갈 후보자의 절반 정도를 선정했지만, 후보자들의 최종 순번은 중앙당의 기구들이 결정했다.

수는 없겠지만, 집중화 된 공천방식과 분산화 된 공천방식은 좌파 정당들과 우파 정당들에서 모두 고르게 나타난다.

우리가 일반화를 해야 한다면, 대부분의 정당들에서는 선거구 수준의 공천주체가 후보선정에서 중요한 역할 또는 지배적인 역할을 하고, 지구당, 시·도당 수준의 공천주체는 2차적인 역할을 하며, 중앙당 지도부는 대개 공천과정을 어느 정도 감독하는 역할을 한다고 말해야 적절할 것이다(Ranney 1981, 82-83).[3] 중앙당, 시·도당, 지구당 간의 힘의 균형에 관한 최근의 경향을 정확히 짚어내는 것은 쉽지 않다. 마쉬(Marsh 2000)는 정당 지도부에 힘을 실어주는 최근의 경향으로 인해 많은 정당들에서 집중화의 정도를 높이고 있다고 주장한다. 이것은 정치의 "대통령제화(presidentialization)"(Poguntke and Webb 2005), 국가의 재정지원확대와 정당의 "카르텔화(cartelization)"(Katz and Mair 1995), 자본집약적 선거운동의 전문화와 같은 흐름과도 맥락이 닿아있다. 1945-1990년 사이의 정당들을 다루고 있는 크로웰(Krouwel 1999)의 연구는 서유럽 국가들에서 공천과 관련하여 나타나고 있는 지배적인 경향이 집중화의 확대라고 결론을 내렸다. 그러나 1960년부터 1990년대까지 서유럽 국가들의 공천과정을 다루고 있는 빌리(Bille 2001)의 연구 결과는 정반대였다. 즉, 집중화의 확대로 나아가는 흐름은 없었으며, 오히려 눈에 띄는 추세는 분산화의 확대로 나아갔다는 것이다.

공천의 집중화는 또한 그 정치적 결과에서도 논쟁적인 성격을 띠고 있다. 어떤 학파는 후보자들이 공천을 받기 위해 중앙당 지도부의

---

3) [역자주] 이 책의 저자들은 기본적으로 정당의 지역체계를 4단계로 구분하고 있다. 이를 바탕으로 우리나라의 행정단위를 고려하여 직역하면 '중앙당-시·도당-구·시·군당-지구당(선거구)'이 되어야 한다. 그러나 우리나라에서는 구·시·군당이라는 것이 없으므로 이와 같은 직역은 오히려 독자들에게 혼란을 가져다줄 수 있을 듯하다. 저자들은 이 부분 외에는 구·시·군당과 지구당을 엄밀히 구분해서 사용하지 않기 때문에 독자들의 이해를 돕기 위해 구·시·군당과 지구당을 통칭하여 '중앙당-시·도당-지구당(선거구)'의 3단계로 구분하고자 한다.

관심을 끌어야 하는 상황이라면 의원들은 원내에서 당의 노선을 더 철저히 따를 것이라고 주장한다. 반대로, 공천이 지구당에서 이루어진다면 후보자들은 지역의 요구에 민감하게 반응할 것이며 경우에 따라서는 중앙당 지도부의 뜻을 거스르는 일도 발생할 것이다. 다른 어떤 학파는 높은 수준의 응집성과 당 기율을 유지하면서도 공천에 관한 유의미한 혹은 배타적인 통제권을 지구당에 넘겨줄 수 있다고 주장한다. 왜냐하면 영국의 사례에서처럼 지구당의 기구들이 응집성과 기율을 중요하게 간주할 수도 있고(Ranney 1968), 캐나다의 사례에서처럼 지구당과 중앙당 간의 분업(즉, 중앙당의 감독하에 지구당이 후보자를 선정하는 형태)이 존재할 수도 있기 때문이다. 이에 대한 논의는 제9장에서 자세히 다루면서 진전시킬 것이다.

― 민주화 vs. 분산화

개방성이 큰 공천주체와 지구당 중심의 공천방식은 서로 밀접하게 연관되어 있는 듯하지만, 〈그림 4.2〉에서 볼 수 있듯이 양자는 이론적으로도, 실제로도 구분될 필요가 있다. 예를 들어, 덴마크에서는 공천의 분산화 수준에 변동사항이 없었지만, 4개의 정당들에서 당원들의 우편투표를 도입한 것에서 드러나듯이 공천주체의 개방성은 확대되었다(Bille 1992). 영국에서는 중앙당과 지구당의 당기구들이 심사하여 압축한 후보자들을 대상으로 당원 투표를 도입하여 수년에 걸쳐 공천주체의 개방성을 확대하였다. 이와 동시에, 후보자 심사 및 압축, 공천과정에 대한 중앙당 당기구의 역할과 전반적인 관여도 확대되었다(Norris and Lovenduski 1995). 많은 학자들이 개방성과 분산화를 구분하지 못하고 있으며, 종래에 구분해오던 학자들조차도 여전히 두 차원을 혼용하고 있다.

빌리는 "분산화 현상은 민주화와 연관이 있다. … 비록 **진정한** 민주화란 분산화 외에도 지구당 수준에서 후보자격요건 및 공천주체의 개방성이 확대되는 개혁을 필요로 하는 일이지만 말이다."(Bille 2001, 365-366. 빌리의 원문에서 강조)라고 적절하게 언급했다. 즉, 분산화가 된다고 해서 반드시 배타적인 중앙당의 소수 실권자로부터 더 개방적인 지구당 지도부로 권한이 위임되는 것은 아니다. 만일, 이전의 집중화 된 공천과정이 당원 투표에 의존하고 있었으며 분산화로 인해 시·도당, 지구당에 소속된 5명, 50명, 500명 정도로 구성된 배타성이 큰 공천위원회로 권한이 위임된다면, 오히려 이전보다 적은 사람들이 공천과정에 관여히는 결과가 초래된다. 아일랜드의 사례를 다룬 갤러거의 연구에서는 다음과 같은 결론을 내렸다. "지구당 수준에서 중요한 결정이 이루어진다. 그러나 그 자체가 아일랜드의 공천과정이 다른 나라들에 비해 더 민주적이라는 것을 의미하지는 않는다. 즉, 지구당도 중앙당과 같은 방식으로 당 엘리트에 의해 지배될 수 있다."(Gallagher 1980, 500). 따라서 분산화 된 공천주체가 이전의 집중화 된 공천주체에 비해 개방성이 확대되어야만 분산화는 민주화를 향해 진일보하는 것으로 간주될 수 있다.

빌리는 우선 분산화와 민주화를 구분하고서는, 6개의 범주로 민주화의 수준을 측정하면서 분산화와 민주화의 두 차원을 다시 혼용한다. 6개 중 5개의 범주는 공천에 대한 중앙당 수준의 통제와 시·도당/지구당 수준의 통제를 비교하는데 초점을 맞추고 있고, 나머지 1개는 공천주체의 개방성에 주목하고 있다.[4] 키틸슨과 스캐로우(Kittilson and Scarrow 2003)도 이와 유사하게 두 가지 차원을 혼용한다. 이들이 이용

---

[4] 빌리(Bille 2001, 367)의 5가지 범주는 다음과 같다. ① 중앙당이 공천을 완전히 통제, ② 시·도당/지구당이 제안하고 중앙당이 결정, ③ 중앙당이 명부를 마련하고 시·도당/지구당이 결정, ④ 시·도당/지구당이 결정하고 중앙당이 승인, ⑤ 시·도당/지구당이 공천을 완전히 통제. ⑤에서만 빌리가 "진정한(real)" 민주화라고 지칭한 당원 투표의 도입에 대해 언급하고 있다.

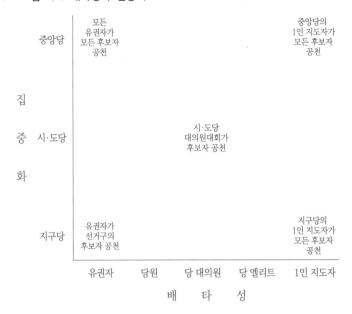

▶▶ 그림 4.2. 배타성과 집중화

집

중

화

	중앙당	모든 유권자가 모든 후보자 공천				중앙당의 1인 지도자가 모든 후보자 공천
	시·도당			시·도당 대의원대회가 후보자 공천		
	지구당	유권자가 선거구의 후보자 공천				지구당의 1인 지도자가 모든 후보자 공천
		유권자	당원	당 대의원	당 엘리트	1인 지도자

배 타 성

하고 있는 5개의 범주 중에서 3개가 중앙당의 공천주체와 지구당의 공천주체를 비교하는데 초점을 맞추고 있다.[5] 갤러거(Gallagher 1988c, 236) 역시 집중화와 개방성을 한 덩어리로 취급하여 개방성의 측면과 집중화의 측면을 함께 제시하고 있다("The selection process: centralization and participation").[6] 잔다(Janda 1980)는 자신의 정당 연구서에서 권력의 집중화에 대하여 1개의 장을 할애하여 다루고 있다. 잔다는 권력의 집중화를 의사결정에 참여하는 사람의 수와 그 의사결정이 조직의 위계구조 중 어떤 층위에서 이루어지는 지로 정의하는데, 이것은 구분

---

5) 키틸슨과 스캐로우(Kittilson and Scarrow 2003, 70)의 범주들은 다음과 같다. ① 중앙당 지도부, ② 시·도당의 대의원들, ③ 지구당의 공천주체, ④ 투표권이 있는 당원, ⑤ 투표권이 있는 비당원.
6) 갤러거(Gallagher 1988c, 237)의 범주들은 다음과 같다. ① 정당 지지 유권자, ② 당내 예비선거, ③ 지구당의 일부 당원, ④ 중앙당 집행기구, ⑤ 이익집단, ⑥ 중앙당의 계파 지도자들, ⑦ 당 지도자.

할 필요가 있는 두 가지 차원을 뭉뚱그려 설명하는 것이다.[7] 여기서 잔다는 "공천 참여권이 제한될수록 정당은 더 집중화 된다."(Janda 1980, 111)라고 말했다. 노리스는 집중화의 정도와 참여의 폭을 구분하여 분석해놓고서는 결론에서는 다시 두 개념을 혼합하여 설명한다. "대부분의 분산화 된 공천과정에서, 지구당 수준의 공천권은 폐쇄형 예비선거에 참여하는 풀뿌리 당원들에게 있거나 개방형 예비선거에 참여하는 일반 대중들에게 있다."(Norris 2004, 27). 크로웰(Krouwel 1999)의 연구는 분산화와 민주화의 두 차원을 결합한 집중화 척도를 이용하여 정당들의 당내민주주의 수준을 평가한다.[8] 룬델(Lundell 2004)의 연구는 공천의 결정요인을 다루고 있는데, 이 논문에서는 개방성과 분신화를 불완전하게 중첩시킨다. 룬델의 집중화 척도는 개방성과 분산화를 결합하고 있지만, 개방성이 집중화의 여러 범주들에서 독립적으로 변화하지는 않는다. 예를 들어 설명하면, 가장 집중화 된 지점에서는 당 지도자에 의한 공천으로부터 중앙당 수준의 예비선거에 이르기까지 개방성을 다양하게 나타내면서도, 분산화 된 지구당 수준의 공천에서는 공천위원회, 지구당 집행기구, 대의원대회만을 포함시킨다.[9] 오만 (Ohman 2004)의 공천에 관한 집중화 척도에서는 개방성과 분산화가 거의 완전히 중첩된다. 가령, 가장 분산화 정도가 큰 범주와 그다음으

---

7) 잔다(Janda 1980, 111)의 범주들은 다음과 같다. ① 직접 참여하는 예비선거와 같이, 지구당 내에서 정당 지지자들이 투표를 통해 공천, ② 지구당 지도부가 후보선정, 당원들이 승인, ③ 당원들의 참여 없이 지구당 지도부가 공천, ④ 지구당 내에서 후보선정, 중앙당이 승인, ⑤ 정당과 제휴한 단체나 시·도당 조직이 후보선정, 중앙당 승인, ⑥ 중앙당이 후보선정, 지구당 또는 제휴단체가 승인, ⑦ 전당대회나 코커스에서 공천, ⑧ 전국위원회나 평의회에서 공천.

8) 크로웰(Krouwel 1999, 94)의 범주들은 다음과 같다. ① 당 지도자, ② 중앙당 당직자 혹은 중앙당 집행기구, ③ 이익집단 혹은 기타 외부 단체, ④ 현역의원, ⑤ 전당대회, ⑥ 지구당 당원들로 구성된 특별 기구, ⑦ 당원.

9) 룬델(Lundell 2004, 31)의 범주들은 다음과 같다. ① 지구당 공천위원회 혹은 당원 예비선거를 통해 지구당 회의에서 공천, ② 지구당 수준의 공천위원회나 집행기구에서 공천 혹은 지구당의 대의원대회에서 공천, ③ 앞의 두 범주와 같지만 시·도당 혹은 중앙당이 공천에 영향력 행사, ④ 앞의 범주들과 같지만 지구당, 시·도당이 공천에 영향력 행사, ⑤ 당 지도자, 중앙당 집행기구, 중앙당 공천위원회 혹은 전국 수준의 예비선거에 의해 공천.

로 분산화 정도가 큰 범주의 경우, 전자에서는 (거의) 모든 당원들이 투표권을 갖는 것에 반해 후자에서는 대의원이 투표권을 갖는다는 점에서만 차이가 있다.[10] 즉, 분산화 정도가 가장 큰 두 범주 모두 지구당 수준에서 결정이 이루어지며, 다른 당기구는 전혀 또는 거의 영향을 미칠 수 없다. 오만의 집중화 척도에서 변할 수 있는 것은 개방성의 정도이다. 오만이 "가장 분산화 된 방식은 당원이 아닌 일반 유권자도 전부 공천과정에 참여할 수 있도록 하는 것이며, 가장 집중화 된 방식은 1인이 총선의 모든 후보자를 공천하는 것이다."(Ohman 2004, 12)라고 언급하는 것을 통해 볼 때, 그가 개방성과 분산화의 두 차원을 분명히 결합하고 있음을 확인할 수 있다.

바로 앞에서 언급한 학자들의 주장과 반대로, 개방성은 제3장에서 정의하고 있듯이 공천과정의 참여수준에 초점을 맞추고 있으며 집중화와 구분되어야 한다. 이것은 덴버(Denver 1988)가 영국의 정당들은 집중화와 분산화의 특성을 동시에 갖고 있는 공천방식을 도입하고 있다고 서술한 것에서도 드러난다. 즉, 영국의 정당들에서 이용하고 있는 공천방식은 지역적 분산화와 소규모의 공천주체를 특징으로 갖는다. 래니(Ranney 1981)는 공천과정을 분석하기 위한 세 가지 차원으로 집중화, 개방성, 직·간접적 참여를 제시했으며, 그 중 집중화와 개방성을 분명히 구분했다. 집중화는 다음과 같이 지역적 요소만을 고려하는 6점 척도로 묘사된다(Ranney 1981, 82).

---

10) 오만(Ohman 2004, 48)의 범주들은 다음과 같다. ① (거의) 모든 당원들이 직접 투표를 통해 지구당 수준에서 후보선정, 다른 수준의 당기구의 승인을 받을 필요가 없거나 형식적인 차원에서만 받음, ② 지구당 수준의 대의원대회에서 후보선정, 다른 수준의 당기구의 승인을 받을 필요가 없거나 형식적인 차원에서만 받음, ③ 이전의 범주들과 같지만 중앙당의 승인 필요, ④ 전국에서 온 대의원들이 지구당의 회의체나 중앙당 회의체에 모여 모든 후보자들을 결정, 상위 당기구의 승인을 받을 필요 없음, ⑤ 중앙당 지도부가 후보선정, 시·도당/지구당 당기구의 승인 필요, ⑥ 중앙당 지도부가 후보선정, 시·도당/지구당의 승인을 받을 필요 없음.

① 시·도당/지구당 당기구가 예비적인 성격을 갖는 추천을 하고 중앙당
   당기구가 공천
② 시·도당/지구당 당기구가 중요한 의미를 갖는 추천을 하고 중앙당
   당기구가 공천
③ 중앙당의 감독하에 시·도당이 공천
④ 중앙당의 감독 없이 시·도당이 공천
⑤ 중앙당의 감독하에 지구당이 공천
⑥ 시·도당의 감독하에 지구당이 공천
⑦ 별도의 감독 없이 지구당이 공천

웨어(Ware 1996)의 책에서도 공천의 다섯 가지 차원을 제시하면서
집중화(두 번째 변수)와 참여(세 번째 변수)를 구분한다. 그는 집중화와 참
여를 상호 독립적이지 않다고 인정하면서도, 이 두 변수를 섞지는 않
는다. 공천에서 민주화와 분산화를 구분하는 흥미로운 진전은 스캐로
우·웹·파렐(Scarrow, Webb, and Farrell 2000)에 의해 이루어졌다. 이들
은 공천에 관하여 두 가지 가설을 구분하여 제기한다. 첫 번째 가설에
서는 시간이 흐름에 따라 당원에게로 공천권이 넘어왔다는 것을 다룬
다. 두 번째 가설에서는 중앙당의 엘리트가 지구당 당원들이 결정한
바에 대하여 거부권을 보유하고 있거나 이것을 새롭게 획득했다는 것
을 다룬다. 다시 말하면, 첫 번째 가설은 민주화를 다루고, 두 번째 가
설은 집중화를 다룬다. 민주화가 되면서, 지구당의 엘리트들은 약화되
었지만, 동시에 공천의 집중화가 이루어지면서 중앙당의 엘리트는 권
력을 상실하지 않았다. 즉, "정당의 의사결정 과정이 점점 더 집중화
되고 **동시에** 개방성이 확대되는 방향으로 나아가고 있다."(Scarrow,
Webb, and Farrell 2000, 137. 스캐로우 외의 원문에서 강조). 두 가설은 자
료를 통해 증명되기는 했지만, 같은 수준으로 증명이 된 것은 아니다.
공천의 민주화는 경험적 입증이 제한적이었다. 즉, 공천주체의 개방성

을 확대한 국가들이 축소한 국가에 비해 더 많았다. 집중화 가설은 더 분명한 경험적 지지를 받았다. 그러나 이러한 국가에서 나타나고 있는 집중화는 변화하는 추세가 아니라 기존의 상태라고 봐야할 것이다. 중앙당의 권한이 확대되는 경우(호주, 아일랜드의 주요 정당 두 곳, 캐나다 자유당, 영국 노동당)도 있었지만, 대부분의 경우에는 기존의 권한이 축소되지 않았다는 점이 흥미롭다. 이는 공천주체의 개방성 확대가 분산화와 나란히 갈 필요는 없다는 것과 오히려 반대 방향으로 갈 수도 있다는 것을 보여준다.

나루드·페더슨·베일런은 공천의 두 가지 차원(집중화와 개방성)을 명확하게 기술하면서 그 두 차원 사이에 선명한 관계가 있을 필요는 없다고 주장한다(Narud, Pedersen, and Valen 2002a, 13).

> 두 가지 차원을 결합하면 네 가지의 서로 다른 공천제도가 나타난다. 첫 번째로는, 개방성과 집중화가 동시에 나타나는 극단적인 형태가 존재할 수 있다. 즉, 공천과정이 다수의 개인들이 참여할 수 있도록 개방되어 있지만, 지구당이 아닌 중앙당에서 공천 결과를 결정한다. 두 번째로는, 개방성과 분산화가 동시에 나타나는 공천제도가 존재할 수 있다. 세 번째로는, 배타성과 분산화가 나타나는 공천제도 즉, 지구당에 소속된 소규모의 "문지기들"이 결정권을 갖는 공천제도가 존재할 수 있다. 네 번째 유형은 집중화 된 공천방식에서 소규모 당원들로 참여가 제한된 공천제도이다.

— 지역적 분산화의 정의와 측정

지역적 분산화는 지구당, 시·도당, 중앙당 차원에 주목하는 꽤나 명확한 개념이다. 지구당 조직이 후보자 결정에 대한 전권을 가지고 있는 경우는 연속선의 가장 끝 지점에 위치한다. 반대쪽 끝 지점에는 중앙당이 공천에 대한 완전한 통제권을 가지고 있는 경우가 위치해 있다. 그 가운데에는 후보자가 지구당보다는 높고 중앙당보다는 낮은 수준에서 결정되는 사례들이 있다. 혹은, 중앙당과 지구당이 공천에 대한 권한을 공유한다면, 양 끝 지점으로부터 정확한 힘의 균형상태인 중간지점 근처에 위치하게 된다.

지역적 분산화를 바라보는 다른 방법은 후보자의 시각에서 접근하는 것이다. 먼저, 후보자들은 (지역적/사회적 차원으로 정의되는) 자신만을 위한 공천주체에 의해서 선출되기도 하는데, 이런 경우는 분산화가 가장 큰 쪽 지점에 해당한다. 혹은 후보자들이 다른 모든 후보자들과 같이 동일한 공천주체에 의해 선출되기도 하는데, 이런 경우는 집중화가 가장 큰 쪽 지점에 해당한다. 집중화와 분산화의 가운데에는 일부 후보자가 동일한 공천주체에 의해 선정되는 경우가 있다. 이전의 관점과는 다르게 공천의 분산화에 접근하는 새로운 시각에 대해서는 추가적인 설명이 필요할 것 같다.

공천이라는 주제에 대하여, 일부 연구자들은 중앙당 수준에서 다루고 (우리를 비롯한) 대부분의 연구자들은 특정 시점의 개별 정당 수준에서 평가하는 것을 더 선호하지만, 우리는 공천의 분산화를 다룰 때 개별 후보자의 관점에서 접근함으로써 분류를 위한 경험적 분석틀을 설계할 수 있다. 개별 후보자는 다음과 같은 두 가지 물음을 던질 수 있다.

1. 나의 공천에 관여하는 공천주체(들)는 얼마나 구별되어 있는가?
2. 나의 공천에 복수의 공천주체들이 관여한다면, 공천과정에서 그들의 상대적 비중은 어떠한가?

첫 번째 질문에 대한 답은 각 공천주체에 대한 분산화 정도를 보여준다. 두 번째 질문에 대한 답은 공천이 분산화의 소분류에 따라 정확히 어디에 위치하는지를 설명한다.

공천이 다른 수준의 당기구에 의한 간섭 없이 지구당 수준에서 결정되며 소선거구제를 채택하고 있는 어떤 국가를 떠올려보자. 이는 각 후보자가 다른 공천주체들과 구별되는, 어떤 지역구 내에 있는 특정 정당의 한 공천주체에 의해 선정된다는 것을 의미한다. 즉, 각 정당의 공천주체는 지역구마다 다르다. 미국이 바로 각 지역구의 예비선거에 참여하는 유권자들이 자신의 지역구에서만 공천에 참여할 수 있는 사례에 해당한다. 다시 말하면, 하원의원 지역구 435개에 대하여 각 정당들에서는 서로 다른 공천주체를 가지며, 따라서 정당의 지역구 후보자들이 각각 서로 다른 공천주체를 갖는다. 후보자의 관점에서 보자면, 자신의 공천주체는 후보자 자신이 출마하고자 하는 지역구의 후보자만을 공천할 수 있는 사람들로 구성되며 다른 선거구의 공천에는 관여하지 않는다. 따라서 인접한 두 지역구의 공천주체가 겹치는 일은 발생할 리가 없으며 서로 배타적이다. 이것이 완전한 분산화의 모습이다. 즉, 한 공천주체가 그 정당의 **오직 한 명**의 후보자를 결정한다.

이번에는 다른 어떤 국가를 떠올려보자. 이 국가는 전국 단위의 단일 선거구를 가지고 있으며, 정당명부를 위한 공천이 중앙당 수준에서 결정되고 다른 하부 수준의 당기구의 간섭은 배제된다. 이 경우에 각 후보자는 다른 후보자들과 마찬가지로 중앙당의 동일한 공천주체를 거치게 된다. 이스라엘은 모든 후보자들이 정당이 만드는 전국구 명부를 두고 경쟁해야 하는 대표적인 국가이다. 대부분의 경우에 특정 정당 내의 모든 후보자들에 대한 공천주체(심지어 복수의 공천주체일지라도)는 동일하다. 후보자의 시각에서 보자면, 각 후보자는 정당의 후보자 전원을 선정하는 동일한 공천주체를 거치게 된다. 다시 말해서, 동일한 공천주체가 모든 후보자에 관한 결정에 관여한다. 이것이 완전한 집중화의 모습이다. 즉, 통합된 전국 단위의 한 공천주체가 그 정당의 후보자 전체를 결정한다.

집중화와 분산화의 중간에 해당하는 사례는 각 정당이 지역 명부를 제출하는 다인 선출 선거구(multimember districts)를 채택한 국가이다. 이 국가의 후보자들은 같은 선거구의 다른 후보자들과 동일한 공천주체를 거치게 되지만, 다른 선거구의 후보자들과는 다른 공천주체를 거치게 된다. 예를 들면, 아이슬란드에서는 6개의 선거구에서 각각 9명의 대표자를 의회로 보낸다.[11] 다인 선출 선거구제에서 각 후보자는 나머지 8명의 후보자를 선정한 하나의 공천주체를 거치게 되며, 이러한 공천주체는 선거구마다 1개씩 총 6개가 존재한다. 이 경우는 완전한 분산화도, 완전한 집중화도 아니지만, 그 중간쯤 어딘가에 위치한다. 〈그림 4.3〉에서 볼 수 있듯이, 하나의 공천주체와 다수의 공천주체라는 양쪽 끝 지점 사이의 중간에는 제한된 수의 공천주체가 존재할 수 있다. 분산화 정도가 아주 큰 경우에는, 공천주체의 수와 의석수가 일치할 것이다(혹은 동일한 수준에서 복수의 공천주체가 공천에 관여할 경우 그 수가 의석수의 두세 배가 될 수도 있다). 집중화 정도가 아주 큰 경

▶▶ 그림 4.3. 분산화와 후보자 1인당 공천주체의 수

다수의 공천주체(들)	"제한된 수의" 공천주체들	하나의 공천주체(들)*

분산화 ◀━━━━━━━━━━━━━━━━━━━━▶ 집중화

* 복합적인 공천방식에서는 중앙당 수준에서 모든 후보자 선정에 관여하는 공천주체가 하나 이상이 되는 경우도 가능할 수 있다.

---

11) 아이슬란드 의회의 총 의석수는 63석이다. 선거구 대표 54석을 제외한 나머지 9석은 선거구에서 정당이 얻은 득표율을 바탕으로 배분된다.

우에는, 하나의 공천주체만이 공천에 관여하거나, 중앙당 수준에서 공천이 이루어진다는 전제하에 몇몇 공천주체들이 공천에 관여하기도 한다.

일반적으로, 공천주체가 얼마나 많은지(즉, 각 후보자가 자신의 선거구 공천주체에 의해 선정되는지의 여부)의 문제가 분산화와 개방성을 구분해 준다는 사실을 강조할 필요가 있다. 공천주체가 하나뿐이라도 개방적일 수도 있고(전국 수준의 예비선거) 배타적일 수도 있다(당 지도자). 이것은 공천주체가 다수인 경우에도 똑같이 유효하다. 즉, 공천주체는 각 선거구 내의 모든 당원이 참여할 수도 있고, 지구당의 소수 실권자로 한정될 수도 있다. 이것은 제한된 수의 공천주체라는 집중화와 분산화의 중간에 해당되는 사례에서도 마찬가지이며, 집중화와 분산화의 연속선에 있는 모든 가능한 경우에도 적용될 수 있다.

두 번째 질문은 한 명의 특정한 후보자 선정에 관여하는 공천주체의 수에 초점을 맞추고 있다. 이 질문은 공천에 관한 복합적인 사례를 평가하는데, 특히 어떤 수준의 공천주체가 다른 수준의 공천주체가 결정한 사항에 영향을 미치는 경우를 다룬다. 이 질문에 대한 답은 각 정당이 〈그림 4.3〉의 연속선에서 어디에 위치하게 될지에 영향을 미칠 것이다.

중앙당 지도부가 예비후보자명부를 만들고 지구당이 선거구 수준에서 후보자를 선정할 수 있는 경우(즉, 영국의 경우), 각기 다른 두 수준의 공천주체들이 공천과정에 관여한다.[12] 그러므로 이 경우는 집중화, 분산화를 명확하게 보여주는 사례는 아니며, 그 사이 어딘가에 위치한다. 정당이 집중화와 분산화의 연속선상에서 정확히 어디에 위치

---

[12] 영국에서는 복수의 공천주체들이 지구당 수준에서 공천에 관여한다는 것을 언급할 필요가 있다. 그 공천주체들은 모두 지구당에 소속되어 있지만, 소규모의 배타적인 당기구, 개방적인 당기구, 전 당원 등 개방성의 수준이 다양하다.

하는지는 중앙당과 지구당의 상대적 힘의 크기에 따라 좌우된다. 한편, 지구당에서 선정된 후보자에 대해 중앙당이 거부권을 행사할 수 있는 경우(캐나다의 경우)는 지구당 수준의 공천주체와 중앙당 수준의 공천주체가 모두 결정에 영향을 미칠 수 있는 사례와 유사하다고 할 수 있다. 그 사이에는 중간지점에 위치한 제한된 수의 공천주체들과 어느 한쪽 끝 지점에 위치한 공천주체들 간의 조합과 같은 다양한 사례들도 존재할 수 있다. 시·도당 수준의 공천주체가 지역 내 요구들을 고려해야 하는 경우(노르웨이의 경우), 다인 선출 선거구에서 시·도당 수준의 공천주체가 중앙당으로부터 영향을 받을 수 있는 경우(오스트리아)는 분산화가 가장 큰 쪽 지점은 아니지만 그 근치에 위치한다.

지역적 분산화를 분류하기 위한 이러한 분석틀은 결점이 있으며, 특히 공천에서 다단계 방식, 혼합 방식, 가중 방식을 도입한 정당을 대상으로 다룰 때 부각된다. 그러나 공천방식의 복잡한 정도와는 상관없이, 개별 후보자와 공천주체를 살펴봄으로써 분산화를 분류하려는 시도에서 몇 가지 목적이 달성된다. 첫째, 비교적 수월하게 접근할 수 있는 경험적 자료를 이용하여 분산화의 정도를 명확히 기술할 수 있게 하여 연구자들이 더 쉽고 타당한 방식으로 분산화를 범주화, 조작화할 수 있게 한다. 둘째, 공천에서 분산화와 민주화를 명확하게 분리할 수 있게 한다. 집중화의 차원과 공천주체의 차원을 혼합하거나 결합하지 않으며, 양자는 상호의존적으로 변화하지 않는다. 이로써 학자들이 개방성과 더 이상 혼동하지 않는 집중화, 분산화라는 하나의 차원을 고려하게 되기를 바란다. 셋째, 이 차원은 공천방식의 변화와 공천주체들 간의 상대적인 힘의 분포의 변화를 고려하여 정당의 위치를 보여줄 수 있으므로 유연하다고 할 수 있다.

― 분산화를 위한 장치

분산화를 통해 지역적/사회적 대표성을 보장하기 위해 두 가지 장치를 활용할 수 있다. 첫 번째 장치는 후보자와 공천주체가 같은 지역에 살거나 같은 종파 또는 같은 사회집단에 속해 있을 경우 해당 지역, 종파, 사회집단을 위한 특별선거구를 마련하는 것이다. 두 번째 장치는 의석보장제(reserved place mechanism)이다. 의석보장제란 특정한 기초단체, 광역단체를 대표하는 후보자들이나 특정한 종파, 사회집단에 속해 있는 후보자들을 최소 몇 명 이상 정당명부에 배치하는 것(또는 당선가능성이 있는 지역구에 몇 명 이상을 공천하는 것)을 보장하는 제도이다. 의석보장제의 대표적인 사례로는 많은 정당들에서 도입하고 있는 여성할당제가 있다. 특별선거구가 지역적 분산화를 확보하기 위한 장치라고 할 수 있다면 의석보장제는 사회적 분산화를 확보하기 위한 장치라고 할 수 있다.

지역적 차원의 특별선거구에 대해서는 이미 논의했으므로, 이제는 종파 또는 사회집단을 위한 특별선거구에 대해 다루고자 한다. 이 특별선거구에서 후보자와 공천권자는 같은 종파, 사회집단에 속해 있다. 사회적 차원의 특별선거구는 지역적 차원의 특별선거구와 달리 실제 선거구에 대응되지 않으며 그렇기 때문에 자주 활용되지는 않는다. 이 장치는 **후보자격요건**과 **공천주체**를 **모두** 분산화 한다. 왜냐하면 해당 종파, 사회집단의 후보자들은 다른 종파, 사회집단의 후보자들과 차이가 있어야 하며 같은 종파, 사회집단의 후보자들과만 경쟁을 치러 별도의 공천주체에 의해 선정되어야 하기 때문이다. 뉴질랜드의 총선에서는 공천과정에서 사회집단을 위한 특별선거구와 유사한 것이 존재한다. 마오리의 소수민족 구성원들은 자신이 거주하고 있는 주소지의 일반선거구에서 투표할지, 마오리 부족을 위한 특별선거구에서 투표할지 결정해야 한다. 이스라엘의 노동당과 하리쿠드당에서도 1990년대 중반에 사회적 분산화를 모색하는 장치를 도입했다. 두 주요 정당에서는 모든 당비 납부 당원들이 공천에 참여할 수 있었는데, 개별 당원들은 두 가지 명부 중에서 하나를 선택해야 했다. 두 가지 명부란 전국 단위의 선거구로 출마한 후보자들로 구성된 명부와 지역구 수준에서 출마한 후보자들로 구성된 명부를 가리킨다. 이때, 지역구 수준의 후보자명부는 가상적인 것인데, 이스라엘에는 지역구가 없으며 전국 단위의 단일 선거구를 도입하고 있기 때문이다. 그러나 두 정당에서는 지역적 차원의 선거구, 사회적 차원의 선거구를 내부적으로 설정하고 있었다. 가령, 노동당은 사회적 차원의 선거구를 키부츠 구성원들(집단 거주지), 모샤브 거주자들(협동조합식 거주지), 소수자들(아랍인 등), 드루즈 파[13]로 설정했다. 당원들은 특정한 사회집단 즉, 사회적 차원의 선거구에 소속되어 있어야만 그 선거구의 선거권, 피선거권을 확보할 수 있었다. 정당명부상의 특정한 순번들은 여성, 이민자들, 지역적 차원의 특별선거구에 보장된 순번들처럼 이러한 사회적 차원의 특별선거구에도 보장되었다(Hazan 1999a). 정당들이 제휴하고 있는 사회집단들에 일정한 수의 후보자를 할당하고 그 사회집단들에서 자신의 후보자를 선정하는 경우 사실상 사회적 차원의 특별선거구를 만드는 것으로 볼 수 있으며, 이때 공천주체와 후보자는 같은 집단에 속해 있어야 하는 것으로 규정된다. 예를 들어, 일본 사회당에서 노동조합의 대표자들에게 후보직을 할당하는 것은 노조가 공천주체인 하나의 선거구를 사실상 새롭게 만드는 것으로 볼 수 있다(Shiratori 1988; Youn 1977).

벨기에도(지역적 차원의) 특별선거구 수준에서 활용되었던 두 가지 대표성 보장 장치의 사례를 보여준다. 벨기에 기독사회당은 1961년에

---

13) 이슬람교의 분파이며 주로 이스라엘, 레바논, 시리아에 분포하고 있다.

의석보장제를 활용하여 브뤼셀의 일부 선거구에서 네덜란드어를 사용하는 후보자들과 프랑스어를 사용하는 후보자들을 정당명부에 교대로 배치한 적이 있다.[14] 1965년에는 각 특별선거구에서 프랑스어를 사용하는 당원들과 네덜란드어를 사용하는 당원들이 각각의 후보자를 따로 선정하면서 당내에 별도의 특별선거구가 만들어졌다(Obler 1974).

의석보장제(특정한 종파, 사회집단에 속해 있는 후보자들에게 정당명부에서 당선가능성이 있는 순번 또는 당선가능성이 있는 지역구를 보장해주는 것)는 **후보자격요건에 대해서만** 분산화를 모색한다. 즉, 특별선거구와 달리, 의석보장제에서는 공천주체가 지역적/사회적 차원에서 규정되지 않는다. 어떤 경우에는, 보장된 의석에 대한 자격요건을 갖춘 후보자들이 다른 **모든** 후보자들과 경쟁하기도 한다. 이 경우에 의석보장제는 제도의 적용을 받는 후보자들이 이 제도를 통해 보장되는 순번보다 낮은 순번을 차지했을 때에만 실행된다. 다른 어떤 경우에는, 의석보장제의 적용을 받는 후보자들끼리 사전에 정해진 순번을 두고 경쟁한다.[15] 여러 정당들에서 도입하여 실행하고 있는 여성할당제가 대표적인 사례이다.[16] 여성할당제에서는 정당명부나 지역구의 일정 비율 이상이 여성 후보자들에게 할당되지만, 그 후보자들은 남성과 여성이 함께 선정한다.[17]

---

14) 1961년과 1965년에는 독일어를 사용하는 소수자들이 많은 선거구의 독일계 후보자들에게도 의석보장이 이루어졌다.

15) [역자주] 우리나라의 사례를 예로 들면, 정당명부식 비례대표제에서 매 홀수 번호마다 여성을 배치해야 하는데, 이때 여성들에게 보장된 홀수 번호를 두고 다수의 여성들이 경쟁을 하고 있는 것과 유사하다.

16) 여성할당제의 확대를 보여주는 온라인 데이터베이스가 몇몇 존재하며, 이를 통해 학자들은 국가 수준의 여성할당제와 정당 수준의 여성할당제를 구분할 수 있다. 가령, 글로벌 데이터베이스(Global Database of Quotas for Women 2009)를 참고할 것.

17) 비록 목표는 여성대표성을 확보하는 것이지만, 명시적으로 여성에 국한시키지 않으며 각 성별이 차지할 수 있는 후보자들의 최솟값, 최댓값을 정하고 있기 때문에, 많은 경우에 이 할당제는 성 중립적이다.

이러한 종류의 사회적 분산화가 가상에 그치지 않고 현실에서 실현되기 위해서는 여성들에게 당선가능성이 있는 순번이 부여되어 상당수가 당선될 수 있어야 한다. 즉, 정당들은 상징적인 비율을 맞추고자 정당명부에서 당선가능성이 낮은 위치에 여성을 배치할 것이 아니라, 여성의원들이 특정한 숫자만큼 실제로 의회에 진출할 수 있도록 해야 한다. 정당명부제 하에서 이를 실천하기 위한 한 가지 방법은 "교대순번제(zipping)"이다. 이 방법은 모든 순번에서 남성과 여성이 교대로 위치하도록 정당명부를 지퍼와 같은 형태로 만드는 것이다. 1990년 이후의 독일 녹색당(Davidson-Schmich 2006), 남아프리카 국민의회당(Ashiagbor 2008), 2002년 네덜란드 노동당(Andeweg and Irwin 2002) 등이 이에 해당한다. 세 명의 후보자들마다 특정 성별을 한 명씩 배치하는 방법도 있는데, 멕시코 국민행동의 정당명부가 이에 해당한다(Ashiagbor 2008).

소선거구제를 채택하고 있는 국가들에서는 이와 다른 문제에 직면하게 된다. 소선거구제에서 문제가 되는 것은 여성을 정당명부에서 당선가능성이 있는 순번에 배치하는 것이 아니라 당선가능성이 있는 지역구(낙선할 가능성이 높은 선거구가 아닌 우세 선거구, 박빙 선거구, 전략 선거구 등)의 후보자가 되도록 보장하는 것이다. 이러한 장치를 도입하고자 할 때 선거구 수준에서 발생할 수 있는 반발을 조율하기 위해 중앙당의 적극적인 개입이 필요하다는 점에서, 이 과제는 달성하기에 어려운 측면이 있다. 당이 오랫동안 야당의 지위에 머무르고 있거나 이러한 장치를 도입하는 것이 지지율 회복을 가능케 한다는 전략의 일환으로 받아들여질 때에는 중앙당의 개입이 수월해진다. 실제로, 영국 노동당은(야당의 지위로 18년을 보낸 후인) 1997년 총선 직전에 여성으로만 구성된 예비후보자명부(all-women short lists)를 만들어 노동당 현역의원이 재출마하지 않은 지역구의 절반 정도와 이전 선거에서 당락 득표율 차이가 6% 미만인 박빙 지역구에 여성 후보자들을 공천했다(Criddle 1997).[18] 이러한 장치는 현역의원이 개입되지 않을 때도 도입하기 쉽다. 스코틀랜드와 웨일스에서 처음으로 시행된 1999년 의회선거에서 노동당은 "짝짓기(twinning)"라고 부르는 장치를 사용했는데, 두 선거구마다 한 곳은 남성 후보자, 다른 한 곳은 여성 후보자가 공천을 받았다(Bradbury et al. 2000; Edwards and McAllister 2002; Squires 2005).

사회적 분산화의 장치를 활용하여 대표성을 높이겠다는 목표는 할당제의 법제화를 통해 달성할 수도 있다. 이것은 정당의 [미온적 태도를] 우회할 수 있는 방법이다. 50여개 국가들이 할당제를 법제화 하고 있다(Htun 2004). 또한, 정당이 자발적으로 할당제를 도입하는 방법도 있다(Kittilson 2006). 순번 배정이나 지역구 지정에 관한 명확한 규정과 불이행시의 제재 방안을 포함하고 있다면 할당제가 더 효과적으로 작동할 것이다(Dahlerup 2006; Krook 2009; Mateo-Diaz 2005; Tremblay 2008).

사회적 분산화 중에서 가장 두드러지고 연구가 잘 수행된 여성할당제 외에도, 이러한 장치는 지역, 이념, 연령, 직업군 등에도 적용될 수 있으며 실제로 적용되고 있다. 가령, 독일 사민당은 어떤 주에서 정당명부 순번의 10%를 35세 미만의 후보자들에게 할당했다(Scarrow 1999b). 영국 노동당도 소수자의 대표성을 확보하기 위해 이와 유사한 방법을 사용했다. 만약 지구당에서 한 명 이상의 소수자 후보(흑인, 아시아인, 다른 소수인종 등)가 추천을 받을 경우 최종 예비후보자명부에는 반드시 한 명의 소수자 후보는 포함되어야 한다(Ashiagbor 2008).

---

[18] 영국의 보수당은 약 10년 정도 야당의 지위에 머무른 후 여성대표성을 제고하기 위한 제도를 도입하였는데, 사실 보수당에서는 그 전에 수십 년 동안 이 제도에 대하여 강하게 반대한 바 있다(Ashiagbor 2008).

지역적 분산화가 사회적 분산화에 영향을 미친다는 점에서 양자는 연결되어 있다. 만약 공천이 지역적 차원에서 분산화 된다면, 정당 지도부가 사회적 분산화의 장치를 실행하기가 더 어려워진다. 매틀랜드와 스터들러(Matland and Studlar 1996)는 여성할당제가 도입되었을 때와 마찬가지로, 공천방식이 집중화 될수록 당 지도부가 다양한 대표성의 확대를 요구하는 압력에 반응할 수 있다고 주장한다. 또한, 집중화된 공천방식을 통해 정당은 할당제가 실제로 적용되도록 개입할 수 있다. 이와는 반대로, 분산화 된 공천방식에서는 중앙당기구의 영향력을 약화시킨다. 따라서 정당은 공천에서 당 지도부의 영향력을 증가시켜 사회적 분산화를 이루기 위해 집중화 할 필요도 있다. 즉, 다수제 선거제도가 극복하기 어려운 장애물인 것처럼, 중앙당의 통제가 없다면 공천 역시 사회 집단들에게는 하나의 장벽일 수 있다는 것이다.

　　소선거구제의 공천에서 여성대표성 확대의 주요 장애물은 현역의원들인데, 그들 중 대부분은 남성으로서 할당제의 적용이 자신의 정치적 미래에 위협이 된다고 생각한다. 즉, 현역의원들은 자신이 차지하고 있던 의석을 포기해야 한다(이것은 정당명부에서 낮은 순번으로 내려가더라도 여전히 재선 가능성이 남아있는 것과는 차이가 있다). 실제로, 영국에서 여성대표성의 가장 큰 돌파구는 현역의원들이 부재할 때 마련될 수 있었다. 즉, 스코틀랜드와 웨일스의 새 의회를 구성하기 위해 선거를 실시할 때 가능했다(Bradbury et al. 2000; Mitchell and Bradbury 2004; Squires 2005). 한편, 정당이 야당의 지위에 있고 현역의원들의 수가 감소할 때가 여성대표성을 확대할 수 있는 또 다른 기회라고 할 수 있다.

─ 분산화와 선거제도의 관련성

직관적으로 볼 때, 공천은 선거제도에 의해 영향을 받는다. 당선결정방식, 선거구 크기, 선호투표 여부와 같은 선거제도의 측면들은 정당이 어떤 공천방식을 채택할지를 결정할 때 중요한 의미를 갖는다. 우선 가장 기본적인 차원을 보면, 전국 단위의 단일 선거구를 갖고 있는 국가라면 각 정당은 하나의 후보자명부만 마련하면 된다. 반면에, 소선거구로 획정된 국가라면 각 정당은 지역구 단위로 개별 후보자들을 선정해야 한다. 혼합형 선거제도에서는 정당들이 정당명부와 함께 지역구 후보자들도 선정해야 한다. 이때, 정당들은 두 공천과정 각각에 다른 기준을 적용해야 한다. 그러나 만일 일부 후보자가 지역구와 비례대표에 동시에 출마하는 것이 허용된다면, 각각의 공천과정은 완전히 분리되지는 않는다. 선거제도가 복잡할수록 정당의 공천방식에 따르는 제약은 더 많아진다.[19] 정리하면, 선거제도와 공천과정 간의 관련성은 직관적일 뿐만 아니라 명백한 것이다.

뿐만 아니라, 선거제도의 변화가 공천에 미치는 영향력은 상당한 수준이어서 선거제도가 바뀔 경우 정당들은 내부적으로 공천 절차를 조정한다. 예를 들면, 뉴질랜드와 일본에서는 1990년대에 선거제도의 개혁을 통해 혼합형 제도를 도입했다. 그리하여 정당들은 정당명부식 공천이라는 초행길을 가야 했는데, 뉴질랜드의 경우 그 명부는 55개의 순번에 달하는 것이었다. 선거제도의 변화에 적응하는 것은 정당에 중요한 조직 차원의 과제일 뿐 아니라 그로 인해 정치적 결과가 반드시 수반된다. 즉, 뉴질랜드와 일본 양국에서 후보자들은 비례대표보다

---

19) 예를 들어, 칠레에서는 선거구마다 2인씩 선출하는 변형비례대표제를 채택하고 있다. 이로 인해, 정당연합들은 총선에서 공천과 관련하여 복잡한 전략적 계산을 한다. 그 결과 배타성이 큰 중앙당 엘리트가 개입하게 되며, 개방적이거나 분산화 된 공천주체들에 의한 공천의 중요성은 제한된다(Siavelis 2002; 2005).

지역구를 선호했으며, 현역의원의 경우 특히 더 그러했다. 이로 인해 정당 내부는 치열한 전쟁터가 되었다(Hazan and Voerman 2006). 마찬가지로, 이탈리아가 1990년대에 선거제도를 비례대표제에서 혼합형 제도로 바꾸면서 정당들은 처음으로 지역구 후보자를 선정해야 했는데, 이것은 간단치 않은 도전이었으며 정치적으로 중요한 과제였다. 네덜란드에서도 1917년에 비례대표제를 도입하면서 정당들의 공천과정은, 당내에 미치는 정치적 영향을 포함하여 유사한 대격변을 맞이했다.

공천의 분산화(주로 지역적 분산화)는 특정 국가의 선거제도와 관련지어 평가할 수 있고 평가되어야 한다.[20] 가령, 소선거구의 사례를 다룬다고 할 때, 특정 정당의 공천방식이 선거제도와 동일한 형태인지 혹은 덜 분산화 되어있는지를 평가하는 것은 흥미로울 뿐만 아니라 중요한 일이다. 다인 선출 선거구와 같은 다소 집중화 된 선거제도를 시행하고 있는 국가들에서는 정당의 공천방식이 국가수준의 선거제도보다 더 분산화 되어있는지, 더 집중화 되어있는지, 혹은 그와 유사한지를 비교하여 분산화 정도를 측정해야 한다.

소선거구제와 같은 분산화 된 선거제도 하에서는 정당들이 더 분산화 된 공천방식을 도입할 가능성이 크지만, 분산화의 다른 측면들과 마찬가지로 반드시 그런 것은 아니다. 영국의 선거제도는 노르웨이에 비해 더 분산화 되어있지만, (후보자 명단이 중앙당의 승인을 받아야 한다는 점을 통해 알 수 있듯이) 영국의 공천방식은 노르웨이에 비해 중앙당의 영향을 더 많이 받는다. 틀림없는 사실은 공천주체의 측면에서 공천방식의 개방성이 클수록, 그리고 지역적 분산화가 클수록, 사회적 대표성

---

20) 룬델(Lundell 2004)은 선거제도와 공천방식의 분산화 정도 간에 아무런 관련성도 발견하지 못했다. 하지만 그의 주장에는 이론이 제기될 수 있는데, 왜냐하면 그가 집중화와 배타성을 완벽히 구분하지 못했기 때문이다.

을 확보하기 위한 대표성 보정 장치(representation correction mechanisms)의 필요성도 커진다는 것이다.

우리가 후보자격요건의 정도, 공천주체의 개방성 수준, (지역적/사회적) 분산화 정도를 명확히 구분할 수만 있다면, 공천방식에 대하여 보다 종합적이고 정확하게 이해할 수 있게 될 것이다. 공천방식을 평가하기 위한 분석틀을 완성하기 위해 남은 일은 공천과정에서 후보자를 지명제를 통해 선정할 것인지 혹은 경선제를 통해 선정할 것인지(혹은 이 두 제도를 혼합하여 선정할 것인지)를 평가하는 것이다. 네 번째 차원인 지명제-경선제의 차원을 설명한 이후에 비로소 상이한 공천방식의 정치적 결과에 대한 연구로 나아갈 수 있다.

제5장
지명제와 경선제

공천이 "정치의 비밀의 화원"에 해당한다면(Gallagher and Marsh 1988), 공천방식의 네 번째 차원인 지명제(appointment systems)-경선제(voting systems)는 비밀의 화원 내에 감추어진 화단에 비유할 수 있다. 기존 연구들에서는 이 차원을 완전히 무시했다.[1] 선거제도에 대한 연구는 상당한 발전을 이루었으며 다양한 형태의 당선결정방식에 주목하고 있다(Rae 1967; Lijphart and Grofman 1984; Grofman and Lijphart 1986; Taagepera and Shugart 1989를 참고할 것). 반면에, 당내 경선제도는 대체로 등한시되거나, 기껏해야 그저 "절차상의 고려사항(logistical consideration)" 정도로만 다루어지고 있을 뿐이다(Ashiagbor 2008). 총선에서는 활용되지 않거나 활용될 수 없는 방식들이 포함된 흥미로운 당내 경선제의 영역[2]은 대부분 자료 접근의 문제로 경시된다.

---

[1] 단순다수제와 결선투표제를 비교한 연구들은 예외에 해당한다(Engstrom and Engstrom 2008; Glaser 2006).

[2] 예를 들어, 과반을 득표하는 후보자가 등장할 때까지 반복해서 투표하는 소거투표제(elimination vote)의 경우, 총선에서는 활용될 수 없다. 왜냐하면 기술적인 측면에서 최종 당선자가 확정될 때까지 유권자들이 계속 투표를 해야 하므로 오랜 시간이 소요된다는 현실적인 어려움이 존재하기 때문이다.

정당의 공천에서는 지명제(하향식), 경선제(상향식), 양자를 결합한 혼합형 방식이 활용된다. 경선제에서 다인 선출 선거구의 후보자명부상의 순번이나 소선거구의 후보자는 오직 득표수에 의해서 결정된다. 경선제를 통해 후보자를 선정하기 위해서는 적어도 출마자가 두 명 이상이어야 하며, 후보자는 많을수록 좋다. 그러나 공천방식이 다음의 두 가지 조건을 모두 충족하지 못한다면, 경선제가 아닌 지명제로 간주된다.

1. 정당의 후보자를 확정하는 유일한 결정요인은 후보자의 득표수이다.
2. 투표결과가 후보자의 공천을 정당화하고 합법성을 부여하기 위해 사용되어야 한다.

이 책에서는 두 가지 조건 중 어느 하나라도 충족되지 않을 경우 지명제나 혼합형 방식으로 다룰 것이다(Rahat 2009). 예를 들어, 합의된 명부에 대하여 만장일치 혹은 다수결을 통해 일괄적으로 승인을 받는 공천방식은 "경선제"로 간주될 수 없다. 대신에, 공천주체가 갖고 있는 권한이 승인권보다 지명권에 다소 가깝다면 이는 혼합형 방식이다.

— 지명제

정의상, 정당의 공천주체가 1인 지도자일 경우 지명제를 채택하고 있다고 할 수 있다. 공천주체가 1인을 초과할 경우 지명제일 수도 있고 경선제일 수도 있다. 그러나 지명제는 공천주체를 구성하는 사람들이 일정 수를 초과할 때 통제 불가능해진다. 지명제를 활용할 수 있는 공천주체 중에서 가장 개방적인 것은 수십 명 정도에 지나지 않는 대의원으로 구성되는 공천위원회 또는 소규모의 선출직 당기구이다.

지명은 보통 제한된 수의 사람들이 심의를 거쳐 광범위한 동의를 바탕으로 후보자를 결정하는 과정을 의미한다. 공천권자들이 정당 내부의 특정 집단(가령, 파벌이나 사회집단)을 대표할 경우, 그들은 다른 집단에 속한 대표자들과의 교섭 및 거래를 통해 자신의 집단에 가장 유리한 후보직을 확보하고자 노력할 것이다. 이러한 과정은 참여의 측면에서 볼 때 배타적이라고 할 수 있다. 그러나 지명제로 인해 숙의가 이루어질 수 있다면, 이것은 후보자의 자질을 제고시킬 수 있고, 파벌 및 사회집단의 입장에서 균형 잡힌 후보자명부를 구성하기 위한 조정의 기회가 될 수도 있다. 다시 말해서, 대표성 보정 장치는 단지 득표수만으로 후보자를 결정할 때만큼 대표성 확보에 중요한 것은 아니게 된다.

　최근에는 순수한 형태의 지명제가 과거에 비해 널리 사용되고 있지 않은 상황이며, 이러한 현상은 공천주체의 개방성이 확대되는 것과 밀접한 관련이 있다. 오늘날, 순수 지명제가 특히 많이 나타나는 곳은 전통적, 카리스마적 권위를 중요한 정치적 자원으로 갖는 정당들이다. 이러한 정당들에 포함되는 것으로는 이스라엘의 초정통파(ultra-orthodox) 종교정당, 베를루스코니의 전진이탈리아와 같이 카리스마적 지도자가 이끄는 우파 정당, 스칸디나비아 국가들의 몇몇 극우 정당 등이 있다. 순수 지명제의 채택이 가능한 상황으로는 다음과 같은 경우들도 있다. 사회 내에 분명한 정치적 기반을 갖고 있지 못한 신생 정당, 기존 정당으로부터 분당하여 확고한 제도적 기반을 구축하지 못한 정당, 새로 합당되어 당내 집단들의 대표성을 모두 공정하게 보장할 필요가 있는 정당 등이다.

― 경선제

당내 경선제는 대부분의 경우 후보자 집합이 아닌 개별 후보자를 선정한다. 그렇지 않은 예외 중 유명한 사례로는 아르헨티나의 두 거대 정당들에서 시행하는 예비선거가 있다. 아르헨티나의 예비선거에서 경쟁은 개별 후보자 차원이 아닌 후보자명부 차원에서 이루어진다(De Luca, Jones, and Tula 2002).[3] 정당이 후보자를 순서대로 배열하는 개방형 정당명부제, 준폐쇄형 정당명부제, 폐쇄형 정당명부제에서 후보자의 순번은 경선을 통해 결정된다. 우리는 투표의 횟수, 당선 결정방식, 투표용지의 기재방식 등 여러 가지 경선 방식들 간의 차이를 살펴본 후에, 공천권자들이 행사한 투표수와 집계 과정에서 발생하는 차이의 중요성에 대해서 논의할 것이다.

1회 투표제 vs. 다회(多回) 투표제

1회 투표제(single-round system)에서는 당선가능성이 있는 모든 후보직을 한 번에 확정한다. 반면에, 다회 투표제(multi-round system)에서는 당선가능성이 있는 순번 혹은 지역구의 후보자들을 단계적으로 선정한다. 예를 들어, 어떤 다인 선출 선거구에서 5석을 확보할 것으로 예상하는 정당은 1회 투표제를 활용하여 5석에 해당하는 후보자 전원을 한 번에 선정할 수도 있고, 다회 투표제를 활용하여 1번부터 5번까지 단계적으로 선정할 수도 있다. 다회 투표제를 사용할 경우 공천주체는 후보자의 구성을 어느 정도 통제할 수 있다. 만일 정당에 중

---

3) 우루과이에서도 당내 경쟁이 표의 손실로 이어지지 않게 하는 경선제도에 따라 총선 기간에 당내 경선을 실시한다. 경선투표자들은 한 정당 내의 대안적 후보자명부들에 투표권을 행사한다 (Moraes 2008).

요한 존재로 간주되는 인물이 공천을 받지 못한 경우나 충분한 숫자의 여성·소수자·노동자 등이 후보자로 공천을 받지 못하여 대표성에 문제가 생긴 경우, 다회 투표제는 이러한 상황을 보정할 수 있는 기회를 제공한다. 물론, 다회 투표제를 통해 보정하는 것이 모든 후보자들 간의 경쟁이 동등한 수준의 불확실성 하에서 이루어져야 한다는 원칙에 위배되기 때문에 이것이 장점이 아닌 단점으로 간주될 수도 있다. 또한, 다회 투표제는 훨씬 더 까다로워서 당 대의원과 같은 보다 배타적이고 헌신적인 공천주체가 이를 활용할 것이라고 예상할 수 있다.

노르웨이의 시·도당 대의원대회에서는 공천위원회가 마련한 예비후보자명부의 순번마다 투표하는 다회 투표제를 활용한다(Matthews and Valen 1999). 독일에서도 주 수준의 대의원대회가 같은 방식으로 후보자명부를 마련한다(Porter 1995; Roberts 1988; Wessels 1997). 영국 또한 사실상 다회 투표제로 후보자를 선정한다. 각 지역구는 서로 다른 시기에 후보자를 선정하는데, 어떤 지역구에서는 총선 1년 전 또는 2년 전에, 다른 어떤 지역구에서는 불과 몇 달 전 또는 몇 주 전에 후보자를 선정한다. 이로 인해 정당명부제에서 다회 투표제를 활용할 때 맨 위의 순번부터 순차적으로 후보자를 선정하듯이, 한 지역구의 경선에서 탈락한 사람이 아직 후보자가 확정되지 않은 다른 지역구에 공천을 신청할 수도 있다. 다회 투표제를 통해 중앙당은 균형을 맞추어 후보자를 구성할 수 있는 기회를 갖게 될 수 있다.

당내 경선제도: 다수제에서 비례대표제까지

이제 우리는 당내 경선제도에서 완전히 감추어져 있던 세계를 들여다볼 것이다. 여기에는 경험적 논의가 아닌 이론적 논의에 초점을 맞춘 연구 문헌(Brams and Fishburn 2002)에서만 체계적으로 다룬 바 있는 제도들도 포함된다. 그림 〈5.1〉에서는 세계 각국의 정당들이 활용하는 다양한 경선제도의 유형들을 제시하고 있다. 유형은 총 네 가지인데, 양 끝에는 다수제와 비례대표제가 위치한다.

▶▶ 그림 5.1. 당내 경선제도의 네 가지 주요 유형

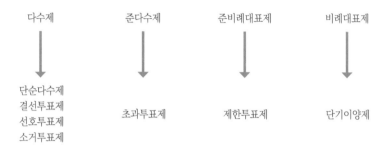

다수제	준다수제	준비례대표제	비례대표제
단순다수제 결선투표제 선호투표제 소거투표제	초과투표제	제한투표제	단기이양제

다수제(Majoritarian system). 다수제에서는 각 경선투표권자가 행사할 수 있는 표의 수와 당선가능성이 있는 후보직의 수가 일치한다. 즉, 소선거구와 같이 후보직이 하나에 불과할 경우, 각 경선투표권자가 행사할 수 있는 표의 수는 1표이다. 정당의 후보자명부에서 당선가능성이 있는 순번이 총 15개일 경우, 각 경선투표권자가 행사할 수 있는 표의 수는 15개이다.

단순다수제(plurality method)는 득표수를 바탕으로 소선거구제의 후보자 또는 비례대표제의 명부상의 순번을 결정한다. 소선거구에서 1명의 후보자를 선정하거나, 다인 선출 선거구에서 다회 투표제를 통해 각 단계마다 1명씩 후보자를 선정하는 경우 최다득표자가 후보자가 된다. 복수의 후보자가 명부에 등재될 경우 최다득표자부터 순서대로 당선가능성이 있는 순번까지 후보자로 선정된다. 예를 들면, 10명의 후보자들이 6개의 후보직을 두고 경쟁할 경우 최다득표자 6인이 후보자로 선정된다. 단순다수제를 활용하는 사례로는 핀란드 사회민주당의

예비선거가 있다. 이 사례에서 각 경선투표권자는 정당이 해당 선거구에서 보유하고 있는 의석수만큼의 표를 갖는다(Kuitunen 2002). 이스라엘 하리쿠드당에서도 이와 비슷한 경선제도를 활용하여 1996년 예비선거를 치른 바 있다(Rahat and Sher-Hadar 1999a; 1999b). 케냐의 아프리카민족동맹은 1997년에 므로롱고(Mlolongo)라는 제도를 활용한 적이 있다. 이 제도는 해당 선거구의 당원들에게 자신이 지지하는 후보자의 뒤에 줄을 서도록 하여 줄이 가장 긴 사람을 후보자로 선정한다(Ohman 2004). 아르헨티나의 일부 주에서도 거대 양당의 예비선거에서 후보자를 선정할 때 단순다수제를 활용한다. 다시 말해서, 정당의 예비후보자명부들 중에서 최다득표를 한 명부가 모든 후보직을 독식한다(De Luca, Jones, and Tula 2002).

흥미롭게도, 단순다수제 선거제도를 채택하고 있는 국가의 여러 정당들에서 상대다수가 아닌 절대다수를 요구하는 공천방식을 활용한다. 절대다수제에는 후보자가 공천을 받기 위해 절반 이상의 경선투표권자로부터 지지를 받을 것을 요건으로 하는 다양한 형태가 존재한다. 그 중 하나가 바로 결선투표제(runoff system)이다. 결선투표제에서는 1차 투표에서 과반의 득표수를 확보한 후보가 없을 경우, 최다득표자 2인을 대상으로 2차 투표를 실시한다. 결선투표제는 미국 일부 주의 예비선거에서 활용된 적이 있으며, 지금도 활용하고 있는 주가 존재한다(Engstrom and Engstrom 2008; Merriam and Overacker 1928).[4] 과거 민주당이 미국의 남부 지역을 장악하고 있을 때, 실질적인 경쟁의 장은 예비선거였는데, 민주당은 남부 지역에 위치한 대부분의 주에서 예비선거를 실시할 때 결선투표제를 활용했다. 결선투표제는 공천에 정당성을 부여하고 당내 경쟁을 유지시키는 방식으로서, 민주당이 남부

---

4) 일부 주에서는 당선조건이 50% 미만이고 후보자 중에서 40% 내지 35% 이상의 득표율을 획득한 후보자가 없을 경우에만 2차 투표가 실시되었다.

지역을 장악하는데 일조했다(Key 1949). 이후, 남부 지역에서 민주당의 우위는 사라졌지만 여전히 일부 주에서는 결선투표제로 경선과정을 치르고 있다(Engstrom and Engstrom 2008; Glaser 2006). 독일의 정당들도 소선거구제에 출마할 후보자들을 공천할 때 결선투표제를 활용하는데(Porter 1995), 다만 1차 투표에서는 과반을 요구하되 2차 투표에서는 단순다수를 당선조건으로 했다(Szabo 1977).

공천이라는 맥락에서 단순다수제와 결선투표제에서 도출되는 정치적 결과를 비교하는 것에 초점을 두고 있는 연구는 거의 없다. 그런 측면에서 이 글은 공천 연구의 잠재력을 보여주는 증거라고 할 수 있으며, 이를 바탕으로 후속 연구가 이루어질 것이다. 예를 들어, 글레이저(Glaser 2006)는 결선투표제를 중시했고, 후보자의 수와 득표수의 분포라는 측면에서 더욱 경쟁이 치열하게 나타난다는 것을 보여주는 증거를 제시했다. 글레이저는 또한 그 사례수가 적기는 하지만, 1차 투표에서 최다득표자가 아닌 예비후보자가 2차 투표에서 최다득표를 확보하여 최종 후보자가 되는 사례를 들며 2차 투표의 시행이 정당화될 수 있다고 주장한다. 반면에, 앵스트롬과 앵스트롬(Engstrom and Engstrom 2008)은 몇 가지 이유를 들면서 경선에서 2차 투표를 실시하지 말아야 한다고 주장했다. 대부분의 경선 승리자는 1차 투표에서 과반수를 획득했다. 그 외의 사례 중 대부분의 경우에서, 경선 승리자는 1차 투표에서 경선의 최종결과를 결정지어도 무방할 정도의 충분한 득표수를 확보한다. 또한, 2차 투표가 실시되는 대부분의 사례에서, 1차 투표의 최다득표자가 2차 투표에서도 최다득표자가 된다.

다수제의 두 번째 대안으로는 선호투표제(alternative vote)가 있다. 선호투표제에서는 경선투표권자가 자신의 선호를 바탕으로 예비후보자들의 순위를 매긴다. 만일 경선투표권자들의 1순위 예비후보자들 중 과반득표자가 없다면, 최소득표자를 탈락시킨 후 그를 1순위로 표기한 경선투표권자들의 2순위 예비후보자에게 득표수를 배분하여 다시 집계한다. 이러한 과정은 과반득표자가 나올 때까지 계속 반복된다. 선호투표제는 영국의 일부 정당들에서 활용하고 있다(Denver 1988; Norris and Lovenduski 1995; Shepherd-Robinson and Lovenduski 2002).

<표 5.1> 소거투표제의 사례

예비후보자	1차 투표	2차 투표	3차 투표	4차 투표	5차 투표	6차 투표
A	22	22	24	26	30	51
B	24	24	26	32	43	49
C	25	25	25	27	27	−
D	10	13	13	15	−	−
E	12	12	12	−	−	−
F	4	4	−	−	−	−
G	3	−	−	−	−	−
합계	100	100	100	100	100	100

다수제의 세 번째 대안으로는 소거투표제(elimination vote)가 있다. 1차 투표에서 과반득표자가 존재하지 않을 경우, 최소득표자를 탈락시킨 뒤, 나머지 예비후보자들을 대상으로 다시 한 번 투표를 진행한다.[5] 이러한 과정은 과반득표자가 나올 때까지 계속 반복된다. 〈표 5.1〉은 소거투표제에 따른 7명의 예비후보자들의 경쟁을 예로 들고 있다. 이 사례에서는 마지막 6차 투표에서 과반을 획득한 예비후보자 A가 1차 투표부터 5차 투표까지는 단 한 번도 최다득표를 한 적이 없

---

[5] 소거투표제의 한 가지 방식에 따르면, 최소득표자들 몇 명이 획득한 득표수의 합보다 바로 위의 예비후보자의 득표수가 클 경우 그 예비후보자들은 1차 투표 후에 탈락된다(Paterson 1967; Rush 1969).

다는 특별한 상황을 설정함으로써 소거투표제의 독특한 양상을 보여주고 있다.

소거투표제는 그 별칭이 철저한 투표제(exhaustive ballot)라는 것에서 나타나듯이 상당한 시간이 소요된다. 그리하여 공천을 위해 모든 경선투표권자들을 한 곳에 소집하여 공천모임을 개최하는 것이 일반적이다. 영국의 정당들(Denver 1988; Norris and Lovenduski 1995; Rush 1969), 호주의 정당들(Norris et al. 1990), 뉴질랜드의 정당들(Jackson 1980; Stephens 2008), 캐나다의 정당들(Erickson 1997; Williams 1981), 아일랜드 공화당(Gallagher 1988b)은 공천과정에서 당 대의원 혹은 당원을 소집하여 선호투표제를 통해 후보자를 선정하고 있다.

준다수제(Semi-majoritarian system) 또는 **초과투표제**(inflated vote). 준다수제에서는 실제 후보자의 수보다 각 경선투표권자가 행사할 수 있는 표의 수가 많다. 즉, 후보자명부에서 당선가능성이 있는 순번이 5번까지일 경우, 각 경선투표권자가 갖는 표의 수는 5표보다 많다. 우리는 이러한 투표 방식을 "초과"투표제라고 한다. 준다수제는 실제 후보자의 수와 각 경선투표권자가 행사할 수 있는 표의 수가 일치하는 다수제와는 다른 유인체계를 갖는다. 예를 들면, 다수제 하에서는(다인 선출 선거구의 경우) 경선투표권자들이 조직적으로 투표권을 행사하도록 요구하는 것이 합리적이다. 이로 인해 상대다수 혹은 절대다수의 경선투표권자를 확보하여 모든 후보직을 차지할 수도 있다. 초과투표제에서는 조직적인 투표를 도모하기가 훨씬 더 어렵다. 왜냐하면 당선가능성이 있는 후보직의 수와 일치하는 규모의 후보자군에 투표를 요청하는 것을 넘어서 다양한 "약체의(straw)" 후보자들로 분산시켜 투표권을 행사해 달라고 요청해야 하기 때문이다. 초과투표제를 활용하는 사례로는 벨기에 사회당이 있다. 이 당은 각 당원들에게 다인 선출 선거구에서의 현역의원 수보다 하나를 더한 수만큼의 표를 부여한다(Obler 1970). 선거결과가 나빠져서 의석수가 줄어들어도 정당이 경선투표권자에게 부여하는 표의 수를 변경하지 않게 되면 초과투표제가 도입된 것과 같은 현상이 나타날 수 있다.

준비례대표제(Semi-proportional representation systems). 각 경선투표권자가 행사할 수 있는 표의 수가 후보자의 수보다 적다. 다시 말해서, 당선가능성이 있는 순번이 20번까지일 경우, 경선투표권자가 갖게 될 표의 수는 20개 미만이다. 이 제도는 "제한투표제(limited vote)"로도 알려져 있다. 이스라엘 노동당은 후보자명부를 마련할 때 총선에서 확보할 것으로 예상되는 의석수보다 적은 수의 표를 당원들에게 부여하는 제한투표제를 활용했다. 실제로, 노동당에서는 1992년부터 선거결과가 안 좋게 나타나고 있는 것에 대응하여 당원들에게 부여하는 표의 수를 1992년 최대 15표에서 2008년 8표로 줄였다. 아르헨티나의 일부 주에서는 준비례대표제의 논리를 바탕으로 정당명부상의 순번을 배정하고 있다. 즉, 경선의 명부가 두 부분으로 나눠지는데, 단순다수로 승리한 후보자에게 대부분의 순번이 돌아가며, 나머지 소수의 후보직은 어떤 최소요건을 충족하는 후보자에게 매 세 번째 혹은 네 번째 순번마다 주어진다(De Luca, Jones, and Tula 2002).

비례대표제(Proportional representation systems: PR). 정당은 비례대표제를 두 가지 방식으로 활용할 수 있다. 첫 번째 방식은 정당명부식 비례대표제라는 선거제도에 적용되는 규칙과 유사하게 후보자명부들을 경쟁시키는 것이다. 아르헨티나 일부 주의 정당 예비선거에서, 최종후보자명부의 순번들은 어떤 최소조건을 통과하는 후보자명부들 중에서 그 후보자명부가 획득한 득표율에 따라 비례적으로 배분된다(De Luca, Jones, and Tula 2002). 두 번째 방식은 단기이양식 비례대표제(Single transferable vote: STV)이다. 이 제도는 비례대표제이면서도 후보자라는 인물을 부각시킬 수 있다. 단기이양식 비례대표제에서 각 경선투표권자는 예비후보자들을 대상으로 1순위부터 끝 순위까지 자신의 선호를 표현할 수 있다. 특정 기준수(quota)를 충족한 예비후보자는 최종 후보자로 확정된다. 그 후보자가 기준수 이상으로 획득한 표를 잉여표라고 하는데, 그 잉여표는 각 경선투표권자의 2순위 예비후보자들에게로 이양된다. 이양된 잉여표를 합산하여 특정 기준수를 충족하는 예비후보자가 나타나면 최종 후보자로 확정된다. 이러한 작업을 거쳤음에도 여전히 확정되지 않은 후보직이 남아있을 경우, 1순위 득표수가 가장 적은 예비후보자는 소거되고 그 예비후보자를 1순위로 선택한 표들은 아직 탈락이 확정되지 않은 2순위 예비후보자들에게 이양된다. 이 절차는 모든 후보자가 확정될 때까지 반복된다.

아일랜드의 정당들이 당내 경선제도에서 단기이양식 비례대표제를 활용한다는 것은 전혀 어색한 일이 아니다. 왜냐하면 아일랜드는 단기이양식 비례대표제를 선거제도로 채택하고 있기 때문이다. 아일랜드의 통일아일랜드당, 노동당, 진보민주당에서는 공천회합에서 오랜 시간동안 단기이양식 비례대표제를 활용했으며(Gallagher 1988b), 공화당은 비교적 최근인 2002년 총선과 2007년 총선 직전에 이 제도를 활용하기 시작했다(Galligan 2003; Weeks 2007). 영국 노동당에서도 최종 후보자를 선정하기 위해 당원들에게 제시되는 예비후보자명부는 단기이양식 비례대표제를 통해 마련된다(Shepherd-Robinson and Lovenduski 2002).

순위형 기표방식 vs. 범주형 기표방식

순위형 기표방식(ordinal voting)과 범주형 기표방식(categorical voting) 간의 구분을 통해서도 당내 경선제도를 살펴볼 수 있다. 범주형 방식에서는 경선투표권자가 후보자(들)에 대한 지지를 표하거나 혹은 표하지 않는다. 순위형 기표방식에서는 경선투표권자가 자신이 선택하고자

하는 후보자들에 관해 누가 1위이고, 누가 2위인지 등의 선호를 밝힐 수 있다.[6]

1인의 후보자를 선정하는 것을 목적으로 하는 다수제의 여러 방식들 중에서 단순다수제, 결선투표제, 소거투표제는 범주형 방식인데 반해, 선호투표제는 순위형 방식이다. 경선투표권자들에게 당선가능성이 있는 후보직의 수만큼 예비후보자들에 대하여 순위를 매겨줄 것을 요구하는 경선제도 또한 다수제이면서 순위형 방식을 채택하고 있는 것으로 간주된다. 그러나 표의 가치가 전부 동일하지 않다는 사실(즉, 높은 순위의 표를 획득하는 것이 낮은 순위의 표를 획득하는 것보다 가치가 있다는 사실)은 경쟁의 형태가 각기 달라진다는 것을 의미한다. 가령, 순위형 방식은 후보자들 자체에 관한 합의뿐만 아니라 각 후보자의 순위에 관한 합의 또한 필요로 하기 때문에 후보자들이 조직화 된 집단을 구축하기가 더 어렵다.

준다수제, 준비례대표제라는 명칭을 붙인 방식들에서도 경쟁은 다른 형태로 나타난다. 준다수제와 준비례대표제 하에서 경선투표권자는 당선가능성이 있는 의석수와 일치하지 않는 후보자의 수만큼 순위를 매기게 된다. 즉, 준다수제에서는 당선가능성이 있는 의석수보다 많이, 준비례대표제에서는 그것보다 적게 순위를 매긴다. 벨기에 사회당에서는 당원들에게 다인 선출 선거구의 현역의원 수보다 하나 더 많은 후보자의 수에 대해 순위를 매기도록 하는 경우도 있지만, 계산방식에는 차이가 존재한다. 일부 선거구에서는 점수제를 사용한 적이 있다. 각 순위에는 "역으로" 점수가 부여되어 1순위 예비후보자에게 1점을, 2순위 예비후보자에게 2점을 주는 등의 방식을 갖는다. 예비후보자는 획득한 점수가 적을수록 순위가 올라간다. 다른 선거구들에서는 투표

---

6) 영국의 노동당과 보수당에서는 예비후보자명부를 순위형 기표방식을 활용하여 마련한다 (Shepherd-Robinson and Lovenduski 2002).

자가 1순위부터 끝 순위까지 선호를 모두 나타낼 수 있게 했다. 명부상의 1번 순번은 1순위 득표수가 가장 많은 예비후보자가 차지한다. 2번 순번은 1순위와 2순위 득표수가 가장 많은 예비후보자가 차지한다. 3번 순번은 1순위, 2순위, 3순위 득표수가 가장 많은 예비후보자가 차지한다(Obler 1970).

에스토니아 개혁당[7]에서는 2003년에 총선 후보자명부의 순번에 대하여 1순위부터 30순위까지 순위를 매기도록 하였다. 그 결과는 1순위 40점, 2순위 36점, 3순위 33점, 4순위 30점, 5순위 28점, 6순위 26점, 7순위 25점 등의 방식으로 계산되었다. 에스토니아 공화당[8]에서도 당원들이 총선 예비후보자들에 대하여 순위를 매겼으며, 각 후보자가 획득하는 점수는 순위가 하나씩 낮아질수록 1점씩 낮아졌다. 즉, 1순위 20점, 2순위 19점 등의 방식으로 계산되었다(Kangur 2005). 각 순위에 배정되는 점수가 달라질 경우, 결과가 달라질 수 있을 뿐만 아니라 예비후보자들의 전략에도 영향을 미칠 수 있다. 이에 대해서는 이후에 살펴볼 것이다.

명부가 아닌 개인을 선정하는 비례대표제에서 순위형 기표방식을 활용하는 것은 단기이양식 비례대표제뿐이다. 후보자를 직접 선택할 수 있는 경선제도에서 선호를 이양하지 않고서는 순번을 비례적으로 할당하는 것이 불가능하다.

---

7) [역자주] 에스토니아 개혁당(Esti Reformierakond)은 에스토니아 중앙은행 총재를 지낸 심 칼라스가 1994년에 창당한 정당으로 자유주의, 시장경제를 추구하며 중도 우파의 노선을 취한다. 1999년부터 연립정부의 한 축을 구성하고 있으며, 2018년 4월부터 심 칼라스의 딸인 카자 칼라스가 당대표를 맡고 있다.

8) [역자주] 에스토니아 공화당(Erakond Res Publica)은 2001년에 창당한 우파 정당이다. 2003년 총선에서 28석을 획득하며 중도당과 공동으로 제1당이 되었으며, 연립정부를 구성하여 당대표인 유한 파르츠가 수상을 역임했다. 2006년에 조국당(Pro Patria)과 합당하여 조국공화당(Pro Patria and Res Publia Union)이 되었다.

득표수 집계방식은 순위형 기표방식을 활용하는 경선제도들을 구분해준다. 어떤 순위형 방식에서는 1순위부터 끝 순위까지의 선호를 계산한다. 1순위 득표수가 가장 많은 예비후보자가 명부상의 1번 순번을 차지하고, 1순위와 2순위를 합한 득표수가 가장 많은 예비후보자가 2번 순번을 차지하며, 이러한 방식이 반복된다. 이와 같은 형태의 순위형 방식을 채택하고 있는 사례로는 스웨덴 사회민주당이 있다.

> 당내 경선 후 후보자들을 투표용지에 배치할 때 근거가 되는 규칙은 다음과 같다. 명부상의 1번 순번에는 1순위 유효 득표수가 가장 많은 예비후보자가 배치된다. 2번 순번에는 1순위와 2순위를 합한 유효 득표수가 가장 많은 자가 배치된다. 3번 순번에는 1순위, 2순위, 3순위를 합한 유효 득표수가 가장 많은 자가 배치된다. 나머지 순번들도 이러한 계산방식을 통해 채워나간다(Constitution of the Swedish Social Democratic Party 2001, 32).

단기이양식 비례대표제는 이와는 집계방식이 다르다. 뿐만 아니라, 최종 후보자로 확정된 후보자의 잉여표를 나머지 예비후보자들에게 이양하는 방식을 활용한다. 단기이양식 비례대표제가 선호를 드러내는 다른 방식에 토대를 두고 있기 때문에 표가 이양되는 방식은 달라질 수 있다.

다른 집계방식들에서는 각 순위에 점수를 배정함으로써 한 번에 선호를 드러낼 수 있다. 이 방식에서, 소선거구제의 경우 최종 후보자 혹은 정당명부제의 경우 후보자의 순번은 그가 획득한 점수에 따라 결정된다. 단순한 점수제(simple point system)에서는 끝 순위 예비후보자에게 1점을 주고, 순위가 한 단계 높아질 때마다 1점씩을 더 부여한다. 복잡한 점수제(more sophisticated point system)는 범주형 기표방식과 순위형 기표방식의 원리를 결합한 것으로, 선정된 후보자 전원에게 일정한 점수를 부여한 후, 순위가 올라갈 때마다 1점씩 추가한다. 이스라엘의 마프달당이 복잡한 점수제를 활용했는데, 각 경선투표권자는 7명의 예비후보자들에 대해 순위를 매겼다. 7순위 후보자는 4점을 받고, 6순위 후보자는 5점을 받고, … 1순위 후보자는 10점을 받았다(Rahat and Sher-Hadar 1999b). 다른 정당들의 경우, 앞서 언급했던 에스토니아 개혁당과 마찬가지로 1순위 후보자에게는 보너스 점수를 주는 방식을 선호한다.

경선제도의 차이가 갖는 의미

〈표 5.2〉부터 〈표 5.5〉는 경선투표권자 100인이 예비후보자 5인에 대하여 순위를 매긴 가상적인 사례의 결과를 보여준다. 이러한 경선을 통해 (소선거구의 후보자 또는 정당명부상의 특정 순번에 해당하는) 1인의 후보자 혹은 정당명부상의 여러 후보자들의 순번을 결정할 수 있다. 우리의 목표는 표에서 나타나고 있는 결과들을 바탕으로 다양한 투표방식과 집계방식이 초래할 수 있는 상이한 정치적 결과를 명확히 하는 것이다. 이러한 사례들을 통해 범주형 기표방식(〈표 5.2〉의 1인 1표제 및 1인 3표제)과 순위형 기표방식(〈표 5.3〉의 순서형 방식, 〈표 5.4〉의 단순한 점수제, 〈표 5.5〉의 복잡한 점수제)을 분석할 수 있다. 이때, 각 방식이 적용될 득표수의 분포와 선호는 동일한 것으로 가정한다.

〈표 5.2〉의 사례는 1인 1표제(single-vote system)와 1인 다표제(multivote system)에서 발생할 수 있는 결과의 차이를 명확히 보여준다. 두 방식에서, 승리하는 후보자 혹은 명부상에서 높은 순번을 획득하는 후보자(들)는 단순다수 방식에 의해 선호되는 후보자(들)이다. 그러나 1인 3표제의 경우 대부분의 2순위 표와 3순위 표를 확보한 후보자가 1위를 차지할 수도 있다. 예비후보자 A는 1인 1표제에서는 최다득표를 했지만, 1인 3표제에서는 최소득표를 했다. 이는 예비후보자

A에 대한 경선투표권자들의 호불호가 갈리기 때문이다. 예비후보자 E의 경우 그를 싫어하는 경선투표권자들은 많지 않지만 다른 예비후보자들과 비교하여 가장 선호하는 경선투표권자들도 많지 않다. 예비후보자 E를 가장 선호하는 경선투표권자들은 전체의 1/10에 불과했지만, 1인 3표제에서 결국 승리한 사람은 예비후보자 E였다. 요컨대, 선호가 표현되지 않는 범주형 기표방식의 결과에서도 각 경선투표권자에게 주어지는 표가 복수일 경우에는 마치 선호를 표현하는 것과 같은 영향을 줄 수 있다.

<표 5.2> 예비후보자에 대한 선호와 순번
: 1인 1표제 vs. 1인 3표제(단, 3표제에서 표의 가치는 동일)

예비후보자	1순위 (1인 1표제 합계)	2순위	3순위	1인 다표제 합계
A	**30**	5	5	40
B	25	15	21	61
C	20	20	30	70
D	15	30	10	55
E	10	30	34	**74**
합계	100	100	100	300

강조는 승리자

이제 우리는 투표자의 선호가 다른 방식으로 계산될 때 공천 결과에 어떻게 영향을 주는지를 살펴볼 것이다. 〈표 5.2〉와 투표결과를 비슷하게 설정한 〈표 5.3〉은 1순위부터 끝 순위까지의 선호를 드러내는 집계방식의 결과를 보여준다. 명부상의 1번 순번은 1순위 표를 가장 많이 얻은 예비후보자가 차지한다. 2번 순번은 1순위 표와 2순위 표를 합하여 가장 많이 얻은 예비후보자가 차지한다. 나머지 순번은 1순위 표, 2순위 표, 3순위 표를 합쳐서 가장 많이 획득한 순서대로 차지한다. 예비후보자 A는 1순위 표를 가장 많이 확보하여 1번 순번을 차지한다. 이것은 1인 1표제의 결과와 유사하다. 그러나 이외의 예비후보자들은 1인 1표제 또는 1인 3표제에서 얻은 것과 다른 순번을 얻게되었다. 예비후보자 D는 다수제의 논리에 따라 2번 순번을 차지하지만, 선호를 고려하지 않은 채 1인 1표제와 1인 3표제를 활용했던 앞의 경우에는 4번 순번을 받는다.

<표 5.3> 예비후보자에 대한 선호와 순번: 1순위부터 3순위까지 선호 표현

예비후보자	1순위 표	1순위 표 + 2순위 표	1순위 표 + 2순위 표 + 3순위 표
A	30 [1]	35	40
B	25	40	61 [5]
C	20	40	70 [4]
D	15	45 [2]	55
E	10	40	74 [3]
합계	100	200	300

[N]은 최종 순번

앞에서 소개한 방식들과 달리, 이후에 소개할 두 가지 방식은 각 경선투표권자의 선호가 최종 순번에 한 번에 반영된다. 두 방식은 순위에 가중치를 부여할 때 차이를 보인다. 〈표 5.4〉에 소개된 단순한 점수제에서는 1순위 표에 3점, 2순위 표에 2점, 3순위 표에 1점을 부여한다. 〈표 5.5〉에 기재된 복잡한 점수제에서는 1순위 표에 5점, 2순위 표에 4점, 3순위 표에 3점을 부여한다. 단순한 점수제가 복잡한 점수제에 비해 후보자의 순위에 더 많은 가중치를 부여한다. 단순한 점수제에서 1순위 표 1개의 가치는 3순위 표 3개, 2순위 표 1.5개의 가치와 동일하다. 복잡한 점수제에서는 순위에 따른 표의 가치 차이가 훨씬 더 줄어든다. 즉, 1순위 표 1개의 가치는 3순위 표 1.67개, 2순위 표 1.25개와 같다. 이와 같은 차이로 인해 승자와 패자가 바뀔 수 있으며, 경쟁에 참가하는 예비후보자들의 행태도 달라질 수 있다. 즉, 순위가 높아질수록 얻게 되는 이득이 많아지게 되면, 다른 예비후보자들과 공조할 유인은 줄어든다.

<표 5.4> 예비후보자에 대한 선호와 순번: 단순한 점수제

예비후보자	1순위 득표 점수	2순위 득표 점수	3순위 득표 점수	합계
A	90	10	5	105 [5]
B	75	30	21	126 [2]
C	60	40	30	130 [1]
D	45	60	10	115 [4]
E	30	60	34	124 [3]
합계	300	200	100	600

단순한 점수제의 규칙: 1순위 표 = 3점, 2순위 표 = 2점, 3순위 표 = 1점
[N]은 최종 순번

<표 5.5> 예비후보자에 대한 선호와 순번: 복잡한 점수제

예비후보자	1순위 득표 점수	2순위 득표 점수	3순위 득표 점수	합계
A	150	20	15	185 [5]
B	125	60	63	248 [3]
C	100	80	90	270 [2]
D	75	120	30	225 [4]
E	50	120	102	272 [1]
합계	500	400	300	1200

복잡한 점수제의 규칙: 1순위 표 = 5점, 2순위 표 = 4점, 3순위 표 = 3점
[N]은 최종 순번

〈표 5.6〉은 투표방식과 집계방식에 따라 최종 순위가 달라진다는 것을 정리하여 제시하고 각 방식이 후보자에게 전환되는 결과값이 달라질 수 있음을 명확하게 보여준다. 이 현상은 선거제도를 다루는 문헌들에서 선거제도의 기계적 효과(mechanical effect)로 알려져 있다 (Duverger 1954; Taagepera and Shugart 1989). 한편, 투표자와 후보자는 기계적 효과가 나타난다는 사실을 파악하고 있으며 선거제도에 따라 어떻게 투표권을 행사하고 어떻게 선거운동을 할지에 대한 결정이 달라지는데, 이것이 바로 심리적 또는 행태적 효과(psychological or behavioral effect)이다. 브람스와 피쉬번은 "두 명의 후보자 중 한 명을 선택하는 일반적인 투표 과정에서는 필연적으로 전략적인 투표행태가 나타나지만, 후보자가 세 명 이상인 경우에는 그러한 투표행태가 나타나지 않는다."(Brams and Fishburn 2002, 177)라고 언급했다. 선거제도가 제로섬 게임(1인 1표제)인 경우이든 후보자들 간의 공조에 보상을 제시하는 경우이든 간에, 선거제도를 이해하고 있는 후보자들은 그에 맞추어 행동함으로써 이득을 취할 수 있다.

<표 5.6> 예비후보자에 대한 선호와 순번: 상이한 기표방식 및 집계방식에 따른 결과

최종 순번	1인 1표제	1인 3표제 (표의 가치 동일)	선호 투표제	단순한 점수제	복잡한 점수제
1	A	E	A	C	E
2	B	C	D	B	C
3	C	B	E	E	B
4	D	D	C	D	D
5	E	A	B	A	A

선거제도의 심리적 효과를 보여주는 한 가지 사례는 경쟁의 성격과 관련이 있는데, 이것은 제로섬 게임인지 또는 공조가 이루어질 때 보상이 생기는 경우인지를 의미한다. 1인 1표제에서는 모든 후보자가 1위를 차지하기 위해 경쟁하므로 공조할 유인이 생기지 않는다. 반면에, 1인 다표제에서는 후보자들이 다른 후보자와 거래하는 것이 서로에게 이익이 될 수 있으므로 공조할 이유가 생긴다. 이와 같은 공조의 유형과 중요성은 집계방식에 영향을 받는다. 가령, 앞의 예시에서 봤듯이 선호투표제와 단순한 점수제에서는 복잡한 점수제에 비해 공조할 유인이 적다. 왜냐하면 전자의 두 방식은 후자의 방식에 비해 후보자의 순위에 가중치를 더 많이 부여하기 때문이다. 결국, 경선제도가 매우 중요하다는 것이다.

― 지명제-경선제의 혼합방식

이전 장들에서 자세히 설명했듯이, 어떤 공천주체(들)는 지명제를 활용하고 어떤 공천주체(들)는 경선제를 활용한다. 다단계 방식에서도, 일부 공천주체(들)는 지명제를 활용하고 일부 공천주체(들)는 경선제를 활용할 수 있다. 예를 들어, 노르웨이에서는 공천위원회가 지역, 성별, 연령, 직업 등의 대표성을 고려하여 예비후보자명부를 마련한다. 이 예비후보자명부는 일괄적으로 투표에 부치는 것(이 방식은 지명권을 가지고 있는 공천주체에 더 큰 권한을 줌)이 아니라 매 순번마다 투표가 행해진다. 이로 인해 지명권을 가진 공천주체와 경선에서 투표하는 공천주체는 거의 비슷한 영향력을 행사할 수 있게 된다(Matthews and Valen 1999). 영국 보수당의 다단계 방식에도 중앙당과 지구당의 소규모 공천주체에 의한 지명제와 지구당의 대규모 공천주체에 의한 경선제가 모두 포함되어 있다(Norris and Lovenduski 1995). 벨기에 기독사회당은 일반적인 준개방형 선거제도와 유사한 형태의 다차원적인 경선제도를 활용했다. 이와 같은 공천방식에서는 당원들이 공천위원회 또는 당 대의원이 마련한 예비후보자명부를 승인하거나 개별 예비후보자에 대하여 투표를 하게 된다. 당원들이 예비후보자명부에 행사한 투표권에는 다양한 방식으로 가중치가 부여되었고, 이를 통해 대부분의 경우 제시된 예비후보자명부가 사실상 승인되었다(Obler 1970). 따라서 각 공천주체가 지명제 또는 경선제를 활용할 수도 있지만, 전체 공천방식은 지명제-경선제의 혼합방식을 활용했고 두 방식에 가중치를 달리하여 공천과정의 결과에 영향을 미칠 수도 있다.

― 민주화와 경선제-지명제

경선제는 지명제에 비해 민주적인 것으로 간주된다. 왜냐하면 민주주의 규범은 개인들이 행사한 비밀투표의 합이 특정 집단들의 거래보다 중요하다고 가르치기 때문이다. 어떤 정당이 지명제를 경선제로 대체하거나 적어도 이전에 지명제를 통해 이루어지던 공천과정에 경선제를 가미할 경우 이것은 공천방식의 민주화가 이루어진 것이다. 지명은 소규모 당기구에서 심의를 통해 이루어지지만, 경선은 다수의 사람들이 전체의지를 표출하는 것을 가능하도록 해준다. 즉, 범위가 더 넓고 규모가 크며 보다 개방적인 공천주체의 채택은 반드시 경선제의 도입으로 이어지게 된다. 그러나 이와 같은 공천과정의 민주화가 반드시 대표성을 확대하는 결과로 나타나는 것은 아니다. 단순히 개개인이 행사한 투표의 수를 합산하는 것보다 공천의 결과를 통제하고 조정할 수 있는 권한이 존재할 경우 더 대표성 있는 후보자가 선정되는 것이 쉬워진다(Rahat, Hazan, and Katz 2008; Rahat 2009).

그러나 모든 경선제에서 대표성을 왜곡시키는 후보자를 선정할 가능성이 비슷하게 나타나는 것은 아니다. 다단계 방식을 도입하면 공천 주체들이 선정되는 후보자를 조정할 수 있고 그리하여 대표성이 보정될 수 있다. 또한, 다수제가 아닌 방식을 도입하면 당내 소수자의 대표성을 고려할 수 있다. 그러나 다수제 방식에서는 후보자들의 다양성을 보장하기가 매우 어렵다(Denver 1988).

공천은 다른 정당들에 대하여 통합된 모습을 보여줄 필요가 있을 때(즉, 총선 직전에) 정당 응집성을 위협할 갈등을 초래할 수 있는 당내 경쟁의 한 가지 형태이다. 지명제는 정당 내부의 다양한 세력들 간의 균형을 맞춰주므로 당내 결속력을 유지하는데 도움이 될 수 있다. 그러나 지명제는 민주적 정당성에 약점이 있으므로, 공천을 받지 못한 사람들이 결과에 불복하고, 탈당하여 창당을 하거나 무소속으로 출마하는 현상이 쉽게 나타나기도 한다. 반면에, 경선제는 민주적 정당성을 확보하기 쉽지만, 조정할 수 있는 요소가 부재하여 대표성의 왜곡을 초래할 수 있다. 경선제 중에서는 비례성이 높은 제도일수록 각 집단의 대표성을 확보할 가능성이 높아진다.

이 장에서는 공천의 네 가지 차원들 중에서 가장 등한시되고 있는 차원에 주목하였고 다양한 형태의 당내 경선제를 확인하였다. 우리가 바라는 것은 이러한 시도가 학자들이 공천이라는 숨겨진 분야를 깊이 탐구하고, 여전히 미지의 세계로 남아있는 공천 영역에 대한 체계적인 경험연구를 수행할 수 있도록 장려하는 것이다. 제5장이 끝남으로써 제1부가 완성된다. 제1부에서는 공천방식을 유형화하기 위한 네 가지 차원을 살펴봤다. 다양한 공천방식들을 구분하기 위한 분석틀을 마련하였으니, 이제부터는 그 정치적 결과에 대하여 분석해보고자 한다.

2부

공천방식의 정치적 결과

제2부에서는 민주주의의 네 가지 차원에 해당하는 참여, 대표성, 경쟁, 반응성을 분석하고 이를 바탕으로 공천방식의 정치적 결과에 주목한다. 민주주의의 네 가지 차원은 현대 대의민주주의를 이해하기 위한 기본요소이다. 오늘날의 대의민주주의는 국민의 **대표자**가 되기 위해 서로 **경쟁**하는 정당과 후보자들을 선택하는데 국민들이 스스로 **참여**하는 체제이며, 당선된 정당과 후보자들은 국민들의 요구에 **반응성**을 보일 것으로 기대된다. 그러나 이러한 대의민주주의는 국가 수준에서 작동되는 것이다. 그렇다면 정당 수준에서는 어떠한가? 이에 대한 답은 국가 수준에 대한 답과는 차이가 있을 수밖에 없다. 왜냐하면 정당(party)은 단어 자체에서 드러나듯이, 민주주의 전체 체제의 일부분이기 때문이다. 즉, 정당은 민주주의 체제 그 자체가 아니라 그 속에 있는 하부체제이다.

우리는 공천주체의 개방성 수준과 민주주의의 네 가지 차원 간의 관계를 주로 다룬다. 우리가 다른 관계들에 대해서도 다루었으면 좋았겠지만, 그렇게 하지는 못했다. 가령, 배타성이 큰 후보자격요건이 대표성에 미치는 영향(후보자격요건이 엄격할수록 대표성을 왜곡하는 후보자가 등장하는가?), 분산화가 참여율에 미치는 영향(특히 공천주체의 개방성이 클 경우, 분산화가 이루어질수록 공천과정의 참여율이 높아지는가?), 당내 경선의 선거제도가 미치는 영향(국가의 선거제도와 마찬가지로 비례대표제를 도입할 경우 참여수준이 높아지는가?) 등과 같은 매우 흥미로운 사안들도 분석했다면 좋았을 것이다. 그러나 이 질문들 그리고 이 밖의 다른 질문들에 대한 답은 향후에 공천 연구가 충분히 이루어져 학자들이 비교자료를 충분히 확보할 수 있다면 그때 이루어질 수 있을 것이다. 우리는 이 책의 제2부가 이러한 길로 나아가게 하는 도화선이 되기를 바란다.

제6장

참여

참여(Participation)는 민주주의의 핵심적인 차원이다. 현대 대의민주주의에서 모든 성인 국민은 자신들을 통치할 대표자들을 선출할 권리를 가진다. 국가 수준의 민주주의는 보편적 참여, 즉 개방성의 정도가 최대인 참여를 요구한다. 하지만 정당 내부 수준에서는 어떠한가? 지금부터는 단순히 당내 참여의 양과 질의 문제를 다룰 뿐만 아니라 개방성(inclusiveness)과 참여율(turnout)로 나타나는 참여수준을 검토해봄으로써 당내 정치 참여에 관한 질문들을 다루고자 한다.

　다수의 민주주의 국가에서 공천방식의 개방성이 점점 확대되고 있다(Bille 2001; Hazan 2002; Kittioson and Scarrow 2003; Scarrow, Webb, and Farrell 2000). 과거에는 정당의 공천주체가 대의원들(즉, 중앙당이나 지구당의 위원회와 같은 상설기구 또는 공천을 위한 당대회의 대의원)로 구성되었다면, 최근에는 정당이 평당원들에게 공천과 지도부 선출에 관한 권한을 부여하는 경우가 증가하고 있다. 이러한 추세로 인해 사실상 모든 민주주의 국가에서 공천주체의 확대, 특히 매우 개방적인 정당 예비선거의 도입에 대해 분석할 수 있게 되었다. 이러한 분석을 통해 우리는 민주주의 국가들이 공천과 관련하여 유사한 방향으로 변화하고 있는지 또는 그 국가의 정치적 행위자들이 그러한 변화를 주의 깊게 검토하고 있는지 살펴볼 수 있을 것이다.

당원 감소의 정도와 그것을 어떻게 해석해야 하는지는 논쟁적이다. 그러나 당원이 감소했다는 사실은 절대적·상대적 지표 중 어떤 것을 보더라도 경험적으로 명백하다(Mair and van Biezen 2001; Scarrow 2000). 정치엘리트가 시민들을 정당으로 복귀시키기 위해 이용할 수 있는 방법 중 하나는 일반 시민들이 당내에서 할 수 있는 역할의 확대이다(Scarrow 1999b). 이는 종종 일반당원들에게 당내 중요한 사안에 대한 결정권을 부여하는 것으로 이어지는데, 정당의 공천도 그에 포함된다. 기존 연구는 공천에 대한 일반시민들의 영향력이 증가했다고 보고 있으나, 그 정치적 결과에 대한 체계적인 평가가 여전히 필요하다.

이 장에서 우리는 공천방식의 민주화가 정치참여의 패턴에 미치는 실제적인 영향을 다루고자 하며, 배타적인 공천주체의 개방성을 확대할 때 나타나는 정치적 결과에 특별히 주목하고자 한다. 예를 들어, 정당이 공천권을 소규모 공천위원회에서 정당 대의원으로 구성된 조금 더 큰 규모의 기구로 이동할 경우 어떠한 파장이 발생하는가? 또는 공천권을 대의원들로부터 정당 예비선거로 이동할 경우 어떠한 효과가 나타나는가? 본 장의 초점인 정당 예비선거에서는 당원 투표가 소선거구에서 총선에 나갈 1명의 정당 후보자가 누가 될지, 혹은 정당명부제에서 어떤 후보자들이 명부에 이름을 올릴지(종종 후보자들의 순번까지)를 결정한다. 그러나 당내민주주의가 참여에 미치는 정치적 결과를 분석하기 전에, 참여와 관련된 매우 다른 두 가지 개념을 서로 구분할 필요가 있다. 바로 개방성과 참여율이다.

─ 개방성 vs. 참여율

공천방식은 앞 장에서 서술한 네 가지 차원에 따라 구분할 수 있다. 이번 장에서는 정당의 후보자를 선정하는 기구인 공천주체에 주목한다. 공천주체는 **개방성**의 수준에 따라 유형화할 수 있다. 한쪽 끝 지점에서의 공천주체는 국가의 전체 유권자들로 구성된다. 이 경우 총선 투표권을 가진 모든 국민들이 공천주체가 될 수 있다. 다른 한쪽 끝 지점에서는 공천주체를 공천권자라고 부르는 것이 더 적합해 보이는데, 오직 정당 지도자 1인만이 공천권을 행사하기 때문이다. 이러한 양극단 사이에 공천주체의 개방성에 따라, 당원들로 구성된 상당히 개방적인 공천주체부터, 당 대의원들로 구성된 공천주체, 그리고 소수의 지도자들로 구성된 배타적인 공천위원회까지 다양한 대안들이 놓여 있다.

공천과정에서의 **참여율**은 개방성과는 완전히 다른 개념이다. 이 개념은 공천주체의 규모와 상관없이 매우 높은 수준부터 매우 낮은 수준까지의 범위를 가질 수 있다. 전 당원으로 구성된 공천주체처럼 개방성이 매우 큰 공천주체의 참여율이 아주 낮을 수도 높을 수도 있다. 같은 맥락에서 상대적으로 배타성이 큰 공천주체가 다양한 참여율을 보일 수 있다. 미국은 개방성과 참여율이 서로 얼마나 독립적으로 나타날 수 있을지에 관한 분명한 사례이다(Norrander 1986). 예비선거의 경쟁이 치열할 경우 투표율이 증가하지만 경쟁의 정도가 낮을 경우 감소한다. 이는 공천주체의 개방성 수준과 무관하며, 주별로 또는 시기별로 개방성 수준이 같더라도 예비선거 투표율이 달라질 수 있다. 특정 정당의 총선 승리가 명백하여 예비선거가 총선의 당선자를 사실상 결정하는 주에서는 예비선거 투표율이 총선 투표율보다 훨씬 높게 나타나기도 했다(Key 1949). 게다가, 공천방식이 유사한 경우들에서도 교육·연령·소득·직업과 같은 변수들이 예비선거 투표율에 영향을 미치는 것으로 나타났으며 그 영향력은 총선 투표율을 결정하는 정도보다 더 컸다(Crittenden 1982).

개방성-배타성 차원을 수평축에 두고 참여율을 수직축에 둔다고 해 보자. 이 두 축은 서로 독립적으로 달라질 수 있다. 왜냐하면 공천 과정에 참여하도록 허용된 인원수를 늘린다고 해서 그들 모두가 공천에 반드시 참여하는 것은 아니기 때문이다. 개방성이 큰 공천방식을 채택할 경우 참여자의 **절대적인** 숫자가 증가할 가능성이 높은 것은 분명하다. 그러나 더 배타적인 방식의 경우보다 참여율이 **상대적으로** 낮을 수도 있다. 올슨(Olson)의 논리를 따른다면 개방성과 참여율 간의 음의 상관관계를 예측해볼 수 있다. 잠재적인 참여자의 수가 많아질수록 공천과정에 적극적으로 참여할 유인이 약해질 수 있기 때문이다(Olson 1965).[1] 실제로, 탄(Tan 1998)과 웰든(Weldon 2006)은 당원수의 측면에서 정당의 규모가 클수록 당원들이 참여에 대해 보이는 적극성이 떨어진다는 것을 보여주었다. 이 장의 후반에 제시될 근거들은 이와 같은 방향성을 보여준다. 즉, 배타성이 큰 공천주체로부터 더 개방적인 공천주체로 옮겨갈 때 참여율이 감소하는 경향이 있다는 것이다.

― 개방성

이스라엘의 일부 정당들이 공천방식을 민주화한 후 겪은 경험들은 이번 장의 논의에 적절한 사례가 될 수 있다. 건국 이전의 시기와 독립 이후의 수십 년 동안(1948-1973) 이스라엘 정당들은 공천과정에서 소수의 정당 지도자로 구성된 공천위원회와 같은 매우 배타적인 공천

---

[1] [역자주] 올슨(Mancur Olson)의 집단의 규모와 집단행동에 관한 일반적인 논의에 대해서는 『집단행동의 논리: 공공재와 집단이론』(2013. 최광·이성규 역)의 제1장과 제2장을 참고할 것.

주체를 채택하였다. 다수의 정당들이 1970년대와 80년대에 걸쳐 공천권을 대의원들로 구성된 더욱 개방적이고 대표성이 높은 기구들로 이동시켰다. 이러한 시도는 공천과정의 참여 확대를 향한 첫 번째 단계였으며, 1990년대에 다수의 정당들이 개방성이 큰 예비선거를 채택하게 되면서 공천권을 더욱 개방하였다. 공천주체의 절대적 숫자의 변화는 이스라엘의 주요 정당이 정치적 참여에서 극적인 증가를 겪고 있음을 분명하게 보여주고 있다. 공천주체의 규모가 1,269명(1988년 노동당 중앙위원회 위원의 수)부터 3,153명(1992년 하리쿠드당 중앙위원회 위원의 수)까지의 범위에 있던 것이, 178,852명(1996년 하리쿠드당 당원수)부터 261,169명(1996년 노동당 당원수)까지의 범위로 변화한 것이다. 이러한 양적 변화가 공천과정에서 정당 예비선거를 채택한 결과의 핵심이다. 이러한 의미에서 절대적인 정치참여수준이 극적으로 높아졌다. 게다가 이스라엘의 선거제도가 전국 단위의 폐쇄형 정당명부제이며 이 제도 하에서 일반 유권자들은 정당 명부 구성의 결정권을 가지지 않기 때문에, 정당 예비선거의 도입은 참여 증대에 새로운 중요한 전기를 제공했다.

1992년에서 2009년까지 이스라엘의 주요 정당들에서 예비선거에 참여자격을 얻은 당비 납부 당원과 총선에서 이 정당에 투표한 사람들(정당투표자) 간의 평균 비율은 1:5.3이었다(표 6.1). 지금까지 이스라엘에서 실시된 아홉 번의 정당 예비선거에서, (당원이라면 총선에서 그 정당에 투표할 것으로 가정할 수 있으므로 정당투표자는 당원이 될 잠재적인 모집단이라고 할 수 있는데) 정당투표자들의 1/9에서 1/3 정도가 당원이었다. 물론 평균적으로 당원의 57.6%가 예비선거에 참여했는데, 이는 9.8명의 정당투표자 중 1명(10%)이 공천과정에 적극적으로 참여했음을 의미한다. 이러한 수치는 정치참여의 새로운, 개방성이 큰 하나의 장이 만들어졌음을 보여준다.

<표 6.1> 이스라엘 주요 정당들의 당원수, 예비선거 참여자수,
총선의 정당투표자 수 및 비율

정당	연도	당원수	예비선거 참여자수	총선의 정당 투표자수	당원수: 총선의 정당투표자수	예비선거 참여자수: 총선의 정당투표자수
노동당	1992	164,163	118,197 (72.0%)	906,810	1:5.5	1:7.7
	1996	261,169	194,788 (74.6%)	818,741	1:3.1	1:4.2
	1999	163,044	101,087 (62.0%)	670,484	1:4.1	1:6.6
	2003	110,988	58,783 (53.0%)	455,183	1:4.1	1:7.7
	2006	116,948	68,331 (58.4%)	472,366	1:4.0	1:6.9
	2009	59,025	31,789 (53.9%)	334,900	1:5.7	1:10.5
하리쿠드당	1996	178,852	91,907 (51.4%)	767,401	1:4.3	1:8.3
	2009	98,492	48,458 (49.2%)	729,054	1:7.4	1:15.0
카디마당	2009	79,649	35,125 (44.1%)	758,032	1:9.5	1:21.6

연도는 예비선거가 실시되었던 총선 연도를 의미함
출처: 정당들에서 발행한 자료 및 신문

　　그렇다면 정당 예비선거와 같이 개방성이 큰 공천방식의 도입을
통해 시민들이 정당정치로 복귀했다고 볼 수 있는가? 라핫과 하잔
(Rahat and Hazan 2007)은 이스라엘 사례를 분석한 후, 예비선거 도입
으로 인한 당원수의 증가는 일시적이었을 뿐이라는 결론을 내렸다.[2]

---

2) 당원수에 관한 2006년과 2009년의 최근 자료 또한 이러한 발견을 뒷받침한다(Rahat 2011).

이스라엘의 정당들은 당원 감소라는 정당정치에 대한 도전에 대응하기 위해 당원들에게 더 많은 권한을 부여했다. 이로 인한 경험들은 다른 국가에서도 일반적으로 나타났다. 1960년대 독일 정당에서 나타난 정치참여와 행동주의(activism)에 관한 연구들은 당원들이 그들에게 허용된 참여 메커니즘을 적극적으로 활용하지는 않았음을 발견했다 (Gunlicks 1970). 그럼에도 불구하고 독일의 오래된 정당들은 1980-90년대에 공천과 당 지도부 선출에 당원들이 참여하도록 하기 위한 추가적인 장치들을 도입했다. 이는 당원수가 감소하고 선거결과가 좋지 않자 각 정당들이 취한 대응이었고, 더욱 직접적인 정치참여 요구에 대한 응답이었다. 스캐로우(Scarrow 1999b, 2002)는 정당의 개방성을 증대하기 위해 실시된 개혁들이 시민들의 정당정치 참여로 이끌어내지 못할 것이며 기존 당원의 권한을 강화하는 것으로 끝나리라는 결론을 내렸다. 독일 녹색당은 당내에 풀뿌리 참여의 이상에 입각한 조직 원리를 제도화하였으나, 정당활동가의 수를 충분히 늘리는 것에는 여전히 실패했다. 포군트케(Poguntke 1992)는 정당에 참여민주주의의 원리를 적극적으로 실현할만한 사람들은 특정 정책의 실현에 관심이 있을 뿐, 정당 조직에 헌신하는 사람들은 아니라고 주장했다. 즉, 정당은 이러한 사람들을 지속적인 당파적 활동에 동원할 수는 없으며 그들이 바라는 특정한 목표를 추구할 때에만 동원할 수 있다.

이스라엘과 독일의 사례에 더해, 영국(Webb 2002), 프랑스(Knapp 2002), 스칸디나비아 국가들(Sundberg 2002), 아일랜드(Murphy and Farrell 2002)의 정당들은 모두 공천주체의 범위를 확대하고 강화된 권한을 부여하는 사례들이다. 그러나 이러한 시도들 또한 당원수를 유의미하게 증가시키는 데에는 실패했다.

개방성이 크고 참여 권한을 확대하는 공천제도의 도입은 당원수의 감소에 대처하고 시민들을 정당정치에 참여시키기 위한 것이었다. 그러나 이러한 시도가 그리 성공적이지는 않은 것 같다. 조심스럽게 예측해보자면, 정당 예비선거와 같이 개방적인 방식의 도입은 정치참여 증대와 그로 인한 민주주의의 발전에 관해 두 가지의 긍정적인 결과를 가져올 것이다. 첫째, 개방성 확대로 인해 당원수가 상당한 수준으로 꾸준히 증가한 것은 아니기 때문에 시민들이 정당정치에 복귀했다고 보긴 어렵다. 그러나 당원수가 감소하는 것을 저지했거나 최소한 그 속도는 늦추었다고 볼 수 있다. 둘째, 개방적인 제도 도입 이후 정치참여의 새로운 장이 조성되었으며, 이곳에서 시민들은 예전에는 영향을 주기 어려웠던 정치적 영역에 유효한 영향력을 행사할 수 있게 되었다. 이는 그들의 영향력이 거의 미치지 않았던 제도적 상황을 고려하면 특히 중요하다(Cross 2008).

― 참여율

이스라엘 정당의 예비선거에서 당원 투표율은 평균값이 57.6%이며 1996년 노동당의 74.6%부터 2009년 카디마당의 44.1% 사이에 분포해 있다(표 6.2). 노동당의 예비선거 투표율은 이전에 비해 감소한 수준이다. 그러나 하리쿠드당과 카디마당의 경우 투표율 수준이 높았던 적은 한 번도 없었으며, 최근 수치는 50% 근처이거나 더 낮다. 〈표 6.2〉는 이스라엘에서 예비선거 투표율이 정당마다 다르고, 같은 정당이더라도 시기에 따라 차이가 날 수 있음을 보여준다.

당원 투표율에 영향을 미치는 요인들이 경합성, 집권정당 여부, 또는 정당 지지도와 같은 정치적 변수일 것이라 생각하기 쉽다. 그러나 예비선거 투표율 예측에 가장 유효한 변수는 투표소 위치의 분포였다. 이 변수가 하리쿠드당에 비해 노동당의 예비선거 투표율이 더 높은 것을 설명해준다. 지난 몇 년 동안 노동당 예비선거 투표율이 감소하고 있는 것은 투표소를 더 적게 설치한 것과 상관관계가 있다. 예비선거 투표율 예측에 이러한 "기술적인 사항"이 가장 중요한 변수임은 당대회의 경우 단 한 곳에서 투표가 이루어짐에도 불구하고 투표율이 90%에 달한다는 사실과 대비된다. 당원들이 정당 예비선거에 참여할 권한을 얻기 위해 일정 비용을 지불해야함을 고려한다면 투표율은 꽤 낮은 수준이다.

<표 6.2> 이스라엘 주요 정당들의 예비선거 투표율 및 총선 투표율(%)

연도	예비선거 투표율			총선 투표율
	노동당	하리쿠드당	카디마당	
1992	72.0	–		77.4
1996	74.6	51.4	–	79.3
1999	62.0	–		78.7
2003	53.0	–	–	68.9
2006	58.4			63.5
2009	53.9	49.2	44.1	64.7
평균	62.3	50.3	44.1	72.1

연도는 예비선거가 실시되었던 총선 연도를 의미함
총선 투표율의 출처: 이스라엘 중앙선거관리위원회에서 2010년 2월 24일에 최종 확인
(http://www.knesset.gov.il/elections18/heb/history/PercentVotes.aspx).
출처: 정당들에서 발행한 자료 및 신문

다른 국가들에서도 당원의 예비선거 투표율은 이와 유사하거나 또는 더 낮게 기록되었다. 오블러(Obler 1970)는 50개 사례에 대한 자료를 바탕으로 1958-1965년에 벨기에의 정당 예비선거 투표율이 평균적으로 58.9%임을 보여주었다. 50개 사례들 중 오로지 16%의 경우에만 60% 이상의 투표율을 보였다. 캐나다 정당 예비선거에서의 당원

투표율은 1/3에서 1/2 사이였다(Cross 2002; 2004). 핀란드 정당들의 경우, 1979년 선거에서는 예비선거 투표율이 39-45% 정도를 기록했지만, 1995년의 경우 거대 정당 네 곳에서의 투표율 평균이 20-63% 사이에 분포하고 있었다(Gallagher 2003). 대만 국민당의 예비선거 투표율은 1989년에는 45.1%, 1991년에는 29.1%, 1992년에는 29.6%로 나타났다(Wu and Fell 2001). 덴마크 정당의 우편투표 방식을 활용한 예비선거에서는 당원 투표율이 53-76% 사이였으며, 당원 투표는 참고용 이상의 의미를 가지고 있었다(Pedersen 2001).[3] 공천과정의 개방성이 더 클수록 예비선거의 투표율은 더 낮게 나타난다. 아이슬란드 정당들의 예비선거 투표율은 1983년 26%, 1987년 16%에 불과했다(Hardarson 1995). 아르헨티나의 페론당의 경우 1989년-2003년에 등록된 유권자의 14%가 "개방형(open)" 예비선거에 참여하였으며 폐쇄형(close) 예비선거 방식을 도입했을 땐 7%만이 참여하였다. 급진당은 각각의 경우에 5%와 2%라는, 더 낮은 참여율을 기록했다(Jones 2008). 미국에서는 폐쇄형 예비선거를 채택한 24개 주에서 하원의원 선거를 위한 예비선거 투표율이 민주당원과 공화당원으로 등록한 유권자들 중 27-37% 사이로 나타났다(Ezra 2001).

위에서 제시한 투표참여에 관한 통계는 모든 당원들이 한자리에 모여 투표하는 것부터 우편투표까지 다양한 방식을 채택하고 있는 각기 다른 국가와 정당의 상황을 반영하고 있다. 이에 관해 조심스럽게 두 가지 결론을 제시해 볼 수 있다. 첫째, 당원의 전반적인 투표율은 50% 내외이거나 다소 낮으며 20%에서 75% 정도로 그 분포 범위가 넓다. 둘째, 예비선거 투표율은 모든 유권자들에게 공천에 참여할 기회가 개방되어 있는 경우 즉, 개방성이 보다 큰 상황에서 더 낮게 나

---

[3] 당원들이 공천 이외의 행사에 참여하는 비율도 유사하다. 예를 들어, 독일 정당들의 시장 후보와 당 지도부 선출에서의 투표율은 34-57% 사이였다(Scarrow 1999b). 당원 활동 일반에 관한 웰든(Weldon 2006)의 설문조사 자료 또한 유사한 현황을 보여준다.

타나고 있다. 예비선거 투표참여에 관한 이러한 통계들을 보다 심층적으로 이해하기 위해, 위의 통계들을 총선에서의 투표율, 그리고 더 배타적인 공천주체의 참여율과 비교해보려 한다.

이스라엘 정당의 예비선거 투표율과 총선 투표율을 비교할 경우, 총선 투표율이 항상 더 높다는 것을 알 수 있다(표 6.2). 당원들이 예비선거에서의 투표권 획득을 위해 당비를 납부하는 등 일반 유권자들보다 더 많은 자원을 투자하고 있음에도 불구하고 예비선거 투표율이 더 낮다. 적어도 우리가 아는 범위 한에서 이는 민주주의 국가들의 모든 정당에서 나타나는 현상이며, 심지어 예비선거가 총선 결과를 실질적으로 결정하는 경우에도 그러하다.[4] 우리가 공천주체의 규모를 토대로 올슨의 논리를 따른다면, (투표참여로 인한 보상이 동일하다고 전제했을 때) 일반유권자들보다 당원들의 투표율이 더 높을 것이라고 예상해볼 수 있다. 따라서 이러한 점을 바탕으로 추론해보자면, 우리는 흔히 낮은 투표율을 보이는 이차적 선거(second-order elections)[5]와 유사하게 예비선거에 참여하는 유인이 총선에 참여하는 유인보다 낮은 것으로 인지되고 있다고 결론 내릴 수 있다.

정당 예비선거의 투표율과 대의원으로 구성된 더욱 배타적인 공천주체의 투표율을 비교할 경우, 투표참여로 인해 얻게 되는 보상이 동일하다면 올슨의 논리가 더 잘 작동한다는 것을 알 수 있다. 즉, 대의원의 투표율이 더 높게 나타난다. 이스라엘에서 수집된 자료는 당내 공천에 관한 문서화가 충분하지 않아 모든 사례를 다루고 있지는 못하지만, 그럼에도 불구하고 이러한 현상을 분명히 보여준다. 예를 들어, 하리쿠드당의 예비선거 투표율은 1996년과 2009년에는 50% 내외였

---

4) 이러한 현상에 예외가 있다면 미국 남부이다. 이 지역에서는 민주당이 선거결과를 지배했을 때, 총선에서보다 예비선거에서의 투표율이 더 높게 나타났다.
5) [역자주] 이차적 선거(second-order election)는 총선, 대선 등 유권자가 가장 중요한 것으로 간주하는 선거 이외의 선거를 가리키며, 지방선거가 대표적인 사례이다.

는데 1992년 중앙위원회의 투표율은 92%였고(1차 선거), 1999년에는 88%, 2006년에는 91%였다. 1988년은 노동당이 중앙위원회를 이용해 대부분의 후보자를 선정했던 유일한 시기였는데, 이때 1차 선거에서 98%의 투표율을 기록했으며 이는 예비선거 투표율인 53-75%와 대조된다. 다른 이스라엘 정당에서 당기구가 공천을 하는 경우에도 투표율이 비슷한 수준으로 나타났다. 메레츠당의 경우 2003년 79%, 2006년 87%, 2009년 89%를 기록했다. 2003년 마프달당의 중앙위원회와 2009년 하다쉬당의 중앙위원회 투표율은 각각 92%였다.

영국 자료와 비교했을 때에도 유사한 양상을 보여준다. 영국 보수당은 유럽의회 선거의 공천을 위한 최종 단계에서 대의원 가 회합을 활용했다. 전체 중 2/3의 사례에서 대의원들의 투표율은 70% 이상이었고 1/4의 사례에선 90% 이상이 참여하였다. 같은 시기에 자유당은 일부 선거구에서 정당 예비선거를 활용하였는데 투표율이 가장 높은 지역의 경우에도 고작 34%에 불과했다(Holland 1981).[6]

대만 국민당은 정당활동가(당 간부) 참여와 당원 참여라는 두 가지 공천방식을 동시에 사용하였다. 개방성 수준이 다른 이 공천주체들은 1991년, 1992년의 당내 경선에서 투표율이 큰 차이를 보였다. 즉, 당원의 경우 30% 이하의 투표율을 보였던 반면, 정당활동가의 경우 거의 70%의 투표율을 보였던 것이다(Wu and Fell 2001: 32). 일부 국가에서 지도부 선출을 위한 투표율 자료도 이와 비슷한 양상을 보여준다. 즉, 원내 정당이라는 더 배타적인 공천주체의 투표율이 대의원으로 구성된 공천주체의 투표율보다 더 높고, 대의원의 투표율은 당원으

---

[6] 노동당 역시 최종단계에서 대의원 투표를 이용하였는데, 투표율은 조금 낮았다. 보수당의 경우 조사된 사례의 5%만이 50% 미만의 투표율을 보였고 이와 비교했을 때 노동당에서는 사례의 10%가 그 정도의 낮은 투표율을 보였다. 그럼에도 불구하고 두 정당을 함께 살펴보았을 때, 예비후보자들의 대다수가 이미 걸러졌음에도 불구하고, 대의원들의 가장 낮은 투표율이 자유당의 개방적인 예비선거에서 나타난 가장 높은 투표율과 거의 같은 수준이었다.

로 구성된 더 개방적인 공천주체의 투표율보다 더 높게 나타나는 것이다(Kenig 2007).

당원들의 예비선거 투표율은 총선 투표율과 대의원들의 투표율보다 더 낮다. 이는 그리 놀라운 일은 아니다. 우선, 정당의 공천을 위한 선거는 본선보다 중요도가 떨어진다고 간주되는 경향이 있다. 또한 당원들의 충성심은 정당활동가들의 그것에 비해 약하고 동기부여도 부족할 수 있다. 개방성을 확대함으로써 더 열정적이고 새로운 참여의 장이 조성될 것이라 예측했다면, 이러한 예측은 빗나가게 되었다. 만약 우리의 예측이 [예비선거 도입의 효과가] 참여의 장을 하나 더 늘리는 것 정도라는 식으로 조심스러웠다면 그 정도는 들어맞았을 수도 있었겠으나, 이 또한 다음 장에서 제시될 문제점들을 피할 수 있다는 전제하에 유효하다.

― 양이냐 질이냐: 개방성 확대의 폐단

참여 확대에 대한 긍정적 기대 이외에, 당내민주주의를 채택하는 이유가 무엇이든 간에, 그것을 도모하기 이전에 [그에 수반될 것으로 예상되는] 몇몇 정치적 결과를 검토해야 한다. 참여 확대로 초래되는 문제점들을 나타내는 두 가지 지표로서(물론 이것도 당원수가 증가했다는 전제하에서지만) 증가한 당원수를 유지하기 어려운 것이나 신규 당원들이 실제로 경선에 많이 참여할지를 확신하기 어려운 것이 있다. 그러나 몇 가지 현상들도 추가적으로 고려해야 한다.

우선, 매우 중요하며 이 책에서 여러 수준으로 평가하게 될 질문을 던지고자 한다. 더 개방적인 공천방식의 도입은 참여의 질적 측면에 어떠한 영향을 미치는가?

당원의 질에 대한 문제와 그것의 의미를 분석하기 위해 대략적인 수치 이상의 것을 살펴보자. 뒤베르제(Duverger 1954, 90-116)의 정당 내 참여 정도에 관한 분류체계는 당원의 참여수준을 합리적으로 예측할 수 있게 해준다(그림 6.1). 이 분류체계는 동심원으로 나타낼 수 있으며 충성심과 참여수준이 높은 주체일수록 원의 안쪽에 위치한다. 바깥쪽의 가장 큰 원에는 모든 정당투표자가 속하며 이들은 정당에 투표하는 것이 정당 활동의 전부인 사람들이다. 그다음 원에는 정당지지자들이 속하는데, 이들은 선호하는 특정 정당이 있으며 그 정당에 투표하고 때때로 그 정당을 옹호하는 발언을 하기도 한다. 세 번째 원에는 당원이 위치하며, 이들은 최소한 공식적으로 정당에 등록이 되어 있는 지지자이고 그들 중 소수는 정당활동가로서 당 활동에 적극적으로 참여한다(Selle and Svåsand 1991; Heidar 1994). 마지막으로 동심원의 가장

▶▶ 그림 6.1. 정당 활동의 참여수준

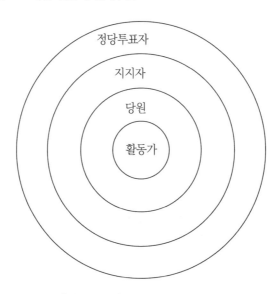

출처: 뒤베르제(Duverger 1954, 90-91)

안쪽 원에는 정당을 위한 투사들(militants) 또는 정당활동가들이 속하는데 이들은 정당의 조직, 운영, 선전 등의 활동을 전개하는 당원들이다. 뒤베르제의 분류체계 및 다른 학자들의 분류체계에 따르면(Seyd and Whiteley 1995), 당원들은 정당이 "지지자들"을 충원하기 위해 의도적으로 진입 장벽을 낮추는 경우에도(Scarrow 1994) 정당에 충성심을 가지고 있고 일정 기간 이상 정당 활동에 연관되어 있는 최소한의 부류라고 볼 수 있다.

다음 논의는 정당 개방성에 관한 몇몇 우려스러운 폐해들을 지적하고자 한다. 대다수의 당원이 정당에 대한 어떠한 장기적인 애착심도 형성하지 않고, 더욱 개방된 공천과정에 참여하겠다는 유일한 목적만을 가지고서 입당한 것일 수 있다. 즉, 다수의 당원들은 정당투표자라는 최소한의 요건조차도 충족하지 않을지도 모르며, 무더기 입당(mass registration)의 유인은 부정부패를 조장할 수도 있다. 간단히 말해, 예비선거의 도입은 일시적으로만 가입하는(instant) 당원, 기회주의적(opportunistic) 당원, 매수된(corrupt) 당원을 양산할 수 있다.

무더기 입당의 폐해

이미 80년도 더 전에 메리엄과 오버랙커(Merriam and Overacker 1928, 5)는 예비선거 도입으로 인해 발생할 수 있는 여러 문제점들을 지적했다. "무엇보다도 정당의 코커스 또는 예비선거에서의 참여 자격이 당원으로만 한정되도록 보장할 수 없음이 곧 명백해졌다. … 정당 예비선거는 정당이 내세우는 정치적 신념과 다른 신념을 가졌거나 또는 어떠한 신념도 전혀 가지지 않은 사람들에 의해, 또는 다른 지역구의 사람들에 의해 침범당하거나 통제되어왔다." 뒤베르제는 1949년 벨기에 기독사회당 공천의 마지막 과정을 묘사했는데, 그 과정은 당해 연도에 당원 명부에 등재되어 있던 전 당원들의 투표를 포함하고 있었다. "어떤 선거구의 예비후보자들은 당원모집기구(member hunt)를 사적으로 조직해왔으며 투표마감 직전 며칠 동안 수백 명의 당원을 급히 가입시킨 것으로 알려졌다. 심지어 주인 없는 당원증(blank members' cards)을 구입하고자 시도한 경우도 있었다(Duverger 1954, 361)."[7]

공천과정이 더 개방적일 때 정당이 겪는 폐해들은 이미 여러 사례를 통해 학문적으로 비중 있게 연구되었다. 이 중에서도 가장 눈에 띄는 폐해는, 예비후보자들이 상당한 수의 신규 당원을 [자신의 공천을 위해] 등록시키는 것이다. 이로 인해 당원수가 과장되고, 입당했다가 금방 사라지는 "일시적인" 당원들을 만들어내게 된다. 이러한 불안정성, 즉, 특정 시기에 일시적으로만 당적을 보유하는 사례들은 당원의 질에 문제가 있다는 또 다른 신호이다. 왜냐하면 이는 사람들이 당원이 되더라도 예비선거 이후에는 정당에 대한 애착심을 유지하지 않을 수도 있음을 의미하기 때문이다. 예비선거 기간의 당원수와 예비선거가 없는 기간의 당원수 차이는 이를 보여준다. 캐나다의 정당들을 연구한 몇몇 학자들은 이를 뒷받침하는 방대한 자료를 제공하고 있다. 예를 들어, 맬로이(Malloy 2003)는 캐나다의 당원수는 상당히 유동적이며 그 양상은 주기적인 모습을 보인다고 주장하는데, 이는 공천일자가 가까워지면 무더기 입당으로 인해 그 수가 정점에 달했다가 이후 대부분의 당원들이 당원 자격을 갱신하지 않기 때문이다. 그의 서술은 전문을 인용해볼 만하다.

---

7) 뒤베르제는 당 사무총장이 당대회에 제출한 보고서를 인용하고 있다.

캐나다 정치에서 예비후보자들이 오직 자신의 입후보를 지원하기 위해 지역구 단체의 회원들을 지구당대회에 유치해 오는 것이 관행으로 확립 되어있다. 2002년에는 입당원서 양식의 관리 규칙과 한 번에 얼마나 많 은 입당원서를 복사하고 배분할 수 있는지에 관한 논쟁이 주요 관심사 일 정도였다. 이러한 "일시적인 자유당원", "일시적인 보수당원" 등은 기 존에 정당과 어떤 연관성도 없이, 민족 집단, 고령자, 젊은이들 중에서 광범위하게 유치된 경우가 일반적이다. 대부분의 현직의원들은 도전자의 지지자 확보 노력에 맞서 충분한 수의 지구당 당원들을 충원할 능력을 가지고 있으며, 어떤 경우에는 공천회합 구성원의 증가폭이 터무니없게 평균적으로 300%에 이르기까지도 한다. 당원 자격을 획득하고 공천회합 에서 특정 후보를 지지하고 난 이후, 그들 중 극히 소수만이 당원 자격 을 갱신하거나 정당에서 지속적으로 활동했다(Malloy 2003, 126).

1993년 캐나다의 경선이 치러진 선거구 중 84%의 사례에서 지지 율이 앞섰던 예비후보자들은 신규 당원을 입당시킨 것으로 나타났다. 경선이 치러진 선거구의 1/3에서는 예비후보자들에 의해 포함된 신규 당원의 수가 기존 당원의 두 배를 상회했다(Erickson 1997). 카티·크로 스·영(Carty, Cross, and Young 2000)은 공천과정 직전에 당원 증가율 이 60-70%, 또는 어떤 경우엔 300%까지도 이르렀음을 보여주었다. 이러한 신규 당원들은 오로지 공천을 위해 입당한 것이며 이후 당원 자격을 갱신하지 않았다(Carty and Cross 2006). 캐나다 정당에서 이러 한 일시적인 당원들로 인해 당원수가 두 배가 되었지만, 2년 이내에 이전의 수준으로 돌아갔다.

게다가 예비후보자들은 무더기 입당을 주도했을 뿐만 아니라, 그들 의 당비까지도 대납한 것으로 밝혀졌다. 일시적인 당원의 문제점으로 인해 캐나다 자유당에서는 이 문제를 다루는 당 내·외부 위원회가 꾸 려지기도 했지만 위원회들이 제시한 제안서의 다수는 실행되지 않았 다(O'Brien 1993).

이스라엘에서 예비선거 직전의 당원모집 운동으로 인해 59-332% 의 당원 증가가 있었다. 예비선거철이 아닐 때에는 당원수가 이전 수 준으로 급격히 감소했다(표 6.3). 결국 대부분의 당원들이 더욱 개방적 인 공천과정에 참여하겠다는 단일한 목표를 가졌을 뿐, 정당과의 유의 미한 연계를 맺기 위해 입당했다고 보기는 어려웠다.[8]

<표 6.3> 이스라엘 주요 정당들의 당원모집 운동 시작 및 종료 시점의 당원수 (1991-2008년)

정당	연도	시작 시점 당원수	종료 시점 당원수	시작 시점 이후 증가율 (%)	다음 시작 시점까지의 감소율(%)
노동당	1991-1992	80,000	164,163	105	-51
	1995-1996	80,000	261,169	226	-73
	2001-2002	70,000	110,998	59	-57
	2005	48,000	119,717	149	-50
	2007	60,000	103,568	73	-
하리쿠드당	1992-1993	50,000	216,000	332	-58
	1995-1996	90,000	178,852	99	-44
	2001-2002	100,000	305,000	205	-

출처: 정당들에서 발행한 자료 및 신문

셜리스(Scherlis 2008, 587)는 예비선거에 관한 아르헨티나의 경험 을 다음과 같이 묘사한다.

---

8) 당원의 특성과 질에 대한 문제점의 또 다른 지표는 "이중 당적(double registration)", 즉 하나 이상의 정당에 동시에 입당하는 것이다. 이중 당적이 법에 어긋나는 것은 아니지만 몇몇 정당들 은 이를 금지하고 있다(캐나다의 신민주당). 이스라엘에서 이는 당규에 어긋날 뿐 아니라 정당법 에서도 금지하는 것이다. 그럼에도 불구하고 1996년의 당원 명부를 교차검토해본 결과, 노동당원 의 8%, 하리쿠드당원의 12%가 동시에 다른 정당의 당원이었다(Israel, Party Registrar, 13 March 1996).

머지않아 정당 예비선거는 선거 머신(electoral machine) 간의 노골적인 충돌의 장이 될 것이다. 정당 예비선거에서의 승리는 지지자들을 동원하는 능력에 달려있다. 이는 다양한 재화와 용역에 대한 상당한 지출을 포함하는데, 지지자들을 연결시켜줄 지역 브로커를 위한 수당부터 투표자들을 투표소로 실어 나를 버스와 택시 등의 운용자금까지 포함한다. 이러한 예비선거에서 이념적인 이슈는 중요한 변수가 아니며 경쟁자들의 배경도 중요하지 않다. [경선에서] 누가 이기느냐는 가용자원규모와 그 효율적 이용에 의해 오로지 결정된다.

대만의 국민당에서는 더 많은 신규 당원들을 입당시켜 공천에 참여하도록 하는 예비후보자가 승리하게 되며(Fell 2005), 민진당의 경우, 당원들이 입당한 후 당비가 대납되기도 했으며 심지어 뇌물까지 주고받았던 사례가 있었다(Baum and Robinson 1995).

영국 노동당의 전 당원이 1표씩 행사할 수 있는 예비선거(one-member-one-vote party primary)는 무더기 입당에 대한 압박으로 이어졌다. 예를 들어 노동당의 전국집행위원회(National Executive Committee: NEC)는 버밍엄의 지역구 네 곳에서 4,000명의 당원 중 800명이 해당 지역구의 유권자로 등록되어 있지도 않았다고 보고하고 있다. 또 다른 예는 217명의 입당원서를 일일이 확인한 결과 드러났다. 2년에 걸친 조사 끝에 전국집행위원회는 오직 9명의 당원만을 받아들이기로 결정했다. 나머지 208명은 당원이 될 의사가 없었거나 심지어 유령당원이었다(Criddle 1997, 192-193). 정당 예비선거에서는 또한 민족(또는 인종 집단) 단위의 무더기 입당이 이루어지기도 한다. 예를 들어 아시아계 후보자에 의해 입당한 노동당의 아시아계 당원들이 그러하다. 이와 같은 현상은 캐나다에서도 벌어지고 있다(Carty and Cross 2006). 이러한 사례들에 대해, 그동안 소외된 집단들이 정치에 영향을 미칠 수 있는 창구가 열리는 것으로 볼 수도 있다. 그러나 현실에서는 고전적인 후견인-피후견인(patron-client) 관계로서 더 잘 포착된다.

이스라엘의 1996년 선거 결과를 검토한 결과, 13곳의 마을에서 노동당원수가 실제 유권자 수보다 많은 것이 드러났다(Rahat and Sher-Hadar 1999a). 이러한 마을들의 대다수가 낮은 사회경제적 지위라는 특성을 공유하는데, 이는 당원모집 운동에서의 후견인-피후견인 관계에 관한 언론의 의구심이 명백히 현실에 기초하고 있음을 보여준다. 벡과 솔로모스(Back and Solomos 1994)는 영국 노동당에서 예비후보자들이 당비를 대납하며, 그로 인해 자신도 모른 채 등록된 당원도 있었고, 그러한 등록이 후견인-피후견인 관계에 기초하여 이루어지는 경우가 종종 있다고 주장한다. 멕시코의 당내 민주화 또한 사회경제적 취약계층의 당원들과 후보자들 사이의 후견인-피후견인 관계를 촉진했다(Combes 2003).

2005년 이스라엘 노동당은 신규 당원들이 합법적으로 충원되었는지 확인하기 위해 전직 판사를 위원장으로 하는 위원회를 구성하였다. 이 위원회는 신규 당원들의 입당이 자발적이었는지, 당비를 납부하고 있는지, 또한 이중 당적을 가지고 있는 것은 아닌지 검토하고자 한 것이다. 그 결과 90,000명의 신규 당원 중 거의 절반의 입당이 법적 근거를 토대로 취소되었다. 이와 유사한 '판도라의 상자'는 어디에서든 열릴 수 있으며, 여러 국가의 정당들은 이 문제를 외면해왔다고 볼 수 있다. 이는 당내 경선에서 문제가 되었던 정치자금에 관해 여러 정당들이 취했던 대처 방식과 같다(Hofnung 2006).

다수 시민들은 특정 후보자의 공천이라는 목적 달성을 위해 정당에 입당하며, 총선에서 그 후보가 속한 정당에 투표하려 하지는 않는 것으로 보인다. 아이슬란드의 어떤 선거구에서는 예비선거 참여자의 수가 정당투표자 수보다 많았고, 어떤 선거구의 경우에는 예비선거 참여자의 수가 정당투표자 수의 140%였다(Kristjánsson 1998; 2002). 하다슨(Hardarson 1995, 163-164)은 아이슬란드 정당의 경우 예비선거 참여자의 몇 %가 총선에서 그 정당에 투표하는지 검토했다. 그 결과, 정당별로 차이는 있지만, 1983년과 1987년 선거에서는 75-90%, 1983년 선거에서는 대략적으로 평균 81.1%, 1987년 선거에서는 82.5%로 나타났다. 이러한 결과는 공천과정에 참여한 다섯 명 중 한 명이 총선에서는 그 정당에 투표하지 않았음을 의미한다.

위와 같은 현상들은 예비선거 도입 그 자체가 원인이 되어 발생한 것은 아니다. 왜냐하면 예비선거를 실시하지 않은 정당에서도 무더기 입당의 폐해가 분명하게 나타나고 있기 때문이다. 예를 들어, 당기구의 당직을 맡는 대의원의 선출 전에도 무더기 입당이 발생한다. 그러나 이와 같은 현상은 권한이 부여된 당원의 질적 수준에 문제가 있고, 당원의 질을 고려하지 않고 신규 당원을 무더기로 입당시키도록 만드는 강한 유인에 의해 그 수준이 더 떨어질 수도 있음을 나타내준다.

정보가 부족하고 수동적인 당원들

이스라엘에서는 무더기 입당의 형태로 충원된 당원들 다수가 당내 경선에 참여하기 위해 등록함으로써 자신이 당원이 된다는 사실을 모를 정도로 정치지식 수준이 낮았다(Rahat and Sher-Hadar 1999a).[9] 그러나 이는 정당과 신규 당원 간 관계의 문제점을 보여주는 지표 중 하나일 뿐이다. 크리스티안손(Kristjánsson 2004)은 아이슬란드 정당의 당원 명부에 기록된 당원수와 설문조사에 나타난 당원수 사이에 차이가 있음을 보여주었다. 전자의 경우 당원수는 50,000명 이상으로, 이는 총 유권자의 1/4에 달하는 수치였다. 그러나 후자의 경우, 오직 34,000여 명만이 그들이 당원이라고 응답했다. 크리스티안손은 정당

---

9) 이스라엘의 1996년 선거에서 시행된 설문조사(Arian and Amir 1997)는 당원이라고 응답한 응답자(9%)와 정당의 예비선거에 참여한 경험이 있다고 답한 응답자(13%) 간 거의 50% 정도 차이를 보인다.

들이 당원 명부에 이름을 올린 당원 중 40%가 "입당은 하였으나 정당에 대한 애착심이 전혀 없으며 오로지 예비선거에서 투표하기 위한 목적만을 위해 입당했다"라고 결론 내렸다(Kristjánsson 2004, 65).

다수의 당원이 오로지 예비선거만을 위해 입당했거나 또는 충원되었다는 사실을 고려하며 뒤베르제의 분류체계(1954, 〈그림 6.1〉)를 살펴보자. 이때 정당 예비선거에서의 당원 참여수준은 당기구(활동가, 대의원)에 의한 공천에서의 참여수준과 총선(투표자)의 참여수준 그 어느 중간에 위치할 것임을 예상할 수 있다. 즉, 당원들이 동원되는 정도는 정당활동가가 동원되는 정도보다는 낮으나, 평균적인 시민들의 경우보다는 높을 것이다. 그러나 이미 살펴본 바와 같이, 정당 예비선거에서의 평균 투표율은 총선 투표율보다 더 낮게 나타난다.

자발적 결사체로서의 정당은 활동가들에게 보상을 제공하고 그들이 정당 조직을 위해 계속해서 일할 수 있도록 독려하는 선택적 유인(selective incentives)을 활용할 수 있어야 한다. 이러한 시각에서 볼 때, 경선을 위한 무더기 입당으로 이어지는 예비선거의 도입은 정당에 피해를 주고 있다. 위에서 대략적으로 언급한 폐해를 초래하는 무더기 입당은 정당을 위해서가 아니라 예비후보자 개인의 당면한 필요에 의해 이루어지는 것이다. 공천에 관해 개방성을 높이면서 동등한 수준으로 권리를 부여하는 것은 정당의 차등적 보상체계를 망가뜨린다. 즉, 이것은 장기간 당에 충성을 바쳐온 활동가의 특권과 일시적으로 등록한 충성심이 없는 신규 당원의 권리가 동등한 수준이 된다는 것을 의미한다.

전략적 소수와 수동적 다수

더욱 개방성이 큰 공천주체의 도입으로 후보자, 당원, 정당 등 모든 연관된 행위자들은 당원모집 운동의 질적 측면보다는 양적인 측면에 더 강조점을 두게 된다. 그들은 숫자를 정치적 권력으로 해석하며, 당내 투쟁과 다가올 총선 모두에 집중하면서 즉각적으로 보상을 획득하고자 한다. 일시적이고, 기회주의적이고, 부패하고, 의무감이 없는 (때로는 정치지식 수준도 낮은) 사람들이 입당하고 있으며, 거의 절반에 가까운 당원이 예비선거에 참여하지 않고 있다. 이러한 현상은 대부분의 당원들이 정당 예비선거가 부여하는 기회를 이용하고자 하는 전략적 행위자가 아님을 나타내는 것이다. 신규 당원들은 상당히 수동적인 참여자로서 게임에 임한다. 이러한 점이 새로운 참여방식의 긍정적인 측면에 동의하면서도 추가적인 개혁이 필요한 이유이다(Young and Cross 2002). 당내민주주의의 이상과 참여 기회가 오용되는 현실 사이의 괴리는 이익집단의 대표들, 선거 브로커들, 경쟁하는 후보자들처럼 이해관계가 걸린 소수의 전략적 행위자와 대다수의 수동적이고 무관심한 대중 간의 상호작용의 결과로 만들어진다. 많은 당원들은 그들 스스로의 의지로써 입당하는 것이 아니라 소수의 전략적 행위자들에 의해 동원되는 것이다.[10]

바이메(Von Beyme 1996, 147)는 "사람들이 정당이라는 운송수단에 타서 한동안 이동하다가 더 이상 타고 있을 이유를 느끼지 못하면 금방 내린다."라는 의미에서, 탈근대시대의 정당을 "옴니버스 정당(omnibus parties)"이라고 불렀다. 이 개념은 예비선거의 사례에서 더 들어맞는다. 키쉘트(Kitschelt 1988, 130)의 주장은 우리의 주된 주장을 압축해서 보여준다. "개인주의적이고 참여적인 규범과 이념을 지나치게 강조할 경우, 활동가들이 정당 활동에 헌신하지 않거나 수시로 바뀌며, 비

---

10) 예비선거가 없는 해에 당원이 어떤 특성을 보일지 그리고 당원 중의 "핵심"으로 누가 남을지를 보여주는 흥미로운 반례를 이스라엘에서 실시된 설문조사에서 발견할 수 있다(Citizens' Empowerment Center in Israel 2007). 하리쿠드당에 예비선거가 없었던 2007년에, 당원 중 50%가 10년 이상 당원이었다고 답했다. 77%는 당원 지위를 유지하겠다고 말했다. 그들이 입당한 주된 이유는 그 정당의 강령에 일체감을 가지고 있고 특정 정책을 실현하기 위해서였으며, 특정 후보자 지지라는 이유는 훨씬 후순위에 있었다.

공식적인 정당엘리트가 득세하게 되는 등의 예측하지 못한 부작용들이 나타날 수 있다." 따라서 개방성이 큰 공천주체에 의한 공천은 정당의 일이 아니라 마치 개인 사업처럼 진행될 수도 있다. 이 경우 개별 정치인에 의해 일시적인 당원이 충원되어 정당이 운영될 뿐이지, 활동적인 신규 당원을 유치해내는 것은 아니다. 정당이 입당 과정을 통제하려는 진지한 노력을 하지는 않으면서 다른 정당보다 더 많은 당원을 모집하는 것에만 관심을 둔다면(이에 대하여 스캐로우는 "당원과 관련된 통계적 수치의 개선"(Scarrow 1994, 46)이라고 칭한다), 정당의 대중에 대한 "신뢰"가 장기적으로는 왜곡된 정치적 결과로 이어질 수도 있다.

— 무엇을 할 수 있을까?

정당 예비선거 도입으로 당원의 질적 수준에 발생하는 여러 문제점에 대해 해결책을 생각해 볼 수 있다. 첫 번째는 "그들을 이길 수 없다면 그들과 손을 잡아라(if you can't beat them, join them)."라는 논리로서, 정당을 더욱 개방하여 비당원들도 정책 결정과 공천과 같은 정당의 행사에 더욱 많이 참여할 수 있게 하는 것이다(Poguntke 1992). 이 경우 개방성의 확대 그 자체가 목표로 간주되며 결사체로서의 정당의 힘을 증대시키는 것은 추구하지 않는다. 이는 달튼(Dalton 2008)의 주장과 같이, 각 행사의 참여율은 줄어들 수 있지만 참여적 행사들의 수는 늘어난다는 것을 의미한다. 이러한 방향으로의 변화는 정치의 미국화(Americanization of politics)로 이어질 수 있다. 즉, 정당은 그들 고유의 실체를 가진 결사체라기보다는 단지 하나의 장(arena)이 되어가는 것이다.

또 다른 해결책(Teorell 1999)은 참여민주주의(participatory democracy) 모형이 [유권자들에게] 너무 큰 부담을 지우고(그리고 어쩌면 너무 낙관적이며) 불참의 선택지도 주지 않으므로 이를 거부하는 것이다. 대신에, 정당들은 숙의민주주의(deliberative democracy) 모형을 채택할 수 있다. 숙의민주주의 모형은 대의제를 부인하지는 않지만 "[선거]경쟁 모형"이 결여하고 있는 측면을 추가하며 선거 과정을 한 단계 넘어설 것을 제안한다. 지도자들, 당원들, 지지자들은 공론조사에 의해 서로 연결될 수 있다. 예를 들어, 지지자들을 통계적으로 대표할 수 있는 표본집단이 정책 이슈들에 대해 정당 리더들과 토의 기회를 가질 수 있고, 당원을 통계적으로 대표할 수 있는 표본 집단이 공천에 대해 토론을 할 수 있는 것이다. 이러한 제안은 양이냐 질이냐의 문제와 무임승차의 문제를 해결할 수 있겠지만 다른 많은 문제들에는 취약하다. 집단사고의 편향성, 확률과 통계에 대한 기초적 지식이 없는 대부분의 시민들에게 공론조사를 정당화하는 어려움은 단지 두 가지 문제의 예에 불과하다.

연구문헌이나 정당들의 경험을 통해 제시된 또 다른 방식의 제한적인 해결책은 공천 절차가 시작되면 당원 가입을 동결하는 것이다 (Lovenduski and Norris 1994; Norris and Lovenduski 1995; 영국 노동당과 웨일스 민족당의 조치).[11] 캐나다 신민주당은 공천 절차 개시 90일 전에 신규 당원의 등록을 막았다. 자유당과 보수당은 21일 전에(또는 그보다 임박해서) 등록을 중단했다. 벨기에 기독사회당에서는 최소 1년의 당원 요건을 충족한 당원부터 공천에 참여할 수 있다. 아일랜드 통일아일랜드당 또한 공천과정이 시작되기 전 최소 1년 전에 입당했을 것

---

11) 경선 실시가 공표될 때 공천주체로서의 당원 가입의 동결을 결정하는 규칙은 은퇴한 현역의원이 후계자를 결정하는데 유리할 수 있다. 즉, 현역의원은 사퇴를 공식적으로 선언하기 전에 경선투표권자인 당원들을 충원할 수 있는 것이다(Back and Solomos 1994).

을 공천 참여의 최소조건으로서 제시하고 있다(Galligan 2003). 대만 민진당은 무더기 입당과 후보자에 의한 당비 대납 문제를 줄이기 위해 당원 투표의 가중치를 줄였다. 메이어(Mair 1987)와 파렐(Farrell 1994)은 아일랜드에서 공천이 집중화되는 과정을 묘사하였는데, 이는 당원수 조작과 부풀리기의 효과를 상쇄하기 위한 것이었다. 80년도 더 전에, 메리엄과 오버랙커는 개방적인 공천주체의 폐단에 관해 다음과 같은 예리한 주장을 했다. "요약하면, 정부 구성 과정에서 가장 중요한 단계가 되고 있는 예비선거는, 엄청난 부와 독재적인 권력을 손에 넣겠다는 기대로 눈이 먼 부도덕한 사람들이 강구하고 실행할 수 있는 모든 종류의 악용 방식에 열려있다."(Merriam and Overacker 1928, 6). 이러한 이야기 뒤에 그들은 미국식 예비선거의 문제를 주 입법을 통해 해결하기 위한 구체적인 권고의 목록을 제시하였다.

제10장에 더 자세히 서술하겠지만, 우리의 제안은 정당에서 다양한 단체가 당내 정치에 참여할 수 있도록 허용하되, 즉, 평당원들도 의미 있는 정치 활동에 참여할 수 있도록 하되, 그와 동시에 당내 선택적 유인의 보상 구조를 유지하자는 것이다. 공천의 경우, 이는 정당이 다단계 방식에 다양한 당기구를 포함시킨다는 전제하에 가능할 수 있다. 즉, 이 방식에서는 배타성이 큰 당기구에 후보자 사전심사권을 부여하는 한편 당원들에게는 몇 가지 선택지들 사이에서 결정할 수 있는 권한을 부여한다. 이러한 방식은 요즘 많은 유럽 정당들 특히 영국의 정당들에서 나타나는 경향이다. 이것이 당원수 감소 또는 이 장의 앞부분에서 이야기 한 정당 예비선거의 폐해를 막을 수는 없겠으나, 참여 증대와 자발적 결사체로서의 정당의 필요 사이에서 최적의 균형을 제공해줄 수 있고, 순수한 예비선거에서 발생할 수 있는 부정적인 행태의 유인을 어느 정도 약화시킬 수 있을 것이다.

요약하면, 공천과정이 더 지나치게 개방되기 전에, 참여민주주의에 관한 긍정적인 의도가 질적으로 의미 있는 참여의 소멸로 이어지는 것은 아닌지 의문을 제기해 볼 필요가 있다. 게다가, 공천주체의 개방성 확대가 대표성, 경쟁, 반응성과 같은 정당정치의 다른 측면에 영향을 미칠 수 있다. 이어지는 장에서는 그러한 이슈에 대해 살펴보고자 한다.

제7장
대표성

　정치철학과 정치이론 분야에서 대표(Representation)의 개념에 대한 해석과 관련하여 합의된 바가 있다면 그것은 이 개념이 다의적이라는 것이다. 여기서 다의적이라는 것은 서로 다르다는 것뿐만 아니라 경우에 따라서는 양립 불가능할 수도 있다는 것을 의미하기도 한다. 이를테면, 대표의 개념과 관련하여 잘 알려진 고전적인 구분은 대리인(delegate)으로서의 대표와 수탁자(trustee)로서의 대표를 구분하는 것이다(Pennock 1968). 이 구분은 위임형(mandate)-독립형(independence)의 논쟁으로도 알려져 있다(Birch 1993). 이후 학자들은 이러한 고전적인 개념을 넘어서, 대표 개념의 새로운 유형화를 시도해 나가고 있다. 대표의 개념이 내포하고 있는 다의성은 상이한 철학적 접근(Birch 1971)과 그 개념의 역사적 진화(Manin 1997)에서 비롯된 것이다.

　이와 같은 이론적 구분의 틀에서, 사회를 반영하는 것으로서의 대표성의 개념 즉, 사회의 축소판을 의미하는 대표성의 개념(Birch 1993)은 그중 한 가지일 뿐이다. 하지만 정치적 충원과 선거 연구에서 대표성을 이론적 차원이 아닌 경험적 차원에서 접근할 때에는, 사회 전체의 인구통계학적 구성을 반영하는 대표성의 개념을 사용하는 것이 일반적이다(또는 정당 연구에서는 정당투표자 집단의 인구통계학적 구성을 반영한다). 정치적 충원에 관한 연구에서는 어떤 제도가 성별, 계층, 교육수준, 인종, 종교 등의 측면에서 사회를 반영하고 있을 경우 대표성이 높은 것으로 간주한다(Best and Cotta 2000b; Norris and Lovenduski 1995; Norris 2006; Patzelt 1999; Putnam 1976). 선거 연구에서는 득표율과 의석률의 차이가 줄어들수록(즉, 비례성이 높아질수록) "대표성이 높은 것"으로 간주한다(Gallagher 1991; Lijphart 1985; 1994; Loosemore and Hanby 1971; Rae 1967; Riedwyl and Steiner 1995; Taagepera and Shugart 1989). 정치적 충원에 관한 연구에서는 선거제도와 인구통계학적 대표성 간의 관계도 다룬다. 선거제도로 다수제를 채택하고 있는 국가들에 비해 비례대표제를 채택하고 있는 국가들에서 의회의 여성 대표성이 높은 것으로 확인된다(Kittilson2006; Kunovich and Paxton 2005; Matland 2005). 하지만 비례대표제로 구성되는 의회조차도 인구통계학적인 측면에서는 과소대표가 이루어질 수 있으며, 이는 다음과 같은 물음을 제기한다. 대규모의 출마희망자군을 압축하여 후보자를 공천하는 정당이 의회의 과소대표 현상에 대해 책임이 있다고 할 수 있는가?

정당일체감(party identification)은 유권자에게 영향을 미치며 (인물 중심의 선거제도인 경우에도) 누구에게 투표해야 하는지에 관한 결정적인 단서이다. 이러한 상황에서는 공천주체가 후보자명부에서 당선가능성이 있는 순번을 어떤 사람들로 채울지 결정하는 과정이 선거결과에 결정적인 것이 되곤 한다. 학자들은 대표성에 영향을 미치는 정당의 역할, 특히 (그 정당이 요구하는 자격을 갖춘) 출마희망자 전부를 실제 후보자군으로 압축하는 정당의 역할을 인정하면서도 공천방식을 너무 단순하게 취급했다. 일부 연구자는 이용 가능한 자료가 부족하여 공천방식을 선거제도와 간접적으로 결부시키는 우회적인 방식을 활용하는 경향을 보이기도 한다(Matland and Studlar 1996). 이는 국가, 정당, 시기가 당내 경쟁에 독립적으로 영향을 미칠 수 있는 가능성을 간과한다. 다른 연구자들은 공천을 정당 구조의 집중화/분산화의 문제로만 간주하여(Kittilson 2006), 여러 공천방식을 구별할 수 있게 해주는 다른 차원들이 초래하는 결과를 무시한다.

물론, 공천방식의 성격이 대표성에 영향을 미칠 수 있는 유일한 요인인 것은 아니며 핵심요인인 것도 아니다. 대표성에는 다른 요인들 또한 영향을 미칠 수 있다. 여성 대표성에 관한 연구를 예로 들면, 대표성에는 여성 후보자의 공급 부족(Norris and Lovenduski 1993; Shepherd-Robinson and Lovenduski 2002), 선거운동 비용(Cross 2004), 예비선거의 경쟁 심화(Lawless and Pearson 2008) 등도 영향을 미칠 수 있다. 하지만 이러한 요인들조차도 공천방식의 성격과 연관이 있을 수 있다. 가령, 여성 후보자의 공급 부족은 특정한 공천방식이 여성들에게 공정한 기회를 주지 못한다는 평가에서 비롯된 것일 수 있다. 또한, 선거비용은 공천방식의 개방성 수준에 영향을 받는데, 경선투표권자의 수가 많아질수록 선거비용은 증가할 것이다.

제7장에서는 공천방식과 대표성을 나타내는 다양한 측면들 간의 관계를 분석하여 정당의 공천과정이 대표성에 대해 어느 정도의 영향을 미치는지를 평가하고자 한다. 이 장에서는 공천의 다양한 차원들 각각이 대표성의 서로 다른 측면들에 영향을 미칠 수 있다고 주장한다. 첫 번째 절에서는 이론적인 측면에서 대표성을 검토하고, 이를 공천이라는 주제와 연결시키며, 관련된 방법론상의 몇 가지 문제점을 제기한다. 그다음에는 정당 수준의 대표성에 대한 국가 간 비교연구를 수행할 수 있게 하는 두 가지 대표성 지수를 제시한다. 그러고 나서 후보자격요건에 의해 발생하는 장애물, 공천주체의 개방성 및 이념차

원의 대표성-인구사회학적 대표성, 공천의 분산화에서 비롯되는 사회
적 대표성-지역적 대표성의 상충 관계, 지명제-경선제와 대표성의 특
성 등 공천의 네 가지 차원들과 대표성의 관계를 판단한다. 이용할 수
있는 자료가 부족하다면 경험적 자료를 부분적으로라도 제시할 것이
며, 이마저도 여의치 않다면 이론적인 논의를 제시하고자 한다. 마지
막 절에서는 개방성과 대표성을 동시에 확대하고자 하는 정당들이 직
면하게 되는 딜레마에 대하여 논의한다.

─ 대표성: 이론상의 문제 및 방법론상의 문제

우리는 이념차원의 대표성(representation of ideas)과 인구사회학적
대표성(representation as presence)을 대립시키는 입장을 취한다.[1] 핏
킨(Pitkin 1976)이 서술한 바에 따르면, 이념차원의 대표성이란 유권자
의 정치적 신념을 반영하는 것으로서의 대표성이다. 대표자가 유권자
에게 반응성을 보인다고 할 수 있는 것은 그가 당선 요인인 강령
(platform)에 부합하는 정책을 지지할 때이다. 이념차원의 대표성이 갖
는 결함은 대표자가 유권자와 인구사회학적으로 유사할 필요가 없다
는 것이다. (특정한 이념적 차원에 따라 활동하는 한) 대표자들은 전부 남성
으로 구성될 수도 있고, 백인으로 구성될 수도 있고, 엘리트로 구성될
수도 있다.

---

1) [역자주] 현재 우리나라의 정치철학, 법철학 분야의 연구자들은 "representation of ideas",
"representation as presence"를 각각 '관념상의 대표성', '실재상의 대표성'으로 번역하는 경
향이 있다. 이러한 번역어는 그 용어를 직역한 것이라고 할 수 있는데, 적어도 이 책에서는 전자
를 '이념차원의 대표성'으로, 후자를 '인구사회학적 대표성'으로 번역하더라도 본래의 의미와 크게
다르지 않으면서도, 독자들이 내용을 이해하는데 훨씬 더 도움이 될 것이라고 판단하여 이와 같
이 번역한다.

이러한 결함을 극복할 수 있는 것은 이념차원의 대표성이 아닌 실제적인 특징에 주목하는 인구사회학적 대표성이다. 인구사회학적 대표성에 입각하면 무엇이 대표되는 지보다는 대표자의 사회적 정체성이 중요하다. 레이파트의 합의제 민주주의에 관한 연구(이 연구에서는 안정성이 확보되기 위해서는 사회 내 모든 중요한 하부집단의 인구사회학적 대표성이 보장되어야 한다고 언급한다)부터(Lijphart 1969; 1977), 필립스의 실재상의 정치(politics of presence)에 관한 포괄적인 논의에 이르기까지(Phillips 1995), 인구사회학적 대표성이라는 관점에서는 대표성의 수준을 측정할 때 특정 사회집단의 대표자가 존재하는지를 중요한 요소로 간주한다.

이념차원의 대표성을 따를 때 유권자와 상당한 정도로 유리된 대표자가 등장할 수 있다면, 인구사회학적 대표성을 따를 때는 책임성이 없는(unaccountable) 대표자가 등장할 수 있다. 만일 유권자가 자신의 대표자를 뽑을 때, 그 대표자가 중요한 사안들에서 어떻게 행동할지를 미처 파악하지 못한 채 인종, 성별, 종교 등과 같은 인구사회학적 배경을 바탕으로 선택을 한다면, 책임성은 어떻게 유지될 수 있겠는가? 필립스는 다음과 같은 입장을 표명했다(Phillips 1995, 24-25).

> 이념차원의 정치(politics of ideas)가 정치적 배제를 다루기에 부적절한 도구인 것은 맞지만, 이것을 실재상의 정치로 단순히 바꾼다고 해도 실익이 없다. 양자를 분리시켜 보면, 둘 중 어느 하나의 대표성이 갖는 약점은 나머지 다른 하나의 대표성이 없는 경우와 마찬가지로 심각할 수 있다. 대부분의 문제들은 실제로 이 두 가지가 서로 상반되는 것으로 설정되는 상황에서 발생한다. 즉, 이념이 그 대표자와 완전히 별개로 취급될 때, 또는 대표자가 정책과 이념에 대한 생각이 전혀 없을 때를 가리킨다.

이념차원의 대표성과 인구사회학적 대표성은 모두 불충분하므로 따라서 결합될 필요가 있다. 정당은 이념차원의 대표성과 인구사회학적 대표성이 상호작용할 때에만 정치적으로 더 유의미한 방식으로 대표성이 큰 기구가 될 수 있다.

이러한 형태의 대표성 개념은 정당 내 수준에서도 접할 수 있다. 통합적인 정당들(aggregative parties)은 당내의 다양한 이념과 정체성을 대표하고자 하지만, 종파적인 정당들(sectarian parties)은 특수한 정체성(때로는 하나의 이념)을 고수하고자 한다. 일반적인 차원에서, 정당 내 대표성은 정당 간 대표성의 개념과 일치할 수 있다. 바꾸어 말하면, 양자는 후보자 공천과 결부되어 있다. 왜냐하면 정당이 유권자에게 호소하거나 당내 갈등을 관리하고 통제하려 할 때, 두 가지 대표성의 개념에 입각하여 후보자명부에서 균형을 맞추고자 할 것이기 때문이다. 정당은 정당이 대표하고자 하는 일련의 이념적 입장을 지니고 있으며(이념차원의 대표성), 또한 대표될 필요가 있는 일련의 정체성을 지니고 있는(인구사회학적 대표성) 후보자를 확보하고자 할 수 있다. 일부 정당들에서는 (대개 "좌"와 "우"로 정의되는) 이념에 대표성을 부여하는 것을 중시하지만, 다른 정당들에서는 정체성을 중요하게 간주할 수 있다. 성별과 같이 대부분의 정당들이 중시하는 정체성도 있지만 정당의 특성과 관련된 정체성도 존재한다. 좌파 정당에서는 노동자 출신의 후보자 확보를, 우파 정당에서는 기업인 출신의 후보자 확보를 중요하게 생각할 수 있다. 전 세계적으로 많은 정당들이 소수자의 대표성에 관심을 보이는 듯하지만, 소수자의 정체성은 특정한 사회적 맥락을 반영한다. 게다가 어떤 정당들은 다른 정당에서 등한시하는 요소를 더 중요하게 생각할 수도 있다. 예를 들면, 이스라엘의 종교정당인 샤스당에서는 성별과 신앙의 측면에서 그 당에 표를 던진 유권자들을 대표하지 못하고 있다. 즉, 샤스당의 후보자명부에는 여성이 존재하지 않으며, 후보자들은 당의 지지자들보다 훨씬 더 종교적인 색채가 강하다. 반면에, 샤스당은 그 당이 대변하는 민족 집단 내의 여러 분파들에 대해서는 대표성이 상당히 높은 편이며 배경이 다른 후보자들을 당선가능성이 있는 순번에 배치한다.

대표성 개념의 복잡성과 대표성 평가의 문제는 조작화 과정에서 여실히 드러난다. 첫째, 대부분의 연구들은 인구사회학적 대표성 개념을 이용하곤 하는데, 그 이유는 이 방식이 조작화하기에 비용이 적게 들고 더 쉬우며 접근성이 좋기 때문이다. 각 대표자의 이념적 위치를 측정하는 것보다 성별을 파악하는 것이 더 쉽다는 점이 단적인 사례라고 할 수 있다. 기존문헌의 틀 속에서, 이 장에서는 인구사회학적 대표성이 주로 다루어질 것이다. 둘째, 인구사회학적 대표성은 국내의 정치문화, 심지어 당내의 정치문화에 쉽게 영향을 받으므로 국가 간 비교연구를 수행하기가 어렵다. 거의 보편적인 사례인 여성 대표성에 관한 연구는 예외에 해당한다고 할 수 있으며, 그 연구가 국가 간 비교연구의 대부분을 차지한다. 셋째, 공천방식이 대표성에 어떠한 영향을 미치는지를 분석하고자 할 경우, 의회 내 구성을 보는 것보다 명부상에서 당선가능성이 있는 순번에 배치된 후보자들을 보는 것이 더 중요하다. 왜냐하면 의회 내 구성은 공천의 결과뿐만 아니라 총선의 결과에도 영향을 받기 때문이다. 의회 내 구성이 어떠한지를 보는 것을 넘어서 후보자군의 구성이 어떠한지를 분석하는 연구들이 존재한다 (Holland 1987; Norris and Lovenduski 1993; Norris and Lovenduski 1993 1995). 넷째, 대표성의 수준을 측정할 때에는 당선가능성이 있는 후보자들과 당선가능성이 없는 후보자들을 구분할 필요가 있으며 양 집단의 상대적 영향력을 측정할 수 있는 방식을 고안할 필요가 있다. 즉, 후보자명부가 20명으로 구성된다고 할 때, 여성이 11-20번에 배치된 경우와 여성이 매 홀수 또는 짝수 번호에 배치된 경우 중 전자의 대표성이 낮을 것이 분명하다(Hazan and Rahat 2006; Rahat, Hazan, and Katz 2008).

한편, 의회가 성별, 인종, 종교, 교육수준, 사회경제적 지위 등의 측면에서 사회를 제대로 반영하고 있지 않다는 사실을 보여주는 연구는 다수 있다(가령, Putnam 1976; Best and Cotta 2000b; Gallagher, Laver, and Mair 2006). 그러나 공천방식이 대표성에 어떠한 영향을 미치는지를 다루는 연구는 별로 없다. 제7장의 목적은 그 간극을 메우는 것이다.

정당 내 대표성의 조작화

공천에서의 대표성을 조작화하기 위하여, 우리는 정당명부식 선거제도 하에서 경쟁하고 있는 정당들의 대표성 수준을 측정하기 위해 고안된 두 개의 지수를 개발했다(Hazan and Rahat 2006). 두 개의 지수는 정당 규모의 차이에 민감하게 반응하고, 정당명부식 선거제도에서의 대표성에 적절한 조작적 정의를 제시하며, 정당 규모의 차이를 감안하기 위하여 가중 방식으로 자료를 추가하는 것도 용인한다. 두 개의 지수는 소선거구제에도 적용할 수 있기 때문에 국가 간 비교연구에 유용한 도구가 될 수 있다.

두 개의 지수에서는 여성 대표성을 후보자명부의 대표성을 나타내는 지표 중의 하나로 간주한다. 첫 번째 지수는 정당의 후보자명부에서 당선가능성이 있는 순번에 배치된 여성 후보자의 비율이 얼마나 되는지와 관련이 있다. 이를 구하기 위해 후보자명부 전체가 아닌 당선가능성이 있는 후보자 중에서 여성의 수가 얼마나 되는지를 측정한다. 두 번째 지수도 당선가능성이 있는 순번에 배치된 것과 관련이 있지만, 첫 번째 지수와 달리 여성의 순번에 따른 상대적 위치를 고려하며 이때 명부상 앞쪽의 순번에 배치될수록 높은 가중치를 부여한다.

대표성 지수(Index of Representation: IR)는 정당의 후보자명부에서 당선가능성이 있는 순번에 배치된 여성의 비율(당선가능성이 있는 여성 후보자의 수를 당선가능성이 있는 후보자 전체의 수로 나눈 후 100을 곱하여 얻은 값)로 측정한다. 대표성 지수의 수식은 다음과 같다.

$$IR = \frac{\sum Wrp}{\sum Rp} \times 100$$

Wrp 당선가능성이 있는 순번을 배정받은 여성 후보자의 수
Rp   당선가능성이 있는 후보자의 수
     (그 정당이 직전 선거에서 획득한 의석수로 정의)

어떤 하나의 공천에서 대표성 지수를 예를 들어 나타내면 다음과 같다. A정당이 직전 선거에서 5석을 획득했고 다음 총선의 후보자명부에서 3번, 5번에 여성을 배치했을 경우, 대표성 지수는 2/5 × 100 = 40%가 된다.

가중 대표성 지수(Weighted Index of Representation: WIR)는 대표성 지수와 마찬가지로 당선가능성이 있는 순번에 배치된 여성의 수를 고려하지만, 여성들의 상대적 위치 또한 감안한다. 즉, 순번이 높을수록 높은 가중치가 부여된다. 후보자명부상의 순번에는 당선가능성이 있는 후보자의 순번까지 각각 내림차순으로 가중치가 부여된다. 바꾸어 말하면, 마지막 순번에는 1점이 부여되고 순번이 앞으로 갈수록 가산점이 붙는다. 가중 대표성 지수의 수식은 다음과 같다.

$$WIR = \frac{\sum[(Wp/Vpi) \times Rp]}{\sum Rp} \times 100$$

Wp 각 공천에서 여성 후보자가 획득한 순번의 값
Vpi 그 공천에서 순번에 부여된 값의 총합
Rp 각 공천에서 당선가능성이 있는 후보자의 수

대표성 지수에서 제시한 예를 바탕으로, 어떤 하나의 공천에서 가중 대표성 지수를 나타내면 다음과 같다. 우선, 후보자명부상에서 순번에 부여된 가중치의 총합을 계산한다. 이 값은 5(1번) + 4(2번) + 3(3번) + 2(4번) + 1(5번) = 15이다. 이 명부에서는 여성이 가중치가 3인 3번과 1인 5번을 확보했으며, 따라서 여성이 받은 가중치의 합은 3 + 1 = 4이다. 이 경우 가중 대표성 지수는 4/15 × 100 = 26.7%가 된다.

― 후보자격요건과 대표성: 장애물(Obstacles)과 장벽(Barriers)

후보자격요건이 정당 내 대표성에 초래하는 정치적 결과는 아직까지 다루어지지 않은 주제이다. 따라서 여기서 우리가 주장하는 바는 잠정적일 수도 있다. 후보자격요건을 다루고 있는 장에서 우리는 다수의 정당들이 제시하고 있는 공통적인 요건들 중 일부에 대해 간략히 언급했다. 이 요건들은 전부 예비후보자들에게 장벽으로 작용한다. 이 요건들은 각각 후보자군을 제한하며, 따라서 정당이 유권자, 특히 정당투표자를 정확하게 대표할 가능성을 감소시킨다. 가령, 연령 제한을 도입하면 노인 유권자의 대표성은 박탈될 것이고, 1년 내지 2년간의 당원 요건을 설정한다면 최근에 입당한 당원의 대표성은 훼손될 것이며, 상당한 수준의 기탁금을 요건으로 부과한다면 소득이 적은 사람들의 대표성이 등한시될 것이다. 각 요건들은 특정한 목적을 달성하는 데에는 도움을 줄 수 있지만, 인구사회학적 대표성에는 부정적인 영향을 미칠 것이다.

정당이 예비후보자의 공급 측면을 관리하려는 노력이 반영되면 배타적인 후보자격요건이 도입된다. 배타적인 후보자격요건은 정당이 응집성을 유지하려는 시도일 수 있으며, 이를 충족한 자들은 예비선거를 거쳐 총선에서 당선된 이후에도 당의 명령에 따라 행동할 것이다. 배타적인 후보자격요건을 도입하고 있는 정당은 응집성이 높은 단일체로 집권할 수 있고 정당의 고유한 문화를 보여줄 수 있다. 그러나 정당중심적 대표성을 확보하려는 시도는 인구사회학적 대표성을 왜곡할 수도 있다. 장기간의 정당 활동이라는 자격요건은 당에 대한 충성과 헌신을 간접적으로 보여줄 수 있지만, 오랜 시간 동안 활동하기가 어려운 젊은 출마희망자에게 불리함을 줄 수 있다. 또한, 여성과 저소득층 출마희망자가 중산층의 남성 출마희망자에 비해 가용시간이 적을 경우에 불이익을 당할 수 있다(Norris and Lovenduski 1995; 1997).

정당이 후보자격요건의 개방성을 확대하거나 후보자격요건 자체를 제거하여 모든 유권자가 정당의 후보자가 될 수 있게 한다면, 예비후보자에 대한 문지기 역할을 전혀 수행할 수 없다. 바꾸어 말하면, 공직을 원하는 출마희망자들은 누구나 공천을 신청할 수 있으며, 정당은 이를 무조건 받아들여야 한다. 이처럼 후보자격요건을 없애는 것은 일견 대표성의 장벽을 제거하는 것처럼 보일 수 있지만, 대표성에 영향을 미칠 수 있는 다른 형태의 장애물을 낳는다. 가령, 미국에서 가장 개방적인 후보자격요건이 등장하였고 그 결과 후보자 중심의 정치가 이루어지게 되었다(Wattenberg 1991). 가장 개방적인 후보자격요건이 도입되면서 예비후보자에 대한 재정적 지원자들의 역할이 증대되었고, 이는 미국에서 일부 사회집단들의 대표성에 부정적인 영향을 미치고 있다. 그러므로 후보자격요건이라는 공식적이고 명확한 제한사항은 정치적 충원의 공급 측면을 규제하는 것으로 볼 수 있으며, 이러한 규제가 존재하지 않을 때 편향이 발생할 수 있다.

노리스(Norris 1997a; 1997b), 파첼트(Patzelt 1999), 베스트와 코타(Best and Cotta 2000b), 갤러거·레이버·메이어(Gallagher, Laver, and Mair 2006), 이외의 다른 학자들도 대부분의 정당들에서 현역의원들이 그 정당투표자들을 대표하지 못하고 있음을 발견했다. 이는 정당 후보자들의 대표성을 제고하기 위해서는 일부 현역의원들이 현재 과소대표 되고 있는 사회집단 출신의 후보자들로 교체되어야 한다는 것을 말한다. 일단 현역의원이라는 장애물이 제거되면 그 이후에는 대표성에 대한 장벽이 쉽게 극복될 수 있다. 가령, 버렐(Burrell 1992)은 1968-1990년에 치러진 미국 하원의원 예비선거에서 현역의원이 출마하지 않은 선거구에서는 여성 후보자가 남성 후보자 못지않게 선전했다는 사실을 밝혔다.

그러므로 정당이 현역의원을 어떻게 취급하는지에 따라 대표성에 미치는 영향이 달라질 수 있다. 현역의원이 재공천을 받기 쉬운 상황에서는 과소대표 되는 집단의 대표성을 높이는 것이 훨씬 더 어렵다. 즉, 당의 현역교체에 대한 통제력이 강화되면 후보자들의 대표성을 제고하기 쉬워진다. 자동 재공천제와 같은 후보자격요건은 현역의원의 재공천을 수월하게 하거나 현역의원에게 중립적인 태도를 취하는 듯하다. 자동 재공천제가 시행되고 있는 상황에서는 대표성을 높일 수 있는 당의 역량에 제약이 따를 것이다. 한편, 후보자격요건이 현역의원에게 불리함을 줄 수도 있는데, 가장 적절한 사례는 연임 제한이다. 연임 제한은 대표성을 더 높여주는 후보자를 충원하기 위해 해당 순번 혹은 지역구를 인위적으로 공석으로 만드는 것이다. 그러나 이 방식이 의도하는 결과가 반드시 도출되는 것은 아니며 어떤 경우에는 정반대의 결과가 나타날 수도 있다.

정당은 다음 총선에서 승리하기를 바라면서 현역의원을 거의 자동적으로 재공천한다. 현역의원은 이전 선거에서 이미 자신의 역량을 입증했으며 그 이후로 당내 혹은 선거구 내에 자신의 지지 기반을 다져왔기 때문에, 총선 직전에 내분이 발생하지 않기를 원하는 정당은 현역의원을 재공천하여 당 내부의 도전에 노출되지 않게 하려는 경향을 보인다. 이와 같은 현상은 특히 소선거구에 출마한 후보자에게서 많이 나타나지만, 개방형 명부, 단기이양제, 단기비이양제 등의 선거제도로 인해 인물 중심적 투표가 이루어지는 다인 선출 선거구에 출마한 후보자에게서도 나타난다. 반면에, 정당은 현역교체를 보장하기 위하여 현역의원에게 연임 제한이나 가중 과반수의 동의 확보 등과 같은 제한사항을 부과할 수도 있다. 이는 원내 정당이 자율적인 권력의 중심이 되고자 하는 것을 막고 원외정당이 계속해서 권력을 장악하고 있기 위한 것이다. 현역의원에게 부과하는 제한사항은 대표성 제고를 모색하기 위한 기회를 창출하기 위해 도입될 수도 있다. 대표성 제고에 관심이 있는 정당은 현역의원을 핵심적인 장애물로 간주할 수 있으며, 현역교체율을 높이고자 한다. 현역의원 교체의 의도가 무엇이든 간에 현역교체율이 높아질수록 대표성을 제고할 수 있는 기회가 많아진다.

정당들이 현역의원과 대표성 사이에서 발생하는 딜레마에 대응하는 방식은 다양하다. 일반적으로 현역의원과 대표성 간의 상충은 정당 명부제보다 소선거구제에서 더 분명하게 나타나는 듯하다. 예를 들어서 설명하자면, 여성 대표성을 높이고자 할 때 정당명부에서 남성 현역의원의 순번을 하나 뒤로 미루는 것이 소선거구제에서 남성 현역의원의 지역구에 여성 후보자를 공천하는 것보다 훨씬 쉽다. 이에 해당하는 사례로는 프랑스가 있다. 프랑스에서는 할당제를 법률에서 규정하고 있는데, 소선거구제로 치러지는 하원의 구성에서는 여성 대표성이 크게 높아지지 않았지만, 정당명부식 비례대표제를 채택하고 있는 지방의회의 구성에서는 여성 대표성이 상당히 제고되었다(Murray 2007). 벨기에의 경우 정당명부식 비례대표제로 치러지는 총선에서 할당제가 효과를 보였다(Meier 2004). 영국 노동당은 1997년 총선과 2005년 총선에서 현역의원을 배려하면서도, 현직 불출마 선거구의 절반 정도에서는 여성으로만 구성된 예비후보자명부를 도입하여 여성 대표성을 높이고자 했다(Criddle 1997; Cutts, Childs, and Fieldhouse 2008).

소선거구제를 채택하고 있는 국가들에서 "현직 출마 선거구(closed seat)"와 "현직 불출마 선거구(open seat)"의 개념을 이용하고 있다는 것 자체가 현직의 이점이 존재한다는 것을 보여준다. 정당명부식 비례대표제에는 "현직 불출마" 또는 "현직 출마"에 대응하는 개념이 없다. 실제로, 현역의원의 지위는 정당명부식 비례대표제 하에서 더 불안정했다(Matland and Studlar 2004). 비례대표제에서 현역의원은 재공천에 관한 추가 자격요건을 규정하고 있는 제한사항 또는 당규의 적용대상이 되곤 한다. 비례대표제에서는 당이 관여할 수 있는 여지가 많으므로 현역의원에게 "직접" 도전하지 않고서도 대표성을 상당한 수준으로 제고할 수 있다. 반면에, 성별에 따른 할당제가 도입되어 여성들이 매 홀수 또는 짝수 순번에 배치될 경우 남성 현역의원은 안전한 위치를 빼앗기게 될 수 있으며, 이로 인해 할당제의 정도를 둘러싸고 갈등이 발생할 수 있다. 그러므로 정당명부식 비례대표제를 채택하고 있는 국가들에서 이슈가 되는 것은 후보자격요건(즉, 현역의원을 어떻게 취급할지)에 관한 것이 아니라 (사회적) 분산화의 수준에 관한 것이다. 예를 들면, 이스라엘의 노동당과 하리쿠드당에서는 (지리적·사회적) 대표성 제고의 명목으로 할당된 몫을 정치신인들에게 배정하였지만 이들 중 대부분이 명부상에서 하위 순번에 배치되어 남성 현역의원들은 자신의 이익을 지켜낼 수 있었다.

소선거구제이든, 비례대표제이든 간에 특정 사회집단이 과소대표 되는 것에 대하여 현역의원이 대가를 치르는 일은 없는 듯하다. 대표성 제고라는 제한된 틀 속에서 경쟁을 치러야 하는 사람들은 정치신인들이다. 정당은 대표성 제고를 추구할 수도 있고 그렇지 않을 수도 있지만, 현재 나타나고 있는 대표성의 수준은 현 체제에서 기득권을 누리고 있는 현역의원과 자신에게 유리하게 게임의 규칙(후보자격요건뿐만 아니라 공천방식의 다른 차원들)을 바꾸고자 하는 정치신인들 간의 치열한 투쟁의 결과이다.

— 개방성과 대표성:
개방성과 인구사회학적 대표성 간의 역의 관계,
개방성과 이념차원의 대표성 간의 비선형적 관계

공천주체가 배타적이고 소규모일수록 이념차원의 대표성과 인구사회학적 대표성에서 모두 균형을 더 잘 맞출 수 있다. 매틀랜드는 "개방적인 공천과정을 도입하고 있는 미국보다 폐쇄적인 공천과정을 도입하고 있는 국가들에서 후보자명부의 균형을 맞출 수 있는 권한이 실제로 더 크다."(Matland 1993, 740)라고 덧붙인다. 당내의 소수 실권자가 지명제를 통해 공천을 통제할 수 있을 때, 그리고 상대적으로 통제의 정도는 약하지만 경선이 당기구 내에서 이루어져 공천을 어느 정도 조정을 할 수 있을 때, 정당 내의 상이한 집단들(여성, 소수자 등)의 대표자들과 이념적 분파들은 당선가능성이 있는 순번 혹은 지역구를 확보할 수 있을 것이다. 그러나 당원들 또는 지지자들이 후보자명부를 작성할 수 있는 권한을 갖게 될 경우, 이처럼 규모가 큰 공천주체는 공조가 불가능하거나 사회적(또는 이념적) 대표성을 높이는 후보자군을 공천하도록 유도될 수 없기 때문에, 결과적으로 후보자명부는 대표성이 낮아질 것이다.

대만의 정당들이 개방적인 예비선거를 도입했을 때 직면한 가장 중요한 문제점은 공천을 받은 후보자들이 정당 내 다양한 집단들의 대표성을 반영하고 있지 않았다는 것이다(Fell 2005). 아이슬란드의 국민동맹은 1970년대부터 여성 대표성을 제고하였지만, 공천에 예비선거가 도입된 이후로는 더 이상 여성 대표성을 높일 수 없었다. 즉, 개방적인 예비선거는 여성 대표성을 확보하는데 일종의 장벽이 되었다(Kristjánsson 1998). 이스라엘은 1950년대에 세계에서 여성 대표성의 수준이 가장 높은 국가들 중 하나였다. 그러나 수년간에 걸쳐 개방적인 공천방식이 도입되면서 충분한 여성 대표성을 확보할 수 있는 정당의 역량이 축소되었으며, 지금은 민주주의가 확립된 국가들 중에서 여성 대표성의 수준이 가장 낮은 축에 속하고 있다(Rahat, Hazan, and Katz 2008).

개방성이 대표성에 부정적인 영향을 미칠 수 있다는 주장이 타당성을 갖는지는 정당의 행보 그 자체가 보여주고 있는 듯하다. 서유럽 국가들에서는 공천방식의 민주화가 이루어졌고, 대표성 보정 장치가 확대되었다. 정당들이 대표성을 인구사회학적 대표성으로 규정하고 여성 대표성에 관심을 보일 때에는 대표성을 확보하기 위해 더 개방적인 공천주체에 제시하던 선택지를 제한하는 경향이 점점 더 강하게 나타나고 있다. 노리스는 다음과 같이 언급한다(Norris 2006, 106).

서유럽 국가들에 있는 다수의 정당들이 풀뿌리 당원들이 공천에 참여할 수 있는 기회를 점점 더 확대하고 있다. 동시에 적극적 우대조치를 시행하도록 하는 당규도 도입되어 경선투표권자들의 결정은 더욱더 제한된 범위 내에서 이루어지고 있다. 보다 많은 당원들이 공천에서 결정권을 행사할 수 있게 되었지만 선택지의 수는 오히려 줄어들었다.

예를 들면, 네덜란드의 민주66당에서는 당원들이 공천에서 중요한 역할을 맡고 있었고, 그 결과 후보자명부의 대표성이 낮았다. 이로 인해 1986년에는 위원회를 구성하여 추천명부(recommended list)를 마련한 후에 당원들에게 제시하였다. 이 위원회에서는 사회적 배경, 언론을 통해 전달되는 매력도 등 후보자의 특성을 고려하여 대표성이 높은 명부를 마련하였다. 이렇게 마련된 후보자명부는 거의 수정되지 않은 채 대부분 승인되었다(Andeweg and Irwin 2002). 벨기에 기독사회당은 균형 잡힌 후보자명부의 작성은 불가능한 일이라는 이유로 개방적인 예비선거에 회의감을 느꼈고, 당 지도부 또한 개방적인 예비선거를 꺼리게 되었다(Obler 1970). 핀란드에서도 개방성과 대표성 간의 균형을 맞추어야 한다는 논리가 법률에 명시되어 있으며, 당원은 후보자를 선정하는 반면, 지구당 조직은 예비선거에서 마련된 명부의 1/4까지 수정할 수 있다. 이런 형태의 개입은 후보자명부의 대표성을 높이기 위해 이루어지곤 한다(Helander 1997; Kuitunen 2002). 나루드와 베일런(Narud and Valen 2008)에 따르면, 노르웨이의 정당들에서는 배타적인 공천방식을 이용하여 공천과정을 통제함으로써 다른 나라들에 비해 대부분 높은 대표성을 확보할 수 있었다. 멕시코의 사례가 흥미로운데, 멕시코에서는 2002년에 정당이 공천을 위한 예비선거를 실시하지 않을 경우 전체 후보자의 30% 이상을 여성으로 구성하도록 하는 법률이 통과되었다(Baldez 2007). 이 법률은 참여의 개방성과 대표성을 상충관계(tradeoff)로 보았으며, 각 정당이 더 중요하게 여기는 원칙을 선택할 수 있게 했다.

개방적인 공천방식을 도입하려면 여성, 여타 사회집단, (다인 선출 선거구의 경우) 주변부 지역의 대표성에 관한 보정 장치의 확대가 필요하다. 자유주의적 시각에서는 개인보다 집단에 이점을 주는 것을 문제로 간주하며(Htun 2004), 자유 시장 옹호론자들도 대표성 보정 장치에 부정적인 입장을 취한다. 그러나 중도파 정당, 우파 정당들도 대표성 보정 장치를 채택하고 있으므로 이 장치는 널리 공유되고 있는 규범이 된 듯하며, 경우에 따라서는 국가가 모든 정당들에 강제하는 규범적 지위를 갖기도 한다. 당내민주주의를 참여의 향상 이상의 의미로 이해한다면, 참여에서 개방성 확대를 추구할 때에는 대표성 보정 장치를 필수요소로 간주해야 한다.

이념차원의 대표성과 공천방식의 개방성 간의 관계를 다루는 연구는 미국의 매우 개방적인 예비선거 외에는 거의 없다. 양자 간의 관계를 미국 외의 사례에서 탐구한 유일한 연구(Mikulska and Scarrow 2008)는 영국에서 공천방식의 개방성이 확대될수록 선거 국면의 가장 두드러진 경제 이슈에 관해 후보자의 입장과 그 후보자에게 표를 던진 유권자의 입장이 일치하는 경향이 나타난다는 점을 밝혔다. 그러나 미국의 예비선거 제도를 다루는 연구들에서는 개방성과 대표성 사이에 선형적인 관계가 나타나지 않음을 보여주었다. 공천이 초당적 예비선거 및 일괄형 예비선거와 같이 가장 개방적인 지점에서 이루어질 때, 후보자는 중위수 유권자의 입장과 가까운 위치로 향할 것이다(Persily 2001). 이보다 약간 배타적인 '개방형 예비선거'와 같은 공천방식에서는 정당에 소속되어 있지 않은 이념적인 색채가 더 강하고 전략적인 유권자들이 참여하게 되므로 후보자의 이념적 색채도 강해질 것이다. 좀 더 제한적인 폐쇄형 예비선거에서 후보자는 준개방형 예비선거에서만큼은 아니겠지만 개방형 예비선거에 비해서는 온건한 모습을 보일 것이다(Kanthak and Morton 2001).

개방성-배타성 차원의 중간에서는 이념차원의 대표성과 개방성이 비선형관계를 보일 것이다. 당원이 공천한 후보자들은 선출직 대의원들이 공천한 후보자들에 비해 이념적인 색채가 약할 텐데, 후자가 상대적으로 정당에 대한 충성과 응집성을 중시하기 때문이다(Scarrow 2005). 한편, 당 엘리트가 공천한 후보자들은 당 지도자가 공천한 후보자들에 비해 이념적인 색채가 더 강할 텐데, 후자가 개인에 대한 충성심을 가장 중요하게 생각하는 경향이 있기 때문이다. 이와 같은 경향성은 이론적으로 충분히 타당성이 있는 듯한데, 경험적으로도 검증될 필요가 있을 것이다.

학자들은 이념차원의 대표성이라는 더 복잡한 문제는 제쳐두고 눈에 잘 보이고 인식하기 쉬운 인구사회학적 대표성에서 나타나고 있는 왜곡에 대해 분석하는 경향이 있다. 정치인들 또한 이에 대해서만 다루려는 경향이 있다. 개방성과 인구사회학적 대표성 간의 역의 관계는 존재하지만 정당은 이를 "허용하지" 않으며, 오히려 참여의 확대에서 비롯되는 불균형을 다루기 위한 대표성 보정 장치를 통해 이 문제를 해결하려 하고 있다. 그러나 개방성과 이념차원의 대표성 간의 관계에 대해 다루고 있는 소수의 사람들은 그것을 교정될 수 있거나 교정되어야 하는 것으로 보지 않고 공천주체의 개방성 수준이 변함에 따라 바뀔 수 있는 것 즉, 제도의 부산물 정도로 보고 있다.

— 분산화와 대표성: 사회적 대표성과 지역적 대표성 간의 상충관계

이 연구에서 정의하고 있듯이, 공천의 분산화는 사회적 차원과 지역적 차원으로 이루어질 수 있다. 우리는 사회적 분산화 및 지역적 분산화와 대표성 간의 관계를 비교하여 분석한다. 이 절은 사회적 대표성과 지역적 대표성 간의 상충관계를 다루면서 마무리할 것이다.

앞서 개방성에 대한 논의에서 언급했듯이, 공천주체의 개방성과 인구사회학적 대표성은 역의 관계에 있다. 이와 같은 상충관계는 불균형을 초래하며, 이러한 불균형은 정당이 할당제, 의석보장제와 같은 대표싱 보정 장치를 제도화함으로써 (최소한 부분적으로라도) 개선된다(Dahlerup 2006; Kittilson 2006; Krook 2009; Mateo-Diaz 2005; Tremblay 2008). 정당의 이념과 같은 요인들, 당내 집단들 간의 권력관계는 다양한 집단들을 위한 대표성 보정 장치가 등장할 수 있게 하며 보정의 범위를 설정하는 데에도 영향을 미칠 수 있다. 대표성 보정 장치의 도입 여부를 결정하는 중요한 요인은 선거에서 유권자가 자신들의 대표자가 생긴다는 것에 얼마나 큰 매력을 느끼는지 여부이다. 정당들은 대표성을 보장하는 것이 선거에 도움이 된다고 판단할 때 또는 반대로 이러한 대표성에 대한 요구를 무시하는 것이 유권자의 지지 감소로 이어진다고 생각할 때, 대표성을 제고하려는 경향이 있다. 정당들은 당내 집단의 요구들이라도 선거에 별 도움이 되지 않는다고 판단하는 것에 대해서는 거부하거나, [그 집단의 대표자를] 명부상에서 당선가능성이 없는 순번 또는 지역구에 공천하는 식의 상징적인 의사표시로 응대한다.

참여의 개방성과 대표성 간에는 상충관계가 존재하기 때문에, 어떤 경우에도 (논란이 있기는 하지만 지불할 만한) 대가를 치르게 된다. 그러나 대표성이라는 명분은 보정 장치를 현명하게 사용하지 못할 경우 훼손

될 수 있으며, 특히 대표성 보정 장치가 적용되는 집단들의 이미지를 손상시킬지도 모른다(Bacchi 2005). 이와 같은 일은 특히 소규모의 할당제가 장기간 사용되었을 때 발생할 가능성이 크다. 대표성 보정 장치가 장기간 사용되면 특정 사회집단을 대표하는 것이 아니라 특정인의 재공천 보장 장치로 오용될 수 있다. 나아가 선거에서 대표성 보장이 결정된 집단의 후보자들은 자신의 집단에 배정된 몇 안 되는 자리를 두고 경쟁하게 될 것이다. 경쟁이 집단 내의 구성원들 사이에서 이루어지면 후보자들은 각자 자신의 당선가능성을 높이기 위해 자신은 지지하되 같은 집단의 다른 후보자들은 지지하지 말아달라고 경선투표권자들에게 요구할 것이다. 이러한 일이 할당된 몫이 적은 상황에서 발생한다면 그 집단의 전체 득표수는 감소할 텐데, 그러면서도 도리어 할당되는 몫은 더 늘려달라는 요구가 증가하는 현상이 나타날 수 있다. 즉, 대표성 보정 장치는 결과적으로 해악을 줄 수도 있는데, 왜냐하면 원래 의도했던 사회집단의 통합보다는 분열을 초래할 수 있기 때문이다. 이러한 상황으로 인해, 대표성 보정 장치가 도입된 애초의 이유라고 할 수 있는 그 집단의 "취약한 경쟁력"이 영구화될 수도 있다. 일정한 기간을 정해둔 상태에서, 할당제를 온건하고 점진적으로 확대하는 방식으로 현명하게 활용한다면 이 문제를 극복하는데 도움이 될 수 있다.

지역적 분산화와 지역적 대표성은 정의 관계(positive relationship)에 있다. 공천과정에서의 권한을 중앙당 조직에서 시·도당의 공천주체나 지구당의 공천주체에 위임한다면 시·도당이나 지구당 수준을 더욱 잘 대변하는 후보자들이 선정될 것이다. 이는 지역적 대표성을 제고하는 것으로 간주될 수 있는데, 왜냐하면 그 후보자들은 그 지역에 거주하면서 삶을 영위해왔기 때문이며, 또는 적어도 시·도당이나 지구당 수준의 공천주체에 의하여 선정된 사람들이기 때문이다.

공천의 분산화가 단지 중앙당 수준에 비해 지구당 수준에서는 균형을 맞춰야 할 이해관계들이 적다는 의미가 아님을 명심해야 한다. 지구당의 당직자들도 내부의 여러 집단들을 고려해야 하지만, 그들이 공천할 수 있는 후보자의 수는 훨씬 적다(소선거구의 경우 1명에 불과하다).

지역적 분산화가 가장 많이 이루어진 제도, 특히 1명의 후보자를 공천하는 제도에서는 그 지역에 가장 적합한 후보자를 낼 수 있겠지만, 역으로 사회적 대표성을 제고하기는 더 어려워질 것이다. 매틀랜드와 스터들러는 다음과 같이 주장한다(Matland and Studlar 1996, 709).

> 후보자 공천을 중앙에서 통제한다는 것은 당 엘리트가 대표성 제고의 압력에 반응하여 여성 후보자의 수를 늘릴 수 있다는 것을 의미한다. 소선거구제를 채택하고 있는 대부분의 국가들에서는 공천권을 분산화 하는 경향이 있다. 이 때문에 중앙당 조직이 대표성 제고를 추구하더 라도 이를 지역 수준에서 관철시키는데 상당한 제약이 따른다.

실제로, 키틸슨은 국가 간 비교연구를 통해 여성 대표성과 집중화 정도가 높은 정당 간에 양의 상관관계가 있음을 밝혔다(Kittilson 2006). 예를 들면, 독일에서는 1953년 이후로 (분산화 된 공천주체가 선정한) 지역구 여성 당선자와 (집중화 된 공천주체가 선정한) 정당명부에 의한 여성 당선자의 비율이 (1965년) 1:3.5에서 (1972년) 1:6.5로 변화했다(Roberts 1988, 109).

아일랜드의 분산화 된 공천방식에서는, 상대적으로 작은 규모의 다인 선출 선거구에서조차도 지역적 대표성이 다른 대표성보다 우선시 된다. 주요 정당들이 다인 선출 선거구에서 복수의 후보자를 공천할 수 있는 경우에, 선정된 후보자들의 균형을 맞추기 위한 작업은 성별, 연령, 사회경제적 지위에 근거하는 이해관계가 아닌 지역적 이해관계의 측면에서 이루어진다(Gallagher 2003; Marsh 2005). 그 결과 지구당 수준의 결정은 독립적으로 이루어져 전체 후보자군의 사회적 대표성이 높지 않게 나타나며, 아일랜드의 여성 대표성이 낮다는 것이 이를 뒷받침하는 증거라고 할 수 있다.

지역적 요구와 사회적 요구를 조정하는 과정에서 문제가 발생할 수 있는데, 그 결과 당내 갈등으로 비화될 수 있다. 영국 노동당에서 1970년대, 1980년대에 여성 대표성 제고라는 목표를 둘러싼 갈등을 조율하는데 실패한 것(Denver 1988), 1990년대에 여성 대표성 보정 장치의 도입에 대하여 중앙당과 지구당 사이에 갈등이 발생한 것(Mitchell and Bradbury 2004; Quinn 2004) 등이 이에 해당한다. 캐나다의 정당들이 이용하는 분산화 된 공천과정은 대표성의 측면에서 보면 여성 후보자들과 소수자 집단의 후보자들에게는 장애물이었으며(O'Brien 1993), 이 정당들에서는 중앙당 조직의 압력을 통해 현역의원이 없는 선거구에서만 제한된 수의 여성 후보자들을 내세울 수 있었다(Cross 2006). 중앙당과 지구당의 선호가 다르거나, 지구당이 사회적 대표성을 제고하라는 중앙당의 요구에 의해 자율성을 침해당하고 있다고 느낄 경우, 이러한 갈등은 소선거구뿐만 아니라 다인 선출 선거구에서도 나타날 수 있다(Valen, Narud, and Skare 2002). 정리하면, 중앙당과 지구당 간의 이익 및 가치를 둘러싼 피할 수 없는 긴장관계는 사회적 대표성을 둘러싼 갈등으로 나타나곤 한다. 지구당 수준에 대표성 보정 장치를 도입하자는 주장은 공천과정에서의 권한을 중앙당에 더 많이 위임하여 다시 집중화하자는 것을 함축하고 있다.

사회적 대표성은 배타성이 높고 집중화 된 공천주체를 이용함으로써 확보될 수 있다. 예를 들면, 칠레의 2004년 지방선거에서 여성 대표성이 가장 높은 정당은 가장 보수적인 색채가 강한 독립민주연합이었다. 이 정당은 배타성이 높고 집중화 된 공천방식을 이용했다. 독립민주연합보다 여성 대표성이 약간 낮은 정당은 우파 정당인 국민혁신당으로, 이 정당은 분산화 되어 있지만 배타성이 높은 공천방식을 이용했다. 개방적이고 분산화 된 방식을 이용한 중도파 정당들, 좌파 정당들에서는 비교적 적은 수의 여성들이 공천을 받았다(Hinojosa 2009). 그러나 (배타성과 마찬가지로) 집중화는 사회적 대표성을 확보할 수 있는 **가능성**을 높일 수 있지만, 이러한 결과가 필연적으로 나타나는 것은 아니다(Ware 1996).

(배타성과 마찬가지로) 집중화는 대표성을 제고할 수 있는 기회를 제공하지만, 이러한 기회가 실제로 활용되도록 당내 여러 세력들이 압력을 행사하도록 할 필요가 있다. 배타성과 집중화의 수준이 높은 정당들은 응집성 또한 높을 것이며, 따라서 당내에서 대표성에 대해 압력이 발생할 여지는 적을 것이다. 당 엘리트가 대표성에 관심을 갖도록 동기를 부여할 수 있는 방법은 선거상의 고려이다. 개방적이고 분산화의 수준이 높은 정당들에서는 당내에서 대표성 제고를 주장하는 압력이 더 강하겠지만 대표성을 다룰 수 있는 역량은 더 취약할 것이다. 이러한 때에는 대표성 보정 장치가 답이 될 수 있겠다. 매틀랜드는 노르웨이의 여성 대표성이 왜 높은지를 설명하면서 두 가지 선택지들 사이의 최적의 균형에 대해 다음과 같이 말한다(Matland 1993, 753).

> 지구당 수준의 공천회합은 조직된 이해관계들이 여기에 들어갈 수 있을 만큼 상당히 개방적이다. 동시에, 이 회합은 충분히 폐쇄적이고 규모가 작기 때문에 응집성 있고 잘 조직된 이해관계가 (전체로서의 국민들 내에서는 매우 격렬한 소수자를 대표하는 후보자들일지라도 그러한) 후보자 공천에 상당한 영향력을 행사할 수 있다.

― 지명제-경선제와 대표성: 장치와 선호

　(배타적인) 공천주체는 지명제를 바탕으로 공천과정을 조정할 수 있는 막강한 권한을 갖게 되며 이로써 상이한 사회집단들과 당내 (인물 중심적, 이념적) 파벌들 간의 대표성의 균형을 맞출 수 있다. 하지만 그 결과는 더 배타적이고 집중화 된 방식의 경우와 마찬가지로 공천주체의 의지와 공천주체에 대한 압력에 달려있다. 후보자 중 일부를 지명제로 공천할 수 있는 정당에서는 경선제로 공천한 후보자군의 대표성이 낮을 경우 나머지 후보자들을 통해 전체적인 결과의 균형을 맞출 수 있다. 최근, 캐나다 신민주당에서는 대표성의 균형을 맞추고자 특히 현역의원이 은퇴하는 일부 선거구를 중심으로 여성 후보자들을 공천했다(Cross 2006).[2] 자유당의 지도자도 주어진 권한으로 여성 후보자들을 공천한 적이 있다(Carty and Eagles 2003; Erickson 1997).

　일부 정당들에서는 정당 외부에 있는 집단들의 환심을 사기 위해 다시 말해서, 보여지는 이념상 이미지의 외연 확대를 위해 지명제를 이용한다. 스페인 공산당에서는 1970년대 말, 1980년대 초에 정당의 이미지를 개선하고자 다른 좌파 정당들의 당원과 노조원들을 공천했다(Esteban and Guerra 1985). 이와 마찬가지로 이탈리아 공산당에서도 좌파 계열의 무소속 후보자들을 명부에 올린 적이 있다(Wertman 1988). 벨기에 자유당에서는 정당의 이미지를 바꾸고, 기존의 자유주의적이며 반종교적인 유권자들을 넘어서 지지의 외연을 확대하기 위해 당 지도자가 종교적 색채가 짙은 후보자들을 지명하기도 했다(Obler 1973).

---

2) 크로스(Cross 2006)에 따르면, 신민주당에서는 지구당 조직에서 소수자 집단 출신이 아니거나 여성이 아닌 사람을 지명하고자 할 경우 과소대표 되는 집단의 후보자를 발굴하기 위해 노력했다는 사실을 중앙당에 확실히 납득시켜야 했다.

이전 장에서 상술했듯이, 공천은 복수의 공천주체들에 의해 이루어지기도 한다. 다단계 방식에서 어떤 공천주체는 지명제를 통해, 다른 어떤 공천주체는 경선제를 통해 후보자를 선정할 수 있다. 따라서 이와 같은 다단계 방식은 지명제-경선제의 복합 방식이 된다. 배타적인 공천주체가 지명제를 통해 후보자를 선정하는 것으로 시작하여 개방적인 공천주체가 경선제를 통해 마무리 짓는 것이 전형적인 지명제-경선제 복합 방식이다. 이 순서는 합리적이라고 할 수 있는데, 개방적인 공천주체가 내린 결정에 거부권을 행사하는 것보다 사전에 심사를 통해 압축하는 것이 민주적 정당성을 확보하는데 더 수월하기 때문이다. 그러므로 정당은 소규모의 공천주체가 예비후보자명부를 작성하는 과정을 통해 대표성에 대한 통제권을 확보할 수 있고, 이후의 단계에서 개방적인 공천주체가 경선제를 통해 후보자를 확정하여 민주적 정당성을 확보할 수 있는 기회를 가질 수 있다. 노르웨이에서는 공천위원회가 추천명부를 마련할 때 지역, 성별, 연령, 직업 등의 측면에서 대표성의 균형을 맞출지를 고려하며, 이렇게 마련된 추천명부는 투표를 통해 확정된다(Matthews and Valen 1999). 독일의 정당들에서는 특정 집단이 지역구 후보자에서 과소대표 되고 있는 경우 이를 보정하고자 정당명부에서는 지명제를 활용하며, 이 명부는 대의원대회에서 승인을 받는다(Kitzinger 1960; Loewenberg 1966). 벨기에에서 활용하는 추천명부제(model list system)는 지명제를 통해 마련된 명부를 당원들이 승인(혹은 아주 드물기는 하지만 거부)하는 방식을 가리킨다. 영국의 노동당과 보수당에서는 중앙당기구에서 후보자를 심사하여 압축한다. 즉, 배타적이고 집중화 된 공천주체들이 지명제로 예비후보자명단을 마련한 후에 개방적이고 분산화 된 공천주체들이 투표를 통해 후보자를 확정한다. 이러한 방식은 대표성 제고에 도움이 될 수 있다. 왜냐하면 소규모의 공천주체가 자신들이 지명하는 것을 정당화하기 위해서 대표성 제고를 주장하는 당내 집단들의 요구사항에 반응할 것이기 때문이다(Matland 1993).

정당이 공천을 위해 경선을 도입할 경우 어떤 경선제도를 사용하는지가 대표성에 영향을 미친다. 지명제가 대표성을 확보할 수 있는 가장 간단한 방법인데 비해, 경선제는 그 방식에 따라서 결과가 달라질 수 있다. 경선제를 구분하는 첫 번째 기준은 1회 투표제인지, 다회 투표제인지이다. 다회 투표제(당선가능성이 있는 후보자들을 단계적으로 확정하는 제도)에서는 공천주체가 후보자의 구성을 어느 정도 통제할 수 있다. 다회 투표제에서는 충분한 수의 여성·소수자·노동자 등이 후보자로 선정되지 못해서 대표성의 문제가 발생할 경우 수정할 수 있는 기회가 있다. 반면에, 1회 투표제에서는 당선가능성이 있는 후보자가 한 번에 확정된 이후에는 왜곡된 대표성을 수정할 기회가 주어지지 않는다.

두 번째 기준은 경선제도 방식의 비례성과 관련이 있다. 다수제이면서, 경선투표권자에게 주어지는 표의 수와 당선가능성이 있는 후보직의 수가 일치하는 방식에서는 당내 최대 집단이 정당명부의 모든 순번 혹은 지역구의 모든 후보직을 독식할 수도 있으며, 당내의 다른 집단들은 대표되지 못하는 결과가 나타날 것이다. 최대 집단이 경선투표권자의 과반수를 사실상 확보하고 있지 못하다는 전제하에, 만약 경선제도가 단순다수제가 아닌 절대다수제(2회 투표제, 대안투표제, 소거투표제 등)일 경우 최대 집단의 독식은 완화될 수 있다. 우리가 당내 경선제도가 대표성에 어떠한 영향을 미치는지를 입증할 증거를 갖고 있지 않더라도, 선거제도의 경우(Matland 2005)와 마찬가지로 단순다수제와 절대다수제의 공천방식을 활용할 때 후보자군의 대표성이 낮아질 것이라고 주장하는 것이 논리적이다. 바꾸어 말하면, 경선제도의 비례성이 높아질 경우 즉, 준다수제, 준비례대표제, 비례대표제로 갈수록 사회적 대표성, 파벌의 대표성이 높아질 것이라고 예측할 수 있다.

어떤 경선제를 선택하는 경우 당내 최대 집단이 당선가능성 있는 후보자군을 독식하는 것을 막는 장애물을 설치할 수 있다. 그러나 이것만으로 대표성의 다른 측면들이 보장되는 것은 아니다. 가령, 비례성이 더 높은 공천방식에서는 소수자 집단이 당선가능성이 있는 위치를 확보할 수도 있지만, 인구사회학적 대표성의 관점에서 대표성을 낮추는 후보자들 즉, 화이트 칼라의 중년 대도시 남성들이 후보자로 선정될 수도 있다. 만일 정당 내부의 집단들을 구분하는 것이 이념이라면, 이념차원의 대표성을 초월하는 대표성이란 존재하지 않을 것이다. 더욱이, 만일 당내 최대 집단이 대표성의 제고에 관심이 있을 때, 비례성이 더 높은 경선제도의 도입은 실제로는 이러한 목표를 상쇄할 수도 있다.

다른 부가적인 요인으로는 각 경선투표권자가 행사할 수 있는 표의 수를 들 수 있다. 매틀랜드(Matland 1993)는 정당 간 수준에서 해당 선거구에서 더 많은 의석을 가지고 있는 정당일수록 그 선거구에서의 여성 대표성이 더 높다는 것을 밝혔다. 이와 같은 발견을 당내 경쟁의 영역에 "적용"하면, 각 경선투표권자가 행사하는 표의 수가 대표성에 영향을 미칠 것으로 예상해볼 수 있다. 즉, 경선투표권자는 행사할 수 있는 표의 수가 많아지면 자신의 표가 경선결과에 어떠한 영향을 미칠지 미리 생각해보는 경향이 있으며, 그 과정에서 대표성도 고려한다. 따라서 다수제이든 비례대표제이든 간에, 1인 다표제는 1인 1표제에 비해 대표성을 제고하는데 도움이 될 수 있다.

지명제나 비례대표제는 대표성을 향상시킬 수도 있지만, 반드시 그러한 것은 아니다. 대표성이 높은 후보자의 지명 혹은 대표성을 높이는 경선제의 도입은 대표성을 **제고할 수 있는** 장치에 불과할 뿐, 그러한 결과를 **보장하는** 것은 아니다. 대표성이 높은 후보자가 지명되기 위해서는 정당, 특히 정당의 공천주체가 대표성에 대해 분명한 선호를 가지고 있어야 한다. 이는 다회 투표제, 1인 다표제가 도입된 공천방식에서도 마찬가지이다. 경선투표권자가 대표성을 중시하면 대표성의 균형이 맞춰질 수 있다.

— 대표성의 보장

대표성을 이해할 수 있는 방식은 여러 가지이다. 즉, 이념차원의 대표성, 인구사회학적 대표성(사회적 대표성, 지역적 대표성 등) 다양한 방식으로 이해할 수 있다. 어떤 정당이 특정 대표성을 필수요소로 간주한다면, 그 정당은 (전체 국민은 아니더라도 최소한 정당투표자까지는 반영하는) 후보자의 대표성을 보장하기 위해 필요한 조치를 취해야 한다. 정당이 부과하는 후보자격요건의 제한을 통해 후보자군의 대표성을 제고할 수 있다. 후보자격요건이 제시하는 장벽은 (과대대표 되는) 일부 집단에는 높아질 수 있고 다른 집단에는 낮아질 수 있기 때문이다. 한편, 대표성이 공천주체의 개방성과는 역의 관계에 있기 때문에 공천과정을 민주화할 때 대표성 보정 장치를 도입할 필요가 있다. 지역적 대표성과 사회적 대표성은 상충관계에 있기 때문에 대표성의 균형을 맞추기 위해서는 다소간 집중화가 필요할 수 있다. 지명제, (지명제-경선제) 복합 방식, 다회 투표제, 1인 다표제, 비례대표제 등은 단순다수제, 1회 투표제, 1인 1표제 등에 비해 후보자의 대표성 제고에 도움이 될 수 있다. 그러나 이러한 방식들은 대표성 제고가 정당이 지향하는 중요한 명분이거나 선거에 도움이 되는 가치로 간주될 때 그리고 대표성 제고를 추구하는 강력한 집단들이 존재할 때에만 작동할 수 있는 장치에 불과하다. 대표성의 원칙을 지향하는 사람들은 기득권을 확보하고 있는 대다수의 현역의원들과 경쟁을 해야 할 뿐만 아니라 이미

대표성을 인정받아 대표자를 배출하고 있는 집단들과도 경쟁을 해야 한다.

민주주의자는 대표성의 원칙 때문에 간단치 않은 딜레마에 봉착하게 된다. 민주주의자가 보기에 직관적으로 더 민주적인 공천방식(즉, 후보자들이 당원 또는 당 지지자 수천 명을 대상으로 비밀투표의 경선을 실시하는 개방적이고 분산화 된 방식)을 채택할 경우 결과적으로 이전과 같이 대부분이 중산층, 고학력, 백인이라는 특성을 갖는 후보자를 선택하는 것으로 결론이 날 수도 있다. 정리하면, 더 높은 수준의 민주적 대표성을 달성하기 위해서는 당내민주주의가 어느 정도 제한될 필요가 있다.

대표성의 원칙도 참여의 원칙과 마찬가지로 참된 민주주의 사회에 필수적이며 긍정적인 요소로 인식된다. 정당은 이러한 목표들을 성취하기 위해서 다단계 방식의 공천과정에 복수의 당기구들이 참여할 수 있게 하고, 더 배타적인 당기구가 대표성의 균형을 맞출 수 있는 권한을 갖도록 하되, 그럼에도 여전히 당원들이 몇 가지 선택지들 중에서 최종 결정권을 행사할 수 있도록 해야 한다(Rahat 2009). 단순 방식 및 1단계 방식의 채택, 후보자격요건의 폐지, 공천주체의 개방화, 공천방식의 분산화, 순수 경선제 실시 등의 방식으로는 경선투표권자들이 대표성 제고라는 결과를 산출할 수 없을 것이다.

제8장

경쟁

우리는 민주주의 사회에서 이익, 가치, 정체성 등이 자유롭게 경쟁 (Competition)할 것이라고 기대한다. 각 정당들과 후보자들은 저마다 대표하는 이익, 가치, 정체성이 있으며, 유권자의 지지를 얻기 위해 경쟁한다. 우리는 정당 내부에서 각 후보자가 공천권자(유권자, 당원, 당 대의원, 당 엘리트, 1인 지도자)의 지지를 얻기 위해 경쟁할 것이라고 가정한다. 우리는 (특히 정당 간 경쟁이 치열하지 않을 경우) 당내 경쟁을 민주주의의 중요한 요소로 상정한다. 물론, 정당 내 경쟁이 정당 간 경쟁을 대신할 수는 없을 것이다(Key1954; Sartori 1976; Turner 1953). 그러나 공천권자들에게 여러 대안이 주어지는 상황에서는 경쟁에 의해 반응성과 책임성이 유도되리라고 본다. 바꾸어 말하면, 현역의원이 경쟁을 해야 하거나 재공천을 받고자 한다면, 그는 공천권자에게 반응성을 보일 것이고 자신의 행동에 책임성을 갖게 될 것이다.

어느 정도의 경쟁은 필요하고 긍정적이며 전혀 경쟁이 없는 상태는 민주주의에 부정적이지만, 지나친 경쟁 또한 문제를 발생시킬 수 있다. 만일 현역의원이 자신이 수고한 바에 대하여 재공천이라는 형태로 보상을 받지 못한다면 그가 일을 할 이유가 있겠는가? 게다가, 경쟁이 과열될 경우 선거운동 과정에서 돈이 갖는 영향력이 커질 수도 있고 부정부패에 대한 유인이 많아질 수도 있다. 현역교체율이 높을 경우 현역의원들의 경험치를 살릴 수 없고 그 결과 의정활동 및 정무 수행에 부정적인 영향을 미칠 수도 있다(Somit et al. 1994). 하지만 미헬스(Michels 1915)의 주장을 통해 예상해볼 수 있듯이, 당내 경쟁이 과열된 상황에 비해 당내 경쟁이 전혀 없거나 치열하지 않은 상황을 발견하기가 더 쉽다.

공천의 차원에서 등장하는 경쟁이란 무엇인지를 설명하기 위하여 제8장에서는 학자들이 당내 경쟁을 조작화 하는 방식을 검토하면서 시작한다. 그 이후에는 공천방식이 당내 경쟁에 미치는 영향을 평가할 텐데, 우선은 후보자격요건의 영향을 살펴본다. 그리고는 공천주체의 개방성과 경쟁 간의 관계를 보여주는 근거들을 고찰한다. 지역적 분산화가 당내 경쟁 감소의 주요인이라는 점을 보인 후에 사회적 분산화의 영향력에 대해서도 살펴본다. 다음으로, 지명제-경선제와 다단계 방식이 경쟁에 미치는 영향을 분석한다. 또한, 공천방식의 변경 그 자체가 당내 경쟁에 어떠한 영향을 미치는지도 조명한다. 이후에는 당내 경쟁이 총선에서 정당들의 운명에 미치는 영향에 대해서 검토한다. 제8장의 마지막 부분에서는 우리가 당내 경쟁과 관련하여 알게 된 점을 간단하게 정리한다.

─ 당내 경쟁이란 무엇인가?
그것은 어떻게 측정될 수 있는가?

정당 내에서 후보자들 간에 이루어지는 경쟁은 몇 가지 방법으로 정의할 수 있다. 우선은 경쟁이 없는 상황과 경쟁이 있는 상황을 구분하여 비교하는 가장 단순한 방법이 있다. 공천에서 경쟁이 없는 상황은 후보자의 수가 당선가능성이 있는 의석수와 같은 경우로 정의한다(후보자의 수가 당선가능성이 있는 의석수에 비해 적은 경우도 있을 수는 있지만, 아마 거의 없을 것이다). 소선거구를 예로 들면, 당선가능성이 있는 1개 선거구에서 1명의 후보자만이 예비선거에 참가할 경우, 경쟁이 없는 상황이라고 할 수 있다.

영국, 미국, 캐나다, 독일과 같이 소선거구제를 채택하고 있는 국가들에서는 당내 경쟁이 없는 지역구들이 존재한다. 학자들은 경합의 발생 그 자체(즉, 정당이 1명의 후보자를 공천하는데 복수의 예비후보자가 경쟁에 참가할 경우)를 경쟁의 한 지표로 삼는다(Ansolabehere et al. 2007; Borchert and Golsch 2003; Engstrom and Engstrom 2008; Erickson and Carty 1991; Erickson 1997; Norris and Lovenduski 1995; Porter 1995; Szabo 1977; Turner 1953). 당내 경쟁의 부재라는 개념은 1인 혹은 소수의 후보자를 공천하는 아일랜드(Weeks 2007), 칠레(Siavelis 2002; 2005)와 같은 소규모의 다인 선출 선거구에서도 적용될 수 있다.

정당이 다인 선출 선거구에서 복수의 후보자를 공천할 경우, 어느 정도의 당내 경쟁이 존재할 가능성이 더 크다. 당내 경쟁이 확실히 존재하는 경우는 후보자의 수가 당선가능성이 있는 의석수에 비해 많을 때이다. 예를 들면, 10석 선거구에서 어떤 정당의 당선가능성이 있는 의석수가 5개일 때 10명으로 구성된 후보자명부로 공천한다면, 공천 과정에 당내 경쟁이 존재하는 것으로 볼 수 있다. 이러한 상황에서는 최소한 현역의원들끼리도 당선가능성이 높은 상위의 안전한 순번을 두고 경쟁을 하게 되며, 약한 현역의원은 자신에게 도전하는 강한 도전자와 아슬아슬한 순번을 두고 경쟁을 하게 된다. 다인 선출 선거구의 사례는 조금 더 복잡한 측면이 있다. 가령, 어떤 정당이 한 선거구에서 현재 7개 의석을 가지고 있고 그 정당의 경쟁자가 7명뿐이라면, 당내 경쟁이 없는 것이 아니라 약한 것으로 봐야한다. 이 정당 소속의 후보자들이 당선가능성이 있는 순번을 모두 확보하게 될 것이 분명하더라도, 여전히 후보자들은 명부상에서 더 높은 순번을 원할 것이다. 왜냐하면 더 상위의 순번이 당선에 더 안전할 뿐만 아니라 당내 입지를 강화하는 데에도 도움이 되고 결국 입각에도 유리하기 때문이다 (Kenig and Barnea 2009). 후보자의 수와 당선가능성이 있는 의석수 간의 관계를 보다 자세히 들여다볼 필요가 있지만, 선거구를 구분하는 기준으로는 경쟁의 유무가 아닌 경쟁수준의 높고 낮음을 기본으로 삼을 것이며, 이는 소선거구에도 적용될 것이다.

경쟁자의 수

경쟁수준을 측정하는 한 가지 방식은 공급 측면에 주목하여 실제로 출마한 후보자가 얼마나 되는지를 조사하는 것이다(Norris and Lovenduski 1995). 이 방식에 따르면 후보자의 수가 당선가능성이 있는 의석수보다 많은 사례들을 구분할 수 있다. 실제로 출마한 후보자가 얼마나 되는지를 조사하는 방식은 미국 예비선거의 경쟁수준을 측정하는데 활용된 바 있다. 즉, 이 방식은 당선가능성이 있는 지역구에서 이루어지는 경쟁과 당선가능성이 없는 지역구에서 이루어지는 경쟁의 차이를 살펴보는 연구(Standing and Robinson 1958), 현직 여부가 경쟁에 미치는 영향력을 추정하는 연구(Ansolabehere et al. 2007), 결선투표제로 치러지는 예비선거와 단순다수제로 치러지는 예비선거를 비교하는 연구(Glaser 2006) 등에서 이용되었다.

이와 유사하게 다인 선출 선거구에서도 후보자의 수와 당선가능성이 있는 의석수 간의 비율이나 현역의원과 정치신인 간의 비율을 측정하는 방식을 활용할 수 있다. 다시 말해서, 두 가지 형태의 출마희망자 지수를 제시할 수 있다(자세한 사항은 Hazan and Rahat 2006; Rahat, Hazan, and Katz 2008을 참고할 것). 제1출마희망자 지수(the first aspirants index: AI1)는 정당명부에서 당선가능성이 있는 의석(순번)을 두고 경쟁하는 후보자의 수(Crp)를 당선가능성이 있는 의석수(RP)로 나눈다. 제1출마희망자 지수의 값이 커질수록 공천의 경쟁수준이 높아지며, 이는 곧 하나의 순번 당 경쟁자수가 많다는 것을 의미한다. 이 지수는 각 공천과정 상의 파이의 크기(당선가능성이 있는 의석수)에 민감하기 때문에, 공천과정 전체를 하나의 사건으로 간주하여 각 값들을 합산하여 접근하고자 한다.

$$AI1 = \frac{\sum Crp}{\sum RP}$$

Crp 당선가능성이 있는 의석을 두고 경쟁하는 후보자의 수
RP 당선가능성이 있는 의석수

어떤 하나의 공천에서 예를 들어 나타내면 다음과 같다. 정당 A에서는 당선가능성이 있는 15개의 의석을 두고 후보자 30명이 경쟁하고 있고, 정당 B에서는 당선가능성이 있는 20개의 의석을 두고 후보자 50명이 경쟁하고 있다. 이때, 정당 A의 제1출마희망자 지수는 30/15 = 2이다. 반면에, 정당 B의 제1출마희망자 지수는 50/20 = 2.5이다. 이에 따르면 정당 A에 비해 정당 B의 경쟁수준이 더 높다고 할 수 있다.

제2출마희망자 지수(the second aspirants index: AI2)는 얼마나 많은 비현직자가 현직자에게 도전하고 있는지를 파악하기 위한 것인데,

당선가능성이 있는 의석을 두고 경쟁하는 "비현직자"와 "현직자"의 비율로 측정한다. 제2출마희망자 지수가 커질수록 더 많은 수의 정치신인들이 현역의원들에게 도전하고 있는 것이다. 제2출마희망자 지수의 수식은 다음과 같다.

$$AR = \frac{\sum Cni}{\sum Ci}$$

Cni 당선가능성이 있는 의석을 두고 경쟁하는 비현직자의 수
Ci 당선가능성이 있는 의석을 두고 경쟁하는 현직자의 수

제2출마희망자 지수가 커질수록 경쟁수준이 높다는 것을 의미하며, 이는 현직 후보자에게 도전하는 비현직 후보자의 수가 상대적으로 많다는 것을 가리킨다. 제2출마희망자 지수는 경쟁에 참가하는 현직자의 수에 따라 변화의 폭이 크게 나타날 수 있으므로 수식의 분자와 분모를 모두 고려해야 하며 공천과정 전체를 하나의 사건으로 간주하여 각 값들을 합산하여 접근해야 한다.

어떤 하나의 공천에서 예를 들어 나타내면 다음과 같다. 정당 A에서는 현직 후보자 10명과 비현직 후보자 20명이 경쟁하고 있고, 정당 B에서는 현직 후보자 10명과 비현직 후보자 40명이 경쟁하고 있다. 이때, 정당 A의 제2출마희망자 지수는 20/2 = 2이다. 반면에, 정당 B의 제2출마희망자 지수는 40/10 = 4이다. 이에 따르면 정당 A에 비해 정당 B의 경쟁수준이 더 높다고 할 수 있다.

제1출마희망자 지수와 제2출마희망자 지수는 공천방식의 영향과 (꼭 무관할 필요가 있는 것은 아니지만) 무관할 수 있는 사건에 따라 변화의 폭이 크게 나타날 수 있다. 가령, 현역의원이 자발적으로 은퇴할 경우 다수의 정치신인들이 도전할 수 있으며 그리하여 두 지수의 값이

부풀려질 수 있다. 이와 같은 "교란값(noise)"이 미치는 영향은 공천에 관한 자료가 축적될수록 점점 더 약화될 것이다. 또한, 공천에 관한 축적된 자료에서, 특정한 공천방식의 경우 "자발적" 은퇴자의 수가 더 많아진다면 이것이 곧 그 공천방식이 경쟁에 미치는 잠재적인 영향력을 가리키는 것일 수 있다.

　한편, 제1출마희망자 지수와 제2출마희망자 지수는 그 정당에 출마하기 위해 공천을 신청한 출마희망자들의 명단이 모두 공개될 때에만 활용할 수 있다. 이러한 명단은 특히 소규모의 공천주체가 지명제를 통해 공천하여 공천이 비공식적으로 이루어질 때나 정당이 공개하지 않으려 할 때에는 활용할 수 없게 된다.

계량적 분석

　우리는 경쟁수준을 측정하기 위해 양적 결과를 활용하는 몇 가지 측정방식을 제안한다. 이런 식의 분석은 경선이 이루어지고 그 결과가 공개되는 경우에만 가능하다.[1] 첫 번째 방법에서는, 최다득표자의 득표율이 특정 수준 이상이면 당내 경쟁이 없는 것으로, 그 미만이면 당내 경쟁이 있는 것으로 간단하게 정의한다. 이 방법은 소선거구제에 적용하기에 용이하다. 가령, 안솔라베허와 동료 연구자들은 1912-2005년 미국의 연방의회 선거와 주의회 선거의 예비선거를 분석하면서 최다득표자의 득표율이 60% 이하인 경우를 당내 경쟁이 있는 것으로 정의한 바 있다(Ansolabehere et al. 2007). 두 번째 방법에서는, 최다득표자가 얼마 이상의 득표율 차이로 승리했는지로 경쟁수준을

---

[1] 예를 들면, 우리가 아일랜드의 통일아일랜드당 측에 공천 경쟁에 관한 결과를 요청했을 때, "후보자와 관련된 사항은 대부분 비밀로 한다."라는 답변을 받았다(더블린에 위치한 통일아일랜드당 중앙당 소통국 국장 그리빈(Vincent Gribbin)과 2009년 1월 26일에 직접 연락을 취함).

정의한다. 구들리프와 매글비는 경쟁이 있는 예비선거를 "최다득표자와 차점자 간의 득표율 격차가 20% 미만"(Goodliffe and Magleby 2000, 11)인 경우로 정의했다. 세 번째 방법에서는, 후보자의 수와 득표율을 고려하는 더 정교한 측정방식을 활용한다. 케닉(Kenig 2009b)이 제시한 방법은 애초에 당 지도부 선출에서 나타나는 경쟁을 분석하기 위한 것이었지만, 공천을 둘러싼 경쟁을 분석하는 데에도 활용할 수 있다.

다인 선출 선거구에서의 당내 경쟁 결과를 분석하는 것은 소선거구제를 대상으로 하는 간단한 사례에 비해 복잡하므로 주의할 필요가 있다. 1인 다표제 공천방식의 결과를 분석하기 위한 측정방식으로는 득표수 집중도 지수가 있다(vote concentration index: VCI. Goldberg 1992를 참고할 것). 득표수 집중도 지수는 득표수가 명부의 상단에 위치한 후보자에게 얼마나 집중되어 있는지에 초점을 맞추는데, 득표수가 여러 후보자들로 분산될수록 공천의 경쟁수준이 높다는 것을 의미한다. 득표수 집중도 지수의 수식은 다음과 같다.

$$VCI = \frac{\sum[(Vnv/Vt) \times Nv]}{\sum Nv}$$

Vnv 정당명부의 상단에 위치한 후보자들의 득표수
(상단에 위치한 후보자의 수 = 각 경선투표권자에게 부여된 표의 수)
Vt 총 투표수
Nv 각 경선투표권자에게 부여된 표의 수

득표수 집중도 지수는 득표수에 따라 공천과정의 경쟁수준을 평가한다. 지수의 값이 커질수록 득표수가 소수의 후보자들에게 집중되어 있다는 것을 의미하기 때문에 경쟁수준이 낮다는 것을 의미한다.

어떤 하나의 공천에서 예를 들어 나타내면 다음과 같다. 정당 A에서는 공천에 100명의 경선투표권자가 참여하며, 1인당 10표를 갖는다. 따라서 총 투표수는 100 × 10 = 1,000이다. 이때, 상위 10명의 후보자가 650표를 획득했다고 하자. 그러면 득표수 집중도 지수는 650/1,000 = 0.65가 된다. 정당 B에서는 공천에 200명의 경선투표권자가 참여하며, 1인당 1표를 갖는다. 따라서 총 투표수는 200 × 1 = 200이다. 이때, 상위 1명의 후보자가 120표를 획득했다고 하자. 그러면 득표수 집중도 지수는 120/200 = 0.6이 된다. 이 지수에 따르면 정당 A가 정당 B에 비해 약간 더 경쟁이 치열하다고 할 수 있다.

득표수 집중도 지수는 각 경선투표권자가 1표 또는 복수 표를 행사할 수 있는 경우에 활용될 수 있다. 그러나 이 측정방식으로는 경쟁자의 수와 같이 결과에 편향을 발생시킬 수 있는 요인에 따라 변화의 폭이 크게 나타날 수 있으므로 개선될 필요가 있다.

현직자 vs. 비현직자

경쟁수준을 파악할 수 있는 다른 방법으로는 정치신인이 현직자에 도전하여 승리를 거두는 비율을 측정하는 것이 있다. 정치신인이 공천을 받는다는 것은 달리 말하면, 지난 선거에서 공천을 받아 당선된 현직자가 이번 선거에서 그 지위를 잃게 된다는 것을 의미한다. 공천이 지명제로 이루어지는 경우뿐만 아니라 경선제로 이루어지는 경우에도 이 방법에 따라 분석할 수 있다. 예비선거에 참가한 후보자의 전체 명단을 확보할 수 있으면 현직자의 은퇴, 경선 패배 여부를 구분하기에 용이하겠지만, 이 명단이 반드시 필요한 것은 아니다. 왜냐하면 우리가 관심을 갖고 있는 부분은 전체 예비후보자군이 아니라 실제로 정당의 공천을 받아 총선에 출마한 후보자들이기 때문이다.[2] 한편, 경쟁수준을 보여주는 지표일 수 있는 당내 현역교체율은 민주적 경쟁을 제대로 보여주는 것이 아니라 도리어 지구당의 "실권자들"이 막강한 권력을 가지고 있어서 그 어떠한 대안 세력도 형성되지 못하도록 할 수 있다는 것을 의미할 수도 있다(Field 2006).

소선거구제에서는 후보자의 출마 여부만 고려하면 되므로 공천 탈락자의 수를 간단하게 계산할 수 있다. 실제로, 미국 예비선거를 다룬 학자들은 키(Key 1967)처럼 현직자의 재공천 비율을 바탕으로 경쟁수준을 비교한다. 반면에, 비례대표제에서 후보자명부를 분석하는 것은 좀 더 복잡한데, 현직자는 정치신인뿐만 아니라 서로 간에도 경쟁을 해야 하고 그 결과 명부의 상단으로 올라갈 수도 혹은 하단으로 내려갈 수도 있기 때문이다(명부에서 탈락하지는 않는다).[3]

소선거구와 다인 선출 선거구에서 비현직자의 성공 여부를 분석하기 위하여 두 가지 지수를 제시하고자 한다(자세한 사항은 다음을 참고할 것. Hazan and Rahat 2006; Rahat, Hazan, and Katz 2008). 첫 번째는 비현직자 승리 지수(non-incumbents winning index: NIWI)이다. 비현직자 승리 지수는 정당명부의 상단에 배치된 비현직자의 수가 얼마나 되는지를 고려한다. 이때, 정당명부의 상단은 예비선거에 참여하는 현직자의 수로 정의한다. 두 번째는 비현직자 순위 지수(non-incumbents ranking index: NIRI)이다. 비현직자 순위 지수는 정당명부의 상단에 배치된 비현직자의 상대적 위치를 고려하여 측정한다. 상단에 배치되는 비현직자의 수가 많아지고 순위가 높아질수록 경쟁이 치열함을 의

---

2) 예비선거에 참가한 후보자의 전체 명단이 있더라도 현직자의 은퇴, 경선 패배여부를 구분하기 어려울 수가 있다. 즉, 현직자 중 일부는 자신이 패배할 것으로 예상하여 은퇴를 결정할 수 있다. 이 경우 현직자는 패배한 것으로 간주되지 아니하여, 현직자의 패배라는 결과값이 과소 측정될 수 있다.
3) 소선거구제의 공천과정에서 현직자들 간에 경쟁이 이루어지는 경우는 매우 드물지만, 선거구 재획정이 있을 때에는 발생할 수 있다(Herrnson 1997).

미한다. 비현직자 승리 지수와 비현직자 순위 지수는 소선거구와 다인 선출 선거구에 모두 활용할 수 있으며, 국가 간 비교연구에도 유용하다.

비현직자 승리 지수는 비현직자가 "현직자의 순번"보다 높은 순번을 확보했는지에 따라 "성공" 여부를 측정한다. 따라서 20명의 현직자가 경쟁에 참가할 때, 정치신인이 상위 20위 안에 들 경우 성공한 것으로 간주한다. 현직자는 현재 의원 신분을 유지하고 있는 모든 후보자로 정의한다. 수식은 다음과 같다.

$$NIWI = \frac{\sum Wni}{\sum Ci}$$

Wni   경선에 참가한 현직자의 수와 같거나 높은 순번을 확보한 비현직자의 수
Ci   경선에 참가한 현직자의 수

어떤 하나의 공천에서 예를 들어 나타내면 다음과 같다. 공천과정에는 5명의 현역의원들이 경쟁에 참가한다. 현직자들은 정당명부에서 1번, 2번, 3번, 5번, 7번을 확보했다. 이는 1명의 비현직자가 4번을 차지했음을 의미하며 즉, 승리를 거둔 것이다. 따라서 비현직자 승리 지수는 1/5 = 0.2가 된다.

공천이 대의원이나 당원에 의해 이루어질 때, 당내 예비선거 투표용지에 이름을 올린 현직자는 당선가능성이 있는 순번을 확보하려는 존재로 간주된다. 공천위원회와 같이 배타성이 큰 공천주체가 공천을 담당할 경우 그러한 예비선거 투표용지 자체가 존재하지 않거나 공식적인 당내의 예비후보자명단도 대개 존재하지 않는다. 자발적으로 은퇴한 현직자와 예비선거에서 패배한 현직자를 구분해내기 위해서는 정당의 총선 최종후보자명부에 이름을 올리지 못하거나 당선가능성이 없는 순번에 배치된 현직자들 각각에 대한 간략한 인물 정보가 마련될

필요가 있겠다. 이 복잡한 작업에는 공천 시기에 관한 신문 기사, 전기(傳記), 자서전, 정당 내부 자료, 역사 연구서 등이 도움이 될 수 있을 것이다.

두 번째 지수인 비현직자 순위 지수는 정당명부의 상단에서 "현직자의 순번"보다 높은 순번을 확보한 현직자의 수를 계산하며, 비현직자의 상대적 위치를 측정하여 높은 순번을 확보하였을 때 가중치를 부여한다. 즉, 정당명부상에서 각 순번에는 맨 밑에서부터 오름차순으로 가중치가 부여되는데, 예비선거에 참가한 현직자의 수만큼 가중치를 부여하되 마지막 순번에는 1이 부여되고 위의 순번으로 올라갈수록 가점이 "붙는"다.

$$NIRI = \frac{\sum[(Vpni/Vpi) \times Ci]}{\sum Ci}$$

Vpni 각 명부에서 비현직자가 확보한 순번의 가중치
Vpi 각 명부에서 "참가한 현직자 수만큼의 순번에 부여된" 가중치의 합

현직자들에 대하여 비현직자들이 획득한 가중치의 값(Vpni/Vpi)에 해당 명부에 이름을 올리고자 하는 현직자의 수(Ci)를 곱하여, 각 명부들의 값을 합친다. 이후에 각 명부에 이름을 올리고자 하는 현직자의 수를 모두 합하여 나눈다.

어떤 하나의 공천에서 예를 들어 나타내면 다음과 같다. 공천과정에서 5명의 현역의원들이 경쟁에 참가한다. 현역의원들은 정당명부에서 1번, 2번, 3번, 5번, 7번을 확보했다. 이 명부의 값의 총합은 5(1번) + 4(2번) + 3(3번) + 2(4번) + 1(5번) = 15이다. 비현직 후보자가 4번을 차지하여 승리를 거두어 2의 값을 획득했다. 따라서 비현직자 순위 지수는 2/15 = 0.133이 된다.

현직 여부에 주목하는 다른 방식으로는 "재선 후보자 득표율 상승 현상(sophomore surge)"을 고려하는 방법이 있다. 이 방법은 후보자가 처음 공천을 받을 때 획득한 득표율과 그 선거에서 당선된 후 재선을 위한 공천에 다시 참가했을 때(즉, 재공천을 위한 공천과정에 참가했을 때) 획득한 득표율 간의 차이로 계산된다(Ansolabehere et al. 2007). 이 방법은 다인 선출 선거구에서 다수의 후보직을 두고 경쟁하는 경우에서도 활용될 수 있다. 이때, 각 경선투표권자에게 부여된 표의 수와 같은 경선규칙에 따라 결과값이 크게 변할 수 있으므로 주의해야 한다. 이 방법 또한 개선의 여지가 있다.

정리

경쟁을 보여주는 지수들은 저마다 장단점을 갖고 있다. 각 지수는 경쟁의 특정 측면에 초점을 맞추는 대신 다른 측면들은 무시한다. 혹자는 자신의 이론적 관점에 따라 특정 지수들이 갖는 강점을 거론하면서 그 지수들에 대한 선호를 표현할 수 있다. 그러나 학자들은 그가 갖고 있는 자료의 형태에 따라, 그리고 상이한 공천방식에 적합한 측정방식을 다룰 수 있는 역량에 따라 제약을 받게 될 것이다. 이때, 측정방식들의 결과가 상호 무관하지 않다는 것을 간과해서는 안 된다. 가령, 후보자의 공급이 많다는 사실도 다양한 방식으로 해석할 수 있다. 한편으로는 후보자에게 성공 가능성이 있음을 가리키는 것으로 해석할 수도 있지만, 경쟁수준을 나타내는 다른 측정방식에서 도출된 결과값이 감소하는 것으로 나타날 수도 있다. 이는 현역교체율이나 현직자의 예비선거 패배율을 활용할 경우에도 마찬가지이다. 예를 들면, 경쟁자의 수가 많아질수록 현직자의 재선에 도움이 될 수 있다. 현직자는 비교적 인지도가 높으므로, 경선은 현직자에 대한 찬반 투표의 성격을 지니는 경우가 자주 발생한다. 그런데 도전자의 수가 많아질수록 이러한 "반대"표가 분산될 가능성이 커지며, 당선을 위해 필요한 득표수도 줄어든다. 따라서 한 측면(후보자의 수)에서 경쟁이 강화될 때 다른 측면(현직자의 패배)에서는 경쟁이 약화될 수 있다.

경쟁을 분석하는 최적의 전략은 여러 지수들을 도입하여 그 지수들 간의 공분산(covariance)을 고려하는 것이다. 현재 소선거구를 분석하기에 용이한 지수들은 많이 존재한다. 반면에, 다인 선출 선거구에 대한 비교연구를 수행하기 위해서는 현재의 측정방식을 개선하거나 새로운 측정방식을 개발할 필요가 있다.

― 공천방식이 경쟁에 미치는 영향

현역의원의 재공천 및 재선 성공률이 높다는 것은 이미 증명되었다(Somit et al. 1994). 실제로, "현역의원의 공천탈락은 굉장히 드문 일로 **보인다**. 즉, 재선을 위해 출마하려는 현역의원이 재공천을 받는 것은 일반적인 일인 듯하다."(Matland and Studler 2004, 97. 매틀랜드와 스터들러의 원문에서 강조). 현직의 이점은 현역의원의 인지도, 자원, 능력에서 비롯된다. 현역의원의 자원은 현역으로 활동하면서 유권자들에게 노출되고 그 과정에서 유권자와 연계됨으로써 발생한다. 현역의원은 당선된 후에 어떤 일을 하겠다는 공약 차원이 아니라 본인의 임기 동안 어떤 일을 이루어냈다는 업적의 측면에서 능력을 보여줄 수 있다. 이를 바탕으로 현역의원은 득표수를 확대하고 선거운동에 도움이 될 다른 자원들을 확보할 수 있다(Gallagher 1988c). 그러나 우리는 현역의원이 이점을 갖는다는 일반적인 주장을 넘어 현역의원들의 재선율에 상당한 편차가 있음을 잘 알고 있다(Somit et al. 1994). 그럼에도 현역의원의 재공천과 공천 탈락에서 공천이 차지하는 비중이 어떠한 지는 잘 알려져 있지 않으며, 또한 공천방식의 차이가 미치는 영향에 대해서는 훨씬 더 알려진 바가 없다. 이 절에서는 공천방식이 경쟁에 어떠한 영향을 미치는지를 분석하기 위하여 이용 가능한 자료와 연구 들을 검토할 것이다.

공천방식이 경쟁에 미치는 영향을 규명하는 것은 간단한 일은 아 니다. 왜냐하면 국가 간 비교연구는 아직 체계적으로 수행된 적이 없 으며 미국 예비선거들 간의 유형 구분 이상의 유의미한 차이를 보여주 는 정당 간 비교연구는 적은 편이다. 따라서 이 절에서는 다양한 민주 주의 국가들의 자료에 바탕을 두고 공천방식과 경쟁 간의 관계를 규명 하고자 시도할 것이다.

후보자격요건과 경쟁

우리가 민주주의에 관해 갖고 있는 직관에 의하면, 후보자격요건의 개방성이 확대될수록 경쟁수준이 더 높아질 것이라고 생각된다. 반면 에, 후보자격요건의 배타성이 커질수록 예비후보자군이 제한될 것이며 피공천권이 축소될 것이다. 그러나 앞서 언급했듯이 후보직을 두고 경 쟁이 치열하게 벌어질 경우 실제로는 현직자가 지역구 또는 순번을 유 지하는 것이 수월해질 수 있다. 즉, 후보자격요건이 (공천권자에게 선택 권이 전혀 주어지지 않는 수준까지) 너무 많이 축소되지는 않는다는 전제 하에, 후보자격요건이 강화될수록 경쟁이 치열해질 수 있다.

또 다른 문제는 우리가 공천에서 비현직자가 얼마나 승리했는지를 경쟁수준을 나타내는 하나의 지수로 활용할 경우에 현직자를 어떻게 다룰지와 관련되어 있다. 어떤 정당들에서는 현역의원들에게 특권을 부여한다. 영국 노동당에서는 이 특권을 타파하기 위해 치열한 투쟁이 벌어졌다(Young 1983). 1980년대 초, 재공천을 받으려는 현역의원은 재임 3년 이후에 재공천과정을 거쳐야 한다는 결정이 이루어졌지만, 예비후보자명단에는 자동적으로 포함된다는 규정은 여전히 유지되었다(Norris and Lovenduski 1995). 노동당에서는 현역의원의 자동 재공천제가 철회되었음에도 현역교체율은 그다지 높아지지 않았으며 경선이 치러진 지역도 전체 선거구의 1/3에 미치지 못했다(Ware 1996). 1993년에는 현역의원에게 유리하게 규정이 바뀌어, 현역의원이 각 선거구의 후보자 지명단(지부, 노동조합, 기타 정파적 집단들) 중 2/3 이상으로부터 추천을 받지 못할 경우에만 도전자와 경선을 치르는 것으로 결정되었고, 이후 이 요건은 1/2로 완화되었다(Quinn 2004). 브라질에서 현역의원은 더 많은 특권을 누린다. 현역의원은 정당에 대해 자신의 재공천을 보장받을 권리를 갖는다는 것이 2002년까지 법률에 명시되어 있었다(Samuels 2008).

그러나 정당이 몇 번 이상 연임했거나 혹은 몇 년 이상 재임한 현역의원의 재공천을 금지하는 사례들도 존재한다. 이탈리아 공산당은 1976년에 현역의원들이 별도의 의결을 거치지 않을 경우 3선 이상을 할 수 없다는 규정을 두었고, 그 결과 현역교체율이 높아졌다(Wertman 1977). 어떤 정당들에서는 몇 선 이상 재임한 현역의원의 경우 가중 과반수의 재승인과 같은 추가적인 장벽을 넘어서야 하기도 한다. 대표적인 사례는 1977-1984년의 이스라엘 노동당이다.

대부분의 정당들에서는 현역의원에 관한 공식 규정을 갖고 있지는 않은 듯하지만, 도전자에 의한 도전이 이루어지지 않는 자동 재공천제를 채택하고 있는 것이 관행인 듯하다. 현역의원의 연임 제한에 관해 특별한 규정을 두고 있는 정당들은 현역교체율에 상당한 영향을 줄 수 있지만, 이러한 경우에도 독일 녹색당의 이상주의파가 그러했듯이 현역의원에게 일정한 제한을 부과하는 규정을 완화할 필요가 있다고 생각하기도 한다(Poguntke 1993).

개방성과 경쟁 간의 비선형관계

공천방식의 개방성은 경쟁에 영향을 미치는가? 개방성의 차이가 경쟁에 미치는 영향에 대한 평가는 후보자의 수와 비현직자의 승률에 의해 측정되는데, 가장 배타적인 공천주체(당 엘리트)에서는 경쟁수준이 낮고, 중간 수준의 개방성을 지닌 공천주체(당 대의원)에서는 경쟁수준이 가장 높으며, 매우 개방적인 공천주체(당원)에서는 중간 수준의 경쟁이 나타난다는 것을 보여준다(Rahat, Hazan, and Katz 2008). 이 연구는 하나의 정당체계(이스라엘)에서 수행되었으며 따라서 국가마다 상이한 정치문화 및 통치구조 등의 영향력은 통제되었다. 하지만 이 연구의 결과를 비판하거나 지지하기 위해서는 추가적인 연구가 필요하다.

최근에 발표된 당 지도자 선출에 관한 국가 간 비교연구에서는 "당 대표 선거의 선거인단 규모가 커질수록 선거에 참가하는 후보자의 수는 증가하는 반면 경쟁은 약화되는 경향이 나타난다."라는 점을 밝혔다(Kenig 2009b, 246). 이 연구에서는 의원들로 구성되는 원내 정당이 선거인단일 때(이 선거인단은 공천에는 관여하지 않음) 당 대표 선거의 경쟁수준이 가장 높다. 선거인단이 대의원으로 구성되는 당기구의 경우에는 이보다 경쟁수준이 낮으며, 선거인단이 당원으로 구성되는 정당 예비선거의 경우에 경쟁수준이 가장 낮다.

미국에서 진행된 연구들은 일괄형 예비선거에서 현역의원이 다른 정당 소속일 때 유권자는 자신이 지지하는 정당이 아닌 다른 정당에 투표하는 경향이 있고, 현역의원이 자신이 지지하는 정당 소속일 때는 원래 자신의 지지 정당에 그대로 투표하는 경향이 있기 때문에 현역의원에게 유리하다는 사실을 밝혀냈다(Persily 2001). 연장선상에서, 개방성이 가장 큰 예비선거가 그보다 덜 개방적인 예비선거에 비해 경쟁수준이 낮다. 1994-1998년의 미국 하원의원 예비선거를 다룬 어떤 연구는 "예비선거는 경쟁을 촉진하는데 별 도움이 되지 않는다. 경쟁이 민주주의의 핵심적인 구성요소라고 한다면, 예비선거가 미국 민주주의의 발전이라는 애초에 의도했던 목표를 달성하는데 도움이 되었는지는 명확치 않다."라는 결론을 내렸다(Maisel and Stone 2001, 43).

오블러(Obler 1970)는 벨기에에서 개방성이 작은 공천주체의 지지를 확보하기 위해 경쟁할 때보다 당원의 지지를 필요로 할 때 현역의원의 지위가 더 안전하다는 것을 실증적으로 밝혀냈다. 어떤 학자들은 예비선거로 인해 경쟁이 치열해진다고 주장하곤 하지만 자료를 제시하며 입증하고 있지는 않다. 예를 들면, 크리스티안손(Kristjánsson 1998)은 아이슬란드에서 예비선거가 도입되자 현역의원의 지위가 이전보다 불안정해졌다고 주장한다. 이는 경쟁이 더 드러나고 공적인 형태가 되고 있다는 사실을 반영하는 것일지도 모른다. 공천의 개방성이 확대될수록 언론에서 자주 다루며 많은 사람들이 경쟁에 대해 알게 된다. 소수의 사람들이 후보자를 선정할 때에는 개인 차원의 소통이 중요할 것이다. 그리고 수백 명, 수천 명의 대의원이 관여할 때에는 언론이 어느 정도 역할을 할 수도 있겠지만 여전히 개인 차원의 소통이 가능하며 중요할 것이다. 그러나 당원 또는 유권자가 관여할 때에는 언론이 핵심적인 역할을 수행한다. 개방성이 확대될 경우 언론에는 경쟁이 심화된다는 "이미지"가 나타나는 듯하지만, 실제로는 그렇지 않다. 언론상의 이미지와 실제가 다른 이유는 예비선거에서 현역의원에게 승리를 거둔 소수의 후보자들이 대의원들에 의한 공천과정을 통해 승리한 다수의 정치신인들보다 더 주목을 받았기 때문일 것이다(Rahat, Hazan, and Katz 2008).

아르헨티나의 사례는 예외에 해당한다. 아르헨티나에서는 개방적인 공천방식(공천주체는 당원, 경우에 따라서는 정당 지지자)을 채택하고 있는데 이는 현역교체율이 높은 이유를 설명하는 중요한 요소이다(Field 2006; Jones 2008). 이에 대하여 학자들은 개방적인 공천주체가 아니라 어떠한 다른 권력 기반도 형성되지 못하도록 현역의원을 교체해버리는 한 명의 지구당 실권자(a local boss)가 "실제로" 공천권을 행사하는 주체라는 사실에서 비롯된 것이라고 설명한다(Field 2006). 이로 인해 가장 배타적인 공천주체(1인 지도자)와 그것이 현역교체에 미치는 영향을 좀 더 자세히 살펴볼 필요가 있다. 강력한 1인 지도자는 현역교체율을 높일 수 있다. 이의 대표적인 사례는 이스라엘의 2009년 총선 당시의 공천이다(Rahat 2011). 그러나 이와 같은 형태의 높은 현역교체율은 민주적 경쟁을 나타내는 것이 아니라 오히려 사당적 성격의 권력기반을 보여주는 것이다.

현직의 이점은 모든 유형의 공천주체에서 나타난다. 다만, 공천주체에 따라 현직의 이점이 나타나는 정도가 달라질 수 있다. 공천주체의 규모가 작아질수록 출마희망자가 자신을 알릴 수 있는 기회를 갖게 되고 공천권자들에게도 직접 접촉할 수 있으므로 공천주체의 개방성 정도가 현역의원의 재공천율에 영향을 미칠 수 있는 듯하다. 공천주체가 당원이나 유권자 전체로 구성될 때처럼 개방성이 클 경우 개인 차원의 지지 호소가 이루어지기 어렵고 따라서 현직의 이점은 더욱더 커질 것이다. 여기에는 현역의원이 공직자로서 언론에 노출되며 이익집단과 정치자금 기부자에게 반응성을 보일 수 있다는 점도 영향을 미친다. 이러한 현상은 1인의 후보자를 선정하는 경쟁에서뿐만 아니라 1인 다표제로 실시되는 정당 예비선거의 경쟁에서도 나타난다. 현역의원은 인지도가 높으며 그 결과 당원이 선정하는 후보자군에 포함될 가능성도 높다(Obler 1970; Rahat and Sher-Hadar 1999a). 공천주체가 대의원으로 구성되어 개방성이 작을 경우, 출마희망자는 자신의 존재를 알릴 수 있는 더 좋은 기회를 갖게 되며 다수의 공천권자들과 직접 접촉할 수도 있다. 이 경우 현역의원은 여전히 이점을 누리지만 인지도, 돈, 득표수가 더 많이 필요한 경우보다는 그 이점이 적다.

공천이 당 대의원, 당원, 유권자 전체에 의해 이루어질 때보다 당 엘리트에 의해 이루어질 때 경쟁수준이 낮아지는 이유를 설명하기 위해서는 다른 설명방식을 도입할 필요가 있다. 즉, 당기구가 공천주체인 경우 예비선거에 비해 후보자와 공천권자의 "거리"가 가깝기 때문에 경쟁수준이 더 높아질 수 있다는 논리를 받아들인다면, 공천권자가 당 엘리트인 경우는 당기구, 예비선거인 경우에 비해 경쟁수준이 더 높을 것임을 예상할 수 있을 것이다. 후보자들이 소규모 위원회의 위원들에게 자신의 존재감을 드러내는 것이 그보다 규모가 큰 당기구 구성원들에게 그렇게 하는 것보다 쉬울 것이다. 그러나 난점은 배타적인 공천주체(이를테면, 공천위원회)의 경우에는 규모가 작고 비공식적이며 활동이 투명하게 공개되지 않는다는 점에서 민주적 정당성이 결여되어 있다는 것이다. 매튜스와 베일런(Matthews and Valen 1999)이 노르웨이의 사례를 들며 설명했듯이, 공천위원회는 대의원과 당원이 모두 만족할 것이라고 예상하는 바대로 명부를 구성할 것이다. 따라서 공천위원회가 자신의 결정을 당기구, 당원, 일반 유권자의 시각에서 정당화하기 위한 최선의 전략은 대부분이 현역의원으로 구성된 후보자 명단을 제시하는 것이다. 이 명단은 기존의 권력균형 상태를 반영하며 그러므로 반발이 크지 않을 것이다. 이때 변화는, 공천위원회가 거수기가 아니라는 것을 보여줄 수 있는 정도 즉, 무언가 변화가 이루어졌다는 것을 보여주는 최소한의 정도에 그치게 된다.

분산화: 약한 경쟁을 낳는 지역적 분산화

제4장에서 봤듯이 중앙당이 공천의 결정권을 갖고 있는 국가들에서도 선거구 수준의 공천주체가 대부분 중요한 역할을 수행한다. 소선

거구제를 채택하고 있는 국가의 정당들은 선거구마다 1인의 후보자가 필요하며, 인물 중심의 선거제도(단기이양제, 단기비이양제)를 도입하고 있는 경우에도 경쟁이 선거구 차원에서 이루어지므로 대체로 분산화 된 공천방식을 이용한다. 반면에, 정당명부식 비례대표제를 채택하고 있는 국가의 정당들은 주로 집중화 된 공천방식을 이용한다. 이때 당 조직은 권역별 혹은 중앙당 수준에서 지배적인 역할을 수행한다.

공천방식이 개별 후보자의 수준으로 분산화 된 모든 사례에서는 공천주체의 개방성 수준과 관계없이 경쟁이 낮다는 것을 알 수 있다. 소선거구제를 채택하고 있는 국가들에서는 현역의원이 경쟁에 참가하는 지역구와 그렇지 않은 지역구를 표현하기 위해 "현직 출마 선거구"와 "현직 불출마 선거구"라는 용어를 사용한다. 한편, 이에 대응하는 용어가 정당명부식 비례대표제에는 존재하지 않는다는 단순한 사실은 분산화 된 공천방식 하에서 현역의원이 누리는 지위가 얼마나 큰 이점을 갖고 있는지를 방증한다고 할 수 있다.

미국에서 공천은 지역구 단위로 분산화 되어 있으며, 매우 개방적이다(공천주체는 유권자이지만, 구체적인 조건은 주마다 상이하다). 학자들은 각 주의 경쟁수준이 다르다고 하지만, 우리는 미국 예비선거의 경쟁수준이 일반적으로 낮다고 본다. 1946-1998년 미국 하원의원 중에서 예비선거 패배로 인한 현역교체율은 은퇴 및 총선 패배로 인한 현역교체율에 비해 훨씬 낮았다. 평균적으로 예비선거에서 지역구 의석을 상실한 하원의원은 6.9명(1.6%)뿐이었지만, 총선에서 낙선한 하원의원은 25.2명(5.8%)이었고 은퇴를 선언하고 출마하지 않은 하원의원은 34.3명(7.9%)이었다. 이것은 달리 말하면 평균적으로 나머지 368.6명(84.7%)이 자기 지역구를 지켰다는 것을 의미한다. 이로부터 우리는 재공천을 받고자 한 400명의 현역의원 중 은퇴한 사람(이 중 일부는 예비선거에서 패배할까봐 두려워서 은퇴한 것이지만)을 모두 배제하더라도 예비 선거 패배자가 평균 7명(1.8%)이었다는 결론을 내릴 수 있다.[4] 많은 경우에 하원의원 후보직은 경쟁 없이 확정되며(Herrnson 1997; Key 1967), 경쟁이 있더라도 최다득표자의 득표율이 차점자의 두 배 이상 이 되는 경우가 태반이다. 1912-2005년 미국의 연방의회 선거와 주 의회 선거를 위한 예비선거에서 현직의 이점이 상당하며 증가하고 있 는 것으로 분석되었다. 예를 들면, 1996-2000년 사이에 현직 불출마 선거구 중에서 경선이 이루어진 경우는 45% 이하였으며, 현직 출마 선거구 중에서 경선이 이루어진 경우는 30% 이하였다. 당선자가 60% 이하의 득표율을 기록한 경우는 전체 현직 불출마 선거구의 25% 이 하였으며, 현직 출마 선거구들 중에서는 2-3%에 불과했다. 뿐만 아니 라, 현직 출마 선거구는 현직 불출마 선거구에 비해 예비선거 경쟁률 이 더 낮다. 이는 "구축(驅逐) 효과(scare off effect)"를 의미하는 것으 로, 출마희망자가 현역의원에게 승리를 거둘 가능성이 낮다고 생각하 여 출마하지 않는 현상을 가리킨다(Ansolabehere et al. 2007).

상원의원 예비선거의 경쟁수준은 조금 더 높기는 하지만 여전히 낮은 축에 속한다. 1946-1992년 사이에 교체된 상원의원은 296명으 로, 그 중 예비선거 패배로 교체된 현역의원은 41명뿐이었다(Jackson 1994). 이는 약 5%의 상원의원이 예비선거에서 자신의 의석을 빼앗겼 다는 것을 의미한다. 많은 주들에서는 경쟁이 발생하지 않았다. 앵스 트롬과 앵스트롬(Engstrom and Engstrom 2008)은 1980-2002년에 있 었던 미국 상원의원의 예비선거를 분석했는데 61.7%에서만 경쟁이 존재했다고 한다.

---

4) 이 분석은 구들리프와 매글비(Goodliffe and Magleby 2000, 9)에 인용된 온스타인·만·말빈 (Ornstein, Mann, and Malbin 2000)의 자료를 바탕으로 이루어졌다.

캐나다에서도 공천이 각 지역구 단위로 분산화 되어 있으며, 미국만큼은 아니지만 다른 국가들에 비해서는 개방성이 매우 크다(공천주체는 당원이다). 경쟁수준은 낮은 편이며 대부분의 현역의원은 도전을 받지 않는다. 카티와 이글스(Carty and Eagles 2003)는 복수의 후보자들이 경선을 한 경우는 전체 지역구의 40% 정도이며, 주로 현직 불출마 선거구였다고 보고했다. 1988년에 현직 불출마 선거구의 57%에서 경쟁이 이루어졌으며 1993년에는 그 수치가 83%로 올랐다. 반면에, 현직 출마 선거구에서 경쟁이 이루어진 경우는 1988년 12%였으며, 1993년에는 9%에 불과했다. 현역의원이 공천에서 탈락한 사례는 1988년 2명, 1993년 0명, 1997년 4명으로 거의 없었다(Carty, Cross, and Young 2000; Erickson and Carty 1991; Erickson 1997).

영국은 시간이 흐름에 따라 공천방식의 개방성이 점차 확대되는 방향으로 변화한 사례이다. 물론, 영국의 공천방식은 캐나다에 비해서는 개방성이 낮은데, 그 이유는 영국의 다단계 공천방식에서 당 엘리트와 대의원이 관여하기 때문이다. 중앙당의 권한은 시간이 지나면서 점점 더 커지고 있지만, 공천은 여전히 지역구 수준에서 지구당 조직이 관장한다. 영국의 사례는 비교연구의 관점에서는 분산화 된 공천방식에 해당한다고 할 수 있다. 현직자의 공천 탈락은 거의 나타나지 않으며 그 비율(약 1%)도 수년간 사실상 변하지 않았다(Obler 1970; Ohman 2004). 노동당이 1980년대 초에 경쟁적 재공천제를 당규로 도입한 이후에 나타난 모습이 대표적인 사례라고 할 수 있다(Ball 1987; Criddle 1984; 1988; 1992). 노리스와 로벤더스키(Norris and Lovenduski 1995, 68)는 영국 노동당에서는 1980-1983년에는 현역의원 217명 중 151명(69.5%)이 도전자와 경쟁을 치르지 않았고 8명(3.7%)만이 공천에서 탈락했으며, 1983-1987년에는 현역의원 177명 중 135명(76.3%)이 도전자와 경쟁을 치르지 않았고 6명(3.4%)만이 공천에서 탈락했으며, 1987-1992년에는 현역의원 205명 중 146명(71.2%)이 도전자와 경쟁을 치르지 않았고 2명(1%)만이 공천에서 탈락했다고 보고했다.

공천주체의 배타성이 컸던(당 엘리트, 대의원) 1980년대 이전의 자료를 보면 현역의원을 교체하려는 시도는 별로 없었으며 그러한 시도가 성공한 사례는 훨씬 더 적었다. 버틀러(Butler 1978)는 노동당과 보수당에서 1922년 이래로 현역의원이 교체된 사례가 32-43건에 불과했다고 발표했다. 이에 대해 딕슨(Dickson 1975)은 노동당과 보수당에서 1948-1974년에 현역을 교체하려는 시도가 35번 있었다고 한다.[5] 최근의 결과는 이전보다 더 낮게 나타나고 있는데, 커츠·차일즈·필드하우스(Cutts, Childs, and Fieldhouse 2008)는 2005년 총선 직전에 교체된 현역의원이 단 2명뿐이었다고 한다.

베네데토와 힉스(Benedetto and Hix 2007, 777)는 다음과 같이 말한다.

> 그/그녀가 공천을 받아 지역구에서 당선되었고 자신의 지역구에서 활동하는 당 엘리트의 지지를 받고 있는 상황이라면, 그 현역의원을 제거하기는 너무 어렵다. 반면에, 전국 단위의 정당명부식 비례대표제에서는 중앙당의 지도부가 다음 총선의 정당명부에서 후보자의 순번을 아래로 내릴 수 있는 권한을 가지고 있으며, 그 결과 현직 후보자의 재선 가능성을 낮출 수 있다.

미국, 캐나다, 영국의 사례는 비록 개방성의 수준은 다르지만 분산화 된 공천방식 하에서는 경쟁수준이 모두 유사하게 낮게 나타난다는

---

5) 래니(Ranney 1965)는 1950-1964년에 있었던 5번의 총선에서 보수당의 현역의원을 교체하려는 18번의 시도 중 12번이 성공했다고 밝혔다(12/1,421 = 0.84%). 래니는 같은 시기에 노동당의 현역의원을 교체하려는 16번의 시도 중 12번이 성공했다고 한다(12/1,409 = 0.85%).

것을 보여준다. 뉴질랜드 국민당도 분산화 된 공천방식을 도입하고 있는데, 이 당의 현역교체를 다루고 있는 책들에서도 이와 비슷한 이야기를 하며, 약 50년 동안 7명의 현역의원이 공천에서 탈락했다고 한다(Jackson 1980; Stephens 2008). 미국(Goodliffe and Magleby 2000), 캐나다(Cross 2006), 영국(Butler and Kavanagh 1974; Criddle 1984; Criddle 1997; Rush 1988)을 다루는 글들에서는 현역교체의 상당 부분이 선거구 재획정에서 비롯된 것일 수 있다고 한다. 공천주체가 개방적인지, 배타적인지와 무관하게 현역의원이 낙선한 지역구의 수가 적으며 선거구 재획정이 영향을 미칠 수 있다는 사실은 지역구가 정당에 소속된 현역의원에게 탄탄하고 안정적인 권력기반이 된다는 것을 의미한다.

이러한 주장에 대한 예외로는 인도의 국민의회당이 있다. 국민의회당에서는 독립 후 10년 동안 중앙당 지도부가 현역의원을 교체할 수 있는 막강한 권한을 지니고 있었으며 실제로 다수의 현역의원을 교체하였다. 그러나 당 엘리트들 간의 권력투쟁으로 중앙당의 권력이 약화되면서 현역교체율이 하락했다(Graham 1986).

공천이 지역적으로 분산화 된 아일랜드(단기이양제의 한 선거구 내에서도 더 작은 단위로 분산화 되기도 함)도 낮은 수준의 경쟁을 보인다.[6] 갤러거(Gallagher 1980)는 아일랜드에서 1937년부터 현역이 교체된 사례는 3번에 불과하며 "현역교체의 사례는 예전에도 두 차례의 총선마다 한 번 나올까 말까 할 정도로 매우 적었다."라고 언급했다(Gallagher 1988b, 135). 이와 같은 적은 빈도수는 공천방식의 개방성이 확대되고 있는 최근(이제 대부분의 정당들에서 공천주체는 대의원이 아닌 당원임)에도

---

6) 우리는 아일랜드에서 공천방식의 집중화 경향이 나타나고 있음을 목격했다(Gallagher 1988b). 그럼에도 아일랜드에서 지구당은 여전히 공천의 지배적인 행위자라고 할 수 있으며, 이를 비교연구의 관점에서 보자면 여전히 매우 분산화 된 공천방식에 해당한다고 할 수 있다.

지속되고 있다. 갤리건(Galligan 2003)은 2003년 총선 직전에 교체된 현역의원이 2명에 불과했음을 보여주었다. 한편, 윅스(Weeks 2007)는 아일랜드 노동당에서 재공천을 받고자 한 18명의 현역의원이 도전자의 경쟁을 받지 않았다고 주장했다.

독일의 공천에서 나타난 경쟁은 아주 흥미로운 사례라고 할 수 있다. 왜냐하면 독일에서는 집중화 된 공천방식을 도입하고 있었음에도, 소선거구제로 인해 지역구의 지구당 조직이 공천에서 중요한 역할을 수행했기 때문이다. 로버츠(Roberts 1988)는 서독의 3대 주요 정당에서 교체된 현역의원이 각각 5-10명 정도라고 추정했는데, 이 수준은 영국, 미국, 캐나다에 비해 더 높은 것이었다. 이와 같은 수준은 시·도당 조직이 중요한 역할을 수행하는 공천제도에서 나타날 수 있을 것으로 예상된다.[7] 소선거구에서는 대부분의 경우 현역의원은 도전자로부터 도전을 받지 않았으며 설령 도전을 받더라도 높은 득표율로 승리를 거두었음을 알 수 있다(Borchert and Golsch 2003; Porter 1995; Schüttermeyer and Strum 2005; Szabo 1977). 반면에, 더 집중화 된 권역별 정당명부 수준에서는 정치신인들의 몫이 더 커졌다(Loewenberg 1966).

소선거구제에서의 현역의원과 다인 선출 선거구 정당명부에서의 현역의원이 갖는 입지에 차이가 있다는 것은 영국의 사례에서도 명백하게 나타난다. 미첼과 브래드버리는 소선거구제의 공천과 스코틀랜드 의회선거, 웨일스 의회선거에서 사용되는 혼합형 비례대표제의 정당명부 공천을 비교분석하여 다음과 같이 주장했다(Mitchell and Bradbury 2004, 289).

---

[7] 1950년대, 1960년대의 서독에서는 소선거구에서 10% 정도의 현역의원이 교체되었는데, 이 수치는 높은 편이었다(Kitzinger 1960; Loewenberg 1966).

특히 권역별 정당명부의 후보자 공천에서 현역의원의 입지는 지역구 재공천에서의 현역의원이 전통적으로 가졌던 입지보다 훨씬 더 낮았다. 정당명부에서의 공천 탈락은 단지 명부에 이름을 올리지 못하는 것뿐만이 아니라 당선이 불가능한 낮은 순번을 부여받는 것으로도 사실상 이루어질 수 있었다.

실제로, "소선거구나 작은 규모의 다인 선출 선거구에서는 현역의원들이 종종 지구당의 엘리트들로부터 보호를 받는다."(Benedetto and Hix 2007, 762). 한편, 공천방식이 집중화 될수록 전체적인 그림은 불분명해진다. 분산화 된 방식에서처럼 낮은 경쟁수준뿐만 아니라 다양한 경쟁수준도 볼 수 있다. 일본에서는 공천방식이 집중화 되어있지만 경쟁수준은 매우 낮다. 마사히코(Masahiko 2004)는 1960-1990년 자민당의 현역의원 중 99.8%(2,788명 중 2,761명)가 재공천을 받았다고 한다. 이러한 현상은 1996년까지 이용된 단기비이양식 중선거구제 때문에 나타난 것일 수 있다. 이 선거제도 하에서는 현역의원이 자신의 지역구에 사적 기구를 조직할 유인이 생긴다(Youn 1977). 중앙당은 현역의원이 선거에서 승리할 가능성이 높다고 파악하여 현역의원을 재공천 한다.[8] 스턴만(Stirnemann 1989)은 오스트리아에서는 현역의원의 재공천율이 1970년 124명 중 120명(96.8%), 1971년 151명 중 148명(98%)으로 매우 높다는 것을 보여주었는데, 오스트리아의 공천에는 중앙당과 주(州)당이 모두 영향력을 행사한다.

시·도당 또는 경우에 따라 중앙당의 공천주체가 핵심적인 역할을 맡고 있는 다른 국가들에서는 경쟁수준이 보다 높게 나타난다. 오블러

---

[8] 마사히코(Masahiko 2004)는 새로운 선거제도가 도입된 1996년 이후 현역 재공천율은 97.5%(603명 중 588명)라고 했다. 재공천율이 조금 감소한 이유가 새로운 선거제도에서 정당명부식 비례대표제가 가미된 것에서 비롯된 것인지는 주어진 자료로는 정확하게 파악하기 어렵다. 그러나 독일, 스코틀랜드, 웨일스의 경험을 미루어보건대 그렇게 생각할 수 있을 듯하다.

(Obler 1970)는 벨기에의 경우 1960년대에 현역의원 중 8.6%(607명 중 52명)가 정당명부에서 순번이 아래로 밀려났거나 탈락했다고 하며, 이는 현역교체가 이루어진 것으로 볼 수 있다. 워트만(Wertman 1977)에 따르면 1976년 총선에서 이탈리아의 공산당과 기민당의 현역교체율은 최소한 벨기에 수준인 것으로 추정된다. 1979년 총선에서 현역 재공천율이 높게 나타난 것을 통해 알 수 있듯이(Wertman 1981), 중앙당이 핵심적인 역할을 맡고 있을 때에도 경쟁수준이 반드시 높게 나타나는 것은 아니다. 그러나 정당들이 집중화 된 공천방식을 도입할수록 현역교체율은 대체로 높아진다.

스페인과 포르투갈에서 현역교체율이 높게 나타나는 이유는 중앙당 조직의 권력이 강하기 때문이다. 현역의원의 교체를 통해 중앙당 조직은 권력을 유지하고, 지구당의 권력기반 그리고/또는 원내의 권력기반이 공고화 되는 것을 막는다(Montabes and Ortega 2005). 오만(Ohman 2002)은 가나의 경우 집중화 된 공천방식을 도입하고 있는 정당(29%)은 분산화 된 공천방식을 도입하고 있는 정당(10%)에 비해 현역교체율이 높게 나타난다고 밝혔다. 끝으로, 이스라엘의 사례에 대한 분석에서는 집중화 된 공천방식에서 비교적 경쟁이 치열하게 나타난다고 한다. 라핫·하잔·카츠(Rahat, Hazan, and Katz 2008)는 현역의원 중 18.1%(공천위원회에 의해 공천이 이루어지는 정당), 24-25%(대의원, 당원에 의해 공천이 이루어지는 정당)가 공천을 받지 못한 것으로 추정했다. 즉, 정치신인들이 "현역의원들의" 자리를 빼앗은 것이다.[9]

---

[9] 그러나 아르헨티나의 거대 정당들에서는 스페인에 비해 덜 집중화 된 공천방식을 도입하고 있지만 현역교체율이 더 높게 나타난다(Field 2006; Jones 2008). 하지만 이것이 분산화 된 공천방식이 낮은 경쟁수준을 보인다는 핵심 주장을 약화시키지는 못한다. 왜냐하면 우리가 공천방식의 분산화 수준이 중간 정도에 해당한다고 보는 아르헨티나는 권역별 비례대표제를 도입하고 있기 때문이다. 그러나 이로부터 우리는 분산화와 경쟁 간에는 선형관계가 있는 것이 아니며 각 국의 고유한 요소도 당내 경쟁에 영향을 미칠 수 있음을 알고 있어야 한다.

이 절을 정리하면, 우리는 지역적 차원으로 분산화 된 공천방식은 공천주체가 개방적인지, 배타적인지와 관계없이 경쟁수준을 낮춘다고 주장한다. 소선거구제 또는 인물 중심의 선거제도(가령, 아일랜드의 단기이양식 비례대표제, 1996년 이전 일본의 단기비이양제)를 채택하고 있는 국가들에서 활동하는 정당들의 경우 현역의원은 자신의 재선에 도움이 될 사적인 선거운동기구를 보유할 수 있으므로 이점을 갖는다(Ware 1996). 이 선거운동기구는 당내 공천과정에서도 현직자를 위해 작동한다(Matland and Studlar 2004). 즉, 사적인 선거운동기구는 개방적인 공천방식에서 요구하는 수백 명, 수천 명의 지지자 또는 당원을 직접 동원할 수도 있고 재선 가능성의 향방을 쥐고 있는 지구당의 배타적인 공천주체들(당 엘리트, 대의원)을 간접적으로 설득할 수도 있다. 앞에서 상술했듯이, 더 집중화 된 공천방식의 경우 경쟁수준은 다양할 수 있으며 이는 개방성의 차원을 살펴봄으로써 부분적으로 설명될 수 있다.

사회적 분산화와 경쟁

대표성 보정 장치의 도입은 경쟁, 특히 현역교체율이라는 측면에서 경쟁에 영향을 미칠 수 있다. 어떤 정당이 여성의 수를 일정 수준 이상으로 늘리는 할당제를 도입할 경우, 현직자인 남성 현역의원은 그의 지역구나 순번을 빼앗길 수 있다. 그러나 현실의 정치는 대부분의 상황에서 이런 식으로 작동하지 않으며, 할당제는 여성들이 의회 내에서 상당한 지분을 확보한 이후에 도입되는 경향이 있다(Matland 2004). 이러한 경우, 경쟁에 미치는 대표성 보정 장치의 영향력은 대표성의 현재 수준과 목표 수준 간의 차이에 따라 달라진다.

한편, 대표성 보정 장치는 현역의원에게 아무런 영향을 미치지 못할 수도 있다. 그 대표적인 사례가 영국에서 여성으로만 구성된 예비후보자명부를 도입했을 때 "현직 불출마 선거구"에서만 대표성 보정 장치가 적용된 것이다. 어떤 경우에는 일반적인 경쟁으로부터 "보호를 받는" 특정 현역의원들이 계속 재공천을 받게 되어 대표성 보정 장치가 실질적으로 현역교체를 불가능하게 할 수도 있다. 어떤 정당들에서는 이러한 문제점을 인식하여 현역의원이 대표성 보정 장치의 이점을 계속 누리는 일이 발생하지 않도록 하기도 한다.

지명제-경선제와 경쟁

민주적 경쟁에 대하여 생각할 때, 우리는 국민 개개인이 행사하는 비밀투표를 두고 경쟁하는 것을 떠올린다. 그러나 소수의 당 지도자가 후보자를 선정하는 지명제 하에서도 치열하게 나타나지는 않지만 경쟁이 존재하기는 한다. 지명제 하에서 이루어지는 경쟁의 경우에도 더 비공식적이고, 더 비공개적이고, 더 제한적이기는 하지만 경쟁이 이루어지고 있다고 할 수는 있다. 지명제 하에서의 경쟁수준을 측정하는 데에는 이번 장의 전반부에서 서술한 측정방식들이 도움이 될 것이다.

어떤 경선제를 이용하는지가 당내의 경쟁수준에 영향을 미칠 수 있다. 다수제(특히 1인 다표제)가 도입될 경우 정당 내부의 후보자 연합(blocs of candidates)이 공고화 될 수 있다. 그 결과 소수자 집단(들)의 후보자들이 당내에서 소외되어 탈당할 수도 있다. 준비례대표제와 비례대표제는 이러한 제로섬 게임을 발생시키지 않으며, 당내 소수자 집단의 대표성을 확보할 수 있게 되어 경쟁이 당내에서 이루어지도록 붙잡아 두는데 도움을 준다. 다회 투표제를 활용할 경우에도 공천과정이 진행되면서 보정이 이루어져 당내 갈등이 완화될 수 있다. 또한, 후보자들 간의 협력이 이루어지도록 인센티브를 제공하는 방식으로 순번을 정하고 득표수를 산정하면, 경쟁이 당내에서 이루어지도록 붙잡아 두는데 도움이 될 수 있다.

다단계 방식과 경쟁

당기구가 사전심사를 할 경우, 당 엘리트(들)의 개입으로 자유 경쟁이 저해될 수 있으며 이러한 개입이 없었다면 공천받을 기회를 얻었을 후보자들이 배제된다는 비판이 제기될 수 있다(Bradbury et al. 2000). 실제로, 사전심사는 공천의 마지막 단계에서 이루어지는 경쟁을 제한할 수 있다. 예를 들면, 스코틀랜드 의회선거에서 노동당에서는 129개 후보직을 두고 (534명의 지원자 중) 167명의 예비후보자들이 경쟁을 했다(Shaw 2001). 동시에, 노동당은 웨일스 의회선거에서 사전심사를 통해 164명의 예비후보자로 압축하여 60개의 후보직을 두고 경쟁을 하게 했다(Laffin, Shaw, and Taylor 2007). 그러나 이 지점에서 우리는 예비후보자의 수가 적을수록 현역의원과 출마희망자 간의 경쟁이 치열해질 수 있다는 사실을 상기할 필요가 있다. 다단계 방식을 통해 마지막 단계에서 (소선거구의) 현역의원이 1인의 강력한 출마희망자와 경쟁을 벌이게 된다면 또는 (정당명부식 비례대표제의) 현역의원 그룹이 비슷한 규모의 저명한 출마희망자 그룹과 경쟁하게 된다면, 현역교체율은 다소 높아질 것이다.

─ 공천방식의 속성을 바꿀 것인가?
공천방식 자체를 바꿀 것인가?

적응이라는 관점에서 보면, 새로운 공천방식이 도입될 경우 경쟁이 심화되겠지만 시간이 흘러 후보자들이 그 방식에 적응하면 경쟁이 약화될 것이라고 예측해볼 수 있다.[10] 새로운 공천방식에 "적응"하지 못한 사람들 즉, 경쟁에서 이기기 어렵다고 판단한 사람들은 경쟁에 참가하지 않을 것이며, 시간이 흐르면 적응을 마친 사람들만이 주로 경쟁에 참가할 것이다. 가령, 공천에 예비선거가 도입되어 많은 자원이 요구될 경우 가난하거나 자금을 모을 역량이 없는 사람들은 배제될 것이다. 반면에 부유하거나 자금을 충당할 능력이 있는 사람들은 경쟁에 뛰어들 것이다. 시간이 조금 지나면, "비어있는" 지역구와 순번은 모두 채워질 것이며 현역의원들의 새로운 "폐쇄적인" 모임이 자리를 잡을 것이다.

실제로 1912-2005년 미국의 연방의회 선거와 주의회 선거의 예비선거에 대한 분석을 통해 안솔라베허와 동료 연구자들(Ansolabehere et al. 2007)은 시간이 흐르면서 "재선 후보자 득표율 상승 현상"이 강화되고 있음을 발견했다. 재선 후보자 득표율 상승 현상의 정도는 1920년대와 1930년대에는 평균적으로 4.7%로 나타났으며, 1950년대에는 11%, 1990년대에는 14%로 높아졌다.

여기서 제기하고자 하는 질문은 다음과 같다. 공천방식 그 자체를 바꾸는 것에 비해 공천방식의 속성이 미치는 영향은 어떠한가? 새로운 공천방식이 도입될 때 경쟁이 심화되므로, 이론상 경쟁이 더 치열한 공천방식을 도입하고 계속 유지하는 것에 비해 공천방식 그 자체를 계속 바꿀 때 경쟁은 더 심화될 것이다.

---

10) 우리의 친구이자 동료인 호프눙(Menachem Hofnung)이 이러한 점에 대해 지적해 준 것이 큰 도움이 되었다.

— 정당 내부의 경쟁과 정당 외부에서의 성공

누군가는 공천이 당내 문제라고 주장할 수도 있다. 그러나 정당 내 경쟁이 총선이라는 정당 간 경쟁의 장에서 당의 운명에 도움이 되거나 해를 입힐 수도 있지 않을까? 한편으로는, 경쟁이 정당의 선거결과에 부정적인 영향을 미칠 수도 있는데, 정당 간 경쟁보다는 당내 갈등에 초점이 모아질 수 있기 때문이다. 치열한 당내 경쟁으로 인해 후보자들과 지지자들이 당내 선거운동에서 에너지와 자원을 낭비하는 현상이 나타날 수 있다. 과열된 경쟁의 결과 패배한 후보자와 그의 지지자들을 소외시킬 수도 있으며 소외된 이들은 탈당하여 다른 정당을 지지할 수 있다. 다른 한편으로는, 경쟁이 긍정적인 영향을 미칠 수도 있다. 즉, 경쟁 과정에서 언론에 노출될 수도 있고, 외부에 당내민주주의가 실현되고 있음을 보여주어 신뢰를 얻을 수도 있으며, 총선에서 활용할 수 있는 자원과 신규당원이 확보될 수도 있다(Carty and Eagles 2003; Galderisi, Ezra, and Lyons 2001).

카티와 이글스(Carty and Eagles 2003)는 캐나다 공천연구에서 대부분의 경우 당내 경쟁은 총선에서 그 정당의 선거운동 성과와 선거결과에 영향을 미치지 않는다는 점을 밝혔다. 물론, 그들은 당내 경쟁이 정당의 선거운동과 선거결과에 긍정적인 영향을 미친 각각의 사례도 발견하기는 했다. 미국 예비선거의 사례를 바탕으로, 혹자는 경쟁이 치열한 예비선거에서는 새롭게 공천을 받은 후보자가 총선을 치르기 전에 유권자들에게 자신의 존재감을 부각시키며 자신의 선거조직을 활성화하고 개선시킬 수 있으므로 도움을 얻을 수 있지만, 이미 인지도가 높은 현역의원은 오히려 해를 입을 수도 있다고 주장한다. 한편, 예비선거가 총선에서 후보자가 얻게 될 선거결과에 전혀 영향을 미치지 않는다고 주장하는 사람들도 있다(Galderisi, Ezra, and Lyons 2001).

― 당내 경쟁에 대해 알게 된 바

당내 경쟁에 대한 평가를 더 진행하기 위하여, 공천에 관한 비교연구 특히 집중화 된 공천방식을 채택하고 있는 정당들에 관한 연구를 추가할 필요가 있다. 일단은 이용 가능한 국가별 자료에 기초하여 다음과 같은 점을 이야기해볼 수 있겠다. 첫째, 분산화 된 공천방식을 도입하고 있는 모든 경우 당내 경쟁이 약할 것이라고 예상할 수 있다. 둘째, 보다 집중화 된 공천방식의 경우, 공천주체가 대의원일 때 경쟁이 가장 치열하고, 당원일 때에는 경쟁이 중간 정도이며, 당 엘리트일 때에는 가장 약할 것으로 예상해볼 수 있다. 한편, 지금까지는 유권자 전체로 구성된 가장 개방적인 공천주체와 1인 지도자에 의한 가장 배타적인 공천주체라는 양극단의 사례를 포함하여 비교해보지는 않았다. 하지만 유권자 전체가 공천주체인 경우 일반 대중에게서 현직의 이점이 강하게 나타날 것임을 미루어 볼 때 경쟁수준은 매우 낮을 것이며 당원이 공천주체인 경우에 비해서도 더 낮을 것으로 추정해볼 수 있다. 1인 지도자의 경우 그가 현역의원을 배제할 수 있을 정도로 막강한 권력을 누리고 있다면, 이는 민주적 경쟁을 나타내는 지표가 아니라 지도자의 권력을 나타내는 지표로 봐야한다.

다른 요인들이 경쟁에 영향을 미칠 수도 있다. 후보자격요건과 다단계 방식의 1단계에서 이루어지는 사전심사에서는 후보자군을 압축하므로 경쟁을 제한하는 것처럼 보일 수도 있지만 실제로는 심사에서 살아남은 정치신인과 현역의원 간의 치열한 경쟁으로 이어질 수 있다. 현역의원에게 부과하는 특별한 요건, 특히 연임 제한으로 인해 정치신인에게는 길이 열릴 수도 있다. 사회적 분산화를 추구하는 장치가 기존의 대표성 수준에 상당한 변화를 가하고자 하거나 정치신인을 위해서만 작동할 경우, 이로 인해 정치신인이 경쟁에 참가할 수도 있다.

간단히 말하면, 만약에 우리가 현역교체율을 경쟁이 존재한다는 신호로 간주한다면, 대표성의 경우에서와 마찬가지로, 현역의원에게 명확히 유리하게 편향되어 있는 정치적 시장(political market)이 작동하는 방식에 다소 개입할 필요가 있다. 더불어서, 기존에 도입된 공천방식의 특정한 속성을 변경하는 것에 비해 공천방식 그 자체를 변경하는 것이 경쟁에 더 큰 영향을 미칠 수 있다는 의견을 덧붙이고자 한다.

지명제 하에서도 당내 경쟁이 유지될 수 있기는 하지만 민주주의의 가장 기본적인 기준을 충족하지 못한다. 공천주체가 행사하는 표를 얻기 위한 경쟁은 정당의 응집성을 위협할 수 있을 정도로 과열될 수 있다. 소수자 집단이 대표성을 확보할 수 있도록 해주고 보정을 허용하는 경선제도의 채택은 경쟁자들 사이에 협력과 경쟁을 위한 균형 잡힌 인센티브를 창출하여 경쟁이 당내에서 이루어지도록 붙잡아 두는 데 도움을 준다. 당내 경쟁을 허용하면서도 동시에 경쟁을 적절히 제한함으로써 총선에 임하는 정당의 경쟁력에 부정적인 영향이 생기지 않도록 하는 것이 바로 정당이 직면한 과제라고 하겠다.

제9장

반응성

반응성(Responsiveness)에 대한 모든 논의는 대의(代議)의 개념과 반드시 연결된다. 혹자가 반응성이라는 것을 언급할 때, 그는 단순히 국민들에 의해 선출된 대표자들을 언급하는 것 이상의 무언가를 말한다. 즉, 대표자들은 유권자들에게 반응성을 보이며 책임성을 갖는 존재로 가정된다. 따라서 대의제에서의 반응성은 대표자들이 유권자들의 이익, 필요, 요구에 주목해야 한다는 점을 상정하고 있다. 예를 들어, 대표자와 유권자의 연계는 학자들 간의 견해가 수세기 동안 양분되어온 위임형-독립형 논쟁에서 명백하게 나타난다. 위임형 접근법과 독립형 접근법은 모두 대표자들이 책임성을 가질 것으로 기대한다. 논쟁의 핵심은 대표자들이 드러내야 하는 반응성의 속성에 있다.

대표자들을 대리인으로 인식하는 위임형 이론가들은 대표의 개념을 단순하고 직접적인 반응성으로 파악한다. 대표자들은 유권자들의 입장에 계속 주목하면서 유권자들의 의지에 따라 행동하리라고 예상된다. 대표자들은 반응성의 정도에 따라 보상 또는 벌을 받게 될 것이다. 독립형 이론가들은 대표자를 스스로 공익이라고 생각하는 것에 따라 행동하는 수탁자로 인식한다. 이때, "공익(public interest)"은 유권자들의 특수한 이익과는 다를 수도 있다.

어쨌든, 위임형-독립형 간의 딜레마에 관한 논의의 핵심은 유권자 외의 중요한 행위자를 보다 넓은 의미의 반응성 안으로 포섭하지 못했다는 것이다. 다시 말해서, 대의제 이론가들은 위임형-독립형 간의 딜레마를 유권자와의 관계 외의 문제 즉, 대표자들이 의회 재직 중에 현실정치에서 직면하는 많은 요인들과 함께 다루지는 못했다. 그들의 분석에서 빠져있는 요인들 중에 가장 두드러진 것은 대표자의 정당이다. 예를 들어, 피오리나(Fiorina 1974, 122)는 "의원은 누군가에게 반응한다. 즉, 그는 자유로운 행위자가 아니다. 그는 자신이 대표하는 '선거구'를 가지고 있다."라고 말했다. 피오리나는 의원들이 자신의 재선에 가장 큰 영향력을 미칠 사람들에게 제일 잘 반응할 것이라고 주장했지만(Putnam 1976도 참고할 것), 그의 논의에서 정당은 완전히 빠져 있다. 흥미롭게도, 피오리나는 미국에 초점을 맞추었고, 따라서 정당이 매우 영향력 있는 요인으로 간주되지 않는 것도 놀랄 만한 일은 아니다. 그러나 본선거에 앞서 후보자를 가려내는 당내의 공천과정 또한 빠져 있으며, 이러한 실수는 미국에 초점을 맞추고 있다는 점만으로는 설명될 수 없는 부분이다.

율라우와 카프스(Eulau and Karps 1977)는 "반응성"의 개념을 네 가지 구성요소로 분해했는데, 이것은 대표의 네 가지 대상과 부합하는 것이다. 즉, 유권자들과 의원이 공공정책을 만들 때 어떻게 상호작용하는지와 관련된 정책적 반응성(policy responsiveness), 의원들이 선거구 내에 있는 개인이나 집단들을 위해 수행하는 비입법적 서비스를 가리키는 공공서비스적 반응성(service responsiveness), 선거구 전체를 위해 의원이 제공하는 편익과 관련된 배분적 반응성(allocation responsiveness), 의원들이 선거구민들 사이에서 반응성의 감정을 유지하기 위해 수행하는 여러 상징적 행위들을 포괄하는 상징적 반응성 (symbolic responsiveness)이 바로 그것들이다. 율라우와 카프스에 따르면, 반응성은 오로지 선거구민들 혹은 의원에게 투표한 사람들과 관련되어 있다. 여기서도 또한 정당에 관한 언급은 없으며, 의원들의 행태에 대한 정당의 역할이나 이에 대한 정당의 영향력에 관해서도 말하지 않는다.

대의제에서의 반응성에 관한 이론적 문헌들은 의원과 정당의 관계라는 측면에서 의원들에게 무엇을 가르치고 있는가? 당의 노선을 고수하는 것과 당의 기율에 따르는 것을 유권자들의 이익과 선호를 따르는 것보다 부차적인 것으로 여긴다면, 의원들은 스스로 곤경에 처해 있는 것을 발견하게 될 것이다. 만일 의원들이 높은 수준의 정당 결속력을 보여주고 있다면, 그때에도 그들은 여전히 유권자들의 이익에 반응할 것인가?

많은 대의제 이론가들에 따르면, "의원은 누구에게 반응하는가?"라는 질문에 유권자라고 답하는 것이 안전하다. 당 지도부나 (우리의 초점인) 공천과정과 같은 다른 요인들은 거의 고려되지 않는다. 그러나 중요한 사실은, 의원이 반응성을 드러낼 수 있거나 혹은 드러내야만 하는 대상인 행위자들이 많다는 점이다. "의원은 누구에게 반응하는가?"라는 질문에 접근할 때, 우리는 먼저 의원이 누구에게 책임성을 갖고 있는지를 판단해야 한다.

대표의 개념을 책임성으로 이해하는 것은 요즘 가장 일반적이다. 책임성의 체계는 대표의 체계를 상정하고 있다(Fenno 1996). 이러한 책임성 모델은 기본적으로 주인-대리인(principle-agent) 형식을 따르고 있는데, 여기서 유권자로부터 의원에 이르는 권력 관계는 단계적인 위임의 개념에 의한다(Mitchell 2000). 책임성에 대한 규범적 이해는 "의원이 유권자들'에게 책임이 있고', 유권자들'에게 답변할 수 있어야 하며', 유권자들'에게 묶여 있고', 심지어 유권자들'에 의해 구속을 받는다'."라는 것이다(Mansbridge 2003, 516). 학자들이 기초적인 책임성 모델을 비판해 왔지만, (예를 들어, 피대표자들의 정책 형성 능력이 제한적이고 그에 따라 대의제의 관계에서 비대칭성이 발생하는 문제), 책임성을 이야기할 때조차도 대의제 이론가들은 정당과 정당의 역할에 대해 거의 언급하지 않았다. 책임성의 개념은 실제로 유권자와 의원 사이의 관계에 기반해 있다. 하지만, 그러한 관계는 고립적으로 존재하지 않는다는 사실을 명심해야 한다. 추가적으로 고려돼야만 하는 중요한 행위자들이 있다. 주요한 하나의 행위자가 바로 의원들의 정당이다. 정당은 의원들의 행태에 중요한 영향을 미치며, 정치적 게임에서 역할을 하고자 하는 정당 외부의 행위자들에게 문을 열어줄 수도 있고 닫아버릴 수도 있다. 개인적이고 후보자중심적인 반응성과 좀 더 집합적이고 정당중심적인 반응성 사이에는 주요한 차이점이 있다. 우리는 여기서 공천방식의 어떤 특징들이 후보자중심적 반응성을 촉진하며, 어떤 특징들이 정당중심적 반응성을 촉진하는지를 보여주고자 한다.

반응성이란 대표자와 피대표자 사이에서 조응성(congruence)을 추구하는 구속력 있는 요구를 의미한다. 정당의 기율이란 이와는 매우 다른 형태의 조응성으로서, 당 지도부의 지시와 의원들 사이에서 나타난다. 이 장에서 우리는 공천방식이 정당 내부와 정당 외부의 행위자들 간에 공천이 치러지는 과정에서 힘의 균형에 영향을 미치고, 또한 당내에서는 당 지도부와 다른 행위자들 간의 힘의 균형에도 영향을 미치며, 대표자들(의원들)과 그 밖의 행위자들 각각의 관계에도 영향을 미친다고 주장한다. 서로 다른 공천방식은 의원들이 반응하게 되는 서로 다른 공천주체들을 만들어내며, 의원들에게 정당의 기율을 부과하는 당 지도부의 능력을 향상시키거나 혹은 방해할 것이다.

이 장에서는 반응성의 여러 측면들에 미치는 영향에 따라 공천의 네 가지 주요 차원들을 각각 다룬다. 우리는 먼저 위임형-독립형 논쟁으로 논의를 시작했다. 이 논의는 특히 대의제에서의 반응성에 관한 이론적 문헌과 정당의 유권자-의원 매개자로서의 역할 사이에서 괴리가 나타나는 것에 초점을 맞추었다. 우리는 이제 정당의 결속력(party unity)에 관한 논의로 옮겨가며, 높은 수준의 결속력은 정당중심적 반응성의 신호로, 낮은 수준의 결속력은 후보자중심적 반응성의 신호로 간주한다. 이후에 우리는 공천과 정당 결속력 간의 관계를 평가한다. 네 가지 차원을 각각 다루면서 공천이 반응성에 미치는 영향이 공천방식에 따라 어떻게 변할 수 있는지를 보여줄 것이다. 또한 넓게는 정당, 좁게는 반응성과 관련이 있는 또 하나의 중요한 연관된 측면 즉, 정당 재정(party financing)을 다루면서 공천과 정당 재정의 관계를 짚어본다. 이 장에서는 우리가 주장하고자 하는 바를 제시하고 탐구 중인 주제들 각각에 대한 경험적 자료를 보여주면서 공천의 민주화가 초래한 영향에 대해 고찰하고자 한다. 마지막 절에서는 공천의 민주화가 반응성에 미치는 영향력에 대해 논하면서 이 장을 마무리한다.

─ 후보자격요건과 반응성: 응집성과 기율 사이에서

후보자격요건의 가장 개방적인 지점에서는 모든 유권자가 출마할 수 있고 후보자가 되기 위한 전제조건은 존재하지 않는다. 이 지점에서 정당은 문지기로서의 영향력을 거의 행사할 수 없다. 공직을 추구하는 출마희망자들이 실제로 출마할 경우 정당은 싫든 좋든 간에 그들의 출마를 받아들여야 한다. 개방성은 미국의 경우에서처럼 법적 규제에 따른 결과일 수도 있지만, 정당이 갖고 있는 특성일 수도 있다. 정당은 선거승리에 주로 관심을 보이므로 정당의 득표율을 높이는데 도움이 된다면 그 누구라도 후보자가 될 수 있도록 문을 열어두고자 한다. 개방성으로 인해 예비후보자군은 확대되며 이렇게 예비후보자의 수가 증가함에 따라 후보자 개인의 자질이 중요해진다. 즉, 후보자격 요건의 측면에서 개방성이 큰 정당일수록 개인적이고 후보자중심적인 반응성을 나타내며, 이는 좀 더 집합적이고 정당중심적인 반응성과는 대조된다.

반면에, 가장 배타적인 지점에서는 정당이 출마희망자들에게 일련의 제한사항들을 부과한다. 이것은 정당이 예비후보자의 공급 측면을 통제하려 하기 때문이다. 따라서 강화된 적격 요건을 충족하는 사람들만이 공천을 받아 본선거에서도 당선될 수 있으며, 이들은 행동을 할 때 당의 노선을 따르게 될 것이다. 엄격한 후보자격요건을 갖고 있는 정당은 응집성이 있는 단일체로 집권할 수 있으며 충성심과 결속력을 나타내는 고유한 정당문화를 과시한다. 이렇게 함으로써 정당은 당선된 의원들이 당의 노선을 따르게 하기 위해 굳이 기율을 확립하기 위한 강력한 수단들(특전, 더 나은 직위 제시 내지 승진, 원내총무의 독려, 신임투표 등)을 활용할 필요가 없게 된다.[1] 더욱이, 당 지도부는 충성스러운 당원들과 오랫동안 활동한 활동가들에게 보상을 제공하기 위해 (장기간의 당원 신분일 것, 정당에서 활동했다는 것을 입증할 것 등과 같은) 배타성이 큰 후보자격요건을 사용할 수 있으며, 이를 바탕으로 선별적이고 정당중심적인 인센티브 체계를 만들어 낼 수 있다. 후보자들의 반응성

---

[1] 정당의 응집성(party cohesion)은 정당 결속력(party unity)의 사회학적인 측면으로 간주될 수 있다. 이것은 문화적 규범과 이념적 연대와 같이 선거가 실시되기 전부터 의원들에게 영향을 미치고 있는 요인들에 밑바탕을 두고 있다. 정당 응집성을 통해 정당은 분열되지 않게 되며 통합된 상태로 원내에 입성하게 된다. 원내의 기율(legislative discipline)은 그 밑바탕에 당근과 채찍처럼 결속을 강제할 수 있는 정당의 장치가 있기 때문에 제도적인 측면으로 간주될 수 있다. 결과적으로 응집성이 부족한 정당이 원내의 기율을 통해 단합된 방식으로 투표하게 될 것이라고 예상해볼 수 있다(Hazan 2003).

은 이와 같은 인센티브 체계에 초점을 두게 될 것이다. 즉, 특정한 후보자격요건은 경쟁자의 수를 줄일 뿐만 아니라 당선된 후에도 특정한 방식으로 행동하도록 함으로써 정당중심적 반응성을 제고시킨다.

─ 공천주체와 반응성: 두 가지 접근법

공천의 두 번째 차원인 공천주체에 대한 접근법으로는 넓게는 공천주체가 반응성에 미치는 영향, 좁게는 정당 응집성에 미치는 영향에 관한 두 가지 상반되는 접근법이 존재한다. 첫 번째 접근법은 공천주체의 개방성과 정당 결속력 간에 역의 관계가 존재하며, 결과적으로 정당중심적 반응성은 약화되고 개인 혹은 후보자중심적 반응성은 강화된다고 주장한다. 두 번째 접근법은 당내민주주의가 반드시 정당 결속력을 감소시키는 것은 아니며 정당중심적 반응성을 약화시키지도 않는다고 주장한다. 먼저 첫 번째 접근법에 대해 살펴본 후에 두 번째 접근법에 대해서도 알아볼 것이다.

공천주체 I: 음의 선형관계

서로 다른 공천주체들은 의원들의 반응성에 어떻게 영향을 미치는가? 현대 민주주의는 대체로 국민들에게 반응하는 대표자들과 관련이 있지만, 여기서 반응성은 정당 내부 또는 정당 외부의 행위자들에 의해 매개된다. 의회의 성과는 의원들이 서로 다른 공천주체들에게 반응하는 방식에 의해 영향을 받기 쉽다. 정당 결속력은 의원들이 정당 내부의 행위자들에게 반응할수록 강해지고, 정당 외부의 매개자들이 관여할수록 약해진다.

보울러(Bowler 2000)는 의원들의 집합적 행동을 가장 잘 설명하는 것은 공천절차, 특히 공천주체에 달려 있다고 주장했다. 의원들의 행동에서 가장 기본이 되는 동기는 재공천을 받고 싶다는 바람이므로 의원들은 공천주체의 요구에 반응할 것이다. 이러한 논리에 따르면, 의원들의 공천이 소규모의 공천주체들(당 지도자, 소수의 지구당 지도자들, 소규모의 당기구)에 의해 이루어진다면 높은 수준의 정당 응집성이 나타날 것이다. 이 경우 의원들의 목적은 자신의 재공천에 관한 권한을 갖고 있거나 최소한 지배적인 역할을 하는 소수의 실권자들을 만족시키는 것이다. 유권자 전체, 전 당원과 같이 매우 개방적인 공천주체에 의해 공천을 받게 된다면, 의원들은 다양한 압력들, 때로는 상충하는 압력들에 노출될 것이다. 이처럼 상충하는 압력들에 반응성을 보이고자 할 경우 의원들은 당의 강령으로부터 벗어나거나 당의 응집성을 약화시키는 방식으로 행동할 수 있다. 엡스타인(Epstein 1964, 55)은 공천과 의회의 응집성에 관해 다음과 같은 강한 확신을 표현한 바 있다. 그는 "의원들이 정당에 대하여 독립적인 존재가 될 수 있도록 하기 위해 만들어진 예비선거와 안정적인 정부를 수립하기 위해서는 응집성이 있는 원내 정당이 필요한 의원내각제를 결합하는 것은 합리적으로 보이지 않는다."라고 주장했다. 따라서 〈그림 9.1〉에서 제시하고 있듯이 공천주체의 개방성은 후보자중심적 반응성과 정당중심적 반응성을 구분하는 설명변수라고 할 수 있다.

▶▶ 그림 9.1. 공천과 반응성

공천방식의 개방성이 확대될수록 정당의 응집성은 약화된다. 왜냐하면 자원과 표를 제시하고 그러한 공천주체에 접근할 수 있도록 해주는 사람들에게 반응성을 보일 때 상충하는 압력들(여기에는 정당 외부의 압력들도 포함될 수 있다)에 직면할 것이기 때문이다. 안정적이지 않고 유동적일 수 있다는 특성을 갖는 대규모의 공천주체와 직접 접촉하는 데에는 많은 비용이 들게 되므로, (가령, 정당 예비선거에서) 개별 당원들 각각에 대하여 반응할 수는 없다. 따라서 의원들은 이처럼 개방적인 공천주체와의 연계를 용이하게 해줄 수 있는 세 가지 종류의 정당 외부의 매개자들에게 반응한다(Rahat 2008b). 첫 번째 매개자는 자본가이다. 자본가는 인물 중심의 선거운동에서 공천주체에게 후보자를 각인시키기 위해 필요한 자금을 제공해준다. 두 번째 매개자는 다양한 종류의 집단들(노동조합, 혈연집단 등)의 지도자이다. 이들은 후보자, 선거운동원, 경선투표권자를 제공해줄 수 있다.[2] 세 번째 매개자는 대중매체이다. 대중매체는 중요한 뉴스를 다수의 사람들에게 신속하게 전달한다. 이러한 매개자들은 서로 다른 이해관계를 추구할 수 있으며, 심지어 정당 및 정당의 이념, 당 지도자들과 다른 이해관계를 추구할 수 있다. 나루드·페더슨·베일런이 주장했듯이 "공천과정의 개방은 다른 행위자들이 … 공천 문제에서 잠재적인 영향력을 행사할 수 있도록 해준다."(Narud, Pederson, and Valen 2002b, 227). 래니는 미국의 예비선거가 "정당 소관의 업무를 대중매체와 정당 외부의 다양한 조직들이 대신할 수 있도록 한다."(Ranney 1965, 781)라고 분명히 말한 바 있다. 쉐퍼와 시오닛(Sheafer and Tzionit 2006)은 대중매체를 다루는 정치적

---

2) 우리는 여러 유럽 국가들의 사회민주당에서 노동조합이 점하는 지위와 같이 정당의 필수요소라고 할 수 있는 이익집단들을 정당 외부의 행위자라는 범주에 포함시키지 않는다. 정당과 이익집단의 역사적인 관계가 끝날 때(혹은 끝난다면), 비로소 정당 외부의 행위자로 간주할 수 있을 것이다. 실제로, 이스라엘에서는 몇몇 노동조합들이 노동당과 역사적인 관계를 청산하고 중도 정당과 우파 정당의 공천에서 적극적인 역할을 했다(Rahat 2008b).

기술은 공천주체가 당원으로 구성되는 경우에서 가장 중요하고, 당 대의원으로 구성되는 경우에서 그 보다 덜 중요하며, 배타성이 큰 공천주체의 경우에서는 중요하지 않다는 것을 보여주었다.

〈표 9.1〉에서 볼 수 있듯이, 공천방식의 배타성이 클수록 정당 외부의 행위자에 비해 정당 내부의 행위자의 역할이 더 중요해진다. 기존의 배타적인 공천주체의 개방성이 확대되면서 공천에서 정당 외부의 행위자들이 갖는 역할도 커지며, 반응성의 대상으로서 이들이 갖게 되는 중요성도 마찬가지로 커진다. 당 엘리트에 의해 공천을 받을 때, 의원들은 정당 내에서 가장 중요한 행위자일 것이다. 당 대의원에 의해 공천을 받을 때, 의원들은 대부분의 경우 정당 내의 중요한 행위자이기는 하겠지만 그럼에도 당내의 어떤 집단들(의원들의 권력 기반이 되는 집단들)의 이익과 요구를 추구하는 경향을 보일 수도 있다. 예비선거에 의해 공천을 받을 때, 의원들은 재공천을 받기 위해 정당 외부의 행위자들로부터 도움을 받아야 하며, 따라서 이 경우에는 의원들이 외부 집단들의 압력에 노출되기 쉽고 그 집단들에 반응성을 보일 것이다. 의원들이 훗날 상충될 수도 있는 압력들에 과도하게 노출된다면, 정당 결속력은 약화될 것이다. 의원들이 유권자라는 가장 개방적인 공천주체에 의해 공천을 받을 때에는 정당 결속력이 가장 낮은 수준이

〈표 9.1〉 공천주체, 반응성, 정당 결속력

공천주체	반응성의 대상	정당 결속력
당 엘리트	정당 내부	매우 높음(정당중심적)
당 대의원	정당 내부 〉 정당 외부	높음(주로 정당중심적)
당원	정당 내부와 정당 외부	중간-높음(상충하는 압력)
유권자	정당 외부 〉 정당 내부	낮음(후보자중심적)

된다. 왜냐하면 이 경우에 정당은 의원들이 반응해야만 하는 가장 중요한 행위자인 것이 아니라 단지 또 다른 하나의 행위자에 지나지 않기 때문이다.

키는 미국의 경우를 예로 들면서 "공천은 당의 기율이 가장 효과적으로 적용될 수 있는 지점이다. 그러나 직접 예비선거(direct primary)는 중앙당 지도부나 선거구 유권자들이 당의 기율이라는 목적을 위해 쉽게 사용할 수 있는 제도가 아니다."(Key 1967, 452)라고 말했다. 따라서 미국에서 예비선거의 도입은 정당 응집성을 약화시켰다(Crotty 2006). 안솔라베허·히라노·스나이더(Ansolabehere, Hirano, and Snyder 2007)는 개방성이 큰 공천방식이 새롭게 도입되었을 때, 정당 응집성이 약화되는 현상은 한 선거구에서 시간이 흘러 나타날 뿐만 아니라 같은 시기에 활동하는 각기 다른 공천방식을 거쳐 당선된 의원들에게서도 나타난다는 점을 보여주었다. 이러한 효과는 대부분의 경우 크게 나타나지는 않았지만, 의원들이 작은 이슈를 다룰 때뿐만 아니라 논란이 일고 있는 문제, 상징적인 문제를 다룰 경우에도 분명하게 나타났다. 미국의 경우 공천에서 정당의 역할이 더 이상 기정사실로 받아들여지지 않는 지점에 도달했다(Kazee and Thornberry 1990).

따라서 반응성, 공천주체의 개방성, 정당 응집성은 서로 연관되어 있다고 할 수 있다. 달리 말하면, 공천주체의 민주화는 정당 중심의 정치보다는 인물 중심의 정치를 유발한다(Rahat and Sheafer 2007). 오래 전에 키(Key 1967, 371)는 "공천권 확보를 위해 대중에게 호소해야 할 필요성이 생기면서 당 지도부는 당권을 추구하는 파벌, 계파, 독불장군 형태의 개인으로 분열되는 경향을 보인다."라고 주장한 적이 있다. 이후, 갤러거(Gallagher 1988c, 271)는 비교정치적 근거를 바탕으로 다음과 같이 주장했다. 응집성과 정당중심적 반응성을 유지하기 위해서는 "어떤 당기구가 후보자를 선정하는지가 중요한 것이 아니라 당기구가 후보자를 선정한다는 것 자체가 중요하다."

파스(Faas 2003)와 힉스(Hix 2004)는 유럽의회 의원들의 투표행태에 대한 연구에서 공천방식이 정당 결속력에 영향을 미친다는 사실과 공천방식의 배타성이 클수록 중앙당이 의원들의 활동에 대해 갖는 영향력이 커진다는 사실을 발견했다. 이러한 주장은 이스라엘의 자료들도 뒷받침해준다. 공천방식의 개방성 확대라는 전반적인 추세 속에서 개별 의원들이 발의하는 법안의 수와 통과되는 법안의 수가 증가하였으며(Hazan 1997b: Hazan 1999b; Rahat and Sheafer 2007), 다른 형태의 개인적 활동도 늘어났다(Dotan and Hofnung 2005).[3] 또한, 케닉과 바네아는 내각의 구성에 관한 연구에서 "이스라엘에서 (내각 구성의) 결정적인 기준은 연장자 우선원칙과 충성심으로부터 당내 정치권력으로 다년간에 걸쳐 변화하고 있다. … 이러한 변화는 공천방식의 민주화로 인해 촉진되었다."(Kenig and Barnea 2009, 269)라고 주장했다.

크리스티안손(Kristjánsson 1998)은 공천과정에서 참여를 확대한 것이 아이슬란드 정당들이 선거에서 승리하기 위한 성공 전략이었다고 주장했다. 이는 정당의 적응 및 발전 모형과 부합한다. 이와 동시에, 정당 응집성의 약화라는 의도치 않은 대가가 있었다고 설명했다. "1970년대 초부터 아이슬란드에서는 예비선거 기간에 정당 응집성의 약화가 나타났다. 흥미롭게도 아이슬란드의 정당들은 기율이 잘 잡힌 조직이라기보다는 개별 정치인들을 위한 우산 형태의 상부단체와 더 유사하다."(Kristjánsson 1998, 177). 이러한 사실을 바탕으로 그는 정당 응집성의 약화로 인해 정당이 국민들에게 반응하기가 더 어려워질 것이라는 결론에 이르렀다.

대만의 예비선거와 관련된 경험 또한 비슷한 결론에 도달한다. 민주화 시기에 도입된 예비선거로 인해 의원들은 종전보다 독립적으로

---

3) 이스라엘의 사례에 대하여 두 가지 상이한 분석을 알아보고자 한다면 쇼머(Shomer 2009)와 아키라브(Akirav 2010)를 참고할 것.

활동하게 되었으며, 그 결과 한때 레닌주의를 추구했고 기율이 강했던 국민당에서조차 정당 응집성이 약화되었다. 결국 국민당은 예비선거를 폐지하기 위해 애를 썼다(Baum and Robinson 1999; Wu 2001; Wu and Fell 2001). 멕시코에서는 예비선거의 도입으로 정당의 응집성이 약화되었을 뿐만 아니라, 원소속 정당의 경선에서 패배한 예비후보자들이 자신의 지지자들과 함께 다른 정당으로 당적을 옮기고자 탈당을 하는 현상이 발생하기도 했다(Combes 2003).

공천주체 II : 비선형적 관계 혹은 관계가 없을 수도 있음

공천의 민주화가 가져온 결과에 대한 대안적인 접근법은 서로 연관된 두 가지 정당 모델에 기반을 두고 있다. 첫 번째는 카르텔정당 모델이고(Mair 1994; 1997; Katz and Mair 1995; Katz 2001), 두 번째는 층화조직정당 모델(stratarchically organized party model)이다(Carty 2004; 2008; Carty and Cross 2006). 후자의 정당 모델은 (특히 당원의 역할 확대와 관련해서) 전자의 정당 모델에 토대를 두고 있다. 따라서 두 모델은 당내민주주의의 정치적 결과에 대한 접근법에 있어서 매우 유사한 것으로 간주될 수 있다.

카르텔정당의 지도자들은 통치의 문제를 이념보다는 운영 내지 관리의 관점에서 바라본다. 그들은 자율성, 특히 이념적 색채가 강한 사람들로부터의 자율성을 확보하고자 한다. 즉, 카르텔정당 모델에 따르면 정당 지도부는 당의 노선을 넘나들며 협상할 수 있어야 한다. 또한, 이념적 색채가 강한 활동가들의 집단으로부터 부과된 제약에 의해 리더십이 제한을 받지 않아야 한다. 그렇다면 논리적으로 볼 때 카르텔정당의 지도자들은 정당활동가들을 무력화시킬 필요가 있다. 이 전략은 이념적 색채가 강한 활동가들에게 당원들을 조직하고 대변할 수 있는 기회를 주지 않는 것을 목표로 한다. 이 전략의 대표적인 사례는 전 당원이 공천과 같은 당내 의사결정에 참여할 수 있게 하는 것이다.

카르텔정당 모델에 따르면, 카르텔을 형성하고 있는 정당들 간에는 초당적인 카르텔에 효과적으로 참여할 수 있도록 엘리트들에게 상당한 정도의 자율성이 부여되어 있거나 부여될 필요가 있다는 것이다. 카르텔정당 모델에서는 자율성을 획득하기 위해 당 지도자들이 활용할 수 있는 전략이 바로 평당원들에게 권한을 부여하는 것이라고 말한다. 정당 하부의 권력이 명목상으로라도 강화되는 것은 이념적 색체가 강하고 당 지도자들의 자율성에 실제로 도전할 수도 있는 중간층 활동가들(middle-level activists)의 권력을 대가로 한다.

따라서 카르텔정당 모델에서는 당 지도자들이 민주화 전략을 채택하도록 유도한다. 민주화 전략은 당 지도자들에게 더 큰 지렛대를 제공해주며, 이념적 색채가 강하고 조직적으로 견고한 활동가들의 영향력을 약화시킬 것이다. 이 전략의 근거는 보다 관심이 적은 평당원들이 인지도와 같은 요인들에 의해 쉽게 좌우될 수 있으며 그 결과 눈에 잘 띄는 당 지도부로부터 단서를 얻는 경향이 더 많다는 것이다. 메이어(Mair 1997, 148-150)는 이 전략을 다음과 같이 설명했다.

> 전개되고 있는 양상에서 다소 흥미로운 점은 원내 정당이 권한과 자율성을 더 많이 갖게 된다는 것이다. … 이와 동시에, 민주화가 진전됨에 따라 당원수가 감소했을지언정 평당원들은 더 큰 역할을 맡게 되고 있다. … 당내 민주화의 과정은 정당의 기층 조직이 아닌 개별 당원들 수준으로 확대되고 있다. 즉, 당 대의원대회, 중간층 엘리트 혹은 활동가들에게 권한이 부여되는 것이 아니라 "평"당원들에게 부여되고 있다. 이러한 평당원들은 더 다루기 쉬운 사람들로서, 당 지도부와 원내 정당이 제안하는 정책들(및 후보자들)을 지지하려는 경향이 있다. 실제로, 오늘날 우리는 이와 같은 경향을 가장 일반적으로 목격할 수 있다. … 민주화가 완전히 이루어진 정당은 원내 정당의 지배에 더 취약할 것이다.

이 전략으로 인해 당 지도자들의 권력은 약화되는 것이 아니라 유지되거나 강화될 것이며, 반면에 정당 결속력은 약화된다. 이 접근법에 따르면, 공천주체의 확대는 한 방향으로의 권력 이동을 초래한 것이 아니라 중간층(활동가들)의 권력을 희생시켜 위(지도자들에게로)와 아래(당원들에게로) 두 방향으로 동시에 권력을 이동시킨다.

이 전략의 가장 중요한 측면은 공천주체의 확대에도 불구하고 공천과정의 민주화가 교묘하게 당의 하층부에만 권한을 부여한다는 사실이다. 이와 같은 독특한 민주화가 지향하는 목표는 의원들을 지구당의 활동가들로부터 분리시켜 원내 정당에 집중할 수 있게 하는 것이다. 목표를 이룰 수 있다면 앞서 언급한 결과들을 피할 수 있을지도 모른다. 다시 말해서, 의회에서는 정당 응집성의 약화가 발생하지 않을 수 있다. 이 전략이 성공을 거둔 사례는 바로 토니 블레어가 이끌던 영국의 신노동당[4]이다.

요약하면, 카르텔정당 접근법에서는 공천권이 대의원들에게 있을 때 정당 결속력이 더 약하고, 당원 혹은 유권자와 같이 원자화 된 대중에게 있을 때 정당 결속력이 더 강할 것으로 예측한다. 명확하지는 않지만, 카르텔정당 이론가들은 앞서 공천주체 I 에서 제시한 접근법을 지지하는 학자들과 마찬가지로 공천권이 당 엘리트에게 있을 때 정당 결속력이 가장 높을 것으로 생각하는 듯하다.

층화조직정당 모델은 이와 같은 당내의 전개양상에서 한 걸음 더 나아간다. 층화조직정당 모델은 현대 정당 조직의 특성을 몇 가지 거론하면서 정당 내부의 관계에서 나타나는 새로운 패턴을 규정하고 있

---

4) [역자주] 영국의 신노동당(New Labour)이란 1990년대 중반부터 2010년까지 토니 블레어(Tony Blair)와 고든 브라운(Gordon Brown)이 당수로 활동하며 이끌던 시기의 노동당을 지칭한다. 신노동당의 주요 특징은 시장경제 등 보수당의 전통적인 이념을 일정 부분 수용하는 방향으로 당의 노선을 변경한 것이며, 그 사상적 기반은 앤소니 기든스(Anthony Giddens)의 '제3의 길(The Third Way)'이다.

다. 이 모델에 의하면, 개별 당원들의 의사결정권한이 확대되고 있으며 특히 중요한 직위에 대한 인사권이 강화되고 있다. 이와 동시에 정당일체감이 약화되었기 때문에 정당들은 기회주의적인 선거 전략에 더욱더 의존할 수밖에 없는 상황에 놓이게 되었다. 그 결과 정당은 종전보다 더 지도자 중심적으로 변모하면서도 동시에 내부적으로는 민주화 되었고, 지지 기반이 더 약화된 상황에서 개방성이 확대된 선거시장에 참가하여 경쟁을 치러야 하는 환경에 처하게 된 것이다. 과거의 정당들은 본질적으로 개인들이 권력을 얻기 위해 경쟁을 벌이는 위계적 조직이었다. 이 시기의 경쟁은 제로섬 게임으로서, 한 사람이 권력을 획득하면 다른 사람들은 그것을 잃게 되는 것이었나. 반면에, 지금의 정당들은 각각 분리된 층위들이 상당한 자율성을 누릴 수 있는 다층적 조직이라고 할 수 있다. 즉, 정당은 연방제와 비슷한 어떤 것 혹은 협력단체들 간의 네트워크가 되고 있다.

카티(Carty 2004)는 정당들이 프랜차이즈 시스템(franchise system)이 되었다고 주장했다. 이러한 프랜차이즈 시스템은 규모의 경제, 표준화의 효율성과 각 지역이 상품의 유통에 참여하는 것에서 비롯되는 이점을 결합한다. 권력을 획득하기 위한 제로섬 게임은 더 이상 존재하지 않는다. 즉, 권력은 광범위하게 공유되며, 서로 다른 하부단위들이 갖고 있는 자율성은 각 부분들의 상호의존성에 의해 제약된다. 카티(Carty 2004, 11-12)는 정치 현실과 다층적 층화조직정당을 경제학적인 시각에서 프랜차이즈에 비유하며 다음과 같이 설명한다.

> 대체로, 정당들은 정치적 스펙트럼에서 특정한 위치에 자리를 잡고 지지자들의 일반화 된 충성심에 주안점을 두는 하나의 브랜드를 만들어 유지한다. 정당의 중앙당 조직은 기본적인 생산 라인(정책과 리더십)을 제공하고, 주요 의사소통 라인(전국적인 캠페인)을 만들고 조율하며, 표준적인 조직 관리와 교육 및 재정 기능을 담당할 책임을 갖고 있다.

여당이 되면 중앙당은 당이 맡고 있는 통치 책임의 주요 부분을 담당한다. 지구당은 (지리적인 차원으로든 혹은 다른 방식으로든) 어떤 식으로 규정되든지 간에 대부분의 당원들에게 조직과 접촉할 수 있는 지점에 해당하며 일반적으로는 상품을 유통하는 일을 맡는다. 가령, 후보자를 발굴하고 지지할 수 있는 조직 만들기, 현장에서 표를 가져올 수 있는 선거운동 하기 등이 이에 해당한다. 전문화 된 하부단위들이 중간에서 매개하며 이러한 활동들을 지원할 수도 있다. 그러나 일단 제도화가 이루어진 후에는 모든 구성요소들이 각 요소들을 인정해야 하며 전체로서의 정당이 성공을 거두기 위해 필요한 거래의 한 부분으로서 권한과 역할의 상충관계를 받아들여야 한다.

정당의 조직상의 구성요소들이 갖는 기능적 자율성은 권력이 특정한 형태로 행사되는 것을 금지하지 않는다. 또한, 정책 개발이나 공천의 문제에 대하여 완전히 다른 해결방식이 나타날 수도 있다. 카티(Carty 2004)는 층화정당의 핵심에 프랜차이즈 계약이 있으며, 이것이 정당 내부의 조직을 규정한다고 주장했다. 프랜차이즈 계약은 자율적 권한과 책임의 관점에서 정당의 하부단위에 대해 기술한다. 즉, 이 계약은 권리 및 의무와 관련된 다양한 층위들 간의 합의사항이다. 계약을 통해 층화정당은 조직 내에서 당원들에게 (특히 공천에 대한) 권한을 더 많이 부여할 때 발생할 수 있는 결속력의 약화를 피할 수 있다. 당원들은 후보자를 공천하고, 의원들은 당의 노선을 따른다. 다시 말해서, 당원들과 의원들이 서로 함께 할 일은 딱히 없다.

따라서 카르텔정당 모델과 층화정당 모델은 개방성의 확대가 조직상의 측면에서 정당의 응집성을 약화시키는 결과를 초래하지 않는다고 주장한다(Scarrow 1999a; 1999b를 참고할 것). 그러나 두 모델 모두 당원의 권한이 상당할 때조차도 그 권한에는 명백한 제약이 존재한다는 사실을 강조하고 있다. 당원들에게는 정당 지도자들이 제시하는 단서를 따르려는 자발적인 의사를 가지고 있을 때 또는 총선에서 내세울 당의 정책적 입장에 대해 왈가왈부하지 않겠다는 의사를 지니고 있을 때 공천에 대한 통제권이 부여된다. 카티(Carty 2004, 19)는 다음과 같이 설명했다.

> 정당의 경선투표권자들은 더 넓은 정당 조직 내에서 층화된 권위의 분배에 의해서만 그들의 권력을 누린다. 따라서 캐나다, 아일랜드, 뉴질랜드에서 지구당의 당원들은 공천권이 복잡하고 포괄적인 프랜차이즈 계약의 일부분에 해당한다는 것을 잘 알고 있다. 프랜차이즈 계약에서 여러 조직 단위들은 기회를 얻기도 하지만 구조가 틀 지운 한계도 받아들여야 한다.

경험적 사례를 통해서 본 두 가지 접근법

아이슬란드, 이스라엘, 멕시코, 대만에서는 당내민주주의가 정당 결속력을 약화시켰다는 명확한 증거가 있지만, 다른 일부 국가들에서는 당내민주주의의 확대가 그러한 결과를 가져오지 않았다는 사실을 발견했다. 이제부터는 그 이유가 무엇인지를 이해하기 위해 사례들을 검토하고자 한다. 어떤 사례들에서 공천주체의 개방성이 확대되었음에도 불구하고 정당 결속력의 약화를 피할 수 있었던 요인은 무엇인가?

캐나다는 층화정당 모델에 관한 다수의 문헌들이 토대를 두고 있는 사례이다. 캐나다의 정당들은 지구당의 자율성을 중앙당의 응집성과 맞바꾸었다(Carty, Cross, and Young 2000; Carty and Eagles 2003; Cross 2004). 즉, 공천주체의 개방성이 확대되었음에도 정당의 응집성은 약화되지 않은 것이다. 이것은 지구당의 공천주체들이 후보자를 선택할 때 원내에 입성한 후에도 당의 노선을 잘 따를 것 같은 후보자들에게 공천을 주었기 때문이다. 맬로이(Malloy 2003)는 당원이라는 개방적인 공천주체의 유동성이 의원들의 충성심을 유지하는데 긍정적인 영향을 미칠 수 있다고 덧붙였다. 왜냐하면 선거구의 당원들이 유동적 이라는 것은 의원이 당의 노선에 반대하고 있는 상황에서 만일 도전자 가 더 많은 당원들을 입당시키는 일이 발생할 경우 더 이상 지구당 조 직의 지지를 기대할 수 없게 된다는 것을 의미하기 때문이다. 달리 말 하면, 캐나다의 사례는 더 민주화 된 공천과정을 보여주고 있지만, 이 러한 과정은 정당 응집성이 부족함에도 불구하고 원내에서의 강한 기 율에 대한 유인을 지닌 캐나다의 독특한 의원내각제에 의해 제약을 받 는다. 캐나다의 정치제도는 지리적으로 구분되는 정당의 지지 기반, 중앙당과 지구당 간의 복잡하고 상충적인 관계와 결합되어 다층적이 며 자율적인 층화조직정당을 만들어 냈다.

지리적인 차원이 사회정치적 균열의 밑바탕을 이루고 있는 다른 국 가들에서도 지구당이 중앙당의 결속력을 지지하는 캐나다의 모습이 반 드시 재현되는 것은 아니다. 벨기에의 정당들을 연구한 오블러(Obler 1970)는 심지어 지구당의 요구와 상충될 때에도 당의 노선에서 이탈하 지 않은 의원들 중에 종종 재공천을 받지 못한 경우가 있다고 한다. 오블러는 중앙당과 시·도당/지구당이 다른 이해관계를 가질 수 있는 벨기에의 복잡한 사회적 균열로 이를 설명하고자 했다.

볼라이어(Bolleyer 2009)는 카르텔정당 모델의 두 가지 동학은 바로 개방적인 당원 구조와 지구당에 의한 공천이지만, 이러한 동학이 정당 결속력의 유지와 조화를 이루기는 어렵다고 주장했다. 카르텔정당이 조직상의 측면에서 보이는 취약성은 정무직 임명, 후견주의(patronage) 와 같은 선별적인 편익을 통해 극복할 수 있다. 대표적인 사례가 아일 랜드 공화당으로서, 공화당은 정당 결속력을 유지하기 위해 여당일 때 에는 후견주의를 활용하고 야당일 때에는 당내 개혁을 이용한다.

정리하면, 이 절에서 공천주체에 관해 설명한 첫 번째 접근법은 의원들의 반응성과 당내민주주의의 구조적인 결과에 초점을 맞추는 반면, 두 번째 접근법은 카르텔정당 모델과 당내 권력 배분에 토대를 두고 있다. 첫 번째 접근법은 당내민주주의 때문에 정당이 유권자에게 반응성을 보이기 어렵다고 주장한다. 카르텔정당 모델에 주목하는 접근법은 몇몇 유형의 민주화를 당 엘리트가 당의 하부를 통제하기 위해 활용하는 도구로 이해한다. 두 가지 접근법은 정당 결속력에 대해 상반되는 함의를 갖지만, 반응성에 관해서는 둘 다 본질적으로 동일한 결론에 이르고 있다. 즉, 당내민주주의와 유권자에 대한 정당의 반응성은 상충된다는 것이다.

뿐만 아니라, 의원내각제를 다룰 때 정당 응집성 약화와 관련된 주장들을 군이 과장할 필요는 없을 것이다. 왜냐하면 의원내각제는 계속 집권할 경우 응집성이 상당히 높은 수준으로 유지될 수 있도록 고안된 제도이기 때문이다. 래니(Ranney 1968)가 주장한 바 있듯이, 결국 응집성에는 일군의 요인들이 영향을 미치며, 이 요인들의 근저에는 의원내각제가 있다. 의원내각제는 정당 결속력이 유지될 수 있도록 강한 유인을 제공한다. 따라서 우리는 정당 응집성의 약화에 관해서만 논의할 수 있을 뿐, 전체적인 변화에 대해서 논의할 수 있는 것은 아니다.

공천 개혁의 효과는 이스라엘의 유동적이고 발전 중인 정치체제, 아이슬란드의 접촉이 용이한 작은 정치체제, 대만과 멕시코의 신생 민주주의 체제에서는 즉각적으로 나타나는 반면, 유럽에서는 상당히 지체되어 나타나는 것처럼 보인다. 즉, 정치적 전통이 오래된 유럽의 큰 국가들에서는 첫 번째 접근법에서 설명한 것처럼 공천방식의 개방성을 확대하면서 기대했던 효과들이 아직 나타나고 있지 않다. 그러므로 우리는 화이틀리와 세이드(Whiteley and Seyd 1999)가 영국 보수당을 연구하여 지적한 바 있듯이 아직은 의원들의 독립적인 행태가 증가할 것 같은 조짐 정도만 발견할 수 있을 뿐이지만, 그럼에도 이러한 조짐이 실제로 현실에 나타날 가능성이 있다고 할 수 있다. 만일 (배타적인 공천주체가 예비심사를 하지 않는) 완전한 당내민주주의가 이루어진다면, 개방적인 공천주체에 의한 보상과 처벌의 체계가 향후에 응집성을 약화시킬 것이다.

뿐만 아니라, 공천방식의 개방성과 정당 응집성 간에는 선형적인 관계가 나타나지 않을 수도 있다. 즉, 정당의 응집성은 개방성의 정도에 따라 선형적으로 변화하는 것이 아니라 개방성의 수준이 어떤 임계점을 넘어섰을 때에만 유의미한 수준으로 약화될 수 있다. 다시 말해서, 정당의 응집성은 공천권이 당원이나 유권자에게 완전히 넘어갈 때 현저히 약화된다. 그러나 (공천방식이 다단계 방식과 가중 방식을 활용하는 경우에서처럼) 공천주체의 개방성이 좀 더 축소된다면, 정당 응집성은 지속될 수 있으며, 최소한 원내 정당의 기율을 유지할 수는 있을 것이다. 재공천을 받고자 한다면 (당 엘리트들이나 당 대의원들과 같은) 정당중심적 공천주체들을 만족시켜야 한다는 것을 잘 알고 있는 후보자들은 당원들이나 지지자들만을 상대해야 하는 후보자들에 비해 당의 노선으로부터 일탈하기가 더 어려울 것이다. 홉킨(Hopkin 2001, 358)은 영국과 스페인을 대상으로 공천과정에 당원들을 참여시킨 결과를 다룬 연구에서 "당 지도자들이 **보유하고 있는** 권한이 조직의 응집성을 보장한다."라는 결론을 내렸다.

— 분산화와 반응성: 약간의 추측

힉스(Hix 2004)와 베네데토와 힉스(Benedetto and Hix 2007)는 정당이 집중화 된 공천방식을 통해 의원들을 더욱 잘 통제할 수 있다고 주장했다. 시에버러(Sieberer 2006)는 의원내각제를 채택하고 있는 11개 민주주의 국가들을 연구하여 중앙당이 공천을 통제할 경우 정당의 결속력에 실질적인 영향을 미친다는 것을 발견했다. 시에버러의 연구에서 분산화는 이분변수로 측정되며, 라이스의 정당 응집성 지수(Rice 1925)[5]에서는 분산화 된 공천방식을 채택한 국가들이 96.65의 값을 갖는 것에 비해 집중화 된 공천방식을 채택한 국가들은 98.19의 값을 가져 조금 더 높은 것으로 나타났다.[6]

분산화 된 공천방식에서 정당의 결속력은 정당활동가들이 지구당의 이익과 중앙당의 노선에 모두 반응하는 후보자를 확보하기를 바란다는 것에 토대를 두고 있다. 다시 말해서, 지구당의 정당활동가들이 당의 노선을 따르고자 하므로 중앙당 수준의 결속력이 보장될 수 있는 것이다. 래니(Ranney 1965; 1968)는 영국에서 지구당이 공천을 통제하는 것의 의미를 소수의 지구당 활동가들이 중앙당 지도부를 위해 일하고 있는 것으로 묘사했다. 덴버(Denver 1988)도 분산화와 다소 배타적인 공천주체가 결합된 공천방식에서는 후보자가 될 수 있는지 여부가 지역구의 정당활동가들을 만족시키는지에 직접적으로 달려있다고 결론을 내렸다(Epstein 1960도 참고할 것). 엡스타인(Epstein 1977a, 17)은 호주 정당들의 사례에서도 이와 유사한 현상이 나타난다고 하면서 다음과 같이 언급한다.

---

5) [역자주] 라이스의 정당 응집성 지수(Rice Index of Party Cohesion)는 본회의 기명투표 기록을 이용하여 정당 응집성을 측정한다. 우선 각 법안에 대하여 당내 의원들의 과반수가 지지하는 입장에 찬성한 의원들의 비율과 당내 의원들 중 소수만 지지하는 입장에 찬성한 의원들의 비율 간의 차이를 구하여, 분석의 대상이 되는 법안들에 대해 그 값을 모두 더한 후에 법안의 건수로 나눈 값으로 표현된다(Rice, Stuart A. 1925. "The Behavior of Legislative Groups: A Method of Measurement." *Political Science Quarterly* 40(1): 60-72).

6) 그러나 다른 여러 학자들과 마찬가지로 시에버러(Sieberer 2006) 역시 자신의 측정방식에서 분산화와 공천주체의 개방성을 결합하였다는 점을 유의할 필요가 있다.

지구당의 활동가들은 … 자신들처럼 당의 노선을 잘 따르는 것으로 알려진 후보자를 공천함으로써 당의 노선을 강화하려는 경향을 보인다. 중앙당이 충성스러운 후보자를 공천하거나 그렇지 않은 후보자를 탈락시키라고 지구당 활동가들에게 지시할 필요는 없다. 열성당원들은 자신이 당의 노선 강화에 도움이 되기를 원하며, 그렇게 하는 방법은 당선가능성과 함께 당에 대한 충성심도 고려하여 후보자를 공천하는 것이다. … 이러한 식의 통제는 의회 내에서 응집성 있는 당론투표에 의존하는 체제의 구성요소에 해당하는 것으로 보인다. 당론을 거스르는 의원들이 미국식의 직접 예비선거에서 투표자들에게 지지를 호소할 수 있도록 하는 것은 원내의 응집성 있는 투표행태를 위협할 수 있다.

로버츠(Roberts 1988, 113)는 이와 비슷한 사례로 독일을 들면서 "지구당, 시·도당의 엘리트가 공천(특히 후보자명부의 선택)에 미치는 영향력은 당의 기율을 강화한다."라고 주장했다. 다시 말하면, 모든 사례들에서 강조하고 있는 대상은 지구당의 **엘리트**이다. 분산화가 확대된다고 해서, 공천주체의 개방성이 가장 커진다고 할 수는 없다.

크리스프와 동료 연구자들(Crisp et al. 2004)은 대통령제를 채택하고 있는 6개국을 연구하여 중앙당 지도부가 공천에 영향을 미칠 수 있다면 의원들을 통제할 수 있으며, 이러한 현상은 선거구의 크기와 무관하게 나타난다는 사실을 파악했다. 다시 말해서, 분산화와 정당의 공천에 대한 통제력 사이에는 아무런 관계가 없다는 것이 밝혀졌다. 후보자격요건의 부과, 공천주체의 개방성 제한, 지명제의 대상 확대 등을 통해 정당이 통제력을 유지할 수 있는 한, 정당 결속력과 그것이 반응성에 미치는 영향력은 분산화에 의해 아무런 영향을 받지 않는다.

그러나 크리스프와 동료 연구자들(Crisp et al. 2004)은 중앙당의 지도자들이 공천에 대한 통제권을 유지하지 못하는 경우에서 분산화와 정당의 결속력 간의 관계를 살펴봤다. 배타적**이고** 집중화 된 공천방식에서는 의원들이 일반적인 법안의 발의(national legislation)에 주목하는 경향이 나타난 반면, 개방적이고 분산화 된 공천방식에서는 의원들이 지역구 이익에 관한 입법활동(private legislation)에 초점을 맞추는 경향이 나타났다. 즉, 공천이 다른 차원들에서도 역시 변화한다면, 집중화 된 방식에서 분산화 된 방식으로의 변화는 정당의 결속력과 전체적인 정당투표자들에 대한 반응성을 약화시킬 것이다. 엡스타인 (Epstein 1980)은 미국 정당들에서 나타나는 낮은 결속력과 지역구에 초점을 맞춘 반응성은 분산화뿐만 아니라 정당조직의 전반적인 취약함 때문이라고 지적했다.

요컨대, 재공천을 받고자 하는 열망이 있는 의원들은 자신의 공천에 관여하는 공천주체를 만족시키기 위해 반응성을 보일 것이다. 공천의 분산화는 지구당의 압력과 중앙당 지도부의 압력 사이에서 갈등을 초래할 수 있다.[7] 정당은 공천의 다른 차원들을 활용하여 이러한 상황을 통제할 수도 있지만, 일부 차원들에서 정당의 통제력이 "약하다"면, 정당 결속력과 정당의 반응성이 위태로워질 수 있다.

아르헨티나에는 개방적이고 분산화 된 공천방식을 활용하고 있음에도 여전히 정당의 결속력이 유지되고 있는 흥미로운 사례가 존재한다. 존스(Jones 2008)와 셜리스(Scherlis 2008)는 그 이유를 후견주의(patronage)로 설명한다. 의원들이 당에 충성하는 이유는 차후의 정치적 직위를 위해 시·도당과 중앙당의 지지를 얻거나, 원내에서 지지를 해주는 대가로 주지사 또는 대통령으로부터 지역구에 도움이 되는 자원을 확보하기 위해서이다. 아르헨티나의 사례는 후견주의(또는 부정부패)로 인해 정당(또는 당 지도자)이 매우 개방적이고 분산화 된 공천방식

---

7) 지구당 수준, 시·도당 수준, 중앙당 수준의 세 가지 수준으로 구분될 수도 있다. 가령, 아르헨티나에서 의원들이 주로 반응성을 보이는 대상은 전국이나 기초단위 수준이 아니라 광역단위 수준이다. 의원들은 대통령과 직접 거래를 하여, 광역단위 수준에서 혜택을 받는 대가로 대통령에게 유리하게 표결을 하기도 한다(Jones 2002; 2008).

을 사용하면서도 당의 기율을 유지할 수 있다는 것을 보여준다.

가벨과 쉐베(Gabel and Scheve 2007)는 한 가지 흥미로운 주장을 제기한다. 배타적이고 집중화 된 공천방식은 정당 내부(당 지도자들과 활동가들 간)의 입장을 분화시켜 정당 응집성에 부정적인 영향을 미친다. 반면에, 개방적이고 분산화 된 공천방식은 정당의 선호를 수렴하여 이념적 응집성이 강화되도록 하는데, 왜냐하면 이 방식에서는 당 지도자들이 활동가들과 평당원들 모두의 지지를 확보해야 하기 때문이다. 그러나 이와 같은 발견은 의원들의 입장에서만 나타날 뿐, 응집성의 차이가 실제 의원들의 행태로 반드시 전환되는 것은 아니다. 먼저, 배타적이고 집중화 된 공천방식의 사례에서는 정당이 원내의 기율을 강요함으로써 정당 응집성이 낮은 상황을 극복할 수 있다. 그 다음으로, 개방적이고 분산화 된 공천방식의 사례에서는 중앙당과 지구당의 이해관계가 충돌할 때 정당이 원내의 기율을 효과적으로 강요할 수 없게 될 것이다. 이는 분산화가 반응성에 중요하지만 분산화의 영향력은 공천의 다른 차원들에 의해 상쇄되거나 악화될 수도 있다는 우리의 주장과 부합한다.

─ 지명제와 경선제가 반응성에 미치는 영향

앞서 언급한 바와 같이, 지명제-경선제의 차원은 대부분의 기존 문헌들에서 다루고 있지 않다. 그러므로 여기서 우리는 이론적인 측면에서 합리적인 전제를 바탕으로 논의를 전개하고자 한다. 지명제-경선제의 영향력을 공천주체의 개방성 수준에 의한 영향력과 분리해내는 것이 간단치 않다는 점도 알고 있을 필요가 있다. 다시 말하면, 소규모의 배타적인 공천주체에서는 필연적으로 지명제가 활용되는 반면, 공천주체가 수십 명 이상의 공천권자들로 구성되는 더 개방적인 상황에서는 반드시 경선제가 활용될 필요가 생긴다.

지명제란 공천의 권한이 소규모의 그룹에 집중되어 있다는 것을 의미한다. 이 그룹은 숙의를 거쳐 그 정당의 후보자팀을 공천하는데, 이 팀의 구성원이 되면 재공천을 받기 쉬워진다. 지명제에서 정당은 공천을 통제하고 응집성을 강화할 수 있는 좋은 기회를 갖게 되며 공천을 당의 기율을 강화하기 위한 수단으로도 활용할 수 있다. 이러한 경우, 가장 우선시되는 것은 정당중심적 반응성이며, 후보자중심적 반응성은 뒷전이 된다. 정당중심적 반응성이 갖는 정확한 속성은 정당의 속성에 달려있다. 만일 정당이 다원주의적이고 개별 구성원들의 집합으로서의 속성을 갖는다면, 응집성 있고 통합적인 후보자팀은 숙의와 타협의 산물일 것이다. 반면에, 정당이 지도자 중심의 속성을 갖는다면, 정당 응집성은 당 지도자가 조직을 통제하고 있는지를 나타내는 신호일 것이다.

경선제를 도입하고 있을 경우에는 결과를 조정하고 통제하는 것이 훨씬 더 어려워진다. 경선제와 후보자중심적 반응성 간의 연계는 분명하다. 즉, 경선제에서만 참가자들 간에 공개적인 경쟁이 이루어진다. 후보자들이 공천을 받기 위해 당내 경선이라는 경쟁에 참가하는 상황에서는 정당중심적 반응성보다 후보자중심적 반응성을 강조할 것이 당연하다. 캐리와 슈가트(Carey and Shugart 1995)의 표현을 바꾸어 말하자면, 경선제는 후보자들이 서로 간에 차별성을 보이고 정당으로부터도 차별화함으로써 "후보자의 지지표"를 확보하는데 주력하게 하여 정당중심적 반응성보다 후보자중심적 반응성을 중시하게 한다.

상이한 경선제도는 반응성의 측면에서 서로 다른 결과가 나타날 수 있음을 의미한다. 다단계 방식에서는 1단계 방식에 비해 정당조직이 공천을 관리할 수 있는 기회를 더 많이 갖게 된다. 후보자가 1명씩 또는 소수로 차례대로 선정될 경우에는 괴짜(maverick) 후보자가 당선 가능성이 높은 후보직을 얻는 것은 더 어렵다. 그러나 모든 후보자가 한 번에 선정된다면, 그러한 후보자가 공천을 받게 될 가능성이 더 높아질 것이다.

그러나 상이한 경선제도가 반응성에 미치는 영향이 구체적으로 어떻게 다른지를 파악하는 것은 간단치 않다. 한편으로는, 다수제가 응집성과 기율을 확보하기 위한 이상적인 도구가 될 수 있다. 왜냐하면 이전에 공천을 받은 적이 있는 후보자가 재공천을 받기 위해서는 다수의 지지를 확보할 필요가 있을 것이기 때문이다. 반면에, 비례성이 높은 경선제도에서는 소수자를 대표하는 후보자가 당선가능성이 있는 후보직을 얻을 수 있고 그리하여 정당 내부의 다원주의가 확산될 수 있으며, 그 결과 정당 응집성은 약화될 수 있다. 다른 한편으로는, 다수제에서는 승자독식이 발생하는데, 다수파가 당선가능성이 있는 후보직을 독점하여 정당의 분열을 초래할 수 있다. 반면에, 비례대표제에서는 집단들 간의 차이를 정당 내부에서 조정할 수 있게 해준다.

모든 경선은 본질적으로 경쟁을 발생시킨다. 그러나 몇 가지 선호투표제의 방식들에서는 경쟁을 과열되지 않게 하는 유인을 제시할 수 있다. 예를 들면, 제5장에서 다룬 "복잡한" 점수제는 후보자들이 공조하거나 최소한 다른 후보자의 지지자들을 배제하지 않을 유인을 준다. 왜냐하면 다른 후보자의 지지자들로부터 낮은 순위의 선호라도 확보하는 것이 이익이 되기 때문이다. 요컨대, 어떤 경선제도는 당내 경쟁을 잘 다룰 수 있으며, 따라서 정당 응집성을 손상시킬 수 있는 정당 내부의 긴장을 덜 조성하게 된다.

정리하면, 우리는 지명제와 경선제는 대체로 상반되는 관계에 있다고 주장한다. 지명제는 정당중심적 반응성을, 경선제는 후보자중심적 반응성을 촉진할 가능성이 크다. 그러나 정당중심적 반응성과 개인중심적 반응성 중 어떤 것이 더 클지는 경선제의 구체적인 속성 혹은 지명제의 범위에 의해 영향을 받을 수 있다.

― 정당의 재정

개방적인 예비선거의 주요 지지자들은 당 지도부와 정당조직이 갖고 있던 공천권의 박탈을 목표로 하고 있다는 점을 기억할 필요가 있다(Duverger 1954; Ware 2002). 그들이 간과한 것은 공천방식의 개방성이 확대될수록 의원들은 정당 외부의 압력에 더 많이 노출될 것이라는 점이다. 공천주체가 대규모, 무정형의 특성을 갖게 되면, 의원들은 그러한 공천주체에 접근하기 위해 필요한 자원을 제공해줄 이에게 반응성을 보이게 될 것이다. 개방적인 공천주체에서는 사람들이 너무 많고 또 그 사람들은 계속해서 들락날락할 것이기 때문에, 개별 당원들은 반응성의 대상이 될 수 없다. 불안정하고 대규모의 경선투표권자들과 직접 접촉하는 것은 비현실적이거나 불가능하다. 후보자들은 그러한 공천주체에 접근하거나, "비용을 지불하고" 언론을 통해 직접적으로 호소를 하거나, 선거전문가들을 고용하여 간접적으로 호소를 하기 위해 자금을 필요로 할 것이다. 공천주체의 개방성이 확대될수록 자금의 중요성은 더욱더 커진다. 브록스와 기어진스키(Breaux and Gierzynski 1991, 439)는 미국의 매우 개방적인 공천방식을 다룬 연구에서 다음과 같이 주장했다.

> 선거비용은 주의회 예비선거에서 중요한 결정요인이다. 주의회 예비선거에서 승리하고자 하는 예비후보자들은 더 많은 자금을 지출하여 자신의 득표율을 높이거나 경쟁자의 득표율을 낮출 수도 있다.

현역의원은 예비선거에서 많은 이점을 누릴 수 있는데, 예비선거에서 현직의 이점은 엄청나며, 그다음으로 중요한 요소가 자금이다. 특히 자금은 현역의원에게 도전하는 도전자에게 중요하다. 실제로, 현역의원은 선거자금을 모으기가 더 수월하기 때문에, 개방적인 공천주체에서는 현직의 이점과 자금의 효과가 결합하여 좀처럼 패배하지 않는 상황이 발생한다(Goodliffe and Magleby 2001). 이러한 현상은 미국에서만 나타나는 것이 아니다. 예를 들면, 존스(Jones 2008)와 쉴리스(Schrlis 2008)는 아르헨티나에서 예비선거 승리와 재정적, 물적 자원의 확보 사이에 관련이 있음을 지적했다.

공천에서 정치자금이 영향력을 갖는다는 것은 새로운 이슈는 아니며, 정당들은 이미 이 문제를 수십 년 동안 다뤄왔다. 영국 보수당에서는 지구당 조직과 선거운동에 정치자금을 제공하는 대가로 지역구 후보직을 "사는 것"이 오래된 관행이었는데, 이러한 관행은 1948-1949년에 정당 재정에 관한 맥스웰 파이프 보고서(Maxwell Fyfe Report)가 문제를 제기하면서 사라졌다. 노동당에서도 비슷한 현상이 나타나고 있었지만, 1957년에 발행된 윌슨 보고서(Wilson Report)로 인해 그 이후에는 후보자 개인의 정치자금 확보를 제한했다(Norris and Lovenduski 1995; Ranney 1965). 독일에서는 1967년에 정당법에서 이익집단이 정치자금 기부를 통해 당선가능성이 높은 후보직을 매수하는 것을 금지했다(Roberts 1988). 캐나다 자유당은 2000년에 처음으로 당내 경선 자금 문제를 다루었으며, 이때 경선 비용의 상한액을 설정하고 지출내역을 보고하도록 하는 당규를 제정하였다(Carty and Eagles 2003). 이스라엘에서는 1992년에 정당 예비선거를 도입하면서 당내 경선 자금에 대한 규정을 만들었다(Hofnung 1996a; 1996b). 그러나 당내 경선에 대한 규제가 강화되고 경선 자금도 증가하고 있음에도 불구하고, 여전히 대부분의 국가들에서는 경선 자금에 관한 유의미한 규제는 턱없이 부족한 실정이다(Hofnung 2008).

호프눙(Hofnung 2006; 2008)은 선거자금을 연구하고 있다. 그는 대부분의 사례에서 국고 보조금이 교부되고 있고 총선에서는 선거공영제가 규범으로 정착되어 있지만, 당내 경선에서는 경선 비용에 대한 공영제가 실시되지 않으며 경선 비용은 규제의 대상이 아니거나 대상일 경우에도 충분한 규제를 받고 있지 않다고 주장한다. 경선 비용 공영제가 실시되지 않고 있기 때문에 예비후보자들은 공천을 받을 확률을 높이기 위하여 자금을 대줄 사람을 사적으로 구해야 한다. 또한, 당내 경선 비용에 대한 별다른 규제가 없으므로 총선 시기의 정치자금 제공자보다 당내 경선의 정치자금 제공자에게 보다 높은 반응성을 보일 수 있다. 이에 대해서 호프눙은 미래가 어떻게 되든지 간에 일단 미심쩍은 출처로부터 자금을 지원받고자 한다고 표현한 바 있다.

당내 경선 자금에 관한 연구는 부족한 편이며 이 책의 초점과도 조금 거리가 멀다. 그럼에도 불구하고 중요하게 언급할 필요가 있다. 정당의 재정, 특히 당내 공천과정에서의 경선 자금 문제는 반응성에 엄청난 영향을 미친다. 현행 정치자금법에 빈틈이 있거나 애초에 그런 법이 존재하지 않는다면, 의원들은 정당이나 정당투표자들의 이익과는 상당히 동떨어져 있는 정치자금 제공자들의 이익을 보장하는 것에 매달리게 될 수 있다. 당내 경선 자금이 부정적인 영향을 미치는 극단적인 사례는 반응성의 주객이 전도되는 것 즉, 부정부패이다. 따라서 당내민주주의와 반응성 간의 관계는 정치자금이 공천에 미치는 영향에 특히 주목할 필요가 있으며, 이는 공천방식의 개방성이 확대될수록 더 중요해진다.

─ 민주화, 숙의, 반응성

반응성에 부정적인 영향을 주지 않으면서 당내민주주의를 제고하는 것이 목표라면, 대규모의 공천주체에서도 여전히 숙의가 이루어질 수 있다는 희망이 있어야 한다. 대규모의 유동적인 당원들은 예비후보자들과 토론할 수 없고, 그들의 태도를 평가할 수 없고, 주요 이슈들에 대한 그들의 입장을 확신할 수 없는 상황에서는, 공천을 받은 후보자들이 어떻게 반응해야 할지를 어찌 알 수 있겠는가? 다시 말해서, 만일 미성숙한 대규모의 경선투표권자들이 피상적인 방식으로 결정을 내린다면, 당내민주주의와 관련된 또 다른 문제에 봉착하게 될 뿐 아니라 의원들이 경선투표권자들에게 반응하기가 더욱 어려워질 것이다. 안타깝게도, 현실은 그러하다.

크리들(Criddle 1984, 229)은 영국 사회민주당에서 도입한 공천방식은 우편투표를 통해 1당원 1표제를 실시하는 매우 개방적인 것이었는데, 처음에는 이상주의적으로 실시되었으나 점차 현실을 깨닫게 되었다고 주장했다. 그가 내린 결론은 다음과 같다.

> 공천회합에 참석하지 않은 다수의 당원들은 예비후보자와 접촉하지 못한 상태에서 후보자의 정치적 능력은 고려하지 않은 채 후보자의 인지도에 기초하여 투표하거나(타 지역 출신이 더 적합하더라도 해당 지역 출신에 투표함) 형식적인 후보자격요건 및 후보자에 대한 평판에 기초하여 투표하는 경향을 보였다.

카르텔정당의 대표적인 사례는 영국이다. 한편, 층화조직정당 모델의 밑바탕이 되는 사례는 캐나다이다. 그러나 여기서도 크로스(Cross 2004)는 예비선거에서 숙의가 이루어지지 않고 있다고 주장한다. 즉, 예비선거에 참여하는 사람들 중 다수가 후보자의 가족이거나 친구이며, 이들은 다른 예비후보자들의 의견은 귀 기울여 듣지 않고 오직 자신이 지지하는 예비후보자에게 표를 던지기 위해 예비선거에 참여한다. 다시 말해서, 그들이 예비선거에 참여하는 이유는 선택을 하기 위함이 아니라 단지 표를 보태주기 위함이다.

공천주체의 규모가 큰 상황에서는 공천을 받은 후보자는 정당 외부의 매개자들에게 반응성을 보이려는 강한 유인을 가지고 있다. 민주주의 국가들은 총선에서 강력한 이익집단들이 과도하게 영향을 미치는 비슷한 상황에 처하게 되지만, 민주주의 국가에는 정당투표자들의 이익을 집약하는 정당이 존재한다. 또한, 정당 간 수준에서는 경제적 이해관계가 정치에 과도한 영향을 미치지 못하도록 하기 위하여 국고보조금과 규제가 활용된다. 국가와 달리, 정당은 그러한 도전을 관리할 역량을 가지고 있지 않다. 게다가, 국가 수준에서의 정당에 대한 규제는 정당조직의 약화를 불러올 수 있다(이러한 모습은 미국의 개별 주들에서 법으로 당내의 공천 문제를 규제한 경험에서 드러난 바 있다). 이로 인해 정당은 외부의 영향력에 더 많이 노출되며 정당 외부의 매개자들의 역할이 강화된다.

요약하면, 앞서 공천주체에 관한 절에서 설명한 두 가지 대안적 모델의 차이에도 불구하고, 당내민주주의는 통제력의 상실 또는 통제권의 이동을 초래한다. 그러므로 당내민주주의와 반응성 간에는 분명한 연관성이 존재한다. 만일 당내민주주의의 제고가 통제력 상실로 이어진다면, 정당과 그 정당의 의원들은 정당의 공천주체나 정당투표자들에게 반응성을 보이기가 더 어려워질 것이다. 마찬가지로, 당내민주주의가 통제권의 이동 정도만을 초래할지라도 권한을 부여받은 대규모의 당원들이 숙의를 할 수 없는 상황이라면, 통제권의 이동은 반응성의 측면에서 볼 때 대가를 지불하게 될 것이다. 당내민주주의는 정당 간 민주주의와 동일한 것이 아니며, 다른 방식으로 취급할 필요가 있다. 이에 대해서는 마지막 장에서 언급하고자 한다.

제10장
공천과 정당, 그리고 민주주의

민주주의 이론에서 선거라는 행위는 매우 중요한 위치를 차지한다. 그러나 이론가들과 경험적 연구를 수행하는 학자들은 선거라는 게임이 정당 간, 정당 내의 두 가지 차원에서 이루어진다는 것을 종종 간과하곤 한다. 참여, 대표성, 경쟁, 반응성과 같은 민주주의의 구성요소들은 정당 간의 선거와 정당 내의 공천이라는 두 차원에서 이해되고 실현되어야 한다. 연장선상에서, 국가 수준과 당내 수준 간의 관계에 대해서는 다음과 같은 근본적인 질문들을 제기해볼 수 있다. 민주주의 규범을 달성하고자 한다면 국가 수준과 당내 수준에 유사한 장치와 규칙을 적용해야 하는가? 아니면, 동일한 민주주의 규범을 추구하더라도, 각기 다른 장치를 이용하면서 당내 수준이 국가 수준의 부족한 부분을 보완할 수 있도록 해야 하는가?

(특히 신생 민주주의 국가들에서) 민주주의의 확립과 유지에 관심이 있는 상당수의 비정부기구(NGO)들은 대체로 정당, 특히 공천 문제에 관심을 두고 있다. 이러한 비정부기구들 중 다수는 국가 수준의 민주주의가 필요로 하는 것은 내부적으로 민주화 되고 민주주의를 제도화 한

결사체들이라고 생각한다. 이러한 관심은 정당에 관해서 특히 두드러 졌는데, 많은 비정부기구들이 당내 민주주의에 몰두한 것에서 잘 드러 난다. 그러나 비정부기구들이 당내민주주의에 대하여 지니고 있는 입 장은 단순하지 않다. 즉, 비정부기구들은 공천에서 나타나는 민주주의 의 수준이 어떠한지를 참여의 측면으로만 평가해야 한다고 생각하지 는 않는다. 이들 비정부기구들이 지난 10년간 작성한 보고서들은, 그 들이 당내민주주의를 추구하고 있기는 하지만, 당내민주주의와 관련된 딜레마, 상충관계, 위험 등도 인식하고 있음을 명확히 보여준다. 가령, 민주주의를 지향하는 비정부기구 소속의 활동가들과 학자들 간에 이 루어진 대회의 결의문은 이를 반영하여 다음과 같이 언급한다. "당내 민주주의는 흔히 말하듯이 [궁극적인] 목표는 아니지만, 사회의 민주 주의 발전과 국가에 긍정적인 영향을 미칠 것이다. 동시에, 당내 민주 주의는 다소간의 위험을 수반할 수도 있다."(Netherlands Institute for Multiparty Democracy 2007, 6).

우리는 당내민주주의에 대한 열망을 공유하고 있을 뿐만 아니라, 당내민주주의가 초래하는 딜레마와 위험도 인식하고 있다. 그러므로 우리는 공천방식이 민주주의에 기여하는 정도를 평가하기 위한 보다 폭넓은 시각을 제안한다. 이전의 장들에서 제시한 공천방식과 그 정치 적 결과에 대한 분석틀을 바탕으로 다음의 질문을 다시 검토해볼 수 있을 것이다. 어떤 공천방식이 민주주의에 보다 도움이 되는가? 하지 만 이 물음에 답을 하기에 앞서 우리는 "민주주의에 도움이 되는 것 (serving democracy)"이라는 구문이 의미하는 바가 무엇인지 명확히 할 필요가 있겠다.

— 공천은 민주주의에 어떻게 도움이 될 수 있는가?

어떤 특정한 공천방식이 과연 민주주의에 도움이 되는가에 대한 평가를 내리기 위해서는 다음의 세 가지 질문에 대한 답이 이루어져야 할 것이다.

1. 이 공천방식은 민주주의 규범(참여와 경쟁)을 구현할 수 있는가? 그리고 이 공천방식은 민주적인 결과(대표성과 반응성)를 산출해내는가?
2. 이 공천방식은 권력 분산이라는 자유주의 규범에 도움이 되는가?
3. 이 공천방식은 민주주의의 작동에 중요한 조직인 정당의 전반적인 질 (the general health of the party)을 향상시키는가?

1번 질문과 2번 질문은 (자유)민주주의와 관련하여 현재 널리 공유되고 있는 일반적인 견해를 다루고 있지만, 3번 질문은 특히 정당의 질과 정당조직의 기능에 초점을 두고 있다. 지금부터 우리는 이 세 가지 측면들 각각에 대하여 면밀히 검토할 것이다.

민주주의 규범 및 민주적인 결과

민주주의가 특정한 규범들에 의해 작동되며 특정한 결과들을 산출하는 하나의 체제라면, 공천방식이 제2부의 밑바탕을 이루고 있는 민주주의의 네 가지 기본요소들 즉, 참여, 대표성, 경쟁, 반응성을 증진시킬 경우 우리는 그 공천방식을 민주주의에 도움이 되는 것으로 간주해야 한다. 이 네 가지 요소는 민주주의의 가장 기본적인 개념들에서 드러난다. 즉, 민주주의는 모든 시민이 자신의 이익과 가치를 보다 잘 대표하는 후보자와 단체를 선택하는 일에 참여할 수 있는 체제이다.

이러한 후보자들은 시민들의 지지를 받기 위해 서로 경쟁하며, 유권자들은 당선자가 취임한 이후에도 자신의 요구와 불만에 반응성을 보일 것으로 기대한다. 참여와 경쟁은 민주주의의 최소주의적 정의를 구성하는 두 가지 기본적 규범이며(Schumpeter 1943),[1] 대표성과 반응성은 민주주의 체제와 관련된 두 가지 결과이다. (이념차원의 그리고 인구사회학적) 대표성은 현대 대의민주주의의 핵심요소이며, 또한 대의민주주의 이론에서는 선출된 대표자들이 각 유권자들(공천주체들)에게 반응할 것이라고 예상한다.

이러한 관점에서 보자면, 더 민주적인 공천방식이란 민주주의의 **네 가지 차원을 모두** 충족시키는데 도움이 되는 방식일 것이다. 네 가지 차원은 높은 수준의 유의미한 정치적 참여, 관련된 사회집단들과 다양한 의견들의 대표, 정당의 후보자명부 상에서 당선 가능성이 있는 순번 혹은 지역구를 둘러싼 실질적인 경쟁, 당선자(혹은 후보자)가 대중의 요구와 불만에 반응하도록 압력을 가하는 유권자와의 연계를 말한다 (Rahat 2009).

그러나 이 책의 제2부에서 살펴봤듯이, 참여의 개방성 확대라는 규범이 달성될 경우 오히려 대표성이 약화될 수도 있고, 경쟁이 저하될 수도 있으며, 반응성의 패턴이 왜곡될 수도 있다. 이는 기본적인 규범들을 고수하면서 동시에 필요한 결과들도 산출해낼 수 있는 하나의 이상적인 체제를 강구할 수 없음을 의미한다. 현실적으로 우리가 할 수 있는 바는 민주주의의 네 가지 차원들이 최적의 균형을 이룰 수 있는 체제를 찾는 것이다.

---

1) 민주주의 개념에 대한 검토는 반하넨(Vanhanen 1990, 7-11)을 참고할 것.

권력의 분산

민주주의를 바라보는 다른 어떤 시각은 정치권력을 아주 의심스러운 것으로 간주한다. 이 관점이 가장 중요한 목표로 상정하고 있는 것은 특정한 규범의 고수 및 특정한 결과의 산출이 아닌, 권력의 제한이다. 이 시각은 정당 내부의 맥락에서 미헬스(Michels 1915)의 "과두지배의 철칙(iron law of the oligarchy)"[2]이 구현되지 않도록 하는 것을 주요 목적으로 한다. 즉, 이 관점에 따르면 민주주의의 핵심은 권력 분산이다. 공천이 1인 지도자 내지 소수의 엘리트들에 의해 이루어지는 것은 분명히 바람직하지 않은 일이다. 그러나 우리는 미헬스의 논리가 (지구당 수준이든 혹은 중앙당 수준이든 간에, 또는 개방성이 매우 크든 혹은 매우 작든 간에) **어떠한 형태의** 단일한 공천주체만 활용하는 것은 지양하도록 하고 있음을 분명히 하고자 한다. 우리는 어떤 하나의 공천주체를 신뢰하기보다는 비민주적인 폐단의 발생을 예방하기 위해 복수의 공천주체들 간에 견제와 균형을 만들어낼 필요가 있다. 정리하면, 단일한 공천주체로 권력을 집중시키지 않고 복수의 정치행위자들에게로 권력을 분산시킨다면, 그러한 공천방식은 민주주의에 도움이 될 수 있을 것이다.

---

2) [역자주] 미헬스는 과두지배의 철칙에 대하여 다음과 같이 정리한다. "정치무대에서 활동하는 규율화 된 결집체가 성장하면 그에 따른 전술적, 기술적 문제가 필연적으로 과두적 지도부를 요청한다는 것이다. 정당이라면 피할 수 없는 그 사회학적 기본 법칙을 간략하게 공식화하면 대략 다음과 같다. 선출된 자가 선출한 자들을 지배하고, 수임자가 위임자를 지배하며, 대의원이 대의원을 선출한 사람들을 지배하도록 하게 만드는 것은 조직 그 자체이다. 다양한 형태의 민주주의에서 과두 체제가 형성되는 것은 '유기적인' 과정이다. 다시 말해 그것은 사회주의적인 조직이든 아나키즘적 조직이든 할 것 없이, '모든' 조직에서 필연적으로 나타나는 경향이다. … 따라서 모든 정당 조직은 민주적 토대 위에 선 강력한 과두정이다."(미헬스. 2015. 『정당론』. 개정판. 김학이 역. 한길사. 509).

정당의 질

정당은 현존하는 민주주의 체제의 필수요소이다. 공천은 정당에 기회와 도전을 동시에 부과한다. 즉, 공천은 충성스러운 열성당원들에 대한 보상으로 주어지는 기회인데, 그들은 정당의 후보자로 누가 공천될지에 영향을 미칠 수 있을 뿐만 아니라 직접 후보자로 공천을 받을 수도 있다. 정당은 당원들이 공천 외의 활동에도 더 활발하게 참여하도록 장려하기 위해 특권을 배분할 수 있는 권한을 보유하고 있어야 한다. 즉, 공천은 정당이 당원들에게 선별적 인센티브를 제공하여 그들의 자발성을 유지하거나 높일 수 있는 기회이다. 오랜 시간 동안 충성심을 보인 활동가들의 특권과 일시적이고 충심심 없는 신규 당원의 특권이 같아질 경우, 정당 내부의 차등적 보상체계에는 결함이 발생하게 된다. 한편, 공천은 정당에 도전이 되기도 한다. 왜냐하면 공천이 통제되거나 강제되지 않을 경우 당내 경쟁을 위한 정당의 동원 능력에 해를 입힐 수도 있고 심지어 탈당과 분당을 초래할 수도 있는 당내 갈등이 내재되어 있기 때문이다. 왜냐하면 공천은 당내 갈등과 연관되어 있는데, 당내 갈등이 규제되거나 제약되지 않으면 정당 간 경쟁에서 당의 모든 자원을 동원할 능력에 해를 끼칠 수도 있고, 심지어는 탈당과 분당을 초래할 수도 있기 때문이다.

정당이 민주주의에 아주 중요한 기구이며 정당의 질이 민주주의의 질 전반에 아주 중요한 것이라면, 이는 공천이 정당에 해를 입히지 않고 결국 민주주의 체제의 질 전반에도 해를 입히지 않아야 한다는 점이 핵심임을 의미한다. 가령, 어떤 정당이 더 민주적인 공천방식(즉, 개방적인 예비선거)을 채택하여 정당활동가들의 영향력을 약화시킨다면 정당에 해를 입힐 수 있다. 왜냐하면 정당활동가들이 소외를 당할 경우 정당은 선거가 가까워져도 의지할 사람이 아무도 없게 되며 그리하여 자원봉사자들을 모집하여 선거운동을 치러야 하기 때문이다. 이러한 과정을 거치면서 정당은 공천이 더 이상 정당 내부의 문제만이 아니며 정당 외부의 행위자들로부터 과도한 영향을 받고 있다는 사실을 깨닫게 될 수도 있다. 한편, 하나의 파벌이 지배하고 있으며 그 결과 당선 가능성이 있는 후보직을 독점한 어떤 정당에서는 당내 소수파를 궁지로 몰아 분당하게 하여 다른 정당들과 경쟁해야 하는 총선에서 해를 입게 될 것이다. 정리하면, 정당은 당원들에게 보상을 줄 수 있는 능력을 지니고 있어야 하며, 정당이 선별적 인센티브를 제공하지 못하거나 예비후보들 간의 경쟁을 당내에 붙잡아두는데 실패한다면 "탈당(exit)"이라는 하나의 가능성이 초래될 수 있음을 인식할 필요가 있다.

─ 후보자격요건의 개방성은 어느 정도여야 하는가?

오늘날 민주주의란 원칙적으로 모든 시민이 피선거권을 가진다는 것을 의미한다. 그렇다고 해서 이것이 정당이 표를 얻기 위해 경쟁하고자 하는 모든 시민들에게 피선거권을 주어야 한다는 것을 의미하지는 않는다. 첫째, 보편적인 권리를 보장하는 것은 국가가 해야 할 역할이지, 특정 정당이 해야 할 역할이 아니다. 둘째, 만일 모든 시민에게 모든 정당의 후보직을 두고 경쟁할 수 있는 자격이 주어진다면, 정당은 응집성 있는 이익·가치·정책을 제시할 수 있는 역량을 상실하게 될 것이다. 그러나 창당의 동기가 있는 시민들이 모여서 새롭게 정당을 만들 수도 있겠지만, 민주주의 국가가 보장해야 하는 기본권의 하나인 피선거권은 여전히 기성정당들에 의해 실현되고 있다는 점을 인정할 필요가 있다. 따라서 우리는 진지하게 정치적 열망을 갖고 있는 시민들이 여전히 경쟁에 참가할 수 있는 수준으로만 후보자격요건이 제한되어야 한다고 주장한다.

후보자격요건이 적절한 수준으로 제한될 경우 경쟁자의 수가 줄어들어 소수의 진지한 정치지망생들이 현직자에게 효과적으로 도전할 수 있다. 이와 같은 제한은 반응성의 측면에서도 도움이 될 수 있는데, 이 제한으로 인해 이익과 가치를 공유하는 후보자군이 조성되며 이들이 비교적 높은 응집성을 나타내며 활동할 것이라고 기대할 수 있기 때문이다. 동시에, 후보자격의 제한은 어떤 범위를 넘어서지 않는다는 전제하에, 정당의 이익과 가치를 조금씩 다르게 인식하고 있는 다양한 후보자들도 허용한다. 또한, 후보자격요건을 적절한 수준으로 제한하는 당규는 정당조직의 질에도 도움이 된다. 이와 같은 당규는 정당이 빈 수레(an empty vessel)와 같이 되는 것 즉, 단지 개인의 정치적 열망을 위한 플랫폼 정도에 그치는 것을 용인하지 않으면서도 표준적, 전형적, 순응적인 특성을 갖지 않는 다양한 후보자들도 허용한다.

― 어떤 공천주체(들)인가?

이전 장의 분석을 바탕으로, 우리는 네 가지 일반적인 공천주체 간의 관계를 〈표 10.1〉과 같이 제시할 수 있다. 〈표 10.1〉에서는 개방성의 수준을 낮음, 중간, 높음, 매우 높음(개방성이 매우 낮은 공천주체인 1인 지도자는 제외함)으로 표현했다.

만약 앞서 제시한 민주주의의 네 가지 차원들에 대한 선호가 분명하다면, 〈표 10.1〉은 어떤 공천주체를 채택해야 하는지를 결정하는데 도움을 줄 수 있으며 선택 후에 치르게 될 대가도 가늠해볼 수 있다. 가령, 높은 참여수준을 최우선으로 고려할 경우 매우 개방적인 공천주체를 고수할 것이다. 이처럼 참여수준을 우선시할 경우 대표성의 측면에서 값비싼 대가를 치르게 될 수 있고, 경쟁수준은 최적화되지 않을 것이며, 정당 내부의 행위자들이 정당외부의 행위자들에게 통제권을 넘겨줄 수 있다는 사실 등을 파악할 수 있다.

그러나 우리는 이와는 다른 방법을 제안하고자 한다. 우리는 한 차원의 측면에서만 최상의 결과를 산출하는 방법을 원하는 것이 아니기 때문에 나머지 세 가지 차원들을 희생시키고자 하지 않을 것이다. 우리는 가급적 **네 가지 차원을 모두** 동시에 성취하고자 한다.

참여의 폭을 넓히고자 할 경우 매우 개방적인 공천주체를 선택할 것이다. 그러나 앞서 우리는 참여의 양적 증가가 질적 저하를 초래할 때, **심지어 참여 그 자체에서도** 대가를 치르게 된다는 것을 보았다(제6장). 이에 대한 해결책으로는 공천 참여에 합리적인 장애물 이를테면, 최소한의 유의미한 당원 요건(가령, 2년 이상의 당비 납부 요구)을 부과하는 방법이 있다. 하지만 이와 같은 조치는 도입되기 어려운데, 왜냐하면 정당들은 경쟁하는 후보자들이 당원들을 무더기로 입당시키는 과정에서 당세가 커지는 것을 과시하고자 하기 때문이다. 유력한 후보자들 또한 자신의 지지자들을 일시적인 당원으로 가입시키는 능력이 성공의 원천이 될 수 있으므로 이러한 조치를 선호하지 않을 수 있다. 그러나 장기적으로 볼 때 당원의 양적 수준이 높은 것보다 질적 수준이 높은 것이 정당조직의 질을 높이는데 더 도움이 될 것이다.

<표 10.1> 네 가지 공천주체와 참여, 대표성, 경쟁, 반응성 간의 관계

공천주체	참여	대표성	경쟁	반응성
당 엘리트	낮음	높음	낮음	정당 내부
당 대의원	중간	중간	높음	주로 정당 내부
당원	높음	낮음	중간	정당 내부와 정당 외부
유권자	매우 높음	매우 낮음	중간-낮음	정당 외부 〉 정당 내부

출처: 라핫·하잔·카츠(Rahat, Hazan, and Katz 2008)

공천주체의 규모가 작아질수록 그리고 배타성이 높아질수록, 대표성이 높아질 수 있다(제7장). 그러나 할당제와 같은 장치를 활용하여 공천권자들의 선택을 다소간 제약함으로써 공천주체의 개방성과 대표성을 모두 확보할 수도 있다. 그러나 이러한 장치는 현명하게 활용되어야 하며, 그렇지 않을 경우 오히려 대표성에 해를 입힐 수도 있다. 제7장에서 상술했듯이, 이러한 장치를 현명하게 사용하기 위해서는 정당이 기존의 (과소)대표 되고 있는 수준과 동일한 정도의 최소한의 대표성을 확보하는 것에 그치지 않고 [그 이상을 확보하는] 관용을 가져야 한다. 즉, 할당제는 과소대표 되고 있는 현상을 유지하기 위한 것으로 오용되어서는 안 된다. 또한, 정당은 현역의원과 관련하여 발생하는 문제에도 현명하게 내처해야 한다. 정당은 한편으로는 정치신인들과 보다 대표성이 높은 후보자들을 위한 공간을 확보해야 하면서도, 다른 한편으로는 너무 과도하게 압력을 행사해서도 안 된다. 이는 현역의원이라는 하나의 강력한 권력집단이 대표성의 제고에 반대하도록 만들어버릴 수 있기 때문이다. 그러므로 정당은 대표성을 높이기 위해 정당명부제에서는 매 선거마다 비율이 점진적으로 높아지는 할당제를 채택해야 하며, 소선거구제에서는 "현직 불출마 선거구"에 집중해야 한다.

한편, 민주주의의 관점에서는 경쟁수준이 가장 높은 공천방식이 반드시 선택될 필요는 없다(제8장). 경쟁에는 선거제도, 투표행태 등과 같은 다른 요인들도 영향을 미칠 수 있다. 국가 수준의 경쟁수준이 전반적으로 충분히 높을 경우, 정당 수준의 경쟁수준이 반드시 이와 비슷할 필요는 없다. 그러나 현역의원의 반응성과 책임성을 유지하고 차기를 도모하는 후보자들에게 희망을 주기 위해서, 정당은 최소한의 경쟁과 현역교체에 관심을 두고 있어야 한다. 물론, 국가 수준의 경쟁과 현역교체율이 극단적으로 낮다면, 당내 경쟁의 수준을 높이는 것이 민주주의에 도움이 될 수 있다.

네 종류의 공천주체에 대한 반응성은 모두 특정한 민주주의의 개념으로 정당화될 수 있다. 정당중심적인 개념일수록 더 배타적인 공천주체를 선호할 수 있는 반면, 유권자중심적인 개념일수록 더 개방적인 공천주체를 선호할 수 있다. 우리가 주장하고자 하는 바는 단일한 공천주체를 고수할 경우 민주주의의 관점과 조직의 관점에서 모두 지양하는 부패행위, 후견주의, 응집성의 약화, 비관용적인 엘리트의 통치로 인한 다원주의의 결여 등의 폐단이 초래될 것이라는 점이다(제9장).

우리의 목표는 단일한 공천주체만으로는 달성할 수 없기 때문에, 공천과정에는 복수의 공천주체를 포함시킬 필요가 있다. 개방성의 수준을 달리하는 복수의 공천주체를 활용한다면 권력이 분산될 것이고 단일한 공천주체가 전권을 갖게 되는 일도 없어질 것이므로 하나의 특정한 공천주체만을 도입하고 있을 때 발생하는 폐단을 극복할 수 있다. 이는 공천을 받은 후보자가 정당중심적 반응성과 후보자중심적 반응성 사이에서 균형을 잡아야 한다는 것을 의미하기도 한다. 게다가, 복수의 공천주체를 포함시킨다면 권력이란 집중되기보다는 분산되어야 한다는 생각에도 일조할 것이다. 또한, 정당은 개방적인 공천주체를 포함시키면서도 이와 동시에 대다수의 소극적인 당원들에 비해 적극적인 당원들에게 더 큰 역할을 부여하는 등의 선별적인 인센티브를 제공할 수 있을 것이다.

— 어떤 분산화인가? 그리고 어느 정도의 분산화인가?

지역적 분산화는 정당이 역사 속에 뿌리내린 지역적 기초단위 또는 광역단위의 정체성을 반영하도록 해주고, 두 수준의 이익과 가치를 대표하기도 하며, 현행 선거제도의 분산화 수준에 대응하는 정당조직상의 논리를 갖도록 해준다. 그러나 지역적 분산화는 시·도당 수준, 지구당 수준의 대표성은 확보할 수 있지만, 다른 종류의 대표성을 확보하려는 시도에는 해가 될 수 있다(제7장). 제8장에서 살펴봤듯이, 경쟁은 분산화 된 방식을 이용할 때 가장 낮다. 분산화는 정당이 중앙당의 강령과 정책을 추구할 수 있는 권한을 약화시킨다는 점에서 지구당 수준의 공천주체가 갖게 되는 권력을 강화할 수 있으며, 지역구 중심의 선심성 정치(pork-barrel politics)가 횡행할 수 있다. 반응성은 중앙당과 지구당(관련이 있다면 시·도당도) 간에 균형을 이룰 필요가 있다. 요약하면, 종종 갈등을 일으키기도 하는 민주주의의 서로 다른 이상향들, 지구당 수준의 가치·이익 대 중앙당 수준의 가치·이익, 조직의 요구사항들 간의 균형을 이루기 위해 시·도당 수준의 공천주체와 중앙당 수준의 공천주체가 모두 포함될 필요가 있을 수 있다. 그러나 이처럼 복수의 공천주체를 포함시킬 때에는 주의해야 하는데, 왜냐하면 중앙당이 보병(foot soldiers)을 잃을 수는 없으며 잃어서도 안 되기 때문이다. 마지막으로, 지역적 분산화는 정당의 하부조직들 간의 권력 배분을 의미하며, 이는 권력의 분산이라는 측면에서 확실히 민주주의에 도움이 된다.

권력의 배분이라는 관점에서 본다면, 지역적 대표성의 확보를 목표로 하는 분산화와 사회적 대표성의 확보를 목표로 하는 분산화는 차이가 없다. 그러나 분산화에는 다양한 방식들이 존재할 수 있는데, 이는 상이한 대표성을 확보하기 위한 각기 다른 방법들이 존재하기 때문이다. 지역적 대표성을 확보하는 장치들은 일반적으로 분산화 정도가 높다. 그 이유는 이 장치들이 어떤 특정한 선거구의 공천주체가 그 선거구의 대표자를 선정한다는 것을 함축하기 때문이다. 이와 대조적으로, 가장 널리 이용되고 있는 대표성 보정 장치는 (여성)할당제로서, 분산화 정도가 낮은 편이다. 즉, 여성할당제가 이용될 경우, 후보자격요건

에서는 분산화가 이루어지지만, 공천주체에서는 양성 모두가 포함되기 때문에 분산화가 이루어지지 않는다.[3]

할당제와 같은 장치는 사회적 대표성이라는 민주주의의 목표를 실현하는데 도움이 된다. 동시에, 이 장치는 특정 후보자 집단(여성, 소수자 등)과 그 외의 후보자 집단을 구분하는 경우 경쟁을 제한한다. 그럼에도 할당제와 같은 장치가 어느 누구의 편의를 봐주기 위한 것이 아니라 모든 경쟁자들을 동일선상에 세우는 것을 의도하는 임시적인 제도로 인식되는 경우에는 민주적 정당화가 가능하다. 한편, 어떤 대표성 보정 장치는 반응성에도 영향을 미칠 수 있다. 만약 할당제가 사용되고 있다면, 할당된 몫에 의해 선정된 후보자는 다른 후보자들과 마찬가지로 동일한 공천주체에 의해 공천을 받는다. 그러나 어떤 후보자들이 자신이 속한 집단의 공천권자들(가령, 같은 소수자 집단에 속해 있는 당원 또는 대의원에 의해 선정된 소수 인종 대표, 같은 노조에 가입된 당원 또는 대의원에 의해 선정된 노조 대표 등)에 의해 공천을 받는다면, 그는 그 집단의 요구사항들에 더 집중할 수밖에 없을 것이며, 정당이 아니라 그 집단의 이익과 입장을 우선시할 수도 있다. 이와 같은 행태는 대표성이라는 원칙에는 긍정적일 수 있지만, 이익을 집약하고 입법부에서 응집성 있게 활동해야 하는 정당의 역량에는 부정적일 수 있다. 간단히 말해서, 우리는 대표성의 각기 다른 수준들(중앙당 수준, 시·도당 수준, 지구당 수준)과 각기 다른 유형들(지역적 대표성, 사회적 대표성) 사이에서 최적의 균형을 찾고자 한다.

---

[3] 할당제를 통해 지역적 대표성을 확보하거나 여성 전용 선거구를 만들어 여성 대표성을 확보하는 것도 가능하지만, 이 방식은 존재하지 않거나 잘 사용되지 않는다.

― 어떤 형태의 지명제-경선제인가? (혹은 양자의 결합인가?)

분명히 경선제는 지명제에 비해 더 민주적인 절차라고 할 수 있다. 즉, 선거만이 다수의 유의미한 참여를 보장하며 경쟁에 참가하는 사람들 간의 유의미한 민주적 경쟁을 보장해준다. 동시에, 선거는 그 특성상 정당에게 대표성의 균형을 보장해주지 않는다. 대표성 보정 장치가 도입된다면 어느 정도 도움이 될 수는 있는데, 앞서 언급했듯이 그 장치로 인해 대표성을 보장받는 집단들에게도 어느 정도 대가가 따르게 된다.

권력의 분산이라는 관점에서 볼 때, 경선제가 지명제에 비해 훨씬 바람직하다고 말할 수 있다. 왜냐하면 경선제는 소수의 지명주체에게 권력을 집중시키는 것이 아니라 개별 경선투표권자들에게로 권력을 분산시키는 것을 의미하기 때문이다. 그러나 공천위원회가 대부분의 경우 폐쇄적이고 단일한 파벌의 소수 실권자들로 구성되는 것은 아니다. 오히려 공천위원회는 당내에서 경쟁 관계에 있는 주요 파벌들의 대표자들로 구성되는 경우가 많으며 따라서 다수파의 독식이 아닌 타협이 가능하게 된다. 지명제와 경선제를 함께 고려하여 잘 만들어진 제도 즉, 배타적인 공천주체가 지명제를 통해 예비후보자명부를 마련하고 개방적인 공천주체가 경선제를 통해 이 명부의 수정 및 순번 배정을 담당한다면 민주주의에는 최적의 도움을 줄 수 있을 것이다.

공천에는 다양한 형태의 경선제도가 활용될 수 있다. 경선제도는 비례성의 정도에 따라 구분할 수 있는데(제5장), 이중 어떤 경선제도가 더 민주적인가의 문제는 비례대표제 옹호자와 다수제 옹호자 간에 이루어진 해묵은 논쟁을 통해 분석할 수 있다(Taagepera and Shugart 1989, 47-57). 비례대표제는 보다 대표성이 높은 것으로 간주되는 반면, 다수제는 보다 안정적이고 효율적인 통치를 가능하게 한다. 비례성이 높은 경선제도일수록 소수자가 대표될 수 있는 기회가 제공된다는 점에서 더 민주적이라고 할 수 있지만, 소수자 집단의 대표자는 정당 전체가 아닌 특정 집단에 우선적으로 반응할 수 있다. 하지만 권력의 분산을 통해 권력을 견제한다는 목표에 주목한다면 비례대표제가 우위에 있다고 할 수 있다(Riker 1984).

경선제도와 관련된 또 다른 문제는 모든 후보자를 한 번에 선정할지 아니면 당선가능성이 있는 후보직을 단계적으로 채워나갈지에 관한 것이다. 한 번에 모든 후보자를 선정한다는 것은 각 후보자가 다른 후보자들 전체와 동시에 경쟁한다는 것을 의미한다. 이 방식은 후보자들 간의 경쟁이 가장 공정하게 이루어지는 형태로 보일 수도 있지만, 조직으로서의 정당이 필요로 하는 바(가령, 대표성의 균형 확보 등)의 측면에서 보자면, 단계적으로 선정하는 것이 보다 바람직해 보인다.

당내 여러 집단의 대표자들이 협의를 거쳐 지명제를 통해 후보자를 결정할 경우 당내 다양한 집단들은 보다 쉽게 화합을 유지할 수 있다. 경선제를 이용할 때도 비례대표제 또는 준비례대표제, 그리고 단계적 방식을 통해 후보자를 선정함으로써 대표성의 균형을 보장할 수 있다면 당내의 화합은 유지될 수 있다. 이외에도, 경선제도와 관련된 추가적인 고려사항들로는 순번 배정 여부와 그 계산방식의 문제가 있다. 제5장에서 보여줬듯이, 순번을 계산하는 방식들 중에는 경쟁을 제한하는데 유용하고 당내의 화합을 유지하는데 일조할 수 있는 것도 있다. 그러나 다른 어떤 방식들 중에는 경쟁을 심화시키고 제로섬 게임으로 비화하여 총선에서 정당에 부정적인 영향을 미치는 경우도 있다.

─ 우리가 제안하는 공천방식

각기 다른 공천방식들의 정치적 결과를 비교하고 분석한 것을 바탕으로 한 가지 중요한 결론에 도달할 수 있다. 그것은 민주주의 규범의 구현 및 민주적인 결과의 산출, 권력의 분산, 정당조직의 질 향상이라는 세 가지 목표에 도움이 되는 이상적인 하나의 방식은 존재하지 않는다는 것이다. 즉, 각각의 공천방식은 장점과 함께 단점도 지닌다. 어떤 공천방식을 시행한다는 것은 기계적인 선택에 불과한 것이 아니며, 오히려 민주주의의 목표들이 모두 동시에 극대화 될 수 없는 상황에서 어떤 대가를 감수할지를 선택하는 중요한 정치적 결정을 의미한다. 따라서 우리가 원하는 공천제도는 이러한 목표들 전부를 달성하는 이상적인 균형을 찾는 것이 아니라 이 목표들을 동시에 최적화 시킬 수 있는 균형을 찾는 것이다.

이를 고려하여 우리는 세 가지 서로 다른 공천주체들에 기초한 3단계 공천방식을 제안한다. 또한, 우리는 후보자격요건과 공천주체로 참여하기 위한 요건을 적절한 수준으로 도입하고 중앙당이 공천과정에서 발언권을 갖게 되는 방식을 권장한다. 3단계의 과정에서는 지명제-경선제를 모두 활용하는 각기 다른 세 공천주체가 결합된다. 고대의 정치철학자들은 "좋은 정치체제"의 구조는 여러 세력들 간의 혼합된 균형이라고 주장하였는데, 우리는 이에 따라 복수의 요소들이 결합된 공천방식이 하나의 특정한 가치나 원칙만을 고수하는 공천방식에 비해 민주주의에 더 도움이 될 것이라고 상정한다.

우리가 제안하는 방식의 논리는 민주주의 규범 및 민주적인 결과가 각기 다른 공천주체에 의해 충족된다는 것과 관련한 〈표 10.1〉의 주장을 전혀 받아들이지 않는 사람들에게까지도 설득력이 있을 것이다. 공천주체의 선택에 대가가 존재한다는 바로 그 생각 즉, 어떤 공천주체들은 어떤 목표에 더 도움이 될 수 있는 반면 다른 어떤 공천주체들은 또 다른 목표에 더 효율적일 수 있다는 생각을 가지고 있다면, 우리가 제안하는 방식의 논리인 공천과정에 복수의 공천주체들을 결합해야 한다는 주장을 충분히 받아들일 수 있다.

우리가 제안하는 3단계 방식에는 복수의 공천주체들이 포함된다. 이는 〈그림 10.1〉에 제시되어 있다. 이 방식은 배타적인 공천주체에서 시작하여 개방적인 공천주체로 끝난다. 이와 같은 흐름은 정당성의 측면에서 볼 때 타당하다고 할 수 있다. 즉, 배타적인 공천주체가 예비심사를 한 후에 개방적인 공천주체가 최종적으로 결정하는 것과 그 반대(보다 개방적인 공천주체가 예비심사를 한 후에 보다 배타적인 공천주체가 최종적으로 결정하는 것)를 비교할 때 전자에 동의하기가 더 쉬울 것이다.

▶▶ 그림 10.1. 우리가 제안하는 3단계 공천방식

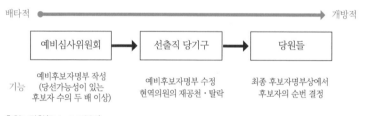

출처: 라핫(Rahat 2009)

3단계 방식은 배타적인 공천주체에 의한 후보자 압축으로 시작된다. 이 공천주체는 숙의의 과정을 거쳐 예비후보자명부를 작성하는 예비심사위원회이며, 명부의 규모는 당선가능성이 있는 후보자 수의 두 배 이상이다. 즉, 예비심사위원회의 역할은(정당에 이익이 되지 않는 존재로 인식되는 예비후보자들을) 걸러내는 것에 불과하며, 누가 공천을 받아야 하는지를 결정하는 것은 이 위원회의 역할이 아니다. 예비심사위원회는 주로 은퇴한 정치인과 같이 다가올 선거에 직접적인 이해관계가 없으면서도 정당에 대한 애착이 강한 사람들로 구성되어야 하며, 무작

위로 선정된 평당원들 또한 포함될 필요가 있다. 예비심사위원회에는 당내 주류세력의 대표자들도 포함될 수 있는데, 이는 주류세력들이 예비심사에 승복하도록 하기 위함이다. 집중화와 분산화의 측면에서 볼 때, 지구당과 중앙당 모두가 유의미한 역할을 할 수 있도록 하기 위해 후보자 압축의 과정은 두 수준에서 조정이 이루어지는 방식이 될 필요가 있다.

2단계에서는 보다 개방적인 공천주체인 당 대의원들이 두 가지 역할에 관여한다. 첫 번째 역할은 예비심사위원회가 추천한 예비후보자 명부를 제한된 방식(예를 들면, 다수의 의사로 결정된 특정한 비율까지)으로 수정할 수 있다는 것이다. 두 번째 역할은 현역의원의 재공천을 승인하거나 거부하는 것이다. 2단계 공천주체가 될 수 있는 것은 정당의 중요한 의사결정을 위해 수시로 모임을 갖는 중앙위원회와 같은 개방적인 상설 당기구나 공천이라는 특정한 목적을 위해 당원들이 선출한 임시 대의원대회이다. 분산화의 측면에서 볼 때, 이러한 당기구는 해당 선거구 수준에 존재해야 하며 당내에 있는 다양한 사회집단들과 이념노선들의 대표자를 포함해야 한다.

마지막 단계에서는 개방적인 공천주체인 당원이 앞서 예비심사를 통과하고 대의원에게도 선정되어 살아남은 사람들 중에서 당선가능성이 있는 후보자들을 결정한다. 이 단계는 선거구 수준에서 이루어지거나, 또는 대규모의 다인 선출 선거구의 경우에는 이보다 작은 단위에서도 이루어질 수 있다. 앞서 언급했듯이, 일정 기간 동안 당비를 납부한 당원들로 경선투표권자를 제한하는 방식을 권장한다. 또한, 이 마지막 단계에서는 비다수제적인 경선방식을 도입하는 것도 권장한다.

이러한 3단계 방식은 당원들의 광범위한 참여를 허용하지만, 동시에 충성스러운 정당활동가들에게 특권을 부여한다(그러나 전권을 부여하는 것은 아니다). 이 방식에서는, 1단계에서 (특히 평당원이 포함될 경우)

숙의민주주의가 어느 정도 달성되며, 참여의 질적인 측면을 큰 대가로 치르지 않고서도 참여적 가치의 이상을 성취할 수 있다. 예비심사위원회가 명부의 대표성을 확보할 수도 있겠지만, 마지막 단계에는 대표성 보정 장치가 여전히 필요할 수도 있다. 이 방식은 어느 정도의 경쟁도 보장하게 되는데, 왜냐하면 2단계에서는 현역의원의 재공천과 공천 탈락 여부를 결정하기 때문이고, 3단계에서는 현역의원과 제한된 숫자의 정치신인들 간의 경쟁으로 초점이 맞추어져서 현역의원에 대한 반대표가 여러 정치신인들로 분산되지 않기 때문이다. 반응성의 측면에서 볼 때, 이 방식은 정당중심적 압력과 후보자중심적 압력을 모두 포괄하며 당내의 서로 다른 행위자들이 균형을 이루게 하면서도 정당 외부로부터의 영향력도 일정 부분 고려한다.

복수의 공천주체를 결합할 경우, 후보자는 복수의 주인들을 위하는 여러 대리인의 역할을 맡게 되며 그 주인들에게 반응하려고 노력할 것이다. 왜냐하면 공천권자들을 너무 많이 소외시키지 않도록 주의해야 하기 때문이다. 이 방식은 여러 압력들의 최적화 된 균형을 산출하거나 또는 강력한 1명의 주인에게 봉사하는 폐단을 초래하지 않는 하나의 균형은 적어도 산출할 수 있을 것이다. 물론, 이러한 구조는 권력분산이라는 개념에 부합한다. 복수의 공천주체들 간의 권력분산은 당내갈등을 제도화하기는 하지만, 단일한 공천주체로 권력을 집중시킨 결과로 획득한 당내 화합보다는 민주주의에 더 바람직한 것일 수 있다.

우리가 제안하는 방식은 특정 국가의 특정 정당이 갖고 있는 문화와 전통에 따라 변용될 수 있으며 변용되어야 한다. 이때 고수해야 하는 가장 중요한 원칙은 공천과정에 복수의 공천주체들을 포함시켜야 한다는 것이다. 우리가 제안하는 방식은 복수의 공천주체라는 요소 외의 다른 모든 구성요소들에 대해서는 상당히 유연한 입장을 취한다. 여기서 다른 구성요소들이라 함은 후보자격요건, 세 가지 공천주체의 특성들(예비심사위원회의 구성 방법, 2단계에 관여하는 당기구의 구성 방법, 특정한 당원 요건), 중앙당 대 시·도당/지구당의 비중, 경선제도 등을 가리킨다.

― 당내민주주의

특정 국가의 특정 정당이 취하고 있는 공천방식의 구체적인 형태는 그 정당이 처해 있는 맥락적인 요인들에 영향을 쉽게 받겠지만, 우리가 여기서 주장하고자 하는 바는 앞에서 서술한 3단계 방식은 그 내적인 논리로 인해 어떠한 경우에도 민주주의에 기여할 것이라는 점이다. 세 가지 수준의 공천주체들은 각각 어떤 장점과 잠재적인 단점을 갖고 있지만, 공천주체들 간의 권력분산은 최대한 민주주의에 부합하는 결과를 산출한다. 참여의 원칙에서 가장 민주적인 공천방식이 민주주의를 위해 가장 좋은 공천방식인 것은 아니다.

달리 말하면, "어떤 공천방식이 가장 민주적인가?"와 "어떤 공천방식이 민주주의를 위해 가장 좋은가?"는 동일한 질문이 아니며, 이에 대한 답은 민주주의를 어떻게 인식하고 있는지에 따라 달라질 수 있다. 만일 민주주의가 참여의 개방성과 동일하다면, 가장 개방적인 공천방식이 첫 번째 질문에 대한 답이 되지만 두 번째 질문에 대한 정답이라고 할 수는 없다. 그러나 민주주의가 참여뿐만 아니라 그것과 마찬가지로 중요한 경쟁, 대표성, 반응성 또한 포함하는 개념으로 정의된다면 가장 민주적인 공천방식은 이 네 가지 요소들을 가능한 모두 획득하고자 할 것이며, 따라서 이것은 민주주의에 가장 좋은 공천방식이기도 할 것이다. 즉, 당내민주주의가 참여 이상의 것을 포함하는 개념으로 정의된다면 그리고 그 경우에만, 당내민주주의의 확대가 민주주의에 도움이 될 수 있다.

민주주의 연구자들이 (정당 간) 선거 경쟁 수준과 (정당 내) 공천 수준을 함께 다루면서 보편적인 참여와 같은 요소들을 두 가지 수준에 동일하게 요구한다면, 우리는 정당 민주주의에 대하여 근시안적인 시각을 갖게 될 것이다. 그러나 연구자들이 민주주의를 주어진 정치체제에서 여러 층위와 관련된 것으로 보고자 한다면, 더 바람직한 결론에 이르게 될 수 있다. 즉, 민주주의의 여러 가치들은 한 층위에서 다른 층위로 옮겨갈 때 단순히 재생산될 수 있는 것이 아니다. 실제로, 한 국가에서 민주주의가 실현되기 위해서는 시민들에게 보편적 참여의 가능성을 보장해야 한다. 그러나 정당은 민주주의 체제 안에 존재하는 결사체로서 독자적으로 당규를 제정할 수 있다. 정당은 당내에서 개방성 확대에 몰두하는 것 대신에 민주주의의 다른 차원들을 향상시킴으로써 민주주의에 도움을 줄 수 있다. 즉, 정당은 특정한 공천방식을 채택함으로써 민주주의 체제를 발전시킬 수 있다.

퍼트남(Putnam 2000)의 사회적 자본에 대한 관심은 민주주의의 질, 특히 공적 제도의 질이 [시민들이] 정당과 같은 사적 부문의 자발적 결사체에 얼마만큼 "폭넓게 참여하는지"에 달려있다는 주장으로 이어졌다. 민주주의는 국가 수준과 정당 수준 간의 상호작용 및 보완의 결과이며, 이러한 민주주의에 대한 우리의 다차원적인 시각은 참여가 "양자택일의" 문제가 아님을 보여준다. 달이 "우리에게 정당이 필요한 이유가 그 **국가의** 민주주의를 발전시키기 위함이라면, 소수가 장악하고 있는 정당이 당내민주주의가 다소간 실현되고 있는 정당에 비해 그러한 목적에 어떻게 더 잘 기여할 수 있겠는가?"(Dahl 1970, 5. 달의 원문에서 강조)라는 질문을 던졌을 때, 그는 국가 수준과 당내 수준의 차이를 파악하고 있었다. 사르토리도 "보다 큰 차원의 민주주의는 여러 작은 차원들의 민주주의의 합이 아니다."(Sartori 1965, 124)라고 서술했을 때, 국가 수준과 당내 수준의 차이를 파악하고 있었다. 샤츠슈나

이더 또한 그 차이를 파악하고 있었는데, 그는 정당의 활동 중에서 가장 중요한 일은 공천이라고 선언한 후에 "민주주의는 정당 **내부**에서가 아니라 정당들 **간의** 관계에서 발견된다."(Schattschneider 1942, 60. 샤츠슈나이더의 원문에서 강조)라고 언급했다. 우리는 정당 수준의 민주주의와 국가 수준의 민주주의를 구분하고 특히 이 구분을 강조하지만, 당내민주주의를 포기하지 않는다는 것을 분명히 하겠다. 단지 우리는 두 가지를 주장하고 있을 뿐이다. 첫째, 당내민주주의는 참여의 개방성 그 자체와 동일시될 수 없다(민주주의에는 개방성 외에도 많은 것이 존재한다). 둘째, 당내민주주의의 개념은 중요한 민주주의적 가치와 자유주의적 가치 간의 균형의 측면에서 볼 때 국가 수준의 민주주의 개념과는 다소 차이가 있다.

우리는 정당이 개방성을 가져야 한다고 주장하지만, 개방성만을 가져야 한다고 주장하지는 않는다. 우리가 제안하는 3단계 공천방식에는 매우 개방적인 공천주체가 포함된다. 그러나 당내 공천주체의 민주화가 민주주의의 전반적 질에 미치는 부정적인 영향은 다른 공천주체들에 의해 상쇄되면서 결국 중화된다. 어떤 특정한 정당이 어떤 이유에서든 3단계 공천방식을 채택할 수 없다고 한다면, 우리가 중요하게 고려해야 할 사항은 두 가지이다. 첫째, 두 단계로 구성되는 방식은 한 단계로 구성되는 그 어떠한 방식에 비해 훨씬 더 우월하다. 둘째, 두 단계로 구성되는 방식만이 가능한 상황이라면, 두 단계 중 하나는 **반드시** 우리가 제안한 3단계 방식의 세 번째 단계에 해당하는, 당원으로 이루어진 개방적인 공천주체여야 한다.

우리는 정당이라는 기구의 자율성이 보호될 필요가 있다고 생각하기 때문에, 어떤 공천방식을 채택할 것인지 여부는 정당이 자유롭게 결정해야 할 사안이라고 생각한다. 그럼에도 불구하고 우리는 공천이 넓게는 민주주의, 좁게는 정당 내에서 중요한 제도라고 생각하고 있으므로 국가가 민주주의에 도움이 되는 공천방식을 시행하는 정당들에게 보상을 주는 법령을 도입할 필요가 있다고 생각한다. 민주주의에 도움이 되는 이러한 공천방식이란 민주주의의 한 가지 요소에 초점을 맞추거나 다른 요소들에 체계적인 문제점을 발생시키는 것이 아니라 민주주의의 구성요소들 간의 최적의 균형이 이루어진 방식이다. 민주주의에 도움이 되는 주요한 가치들이 하나의 제도 안에서는 동시에 극대화될 수 없기 때문에, 국가는 근본적인 핵심 가치(참여)를 보장하고 다른 목표들은 정부 외의 기구(무엇보다도, 정당)가 추구하도록 해야 한다. 이를테면, 특정한 공천방식을 시행하고 있는 정당에 국고보조금을 제공하는 방법이 있을 수 있다. 또한, 국가 차원에서 입법을 통해 대표성 제고를 위한 할당제를 시행할 수도 있고, 최소수준 이상의 쿼터를 충족한 정당에 인센티브를 줄 수도 있다. 간단히 말해서, 우리는 당내민주주의를 향상시킬 수 있도록 국가가 인센티브를 제공할 것을 촉구한다. 그러면서도 우리는 국가가 정당을 통제하려고 해서는 안 된다고 주장하는데, 그 이유는 정당 내 민주주의가 정당 간 민주주의와 너무 유사하게 되는 불행한 결과가 나타날 수 있기 때문이다.

현대 민주주의 국가에서 국민들의 직접적인 영향력으로부터 차단된 다른 기관들(단적인 사례는 법원)과 마찬가지로, 정당은 보편적 참여라는 필수요소에 종속되지 않는다. 웨어(Ware 2002)는 미국 정당이 상대적으로 취약한 이유가 참여의 이상을 고수했기 때문이라고 정확하게 진단한 바 있는데, 정당이 참여의 이상에 집착하면서 국가와 시민사회를 매개하는 능력을 상실하게 되었다는 것이다. 카츠(Katz 1997, 6)가 "관건은 실현가능한 가치들의 결합 중에서 무엇이 가장 바람직한지를 결정하는 것이다."라고 주장했을 때, 그는 어떤 측면에서 민주화가 진전될 때 다른 측면에서는 민주주의가 후퇴될 수 있다는 점을 인지하고 있었다. "민주주의가 참정권 이상의 어떤 것을 포함한다면"

(Katz 2001, 293), 정당은 참여의 개방성을 넘어 민주주의 정치체제의 다른 측면들을 조율하기 위해 활용되어야 한다. 참여라는 전제조건에 매달리는 민주주의 국가의 틀 속에서 활동해야 한다면, 정당들은 국가 수준에서 보편적 참여의 추구로 인해 희생되고 있는 다른 중요한 차원들에 좀 더 주의를 기울임으로써 민주주의에 도움을 줄 수 있다.

따라서 우리의 결론은 낙관적으로 해석될 필요가 있다. 우리는 당내민주주의의 잠재력에 한계를 설정하려는 것이 아니라, 그 잠재력을 극대화하기 위하여 적절하게 방향을 전환하려는 것이다. 한편으로는 정당과 국가 간에 다른 한편으로는 정당 내에서 이루어지는 올바른 "분업"은, 체제 전체의 민주적 특성을 극대화하기 위하여, 체제 수준과 하부 체제 수준 모두가 민주주의의 주요 가치에 관한 각각의 결함을 서로 보완하도록 해줄 것이다.

감수의 글: 정당 공천과 한국정치

강원택 (서울대학교 정치외교학부 교수)

정당이 다른 사회 집단과 구분되는 고유한 특성은 권력을 추구하는 집단이라는 점이다. 민주주의 체제에서 권력의 위임은 선거를 통해 이뤄지는 만큼 정당은 각종 선거에 후보자를 내세워 행정 권력이든 의회 권력이든 혹은 지방정부 권력이든 간에 권력을 차지하려고 한다. 그런 점에서 정당을 대표하여 선거에 후보자를 내세우는 일은 정당정치의 핵심적 기능 중 하나이다. 우리나라 정당법에도 정당은 "국민의 이익을 위하여 책임 있는 정치적 주장이나 정책을 추진하고 공직선거의 후보자를 추천 또는 지지함으로써 국민의 정치적 의사형성에 참여함을 목적으로 하는 국민의 자발적 조직을 말한다."(정당법 제2조)라고 규정하고 있다.

우리나라에서 정당 공천이 처음 실시된 것은 1954년 5월 22일 실시된 3대 민의원 선거 때였다. 이때를 기준으로 본다면 정당 공천의 역사가 65년에 이른다. 그러나 이승만, 박정희, 전두환의 권위주의 체제에서 정당 공천은 일인 지배체제의 강화를 위한 것이었고, 공천과정 역시 권력자의 의지를 반영하는 것에 지나지 않았다. 자유당 공천은 이승만의 당내 통제력 강화를 위해 도입된 것이었고, 5.16 쿠데타 이후 창당된 민주공화당은 민정이양 이후 쿠데타 세력의 안정적 권력 장악과 '효율적이고 능률적인' 국회 운영을 위한 방편으로 창당되었다. 그런 점에서 민주공화당에 대한 공천권은 전적으로 박정희에게 귀속되었다. 유신 체제 하에서는 선거에 나설 후보자에 대한 공천권뿐만 아니라, 국회의원의 3분의 1을 박정희가 직접 지명하는 유신정우회 제도까지 마련했다. 이와 같은 공천권의 독점은 전두환 정권하의 민주정의당에서도 마찬가지의 모습을 보였다. 야당의 공천 역시 일인 통제까지는 아니었지만 비슷한 모습을 보였다. 유신 이전의 신민당에서는 대통령 후보나 당 총재 선출에서 치열한 당내 경쟁이 이뤄지기는 했으나, 국회의원선거 후보 선출과 관련하여 공천의 제도화가 이뤄진 것은 아니었다.

그런 점에서 공천의 제도화는 민주화 이후에 우리가 반드시 풀어내야 할 숙제였다. 하지만 민주화가 이뤄진 지 30년이 넘는 시간이 흘렀지만, 여전히 우리 정당들의 공천은 많은 문제점을 갖고 있다. 김영삼, 김대중은 권위주의 체제하에서 민주화 운동을 이끌어 왔지만, 정당 내부적으로는 매우 권위주의적인 지도자들이었다. 특히 민주화 이후 정당정치와 지역주의가 결합하면서 '1노 3김'은 각각 고향 지역 유권자들의 압도적 지지를 기반으로 당의 공천권을 장악했다. 민주화 이후 정권 교체가 일반화되고 국회나 사법부 강화 등 대통령의 막강한 권력을 견제하기 위한 다양한 방안이 도입되었지만, 2002년 대통령선거 이전까지 당내 민주주의의 측면에서는 권위주의 체제 때와 사실상 별다른 차이가 없었다.

정당 공천과 관련된 논의가 본격화된 것은 2002년 대통령선거를 앞두고서였다. 그 이전까지는 정당이 당 총재를 대통령으로 만들기 위한 사조직과 같은 특성을 가졌기 때문에 당내 경선을 통한 공천이라는 것이 의미가 없었다. 김영삼이나 김대중, 김종필의 정당에서 이들을 제외하고 대통령 후보로 나설 수 있는 사람은 애당초 존재할 수 없었다. 또한 지역주의 정치로 인해 이들의 뜻을 거역하고 특정 지역에서 국회의원 후보로 출마한다는 것도 생각할 수 없었다. 2002년 대통령선거를 계기로 이들이 정치적으로 물러나게 되면서 정당 공천의 민주화, 당내 민주화에 대한 논의가 우리 사회에서 본격화되었다.

특히 당시 집권당이던 새천년민주당은 그동안 당을 장악해 온 카리스마적 당 지도자인 김대중의 정치적 퇴장 이후 리더십 공백을 메우고 정권 재창출을 위해서 일반 국민에게 어필할 수 있는 새로운 인물을 발굴해야 했다. 이런 이유로 2002년 대통령선거를 앞두고 새천년민주당은 '국민 참여 공천'이라고 하는 새로운 제도를 도입하여 당의 대통령 후보를 선출하기로 했다. 국민참여경선은 많은 이들의 관심과 참여를 이끌어 내면서 성공적으로 치러졌고 당내 경선에서 승리한 노무현은 결국 대통령으로 당선되었다. 국민참여경선이 노무현 후보가 승리를 거두게 된 주요한 원인으로 받아들여지면서 이후 개방형 경선제는 어느 정당도 거부하기 어려운 시대적 대세가 되었다. 그리고 이후 개방형 경선제는 대통령 후보 선출뿐만 아니라 국회의원선거, 지방선거의 후보 선출 과정에도 도입되었다.

그런데 그 이후 정당들이 도입한 '개방형' 공천은 선출 과정에 당원이나 지지자의 참여 확대 수준을 넘어서 정당 지지 여부와 무관하게 사실상 '누구나' 참여할 수 있는 형태로까지 확대되었다. 과거 권위주의 체제에서나 '3김 시대'까지 당 총재 1인에 의해 공천이 좌지우지되었던 것이 하나의 극단이라면, 어떠한 제약도 없이 누구나 참여하도록 개방한 공천제도는 또 다른 극단이다. 이 책에서 라핫과 하잔이 제시한 바대로, 참여의 개방성을 기준으로 볼 때 '1인'과 '모두'라는 극단 사이에 다양한 방식이 존재한다. 그러나 우리나라 정당의 공천방식은 하루아침에 하나의 극단에서 또 다른 극단으로 변모한 것이다.

그동안 각 정당이 시도한 '과도하게' 개방적인 방식은 크게 두 가지이다. 하나는 공천과정에 여론조사 결과를 반영하는 것이며, 또 다른 하나는 미국식 예비선거(primary) 방식을 도입하는 것이다. 여론조사는 '유권자 전체'를 모집단으로 해서 표본을 선정하는 것이기 때문에 사실상 특정 정당을 지지하지 않거나 심지어 싫어하는 이들까지도 조사 대상에 포함된다. 예비선거는 당원, 대의원이 아닌 일반 유권자라도 정당의 공천과정에 참여할 수 있는 방식이다.

공천의 개방성이 확대된 것은 크게 두 가지 이유에서이다. 하나는 정당에 대한 특정 정치 지도자에 의한 자의적 지배에서 벗어나 당을 민주화해야 한다는 정치적 명분 때문이다(강원택 2012: 129-130). 민주화 이후에도 이른바 '3김'은 '제왕적 당 총재'라고 불릴 만큼 그리고 지역주의 정치 구도 하에서 그들의 정당이 '사당(私黨)'이라고 불릴 만큼 정당 운영을 자기 뜻대로 좌지우지했다. 국회의원, 지방자치단체장 및 지방의회 의원 선거에 나설 후보에 대한 공천 역시 사실상 이들 정당 지도자의 뜻대로 이뤄졌다. 각 정당 지지가 지역주의에 의해 각기 갈려 있는 상황에서 이들이 행하는 공천은 사실상의 당선을 의미하는 것이었다. 그런 만큼 공천을 대가로 한 금품수수 등 부정적인 관행도 적지 않았다. 2003년 초 김대중 대통령의 임기 만료와 함께 '3김 시대'가 종식되면서 정당 민주화의 요구가 제기되었고 이와 같은 폐쇄적이고 독단적인 공천의 관행을 교정해야 한다는 목소리가 높아졌다. 이를 위해서는 공직 후보 선출 과정이 개방적이어야 하고 그것을 실현할 수 있는 획기적인 방법은 당원뿐만 아니라 일반 국민에게까지 참여의 권한을 부여하는 것이었다. 그러나 이러한 명분과 함께, 공천 개방성의 확대에는 국회의원선거를 앞두고 각 정당의 공천 경쟁에 뛰어든 후보들, 특히 현역의원들의 이해관계도 영향을 미쳤다. 공천주체(selectorate)를 당원이나 대의원으로 한정할 경우 그 수가 그리 많지 않기 때문에 금품이나 정치적 영향력 혹은 개인적 친분을 이용한 정치적 '동원'으로 인해 불리한 상황을 맞이할 수 있다는 우려가 제기되면서, 동원이 불가능한 규모를 위해 일반 국민이나 여론조사와 같은 '과도하게 개방적인' 방식이 도입되었다.

당 총재 1인 혹은 소수의 인사들이 공천을 좌우하는 폐쇄적인 공천방식에 비해, 정당의 대의원, 당원, 그리고 심지어 일반 유권자까지도 참여하는 공천방식은 개방성, 민주성의 측면에서 긍정적이다. 하지만 이와 동시에 이러한 개방적 공천방식에는 부작용도 적지 않다. 우선 정당의 공직 후보 선출에 여론조사 방식이 활용되는 것은 후보 선출의 대표성이나 기술적 정확성에서 심각한 문제점이 있다. 여론조사에 응하게 되는 사람들은 사실 그 후보자들에 대해 충분한 정보를 갖고 있지 못한 경우가 더 많다. 그 때문에 여론조사에서의 응답은 특정인에 대한 '정치적 지지나 선호'를 의미하기보다 귀에 익숙한 이름, 즉 인지도를 반영하는 경우가 대부분이다. 더욱이 대통령선거 과정에서 종종 보아온 대로 여론의 흐름은 매우 가변적이다. 즉, 여론은 변덕이 심하다. 기술적으로 볼 때도 여론조사는 통계적으로 부정확할 가능성을 열어두고 있다. 95% 유의수준이라는 것은 그 결과가 모집단을 정확히 반영하지 못할 확률이 있음을 말하는 것이다. 더욱이 어떻게 질문하는지, 어떤 방식으로 표본을 모으는지에 따라서도 응답률이 달라진다. 선거를 앞두고 '누구를 지지하느냐'와 '누구를 뽑을 것이냐'라고 묻는 질문은 맥락상 그 의미가 동일한 것 같지만 각 질문에 대한 응답은 동일한 표본 집단을 두고 행하더라도 그 결과가 달라진다. 이처럼 여론조사는 '공직을 담당할 후보의 선출' 방식으로는 대표성의 측면에서도, 기술적인 정확성의 측면에서도 부적합하다.

한편, 예비선거는, 수동적으로 조사의 대상이 되는 여론조사와 달리, 공천에 관심을 갖는 유권자들이 직접 정당 행사에 참가한다는 점에서 보다 긍정적인 의미를 갖는다. 이 책에서 설명하고 있는 대로, 예비선거는 여러 가지 방식이 있지만 정당 공천의 문호를 일반인들에게까지 개방한다는 것이 핵심적 특징이다. 2002년에 노무현의 당선을 이끈 새천년민주당의 국민참여경선을 일종의 예비선거로 볼 수 있다. 그런데 예비선거가 제대로 이뤄지기 위해서는 얼마나 많은 수의 사람들이 이러한 개방적 경선 과정에 자발적으로 참여할 것인가 하는 점에 달려 있다. 대통령선거는 전국을 선거구로 하고 또 유권자들의 관심도 전반적으로 매우 높기 때문에, 대통령 후보 선출 과정에서 예비선거 형태의 공천방식은 나름대로 작동할 수 있다. 그러나 국회의원선거나 지방선거처럼 선거구의 규모가 제한적이고 또 정치적 관심도 상대적으로 낮은 경우에는 오히려 문제를 낳을 수 있다. 예비선거는 기본적으로 각 지역에서 특정 정당의 후보자를 뽑는 행사이기 때문에 지역 유권자들의 관심은 본 선거에 비해 낮을 수밖에 없다. 더욱이 선거가 공휴일로 정해져 있어도 일부 선거의 경우 투표율이 50%에 미치지 못했던 점을 고려하면, 특정 정당의 후보 선출을 위한 평일 행사에 많은 사람들이 관심을 갖고 참여할 것이라고 기대하기 어렵다. 이런 경우, 앞서 지적한 대로, 경쟁 후보자 간 '동원'을 둘러싼 시시비비가 발생할 수 있다. 보다 심각한 문제는 최근의 미국 정치에서 잘 살펴볼 수 있다. 1970년대 초부터 상원이나 하원 후보 선출을 위해 미국 각 정당에서 예비선거를 도입하기 시작했는데, 문제는 예비선거에 참여하는 이들이 사회경제적으로나 정치 성향에 있어 매우 제한적인 이들이라는 점이었다. 예컨대, 예비선거 참여자들이 남성, 경제적으로 상류층, 50대 이상, 백인 등 특정 집단에 집중되어 있다면, 예비선거를 통해 선출된 후보는 이러한 공천 주체들의 이해관계나 성향을 반영하기 마련이다. 더욱이 정치적이나 이념적으로 극단적인 입장을 갖는 유권자들이 예비선거에 보다 적극적으로 참여하면서 그 과정에서 선출된 후보자들 역시 보다 극단적 성향을 대표하게 되고 이는 결국 정치의 양극화로 이어질 수밖에 없다. 이는 실제로 미국 정치에서 나타나고 있는 현상이다. 오늘날 미국 정치의 양극화의 중요한 원인 가운데 하나는 예비선거에 적극적으로 참여하는 이들이 이념적으로 매우 강성인 이들이 많다는 사실과 관계가 깊다(Fiorina and Levendusky 2006; Jacobson 2004; Brady, Han & Pope 2007).

더욱이 여론조사이든 예비선거이든 공천과정에 '지나치게 개방적인' 방식은 정당의 존재, 정당정치의 의미에 대해 회의감을 갖게 한다. 당원이 된다는 것의 의미가 매우 약화될 수밖에 없기 때문이다. 개방적인 방식에 의해 대중적 인기에 기반한 후보자를 뽑는 것이 공천이라면 정당은 정치 엘리트의 권력 참여를 위한 도구 이상의 의미를 갖기 어렵다. 마찬가지로 선거가 없는 시기에 정당은 국회의원과 같은 정치 엘리트들의 집합체로 머무를 수밖에 없다. 미국에서처럼 공화당과 민주당이라는 두 개의 정당으로 사실상 정당체계가 고정되어 있고 다른 정당의 출현 가능성이 없는 상황에서 예비선거는 선거구별로 두 진영의 대표를 각각 선출하는 의미를 가질 수도 있다. 그러나 우리나라처럼 정당 간 이념적 차이가 크고 다당적 구도를 가지며 정당정치의 유동성도 큰 곳에서 정당은 각기 차별화된 정치적 지향점과 특성을 가질 수밖에 없다. 이런 상황에서는 '정당 밖의 유권자' 이전에 '정당 안의 구성원'의 견해가 우선 고려되어야 한다. 과거 정당들이 "공천권을 국민에게 돌려드리겠습니다."라고 했지만, 정당이라는 특정 정치 집단의 공천권은 원래 국민에게 주어져 있던 것이 아니라, 당원이나 대의원 등 당내 구성원들이 갖고 있던 것이다. 국고로부터 보조금을 받는다고 해도 정당은 국가기관도 공공기관도 아니다. 따라서 정당이라는 개별 조직 내부의 일을 지나치게 개방적으로 처리하고자 하는 것은 적절하지 않다.

우리나라 정당에서 공천과정이 '지나치게 개방적'이 된 또 다른 흥미로운 사례는 당과 무관한 인사가 당의 공천에 간여하는 것이다. 언젠가부터 각 정당은 공천과정에 공천심사위원회라는 것을 구성하고 '당과 무관한 외부 인사들'을 불러 공천 심사를 하도록 하고 있다. 평소에 당과 무관하게 활동하던 이들에게 단순한 후보자에 대한 평가를 넘어 그들의 정치적 생사여탈을 결정할 수 있는 공천의 권한을 부여하고 있다. 그런데 이와 같은 공천심사위원회의 구성은 당의 '외부자들'에게 도대체 누가 그런 막강한 권한을 위임했느냐 하는 구성의 정당성, 대표성의 문제를 낳는다. 민주주의 체제하에서 정치적 권한과 권위는 언제나 공동체 구성원의 집단적 선택에 의해 위임된다. 그러나 각 정당이 구성한 공천심사위원회는 공천 결정이라는 권한 위임을 위한 민주적 절차를 거치지 않았다. 당내의 구성원들이 집합적으로 해결해야 할 중차대한 문제를 당 외부의 엘리트들에게 맡기는 것은 우리 정당이 뿌리가 없는 취약한 구조를 갖고 있으며, 민주화 이후에도 정당정치가 여전히 미숙한 상태에 놓여 있음을 보여주는 것이다. 정치적 편의주의가 민주주주의 원칙에 우선하고 있는 것이다.

그런데 공천심사위원회의 실제 운영을 보면 이러한 구성의 정당성 못지않은 또 다른 문제점을 찾아볼 수 있다. 지난 2016년 국회의원 선거를 앞두고 당시 집권당이던 새누리당은 예전처럼 공천심사위원회를 구성했다. 그러나 당시 공천위원회의 역할은 결코 공정하고 중립적으로 보이지 않았다. 당시 공천과 관련된 대통령의 의지를 간접적으로 관철하는 역할을 공천심사위원회가 하고 있다는 비판도 적지 않았다. 이런 일이 실제로 가능한 것은 공천심사위원회가 당의 구성원을 제대로 대표하고 있지 않기 때문이다. 공천과정에서 정당 지도부의 영향력 행사는 어느 나라, 어느 정당에서도 전적으로 배제할 수 없다. 기업이든 정부든 모든 조직의 인사(人事) 문제에 대해 리더가 영향력을 행사하는 것처럼, 정당에서도 그런 특성을 피할 수 없다. 정당의 경우 중요한 점은 당 리더의 그러한 영향력의 행사나 의지의 관철이 공개적이고 투명한 절차에 의해 이뤄져야 한다는 점이다. 그래야 공천과정의 공정성을 확인할 수 있고 그 결과에 대한 정치적 책임성도 물을 수 있기 때문이다. 공천심사위원회의 구성은 그런 점에서도 바람직하지 않은 것이다.

또 한 가지 우리나라 정당들의 공천과 관련하여 지적할 점은 대표성의 확대와 관련된 것이다. 정치적 약자, 소수자들에게 선거 출마를 위한 보다 많은 기회가 부여되어야 한다. 예컨대, 국회를 비롯하여 여러 선출직 공직을 담당하는 여성의 비율은 여전히 낮다. 최근 사회경제적으로 젊은 세대가 겪는 어려움에 대해 사회적으로 많은 논의가 있지만, 이들을 대표할 수 있는 젊은 정치인들은 거의 존재하지 않는다. 사회적 약자나 소수자들이 개방적인 참여 방식의 당내 경쟁을 통해 공천되는 것은 사실상 불가능하다. 그렇게 다수의 지지를 얻을 수 있다면 사회적 약자도 소수자도 아닐 것이기 때문이다. 그런 점에서 현실적으로 존재하는 대표성의 사회경제적 편향을 극복하기 위해서는 공천과정에서부터 각 정당이 제대로 대표되지 못한 이들에 대해 정치적 배려와 보다 많은 관심을 주어야 한다. 이 역시 당의 리더십이 해결해야 할 문제이다.

외국에서도 공천은 오랫동안 '비밀의 정원'이었다. 그만큼 외부자가 들여다보기 어려운 그들만의 공간이었다. 비밀스러운 만큼 소수에 의해 결정이 이뤄지기도 했고 또 공천을 받을 수 있는 인사들의 배경도 제한적이었다. 그런 만큼 최근 들어 여러 나라에서 공천 과정에 대한 참여의 폭이 넓어지고 그 절차도 개방적으로 되고 있는 것은 긍정적인 변화라고 할 수 있다.

그러나 모든 것을 만족시킬 수 있는 만능의 제도는 어디에도 존재하지 않는다. 앞서 지적한 대로 과도한 개방은 정당정치를 망가뜨릴 수 있다. 그런 점에서 바람직한 공천을 위한 방안의 모색은 결국 정당정치의 기본에서 출발해야 한다(back to basics). 무엇보다 정당은 시민들이 자발적으로 결성하는 결사체(voluntary association)라는 사실이다. 즉 정당정치는 자율성이 근간이 되어야 한다. 그러나 우리나라에서는 1962년 정당법 제정 이후 정당 활동을 법으로 규정하여 모든 정당에게 동일한 방식을 강요하거나 규제하고 있다. 각 정당이 스스로에게 알맞은 정당조직과 운영방식, 그리고 무엇보다 공천 방식을 선택할 수 있도록 해야 한다.

또한 정당은 근본적으로 정치적 지향과 뜻을 같이하고 그 가치를 현실정치에서 구현해 보고자 하는 사람들의 집단이다. 이와 같이 정치적으로 뜻을 같이하는 이들이 자신들을 대표하여 그 목표를 가장 잘 추진할 만한 후보자를 선출하도록 하는 것이 정당정치의 기본이다. 공천의 개방성이 당원 등 당내 구성원을 소외시키는 형태로 나아가서는 안 된다는 것이다. 더욱이 최근 들어 정보화, 세계화로 인해 각국의 정당들이 경제적 양극화 등 심각한 문제를 한 나라 안에서 해결하기 어렵게 만들었다. 그러한 무기력, 무능은 기성 정당정치에 대한 불신으로 이어지고 정치적으로는 세계 여러 곳의 대의 민주주의가 포퓰리즘에 취약해지는 모습을 보이고 있다. 그런 점에서 볼 때도 대중의 참여 확대뿐만 아니라 정당 내 정치 엘리트의 숙의와 문지기(gatekeeper)의 역할도 소홀하게 취급되어서는 안 된다(Levitsky and Ziblatt 2018).

오늘날 한국정치가 깊은 불신의 대상이 된 것은 무엇보다 정당정치와 깊은 관련을 갖는다. 그리고 공천이야말로 그처럼 정당정치가 제대로 작동하지 못하게 하는 주된 원인이다. 이 책은 그동안의 우리나라의 정당정치의 문제점을 되돌아보고 보다 나은 정치로 나아가도록 이끌어 줄 많은 아이디어를 제공하고 있다.

참고문헌

강원택. 2012. "한국 정당정치의 위기와 해결방안: 당내 민주화와 국민참여경선을 중심으로." 『계간 민주』. 128-143.

Brady, D., H. Han, and J. C. Pope. 2007. "Primary Elections and Candidate Ideology: Out of Step with the Primary Electorate?" *Legislative Studies Quarterly* 32: 79-105.

Fiorina, M. P. and M. S. Levendusky. 2006. "Disconnected: The Political Class versus the People." P. S. Nivola and D. Brady. (eds.) *Red and Blue Nation? Characteristics and Causes of American Polarized Politics.* Washington, D.C.: Brookings Institution Press, 49-71.

Jacobson, G. 2004. *The Politics of Congressional Elections, 6th edition.* New York: Pearson.

Levitsky, Steven and Daniel Ziblatt. 2018. *How Democracies Die.* New York: Crown.

참고문헌

Akirav, Osnat. 2010. 'Candidate Selection and a Crowded Parliament: The Israeli Knesset 1988‒2006.' *Journal of Legislative Studies*, 16 (1), pp. 96‒120.

Almond, Gabriel A. 1960. 'Introduction: A Functional Approach to Comparative Politics.' In: Gabriel A. Almond and James S. Coleman (eds.), *The Politics of the Developing Areas*. Princeton, NJ: Princeton University Press.

Alvarez, R. Michael and Jonathan Nagler. 2001. 'The Likely Consequences of Internet Voting for Political Representation.' *Loyola of Los Angeles Law Review*, 34 (3), pp. 1115‒52.

Andeweg, Rudy B. and Galen A. Irwin. 2002. *Governance and Politics of the Netherlands*. Houndmills: Palgrave Macmillan.

Ansolabehere, Stephen, John Mark Hansen, Shigeo Hirano, and James M. Snyder, Jr. 2007. 'The Incumbency Advantage in U.S. Primary Elections.' *Electoral Studies*, 26 (3), pp. 660‒8.

_____ Shigeo Hirano, and James M. Snyder, Jr. 2007. 'What Did the Direct Primary Do to Party Loyalty in Congress?' In: David Brady and Matthew D. McCubbins (eds.), *Party, Process, and Political Change in Congress, Volume 2: Further New Perspectives on the History of Congress*. Stanford, CA: Stanford University Press.

Arian, Asher and Ruth Amir. 1997. *The Next Elections in Israel: How Should We Vote?* Jerusalem: Israel Democracy Institute [in Hebrew].

Ashiagbor, Sefakor. 2008. *Political Parties and Democracy in Theoretical and Practical Perspectives: Selecting Candidates for Legislative Office*. Washington, DC: National Democratic Institute. www.ndi.org/files/2406_polpart_report_engpdf_100708.pdf [accessed February 24, 2010].

Aylott, Nicholas. 2005. 'Europeanization and British Political Parties.' Paper presented at the Nordic Political Science Association conference, Reykjavik, Iceland.

Bacchi, Carol. 2006. 'Arguing For and Against Quotas: Theoretical Issues.' In: Drude Dahlerup (ed.), *Women, Quotas and Politics*. New York: Routledge.

Back, Les and John Solomos. 1994. 'Labour and Racism: Trade Unions and the Selection of Parliamentary Candidates.' *Sociological Review*, 42 (2), pp. 165‒201.

Baldez, Lisa. 2007. 'Primaries vs. Quotas: Gender and Candidate Nominations in Mexico, 2003.' *Latin American Politics and Society*, 49 (3), pp. 69‒96.

Ball, Alan R. 1987. *British Political Parties: The Emergence of a Modern Party System*. London: Macmillan.

Bardi, Luciano and Leonardo Morlino. 1992. 'Italy.' In: Richard S. Katz and Peter Mair (eds.), *Party Organizations: A Data Handbook on Party Organizations in Western Democracies, 1960‒90*. London: Sage.

Barnea, Shlomit and Gideon Rahat. 2007. 'Reforming Candidate Selection Methods: A Three-Level Approach.' *Party Politics*, 13 (3), pp. 375‒94.

Baum, Julian and James A. Robinson. 1995. 'Party Primaries in Taiwan: A Reappraisal.' *Asian Affairs: An American Review*, 22 (2), pp. 3‒14.

Baum, Julian and James A. Robinson. 1999. 'Party Primaries in Taiwan: Trends, Conditions, and Projections in Candidate Selection.' *Occasional Paper/Reprints Series in Contemporary Asian Studies*, 6 (155).

Benedetto, Giacomo and Simon Hix. 2007. 'The Rejected, the Ejected, and the Dejected: Explaining Government Rebels in the 2001‒2005 British House of Commons.' *Comparative Political Studies*, 40 (7), pp. 755‒81.

Best, Heinrich and Maurizio Cotta. 2000a. 'Elite Transformation and Modes of Representation since the Mid-Nineteenth Century: Some Theoretical Considerations.' In: Heinrich Best and Maurizio Cotta (eds.), *Parliamentary Representatives in Europe 1848‒2000: Legislative Recruitment and Careers in Eleven European Countries*. Oxford: Oxford University Press.

_____ _____(eds.) 2000b. *Parliamentary Representatives in Europe 1848‒2000: Legislative Recruitment and Careers in Eleven European Countries*. Oxford: Oxford University Press.

Bille, Lars. 1992. 'Internal Party Democracy: The Roleof Party Members.' Paper presented at the European Consortium for Political Research Joint Sessions of Workshops, Limerick, Ireland.

_____ 1994. 'Denmark: The Decline of the Membership Party.' In: Richard S. Katz and Peter Mair (eds.), *How Parties Organize: Change and Adaptation in Party Organizations in Western Democracies*. London: Sage.

_____ 2001. 'Democratizing a Democratic Procedure: Myth or Reality? Candidate Selection in Western European Parties 1960‒1990.' *Party Politics*, 7 (3), pp. 363‒80.

Birch, Anthony H. 1971. *Representation*. New York: Praeger.

_____ 1993. *The Concepts and Theories of Modern Democracy*. London: Routledge.

Bochel, John and David Denver. 1983. 'Candidate Selection in the Labour Party: What the Selectors Seek.' *British Journal of Political Science*, 13 (1), pp. 45‒69.

Bolleyer, Nicole. 2009. 'Inside the Cartel Party: Party Organization in Government and Opposition.' *Political Studies*, 57 (3), pp. 559‒79.

Borchert, Jens and Zeiss Golsch. 2003. 'Germany: From "Guilds of Notables" to Political Class.' In: Jens Borchert and Jürgen Zeiss (eds.), *The Political Class in Advanced Democracies: A Comparative Handbook*. Oxford: Oxford University Press.

Bowler, Shaun. 2000. 'Parties in Legislatures: Two Competing Explanations.' In: Russell J. Dalton and Martin P. Wattenberg (eds.), *Parties Without Partisans: Political Change in Advanced Industrial Democracies*. Oxford: Oxford University Press.

Bradbury, Jonathan, James Mitchell, Lynn Bennie, and David Denver. 2000. 'Candidate Selection, Devolution and Modernization.' *British Elections and Parties Review*, 10 (1), pp. 151‒72.

Brams, Steven J. and Peter C. Fishburn. 2002. 'Voting Procedures.' In: Kenneth J. Arrow, Amartya K. Sen, and Kotaro Suzumura (eds.), *Handbook of Social Choice and Welfare, Volume 1*. Amsterdam: Elsevier Science.

Breaux, David A. and Anthony Gierzynski. 1991. '"It's Money that Matters": Campaign Expenditures and State Legislative Primaries.' *Legislative Studies Quarterly*, 16 (3), pp. 429‒43.

Brichta, Avraham. 1977. *Democracy and Elections*. Tel Aviv: Am Oved [in Hebrew].

Bueno de Mesquita, Bruce, James D. Morrow, Randolph Siverson, and Alastair Smith. 2002. 'The Selectorate Model: A Theory of Political Institutions.' In: Joseph Berger and Morris Zelditch, Jr. (eds.), *New Directions in Contemporary Sociological Theory*. Lanham, MD: Rowman and Littlefield.

_____ Alastair Smith, Randolph M. Siverson, and James D. Morrow. 2003. *The Logic of Political Survival*. Cambridge, MA: MIT Press.

Burrell, Barbara C. 1992. 'Women Candidates in Open-Seat Primaries for the U.S. House: 1968‒1990.' *Legislative Studies Quarterly*, 17 (4), pp. 493‒508.

Butler, David. 1978. 'The Renomination of M.P.s: A Note.' *Parliamentary Affairs*, 31 (2), pp. 210‒12.

_____ and Dennis Kavanagh. 1974. *The British General Election of February 1974*. London: Macmillan.

Carey, John M. and Matthew S. Shugart. 1995. 'Incentives to Cultivate a Personal Vote: A Rank Ordering of Electoral Formulas.' *Electoral Studies*, 14 (4), pp. 417‒39.

Carty, R. Kenneth. 2004. 'Parties as Franchise Systems: The Stratarchical Organizational Imperative.' *Party Politics*, 10 (1), pp. 5‒24.

_____ 2008. 'Brokerage Politics, Stratarchical Organization and Party Members: The Liberal Party of Canada.' In: Karina Kosiara-Pedersen and Peter Kurrild-Klitgaard (eds.), *Partier og Partisystemer I Forandring: Festskrift til Lars Bille.* Odense: University of southern Denmark Press.

_____ and William Cross. 2006. 'Can Stratarchically Organized Parties be Democratic? The Canadian Case.' *Journal of Elections, Public Opinion and Parties*, 16 (2), pp. 93‒114.

_____ and Munroe Eagles. 2003. 'Local Conflict Within National Parties: The Case of Canada.' Paper presented at the Annual Meeting of the American Political Science Association, Philadelphia.

_____ William Cross, and Lisa Young. 2000. *Rebuilding Canadian Party Politics.* Vancouver: University of British Columbia Press.

Catt, Helena. 1997. 'New Zealand.' In: Pippa Norris (ed.), *Passages to Power: Legislative Recruitment in Advanced Democracies.* Cambridge: Cambridge University Press.

Caul, Miki. 2001. 'Political Parties and the Adoption of Candidate Gender Quotas: A Cross-National Analysis.' *Journal of Politics*, 63 (4), pp. 1214‒29.

Citizens' Empowerment Center in Israel. 2007. *Parties in the Era of Electronic Communication.* Tel Aviv: Citizens' Empowerment Center in Israel [in Hebrew].

Combes, Hélène. 2003. 'Internal Elections and Democratic Transition: The Case of the Democratic Revolution Party in Mexico (1989‒2001).' Paper presented at the European Consortium for Political Research Joint Sessions of Workshops, Edinburgh.

Coppedge, Michael. 1994. *Strong Parties and Lame Ducks.* Stanford, CA: Stanford University Press.

Criddle, Byron. 1984. 'Candidates.' In: David E. Butler and Dennis Kavanagh (eds.), *The British General Election of 1983.* London: Macmillan.

_____ 1988. 'Candidates.' In: David E. Butler and Dennis Kavanagh (eds.), *The British General Election of 1987.* London: Macmillan.

_____ 1992. 'MPs and Candidates.' In: David E. Butler and Dennis Kavanagh (eds.), *The British General Election of 1992.* London: Macmillan.

_____ 1997. 'MPs and Candidates.' In: David E. Butler and Dennis Kavanagh (eds.), *The British General Election of 1997.* London: Macmillan.

Crisp, Brian F., Maria Escobar-Lemmon, Bradford S. Jones, Mark P. Jones, and Michelle M. Taylor-Robinson. 2004. 'Vote-Seeking Incentives and Legislative Representation in Six Presidential Democracies.' *Journal of Politics*, 66 (3), pp. 823⁻46.

Crittenden, John A. 1982. *Parties and Elections in the United States*. Englewood Cliffs, NJ: Prentice Hall.

Cross, William. 2002. 'Grassroots Participation in Candidate Nominations.' In: Joanna Everitt and Brenda O'Neill (eds.), *Citizen Politics: Research and Theory in Canadian Political Behaviour*. Oxford: Oxford University Press.

_____ 2004. *Political Parties*. Vancouver: University of British Columbia Press.

_____ 2006. 'Candidate Nomination in Canada's Political Parties.' In: Jon Pammet and Christopher Dornan (eds.), *The Canadian General Election of 2006*. Toronto: Dundurn Press.

_____ 2008. 'Democratic Norms and Party Candidate Selection: Taking Contextual Factors into Account.' *Party Politics*, 14 (5), pp. 596⁻619.

Crotty, William. 2006. 'Party Origins and Evolution in the United States.' In: Richard S. Katz and William J. Crotty (eds.), *Handbook of Party Politics*. London: Sage.

Cutts, David, Sarah Childs, and Edward Fieldhouse. 2008. '"This Is What Happens When You Don't Listen": All-Women Shortlists at the 2005 General Election.' *Party Politics*, 14 (5), pp. 575⁻95.

Czudnowski, Moshe M. 1975. 'Political Recruitment.' In: Fred I. Greenstein and Nelson W. Polsby (eds.), *Handbook of Political Science, Volume 2*. Reading, MA: Addison-Wesley.

Dahl, Robert A. 1970. *After the Revolution?* New Haven, CT: Yale University Press.

Dahlerup, Drude (ed.). 2006. *Women, Quotas and Politics*. New York: Routledge.

Dalton, Russell. 2008. *Citizen Politics*, 5th edition. Washington, DC: Congressional Quarterly Press.

Davidson-Schmich, Louise K. 2006. 'Implementation of Political Party Gender Quotas: Evidence from the German Länder 1990⁻2000.' *Party Politics*, 12 (2), pp. 211⁻32.

De Luca, Miguel, Mark P. Jones, and Maria I. Tula. 2002. 'Back Rooms or Ballot Boxes? Candidate Nomination in Argentina.' *Comparative Political Studies*, 35 (4), pp. 413⁻36.

De Winter, Lieven. 1988. 'Belgium: Democracy or Oligarchy?' In: Michael Gallagher and Michael Marsh (eds.), *Candidate Selection in Comparative Perspective: The Secret Garden of Politics*. London: Sage.

_____ 1997. 'Intra- and Extra-Parliamentary Role Attitudes and Behaviour of Belgian MPs.' *Journal of Legislative Studies*, 3 (1), pp. 128⁻54.

_____ and Marleen Brans. 2003. 'Belgium: Political Professionals and the Crisis of the

Party State.' In: Jens Borchert and Jürgen Zeiss (eds.), *The Political Class in Advanced Democracies: A Comparative Handbook*. Oxford: Oxford University Press.

Denver, David. 1988. 'Britain: Centralized Parties with Decentralized Selection.' In: Michael Gallagher and Michael Marsh (eds.), *Candidate Selection in Comparative Perspective: The Secret Garden of Politics*. London: Sage.

Depauw, Sam. 2003. 'Government Party Discipline in Parliamentary Democracies: The Cases of Belgium, France and the United Kingdom in the 1990s.' *Journal of Legislative Studies*, 9 (4), pp. 130−46.

_____ and Steven Van Hecke. 2005. 'Preferential Voting and Personal Vote-Earning Attributes: The Benelux Countries and the 1999−2004 EP Elections.' Paper presented at the European Consortium for Political Research General Conference, Budapest.

Deschouwer, Kris. 1994. 'The Decline of Consociationalism and the Reluctant Modernization of Belgian Mass Parties.' In: Richard S. Katz and Peter Mair (eds.), *How Parties Organize: Change and Adaptation in Party Organizations in Western Democracies*. London: Sage.

Dickson, A. D. R. 1975. 'MPs' Readoption Conflicts: Their Causes and Consequences.' *Political Studies*, 23 (1), pp. 62−70.

Dotan, Yoav and Menachem Hofnung. 2005. 'Why Do Elected Representatives Go to Court?' *Comparative Politics*, 38 (1), pp. 75−103.

Duverger, Maurice. 1954. *Political Parties: Their Organization and Activity in the Modern State*. London: Methuen.

Edwards, Julia and Laura McAllister. 2002. 'One Step Forward, Two Steps Back? Women in the Two Main Political Parties in Wales.' *Parliamentary Affairs*, 55 (1), pp. 154−66.

Engelmann, Frederick C. and Mildred A. Schwartz. 1975. *Canadian Political Parties: Origin, Character, Impact*. Scarborough: Prentice Hall of Canada.

Engstrom, Richard L. and Richard N. Engstrom. 2008. 'The Majority Vote Rule and Runoff Primaries in the United States.' *Electoral Studies*, 27 (3), pp. 407−16.

Enterline, Andrew J. and Kristian S. Gleditsch. 2000. 'Threats, Opportunity, and Force: Repression and Diversion of Domestic Pressures, 1948−1982.' *International Interactions*, 26 (1), pp. 21−53.

Epstein, Leon D. 1960. 'British MPs and Their Local Parties: The Suez Cases.' *American Political Science Review*, 54 (2), pp. 374−90.

_____ 1964. 'A Comparative Study of Canadian Parties.' *American Political Science Review*, 58 (1), pp. 46‑59.

_____ 1967. *Political Parties in Western Democracies*. New York: Praeger.

_____ 1977a. 'A Comparative Study of Australian Parties.' *British Journal of Political Science*, 7 (1), pp. 1‑21.

_____ 1977b. 'The Australian Political System.' In: Howard R. Penniman (ed.), *Australia at the Polls: The National Elections of 1975*. Washington, DC: American Enterprise Institute.

_____ 1980. *Political Parties in Western Democracies*. New Brunswick, NJ: Transaction Publishers.

_____ 1986. *Political Parties in the American Mold*. Madison, WI: University of Wisconsin Press.

Erickson, Lynda. 1997. 'Canada.' In: Pippa Norris (ed.), *Passages to Power: Legislative Recruitment in Advanced Democracies*. Cambridge: Cambridge University Press.

_____ and R. K. Carty. 1991. 'Parties and Candidate Selection in the 1988 Canadian General Election.' *Canadian Journal of Political Science*, 24 (2), pp. 331‑49.

Esteban, Jorge de and Luis López Guerra. 1985. 'Electoral Rules and Candidate Selection.' In: Howard R. Penniman and Eusebio M. Mujal- Leon (eds.), *Spain at the Polls 1977, 1979 and 1982*. Washington, DC: American Enterprise Institute.

Eulau, Heinz and Paul D. Karps. 1977. 'The Puzzle of Representation: Specifying Components of Responsiveness.' *Legislative Studies Quarterly*, 2 (3), pp. 233‑54.

Ezra, Marni. 2001. 'A Reexamination of Congressional Primary Turnout.' *American Politics Research*, 29 (1), pp. 47‑64.

Faas, Thorsten. 2003. 'To Defect or Not to Defect? National, Institutional and Party Group Pressures on MEPs and Their Consequences for Party Group Cohesion in the European Parliament.' *European Journal of Political Research*, 42 (6), pp. 841‑66.

Farrell, David M. 1992. 'Ireland.' In: Richard S. Katz and Peter Mair (eds.), *Party Organizations: A Data Handbook on Party Organizations in Western Democracies, 1960-90*. London: Sage.

Farrell, David M. 1994. 'Ireland: Centralization, Professionalization and Competitive Pressures.' In: Richard S. Katz and Peter Mair (eds.), *How Parties Organize: Change and Adaptation in Party Organizations in Western Democracies*. London: Sage.

Fell, Dafydd. 2005. 'Democratization of Candidate Selection in Taiwanese Political Parties.' Paper presented at the Annual Meeting of the American Political Science

Association, Washington, DC.

Fenno, Richard F. 1996. *Senators on the Campaign Trail: The Politics of Representation.* Norman, OK: University of Oklahoma Press.

Field, Bonnie N. 2006. 'Transition to Democracy and Internal Party Rules: Spain in Comparative Perspective.' *Comparative Politics*, 39 (1), pp. 83‒102.

Fiorina, Morris P. 1974. *Representatives, Roll Calls, and Constituencies.* Lexington, MA: D. C. Heath.

Fukui, Haruhiro. 1997. 'Japan.' In: Pippa Norris (ed.), *Passages to Power: Legislative Recruitment in Advanced Democracies.* Cambridge: Cambridge University Press.

Gabel, Matthew and Kenneth Scheve. 2007. 'Mixed Messages, Party Dissent and Mass Opinion on European Integration.' *European Union Politics*, 8 (1), pp. 37‒59.

Galderisi, Peter F. and Marni Ezra. 2001. 'Congressional Primaries in Historical and Theoretical Context.' In: Peter F. Galderisi, Marni Ezra, and Michael Lyons (eds.), *Congressional Primaries and the Politics of Representation.* Lanham, MD: Rowman and Littlefield.

_____ _____ and Michael Lyons. 2001. 'Introduction: Nomination Politics and Congressional Representation.' In: Peter F. Galderisi, Marni Ezra, and Michael Lyons (eds.), *Congressional Primaries and the Politics of Representation.* Lanham, MD: Rowman and Littlefield.

Gallagher, Michael. 1980. 'Candidate Selection in Ireland: The Impact of Localism and the Electoral System.' *British Journal of Political Science*, 10 (4), pp. 489‒503.

_____ 1988a. 'Introduction.' In: Michael Gallagher and Michael Marsh (eds.), *Candidate Selection in Comparative Perspective: The Secret Garden of Politics.* London: Sage.

_____ 1988b. 'Ireland: The Increasing Role of the Centre.' In: Michael Gallagher and Michael Marsh (eds.), *Candidate Selection in Comparative Perspective: The Secret Garden of Politics.* London: Sage.

_____ 1988c. 'Conclusion.' In: Michael Gallagher and Michael Marsh (eds.), *Candidate Selection in Comparative Perspective: The Secret Garden of Politics.* London: Sage.

_____ 1991. 'Proportionality, Disproportionality and Electoral Systems.' *Electoral Studies*, 10 (1), pp. 33‒51.

_____ 2003. 'Ireland: Party Loyalists with a Personal Base.' In: Jens Borchert and Jürgen Zeiss (eds.), *The Political Class in Advanced Democracies.* Oxford: Oxford University Press.

_____ and Michael Marsh (eds.), 1988. *Candidate Selection in Comparative Perspective: The Secret Garden of Politics.* London: Sage.

_____ Michael Laver, and Peter Mair. 2006. *Representative Government in Modern Europe: Institutions, Parties and Government.* Boston, MA: McGraw-Hill.

Galligan, Yvonne. 2003. 'Candidate Selection: More Democratic or More Centrally Controlled?' In: Michael Gallagher, Michael Marsh, and Paul Mitchell (eds.), *How Ireland Voted 2002.* Houndmills: Palgrave Macmillan.

Gauja, Anika. 2006. 'An Assessment of the Impact of Party Law on Intra-Party Democracy in Common Law Nations.' Paper presented at the International Political Science Association World Congress, Fukuoka.

Gerber, Elisabeth R. and Rebecca B. Morton. 1998. 'Primary Election Systems and Representation.' *Journal of Law, Economics, and Organization*, 14 (2), pp. 304-24.

Glaser, James M. 2006. 'The Primary Runoff as a Remnant of the Old South.' *Electoral Studies*, 25 (4), pp. 776-90.

Goldberg, Giora. 1992. *Political Parties in Israel: From Mass Parties to Electoral Parties.* Tel Aviv: Ramot [in Hebrew].

_____ and Steven A. Hoffman. 1983. 'Nominations in Israel: The Politics of Institutionalization.' In: Asher Arian(ed.), *The Elections in Israel 1981.* Tel Aviv: Ramot.

Goodliffe, Jay and David B. Magleby. 2000. 'Campaign Spending in Primary Elections in the U.S. House.' Paper presented at the Midwest Political Science Association Annual Meeting, Chicago.

_____ _____ 2001. 'Campaign Finance in U.S. House Primary and General Elections.' In: Peter F. Galderisi, Marni Ezra, and Michael Lyons (eds.) *Congressional Primaries and the Politics of Representation.* Lanham, MD: Rowman and Littlefield.

Graham, B. D. 1986. 'The Candidate-Selection Policies of the Indian National Congress, 1952-1969.' *Journal of Commonwealth and Comparative Politics*, 24 (2), pp. 197-218.

Grofman, Bernard and Arend Lijphart (eds.). 1986. *Electoral Laws and Their Political Consequences.* New York: Agathon Press.

Gunlicks, Arthur B. 1970. 'Intraparty Democracy in Western Germany: A Look at the Local Level.' *Comparative Politics*, 2 (2), pp. 229-49.

Hardarson, Ólafur Th. 1995. *Parties and Voters in Iceland: A Study of the 1983 and 1987 Althingi Elections.* Reykjavik: University of Iceland.

Hazan, Reuven Y. 1997a. 'The 1996 Intra-Party Elections in Israel: Adopting Party Primaries.' *Electoral Studies*, 16 (1), pp. 95-103.

_____ 1997b. 'Executive-Legislative Relations in an Era of Accelerated Reform:

Reshaping Government in Israel.' *Legislative Studies Quarterly*, 22 (3), pp. 329‑50.

_____ 1999a. 'Constituency Interests without Constituencies: The Geographical Impact of Candidate Selection on Party Organization and Legislative Behavior in the 14th Israeli Knesset, 1996‑99.' *Political Geography*, 18 (7), pp. 791‑811.

_____ 1999b. 'Yes, Institutions Matter: The Impact of Institutional Reform on Parliamentary Members and Leaders in Israel.' *Journal of Legislative Studies*, 5 (3-4), pp. 301-24.

_____ 2002. 'Candidate Selection.' In: Lawrence LeDuc, Richard G. Niemi, and Pippa Norris (eds.), *Comparing Democracies 2: New Challenges in the Study of Elections and Voting*. London: Sage.

_____ 2003. 'Does Cohesion Equal Discipline? Towards a Conceptual Delineation.' *Journal of Legislative Studies*, 9 (4), pp. 1‑11.

_____ 2007. 'Kadima and the Centre: Convergence in the Israeli Party System.' *Israel Affairs*, 13 (2), pp. 266‑88.

_____ and Paul Pennings (eds.), 2001. *Democratizing Candidate Selection: Causes and Consequences.* Special issue of *Party Politics*, 7 (3).

_____ and Gideon Rahat. 2006. 'The Influence of Candidate Selection Methods on Legislatures and Legislators: Theoretical Propositions, Methodological Suggestions and Empirical Evidence.' *Journal of Legislative Studies*, 12 (3‑4), pp. 366‑85.

_____ and Gerrit Voerman. 2006. 'Electoral Systems and Candidate Selection.' *Acta Politica*, 41 (3‑4), pp. 146‑62.

Heidar, Knut. 1994. 'The Polymorphic Nature of Party Membership.' *European Journal of Political Research*, 25 (1), pp. 61‑86.

Helander, Voitto. 1997. 'Finland.' In: Pippa Norris (ed.), *Passages to Power: Legislative Recruitment in Advanced Democracies*. Cambridge: Cambridge University Press.

Hermson, Paul S. 1997. 'United States.' In: Pippa Norris (ed.), *Passages to Power: Legislative Recruitment in Advanced Democracies*. Cambridge: Cambridge University Press.

Hinojosa, Magda. 2009. '"Whatever the Party Asks of Me": Women's Political Representation in Chile's Unión Demócrata Independiente.' *Politics and Gender*, 5 (3), pp. 377‑407.

Hix, Simon. 2004. 'Electoral Institutions and Legislative Behavior: Explaining Voting Defection in the European Parliament.' *World Politics*, 56 (2), pp. 194‑223.

Hofnung, Menachem. 1996a. 'The Public Purse and the Private Campaign: Political Finance in Israel.' *Journal of Law and Society*, 23 (1), pp. 132‑48.

_____ 1996b. 'Public Financing, Party Membership and Internal Party Competition.' *European Journal of Political Research*, 29 (1), pp. 73‒86.

_____ 2006. 'Financing Internal Party Races in Non-Majoritarian Political Systems: Lessons from the Israeli Experience.' *Election Law Journal*, 5 (4), pp. 372‒83.

_____ 2008. 'Unaccounted Competition: The Finance of Intra-Party Elections.' *Party Politics*, 14 (6), pp. 726‒44.

Holland, Martin. 1981. 'The Selection of Parliamentary Candidates: Contemporary Developments and their Impact on the European Elections.' *Parliamentary Affairs*, 34 (1), pp. 28‒46.

_____ 1987. 'British Political Recruitment: Labour in the Euro-Elections of 1979.' *British Journal of Political Science*, 17 (1), pp. 53‒70.

Hopkin, Jonathan. 2001. 'Bringing the Members Back In? Democratizing Candidate Selection in Britain and Spain.' *Party Politics*, 7 (3), pp. 343‒61.

_____ and Caterina Paolucci. 1999. 'The Business Firm Model of Party Organization: Cases from Spain and Italy.' *European Journal of Political Research*, 35 (3), pp. 307‒39.

Htun, Mala. 2004. 'Is Gender Like Ethnicity? The Political Representation of Identity Groups.' *Perspectives on Politics*, 2 (3), pp. 439‒58.

Inter-Parliamentary Union. 1986. *Parliaments of the World: A Comparative Reference Compendium*. Aldershot: Gower.

Jackson, John S. 1994. 'Incumbency in the United States.' In: Albert Somit, Rudolf Wildenmann, Bernhard Boll, and Andrea Römmele (eds.), *The Victorious Incumbent: A Threat to Democracy?* Aldershot: Dartmouth.

Jackson, Keith. 1980. 'Candidate Selection and the 1978 General Election.' In: Howard R. Penniman (ed.), *New Zealand at the Polls: The General Election of 1978*. Washington, DC: American Enterprise Institute.

Janda, Kenneth. 1980. *Political Parties: A Cross-National Survey*. New York: Free Press.

Jones, Mark P. 2002. 'Explaining the High Level of Party Discipline in the Argentine Congress.' In: Scott Morgenstern and Benito Nacif (eds.), *Legislative Politics in Latin America*. Cambridge: Cambridge University Press.

_____ 2008. 'The Recruitment and Selection of Legislative Candidates in Argentina.' In: Peter M. Siavelis and Scott Morgenstern (eds.), *Pathways to Power: Political Recruitment and Candidate Selection in Latin America*. University Park: PA. Pennsylvania State University Press.

Kangur, Riho. 2005. 'Candidate Selection in Estonian Parliamentary Parties 1999–2003: Toward Institutionalization.' Paper presented at the European Consortium for Political Research General Conference, Budapest.

Kanthak, Kristin and Rebecca Morton. 2001. 'The Effects of Electoral Rules on Congressional Primaries.' In: Peter F. Galderisi, Marni Ezra, and Michael Lyons (eds.) *Congressional Primaries and the Politics of Representation.* Lanham, MD: Rowman and Littlefield.

Katz, Richard S. 1997. *Democracy and Elections.* New York: Oxford University Press.

_____ 2001. 'The Problem of Candidate Selection and Models of Party Democracy.' *Party Politics,* 7 (3), pp. 277–96.

_____ and Robin Kolodny. 1994. 'Party Organization as an Empty Vessel: Parties in American Politics.' In: Richard S. Katz and Peter Mair (eds.), *How Parties Organize: Change and Adaptation in Party Organizations in Western Democracies.* London: Sage.

_____ and Peter Mair (eds.). 1992. *Party Organizations: A Data Handbook on Party Organizations in Western Democracies, 1960–90.* London: Sage.

_____ _____ 1995. 'Changing Models of Party Organization and Party Democracy: The Emergence of the Cartel Party.' *Party Politics,* 1 (1), pp. 5–28.

Kazee, Thomas A. and Mary C. Thornberry. 1990. 'Where's the Party? Congressional Candidate Recruitment and American Party Organizations.' *Western Political Quarterly,* 43 (1), pp. 61–80.

Kenig, Ofer. 2007. *Party Leaders' Selection Methods and their Political Consequences.* Ph.D. dissertation. Jerusalem: Hebrew University of Jerusalem.

_____ 2009a, 'Democratizing Party Leadership Selection in Israel: A Balance Sheet.' *Israel Studies Forum,* 24 (1), pp. 62–81.

_____ 2009b. 'Democratization of Party Leadership Selection: Do Wider Selectorates Produce More Competitive Contests?' *Electoral Studies,* 28 (2), pp. 240–7.

_____ and Shlomit Barnea. 2009. 'The Selection of Ministers in Israel: Is the Prime Minister "A Master of His Domain"?' *Israel Affairs,* 15 (3), pp. 261–78.

Key, V. O., Jr. 1949. *Southern Politics in State and Nation.* New York: Vintage Books.

_____ 1954. 'The Direct Primary and Party Structure: A Study of State Legislative Nominations.' *American Political Science Review,* 48 (1), pp. 1–26.

_____ 1967. *Politics, Parties, and Pressure Groups,* 5th ed. New York: Crowell Company.

Kirchheimer, Otto. 1966. 'The Transformation of the West European Party Systems.' In: Joseph LaPalombara and Myron Weiner (eds.), *Political Parties and Political Development*. Princeton, NJ: Princeton University Press.

Kitschelt, Herbert. 1988. 'Organization and Strategy of Belgian and West German Ecology Parties: A New Dynamic of Party Politics in Western Europe?' *Comparative Politics*, 20 (2), pp. 127‒54.

Kittilson, Miki Caul. 2006. *Challenging Parties, Changing Parliaments: Women and Elected Office in Contemporary Western Europe*. Columbus: OH. Ohio State University Press.

_____ and Susan E. Scarrow. 2003. 'Political Parties and the Rhetoric and Realities of Democratization.' In: Bruce E. Cain, Russell J. Dalton, and Susan E. Scarrow (eds.), *Democracy Transformed? Explaining Political Opportunities in Advanced Industrial Democracies*. Oxford: Oxford University Press.

Kitzinger, Uwe W. 1960. *German Electoral Politics: A Study of the 1957 Campaign*. Oxford: Clarendon Press.

Knapp, Andrew. 2002. 'France: Never a Golden Age.' In: Paul Webb, David Farrell, and Ian Holliday (eds.), *Political Parties in Advanced Industrial Democracies*. Oxford: Oxford University Press.

Kochanek, Stanley A. 1967. 'Political Recruitment in the Indian National Congress: The Fourth General Election.' *Asian Survey*, 7 (5), pp. 292‒304.

Kolodny, Robin and Richard S. Katz. 1992. 'The United States.' In: Richard S. Katz and Peter Mair (eds.), *Party Organizations: A Data Handbook on Party Organizations in Western Democracies, 1960‒90*. London: Sage.

Koole, Ruud and Monique Leijenaar. 1988. 'The Netherlands: The Predominance of Regionalism.' In: Michael Gallagher and Michael Marsh (eds.), *Candidate Selection in Comparative Perspective: The Secret Garden of Politics*. London: Sage.

_____ and Hella van de Velde. 1992. 'The Netherlands.' In: Richard S. Katz and Peter Mair (eds.), *Party Organizations: A Data Handbook on Party Organizations in Western Democracies, 1960‒90*. London: Sage.

Kristjánsson, Svanur. 1998. 'Electoral Politics and Governance: Transformation of the Party System in Iceland, 1970‒1996.' In: Paul Pennings and Jan-Erik Lane (eds.), *Comparing Party System Change*. London: Routledge.

_____ 2002. 'Iceland: From Party Rule to Pluralist Political Society.' In: Hanne Marthe Narud, Mogens N. Pedersen, and Henry Valen (eds.), *Party Sovereignty and Citizen Control: Selecting Candidates for Parliamentary Elections in Denmark, Finland,*

Iceland and Norway. Odense: University Press of Southern Denmark.

_____ 2004. 'Iceland: Searching for Democracy along Three Dimensions of Citizen Control.' *Scandinavian Political Studies*, 27 (2), pp. 153⁻74.

Krook, Mona Lena. 2009. *Quotas for Women in Politics: Gender and Candidate Selection Reform Worldwide.* Oxford: Oxford University Press.

Krouwel, André. 1999. *The Catch-All Party in Western Europe 1945⁻1990: A Study in Arrested Development.* Ph.D. dissertation. Amsterdam: Vrije Universiteit Amsterdam.

Kuitunen, Soile. 2002. 'Finland: Formalized Procedures with Member Predominance.' In: Hanne Marthe Narud, Mogens N. Pedersen, and Henry Valen (eds.), *Party Sovereignty and Citizen Control: Selecting Candidates for Parliamentary Elections in Denmark, Finland, Iceland and Norway.* Odense: University Press of Southern Denmark.

Kunovich, Sheri and Pamela Paxton. 2005. 'Pathways to Power: The Role of Political Parties in Women's National Political Representation.' *American Journal of Sociology*, 111 (2), pp. 505⁻52.

Laffin, Martin, Eric Shaw, and Gerald Taylor. 2007. 'The New Sub- National Politics of the British Labour Party.' *Party Politics*, 13 (1), pp. 88⁻108.

Langston, Joy. 2001. 'Why Rules Matter: Changes in Candidate Selection in Mexico's PRI, 1988⁻2000.' *Journal of Latin American Studies*, 33 (3), pp. 485⁻511.

_____ 2006. 'The Changing Party of the Institutional Revolution: Electoral Competition and Decentralized Candidate Selection.' *Party Politics*, 12 (3), pp. 395⁻413.

_____ 2008. 'Legislative Recruitment in Mexico.' In: Peter M. Siavelis and Scott Morgenstern (eds.), *Pathways to Power: Political Recruitment and Candidate Selection in Latin America.* University Park: Pennsylvania State University Press.

Lawless, Jennifer L. and Kathryn Pearson. 2008. 'The Primary Reason for Women's Underrepresentation? Reevaluating the Conventional Wisdom.' *Journal of Politics*, 70 (1), pp. 67⁻82.

Lijphart, Arend. 1969. 'Consociational Democracy.' *World Politics*, 21 (2), pp. 207⁻25.

_____ 1977. *Democracy in Plural Societies: A Comparative Exploration.* New Haven, CT: Yale University Press.

_____ 1984. *Democracies: Patterns of Majoritarian and Consensus Government in Twenty-one Countries.* New Haven, CT: Yale University Press.

_____ 1985. 'The Field of Electoral Systems Research: A Critical Survey.' *Electoral Studies*, 4 (1), pp. 3⁻14.

_____ 1994. *Electoral Systems and Party Systems: A Study of Twenty-Seven Democracies,*

1945-1990. Oxford: Oxford University Press.

_____ 1999. *Patterns of Democracy: Government Forms and Performance in Thirty-six Countries*. New Haven, CT: Yale University Press.

_____ and Bernard Grofman (eds.). 1984. *Choosing an Electoral System: Issues and Alternatives*. New York: Praeger.

Linek, Lukás and Jan Outlý. 2006. 'Selection of Candidates to the European Parliament in the Main Czech Political Parties.' Paper presented at the International Political Science Association World Congress, Fukuoka.

Loewenberg, Gerhard. 1966. *Parliament in the German Political System*. Ithaca, NY: Cornell University Press.

Loosemore, John and Victor J. Hanby. 1971. 'The Theoretical Limits of Maximum Distortion: Some Analytical Expressions for Electoral Systems.' *British Journal of Political Science*, 1 (4), pp. 467-77.

Lovenduski, Joni and Pippa Norris. 1994. 'The Recruitment of Parliamentary Candidates.' In: Lynton Robins, Hilary Blackmore, and Robert Pyper (eds.), *Britain's Changing Party System*. London: Leicester University Press.

Lundell, Krister. 2004. 'Determinants of Candidate Selection: The Degree of Centralization in Comparative Perspective.' *Party Politics*, 10 (1), pp. 25-47.

Mair, Peter. 1987. 'Party Organization, Vote Management, and Candidate Selection: Toward the Nationalization of Electoral Strategy in Ireland.' In: Howard R. Penniman and Brian Farrell (eds.), *Ireland at the Polls 1981, 1982 and 1987: The Study of Four General Elections*. Durham, NC: Duke University Press.

_____ 1994. 'Party Organizations: From Civil Society to the State.' In: Richard S. Katz and Peter Mair (eds.), H*ow Parties Organize: Change and Adaptation in Party Organizations in Western Democracies*. London: Sage.

_____ 1997. *Party System Change: Approaches and Interpretations*. Oxford: Oxford University Press.

_____ and Ingrid van Biezen. 2001. 'Party Membership in Twenty European Democracies, 1980-2000.' *Party Politics*, 7 (1), pp. 5-21.

Maisel, Louis Sandy and Mark D. Brewer. 2007. *Parties and Elections in America*, 5th ed. Lanham, MD: Rowman and Littlefield.

_____ and Walter J. Stone. 2001. 'Primary Elections as a Deterrence to Candidacy for the U.S. House of Representatives.' In: Peter F. Galderisi, Marni Ezra, and Michael Lyons (eds.), *Congressional Primaries and the Politics of Representation*. Lanham, MD: Rowman and Littlefield.

Malloy, Jonathan. 2003. 'High Discipline, Low Cohesion? The Uncertain Patterns of Canadian Parliamentary Party Groups.' *Journal of Legislative Studies*, 9 (4), pp. 116‾29.

Manin, Bernard. 1997. *The Principles of Representative Government*. Cambridge: Cambridge University Press.

Mansbridge, Jane. 2003. 'Rethinking Representation.' *American Political Science Review*, 97 (4), pp. 515‾28.

Marsh, Michael. 2000. 'Candidates: Selection.' In: Richard Rose (ed.), *International Encyclopedia of Elections*. Washington, DC: Congressional Quarterly Press.

_____ 2005. 'Parties and Society.' In: John Coakley and Michael Gallagher (eds.), *Politics in the Republic of Ireland*. London: Routledge.

Marshall. Thomas R. 1978. 'Turnout and Representation: Caucuses versus Primaries.' *American Journal of Political Science*, 22 (1), pp. 169‾82.

Masahiko, Asano. 2004. *Electoral Reform and Candidate Selection: Japan's Liberal Democratic Party (1960‾2003)*. Ph.D. dissertation. Los Angeles: University of California ‾ Los Angeles.

Massicotte, Louis, André Blais, and Antoine Yoshinaka. 2004. *Establishing the Rules of the Game: Election Laws in Democracies*. Toronto: University of Toronto Press.

Mateo-Diaz, Mercedes. 2005. *Representing Women? Female Legislators in West European Parliaments*. Colchester: European Consortium for Political Research Press.

Matland, Richard E. 1993. 'Institutional Variables Affecting Female Representation in National Legislatures: The Case of Norway.' *Journal of Politics*, 55 (3), pp. 737‾55.

_____ 2004. 'The Norwegian Experience of Gender Quotas.' Paper presented at the International IDEA/CEE Network for Gender Issues Conference, Budapest.

_____ 2005. 'Enhancing Women's Political Participation: Legislative Recruitment and Electoral Systems.' In: Julie Ballington and Azza Karam (eds.), *Women in Parliament: Beyond Numbers*. Stockholm: International IDEA Handbook Series. www.idea.int/publications/wip2/ upload/WiP_inlay.pdf [accessed February 24, 2010].

_____ and Donley T. Studlar. 1996. 'The Contagion of Women Candidates in Single Member District and Proportional Representation Electoral Systems: Canada and Norway.' *Journal of Politics*, 58 (3), pp. 707‾33.

_____ _____ 2004. 'Determinants of Legislative Turnover: A Cross-National Analysis.' *British Journal of Political Science*, 34 (1), pp. 87‾108.

Matthews, Donald R. 1985. 'Legislative Recruitment and Legislative Careers.' In: Gerhard Loewenberg, Samuel C. Patterson, and Malcolm E. Jewell (eds.), *Handbook of Legislative Research*. Cambridge, MA: Harvard University Press.

_____ and Henry Valen. 1999. *Parliamentary Representation*. Columbus: OH. Ohio State University Press.

McHarg, Aileen. 2006. 'Quotas for Women! The Sex Discrimination (Election Candidates) Act 2002.' *Journal of Law and Society*, 33 (1), pp. 141⁻59.

Meier, Petra. 2004. 'The Mutual Contagion Effect of Legal and Party Quotas.' *Party Politics*, 10 (5), pp. 583⁻600.

Merriam, Charles E. and Louise Overacker. 1928. *Primary Elections.* Chicago: University of Chicago Press.

Michels, Robert. 1915. *Political Parties: A Sociological Study of the Oligarchical Tendencies of Modern Democracy.* Glencoe, IL: Free Press.

Mikulska, Anna and Susan Scarrow. 2008. 'Assessing the Political Impact of Candidate Selection Rules: Britain in the 1990s.' Paper presented at the Annual Meeting of the American Political Science Association, Boston.

Miller, Raymond. 1999. 'New Zealand and Scotland: Candidate Selection and the Impact of Electoral System Change.' Paper presented at the European Consortium for Political Research Joint Sessions of Workshops, Mannheim.

Milne, S. R. 1966. *Political Parties in New Zealand.* Oxford: Clarendon Press.

Mitchell, James and Jonathan Bradbury. 2004. 'Political Recruitment and the 2003 Scottish and Welsh Elections: Candidate Selection, Positive Discrimination and Party Adaptation.' *Representation*, 40 (4), pp. 289⁻302.

Mitchell, Paul. 2000. 'Voters and Their Representatives: Electoral Institutions and Delegation in Parliamentary Democracies.' *European Journal of Political Research*, 37 (3), pp. 335⁻51.

Montabes, Juan and Carmen Ortega. 2005. 'Candidate Selection in Two Rigid List Systems: Spain and Portugal.' Paper presented at the European Consortium for Political Research Joint Sessions of Workshops, Mannheim.

Moraes, Juan Andrés. 2008. 'Why Factions? Candidate Selection and Legislative Politics in Uruguay.' In: Peter M. Siavelis and Scott Morgenstern (eds.), *Pathways to Power: Political Recruitment and Candidate Selection in Latin America.* University Park: Pennsylvania State University Press.

Mulgan, Richard. 2004. *Politics in New Zealand*, 3rd ed. Auckland: Auckland University Press.

Müller, Wolfgang C. 1992. 'Austria.' In: Richard S. Katz and Peter Mair (eds.), *Party Organizations: A Data Handbook on Party Organizations in Western Democracies, 1960⁻90*. London: Sage.

323

Murphy, R. J. and David Farrell. 2002. 'Party Politics in Ireland: Regularizing a Volatile System.' In: Paul Webb, David Farrell, and Ian Holliday (eds.), *Political Parties in Advanced Industrial Democracies*. Oxford: Oxford University Press.

Murray, Rainbow. 2007. 'How Parties Evaluate Compulsory Quotas: A Study of the Implementation of the "Parity" Law in France.' *Parliamentary Affairs*, 60 (4), pp. 568‑84.

Narud, Hanne Marthe. 2003. 'Norway: Professionalization ‑ Party-Oriented and Constituency-Based.' In: Jens Borchert and Jürgen Zeiss (eds.), *The Political Class in Advanced Democracies: A Comparative Handbook*. Oxford: Oxford University Press.

_____ and Henry Valen. 2008. 'The Norwegian Storting: The "People's Parliament" or Coop for "Political Broilers".' *World Political Science Review*, 4 (2), pp. 1‑34.

_____ Mogens N. Pedersen, and Henry Valen. 2002a. 'Parliamentary Nominations in Western Democracies.' In: Hanne Marthe Narud, Mogens N. Pedersen, and Henry Valen (eds.), *Party Sovereignty and Citizen Control: Selecting Candidates for Parliamentary Elections in Denmark, Finland, Iceland and Norway*. Odense: University Press of Southern Denmark.

_____ _____ _____ 2002b. 'Conclusions.' In: Hanne Marthe Narud, Mogens N. Pedersen, and Henry Valen (eds.), *Party Sovereignty and Citizen Control: Selecting Candidates for Parliamentary Elections in Denmark, Finland, Iceland and Norway*. Odense: University Press of Southern Denmark.

_____ _____ _____ (eds.). 2002c. *Party Sovereignty and Citizen Control: Selecting Candidates for Parliamentary Elections in Denmark, Finland, Iceland and Norway*. Odense: University Press of Southern Denmark.

Navia, Patricio. 2008. 'Legislative Candidate Selection in Chile.' In: Peter M. Siavelis and Scott Morgenstern (eds.), *Pathways to Power: Political Recruitment and Candidate Selection in Latin America*. University Park: PA. Pennsylvania State University Press.

Newman, Roland and Shelley Cranshaw. 1973. 'Towards a Closed Primary Election in Britain.' *Political Quarterly*, 44 (4), pp. 447‑52.

Norrander, Barbara. 1986. 'Measuring Primary Turnout in Aggregate Analysis.' *Political Behavior*, 8 (4), pp. 356‑73.

Norris, Pippa. 1997a. 'Introduction: Theories of Recruitment.' In: Pippa Norris (ed.), *Passages to Power: Legislative Recruitment in Advanced Democracies*. Cambridge: Cambridge University Press.

_____ (ed.). 1997b. *Passages to Power: Legislative Recruitment in Advanced Democracies.* Cambridge: Cambridge University Press.

_____ 2004. *Building Political Parties: Reforming Legal Regulations and Internal Rules.* Report commissioned by the International IDEA. www.idea.int/parties/upload/ pippa%20norris%20ready%20for%20wev% 20_3_.pdf [accessed February 24, 2010].

_____ 2006. 'Recruitment.' In: Richard S. Katz and William Crotty (eds.), *Handbook of Party Politics.* London: Sage.

_____ and Joni Lovenduski. 1993. '"If Only More Candidates Came Forward": Supply-Side Explanations of Candidate Selection in Britain.' *British Journal of Political Science*, 23 (3), pp. 373‒408.

_____ _____ 1995. *Political Recruitment: Gender, Race and Class in the British Parliament.* Cambridge: Cambridge University Press.

_____ _____ 1997. 'United Kingdom.' In: Pippa Norris (ed.), *Passages to Power: Legislative Recruitment in Advanced Democracies.* Cambridge: Cambridge University Press.

_____ R. K. Carty, Lynda Erickson, Joni Lovenduski, and Marian Simms. 1990. 'Party Selectorates in Australia, Britain and Canada: Prolegomena for Research in the 1990s.' *Journal of Commonwealth and Comparative Politics*, 28 (2), pp. 219‒45.

O'Brien, Michael S. 1993. *A Comparative and Historical Analysis of Candidate Selection Practices in the Liberal Party of Canada.* M.A. thesis. Halifax: Dalhousie University.

Obler, Jeffrey L. 1970. *Candidate Selection in Belgium.* Ph.D. dissertation. Madison: University of Wisconsin.

_____ 1973. 'The Role of National Party Leaders in the Selection of Parliamentary Candidates: The Belgian Case.' *Comparative Politics*, 5 (2), pp. 157‒84.

_____ 1974. 'Intraparty Democracy and the Selection of Parliamentary Candidates: The Belgian Case.' *British Journal of Political Science*, 4 (2), pp. 163‒85.

Ohman, Magnus. 2002. 'Determining the Contestants: Candidate Selection in Ghana's 2000 Elections.' *Critical Perspectives*, 8. Ghana: Ghana Center for Democratic Development.

_____ 2004. *The Heart and Soul of the Party: Candidate Selection in Ghana and Africa.* Uppsala: Uppsala University Press.

Olson, Mancur. 1965. *The Logic of Collective Action: Public Goods and the Theory of Groups.* Cambridge, MA: Harvard University Press.

Ornstein, Norman J., Thomas E. Mann, and Michael J. Malbin. 2000. *Vital Statistics on Congress 1999-2000.* Washington, DC: American Enterprise Institute Press.

Ostrogorski, M. 1964[1902]. *Democracy and the Organization of Political Parties, Volume 1: England.* Garden City, NY: Anchor Books.

Paterson, Peter. 1967. *The Selectorate: The Case for Primary Elections in Britain.* London: Macgibbon and Kee.

Patzelt, Werner J. 1999. 'Recruitment and Retention in Western European Parliaments.' *Legislative Studies Quarterly*, 24 (2), pp. 239-79.

Pedersen, Karina. 2001. 'Ballots and Technology in the Danish Parties: Enhanced Participation?' Paper presented at the European Consortium for Political Research Joint Sessions of Workshops, Grenoble.

Pedersen, Mogens N. 2002. 'Denmark: The Interplay of Nominations and Elections in Danish Politics.' In: Hanne Marthe Narud, Mogens N. Pedersen, and Henry Valen (eds.), *Party Sovereignty and Citizen Control: Selecting Candidates for Parliamentary Elections in Denmark, Finland, Iceland and Norway.* Odense: University Press of Southern Denmark.

Pennock, J. Roland. 1968. 'Political Representation: An Overview.' In: J. Roland Pennock and John W. Chapman (eds.), *Representation.* New York: Atherton.

Persily, Nathaniel. 2001. 'Toward a Functional Defense of Political Party Autonomy.' *New York University Law Review*, 76 (3), pp. 750-824.

Phillips, Anne. 1995. *The Politics of Presence.* Oxford: Clarendon.

Pierre, Jon and Anders Widfeldt. 1992. 'Sweden.' In: Richard S. Katz and Peter Mair (eds.), *Party Organizations: A Data Handbook on Party Organizations in Western Democracies, 1960-90.* London: Sage.

Pitkin, Hanna F. 1976. *The Concept of Representation.* Berkeley: CA. University of California Press.

Poguntke, Thomas. 1992. 'Unconventional Participation in Party Politics: The Experience of the German Greens.' *Political Studies*, 40 (2), pp. 239-54.

_____ 1993. *Alternative Politics: The German Green Party.* Edinburgh: Edinburgh University Press.

_____ and Bernhard Boll. 1992. 'Germany.' In: Richard S. Katz and Peter Mair (eds.), *Party Organizations: A Data Handbook on Party Organizations in Western Democracies, 1960-90.* London: Sage.

_____ and Paul Webb (eds.). 2005. *The Presidentialization of Politics: A Comparative Study of Modern Democracies.* Oxford: Oxford University Press.

Porter, Stephen R. 1995. *Political Representation in Germany: The Effects of the Candidate Selection Committee.* Ph.D. dissertation. Rochester, NY: University of Rochester.

Putnam, Robert. 1976. *The Comparative Study of Political Elites.* Englewood Cliffs, NJ: Prentice Hall.

Putnam, Robert D. 2000. *Bowling Alone: The Collapse and Revival of American Community.* New York: Simon and Schuster.

Quinn, Thomas. 2004. *Modernizing the Labour Party.* Houndmills: Palgrave Macmillan.

Rae, Douglas W. 1967. *The Political Consequences of Electoral Laws.* New Haven, CT: Yale University Press.

Rahat, Gideon. 2008a. 'Candidate Selection in Israel: Between the One, the Few and the Many.' In: Asher Arian and Michal Shamir (eds.), *The Elections in Israel 2006.* New Brunswick, NJ: Transaction Publishers.

Rahat, Gideon. 2008b. 'Entering Through the Back Door: Non-party Actors in Intra-party (S)electoral Politics.' In: David M. Farrell and Rüdiger Schmitt-Beck (eds.), *Non-Party Actors in Electoral Politics: The Role of Interest Groups and Independent Citizens in Contemporary Election Campaigns.* Baden-Baden: Nomos.

_____ 2009. 'Which Candidate Selection Method Is the Most Democratic?' *Government and Opposition,* 44 (1), pp. 68–90.

_____ 2011. 'The Political Consequences of Candidate Selection to the 18th Knesset.' In: Asher Arian and Michal Shamir (eds.) *The Elections in Israel 2009.* New Brunswick, NJ: Transaction Publishers.

_____ and Reuven Y. Hazan. 2001. 'Candidate Selection Methods: An Analytical Framework.' *Party Politics,* 7 (3), pp. 297–322.

_____ _____ 2007. 'Political Participation in Party Primaries: Increase in Quantity, Decrease in Quality.' In: Thomas Zittel and Dieter Fuchs (eds.), *Participatory Democracy and Political Participation: Can Participatory Engineering Bring Citizens Back In?* London: Routledge.

_____ and Tamir Sheafer. 2007. 'The Personalization(s) of Politics: Israel 1949–2003.' *Political Communications,* 24 (1), pp. 65–80.

_____ and Neta Sher-Hadar. 1999a. *Intra-party Selection of Candidates for the Knesset List and for Prime- Ministerial Candidacy 1995–1997.* Jerusalem: Israel Democracy Institute [in Hebrew].

_____ _____ 1999b. 'The 1996 Party Primaries and Their Political Consequences.' In: Asher Arian and Michal Shamir (eds.), *Elections in Israel 1996.* Albany: State University of New York Press.

_____ Reuven Y. Hazan, and Richard S. Katz. 2008. 'Democracy and Political Parties: On the Uneasy Relationship Between Participation, Competition and Representation.' *Party Politics*, 16 (6), pp. 663–83.

Ranney, Austin. 1965. *Pathways to Parliament: Candidate Selection in Britain*. London: Macmillan.

_____ 1968. 'Candidate Selection and Party Cohesion in Britain and the United States.' In: William J. Crotty (ed.), *Approaches to the Study of Party Organization*. Boston: MA. Allyn and Bacon.

_____ 1981. 'Candidate Selection.' In: David Butler, Howard R. Penniman, and Austin Ranney (eds.), *Democracy at the Polls*. Washington, DC: American Enterprise Institute.

_____ 1987. 'Candidate Selection.' In: Vernon Bogdanor (ed.), *The Blackwell Encyclopaedia of Political Institutions*. Oxford: Blackwell Reference.

Rice, Stuart A. 1925. 'The Behavior of Legislative Groups: A Method of Measurement.' *Political Science Quarterly*, 40 (1), pp. 60–72.

Riedwyl, Hans and Jürg Steiner. 1995. 'What Is Proportionality Anyhow?' *Comparative Politics*, 27 (3), pp. 357–69.

Riker, William H. 1984. 'Electoral Systems and Constitutional Restraints.' In: Arend Lijphart and Bernard Grofman (eds.), *Choosing an Electoral System: Issues and Alternatives*. New York: Praeger.

Roberts, Geoffrey. 1988. 'The German Federal Republic: The Two-Lane Route to Bonn.' In: Michael Gallagher and Michael Marsh (eds.), *Candidate Selection in Comparative Perspective: The Secret Garden of Politics*. London: Sage.

Rush, Michael. 1969. *The Selection of Parliamentary Candidates*. London: Nelson.

_____ 1988. 'The "Selectorate" Revisited: Selecting Parliamentary Candidates in the 1980s.' In: Lynton Robins (ed.), *Political Institutions in Britain*. London: Longman.

Samuels, David. 2008. 'Political Ambition, Candidate Recruitment, and Legislative Politics in Brazil.' In: Peter M. Siavelis and Scott Morgenstern (eds.), *Pathways to Power: Political Recruitment and Candidate Selection in Latin America*. University Park: PA. Pennsylvania State University Press.

Sartori, Giovanni. 1965. *Democratic Theory*. New York: Praeger.

_____ 1973. 'What Is "Politics"?' *Political Theory*, 1 (1), pp. 5–26.

_____ 1976. *Parties and Party Systems: A Framework for Analysis*. Cambridge: Cambridge University Press.

Scarrow, Howard A. 1964. 'Nomination and Local Party Organization in Canada: A Case Study.' *Western Political Quarterly*, 17 (1), pp. 55–62.

Scarrow, Susan E. 1994. 'The "Paradox of Enrollment": Assessing the Costs and Benefits of Party Membership.' *European Journal of Political Research*, 25 (1), pp. 41⁻60.

_____ 1999a. 'Democracy Within ⁻ and Without ⁻ Parties: Introduction.' *Party Politics*, 5 (3), pp. 275⁻82.

_____ 1999b. 'Parties and the Expansion of Direct Democracy, Who Benefits?' *Party Politics*, 5 (3), pp. 341⁻62.

_____ 2000. 'Parties Without Members? Party Organization in a Changing Electoral Environment.' In: Russell J. Dalton and Martin P. Wattenberg (eds.), *Parties Without Partisans: Political Change in Advanced Industrial Democracies*. Oxford: Oxford University Press.

_____ 2002. 'Party Decline in the Parties State? The Changing Environment of German Politics.' In: Paul Webb, David Farrell, and Ian Holliday (eds.), *Political Parties in Advanced Industrial Democracies*. Oxford: Oxford University Press.

_____ 2005. *Political Parties and Democracy in Theoretical and Practical Perspectives: Implementing Intra-Party Democracy*. Washington, DC: National Democratic Institute for International Affairs. www.ndi.org/files/1951_polpart scarrow _110105.pdf [accessed October 7, 2009].

_____ Paul Webb, and David M. Farrell. 2000. 'From Social Integration to Electoral Contestation: The Changing Distribution of Power within Political Parties.' In: Russell J. Dalton and Martin P. Wattenberg (eds.), *Parties Without Partisans: Political Change in Advanced Industrial Democracies*. Oxford: Oxford University Press.

Schattschneider, E. E. 1942. *Party Government*. New York: Holt, Rinehart and Winston.

Scherlis, Gerardo. 2008. 'Machine Politics and Democracy: The Deinstitutionalization of the Argentine Party System.' *Government and Opposition*, 43 (4), pp. 579⁻98.

Schumpeter, Joseph A. 1943. *Capitalism, Socialism and Democracy*. London: George Allen and Unwin.

Schüttermeyer, Suzanne S. and Roland Strum. 2005. 'Der Kandidat⁻das (fast) unbekannte Wesen: Befunde und Überlegungen zur Aufstellung der Bewerber zum Deutschen Bundestag.' *Zeitschrift für Parlamentsfragen*, 36 (3), pp. 539⁻53 [in German].

Selle, Per and Lars Sväsand. 1991. 'Membership in Party Organizations and the Problem of Decline of Parties.' *Comparative Political Studies*, 23 (4), pp. 459⁻77.

Seyd, Patrick and Paul F. Whiteley. 1995. 'Labour and Conservative Party Members: Change Over Time.' *Parliamentary Affairs*, 48 (3), pp. 456–72.

Shaw, Eric. 2001. 'New Labour: New Pathways to Parliament,' *Parliamentary Affairs*, 54 (1), pp. 35–53.

Sheafer, Tamir and Shaul Tzionit. 2006. 'Media-Political Skills, Candidate Selection Methods and Electoral Success.' *Journal of Legislative Studies*, 12 (2), pp. 179–97.

Shepherd-Robinson, Laura and Joni Lovenduski. 2002. *Women and Candidate Selection in British Political Parties*. London: Fawcett Society.

Sheppard, Simon. 1998. 'The Struggle for the Agenda: New Zealand Labour Party Candidate Selections 1987–93.' *Political Science*, 49 (2), pp. 198–228.

Shiratori, Rei. 1988. 'Japan: Localism, Factionalism and Personalism.' In: Michael Gallagher and Michael Marsh (eds.), *Candidate Selection in Comparative Perspective: The Secret Garden of Politics*. London: Sage.

Shomer, Yael. 2009. 'Candidate Selection, Procedures, Seniority, and Vote-Seeking Behavior.' *Comparative Political Studies*, 42 (7), pp. 945–70.

Siavelis, Peter M. 2002. 'The Hidden Logic of Candidate Selection for Chilean Parliamentary Elections.' *Comparative Politics*, 34 (4), pp. 419–38.

_____ 2005. 'The Hidden Logic of Candidate Selection for Chilean Parliamentary Elections.' *Estudios Públicos*, [online] 98 (1), pp. 1–32. Available at: www.cepchile.cl/dms/lang_2/doc_3540.html [accessed February 24, 2010].

_____ and Scott Morgenstern (eds.). 2008. *Pathways to Power: Political Recruitment and Candidate Selection in Latin America*. University Park: PA. Pennsylvania State University Press.

Sieberer, Ulrich. 2006. 'Party Unity in Parliamentary Democracies: A Comparative Analysis.' *Journal of Legislative Studies*, 12 (2), pp. 150–78.

Somit, Albert, Rudolf Wildenmann, Bernhard Boll, and Andrea Römmele (eds.). 1994. *The Victorious Incumbent: A Threat to Democracy?* Aldershot: Dartmouth.

Squires, Judith. 2005. *The Implementation of Gender Quotas in Britain*. Paper written for the International IDEA project on Electoral Quotas for Women. www.quotaproject.org/CS/CS_Britain_Squires.pdf [accessed February 24, 2010].

Standing, William H. and James A. Robinson. 1958. 'Inter-Party Competition and Primary Contesting: The Case of Indiana.' *American Political Science Review*, 52 (4), pp. 1066–77.

Stephens, Gregory R. 2008. *Electoral Reform and the Centralization of the New Zealand National Party*. M.A. thesis. Wellington: Victoria University.

Stirnemann, Alfred. 1989. 'Recruitment and Recruitment Strategies.' In: Anton Pelinka and Fritz Plasser (eds.), *The Austrian Party System*. Boulder, CO: Westview Press.

Sundberg, Jan. 1997. 'Compulsory Party Democracy: Finland as a Deviant Case in Scandinavia.' *Party Politics*, 3 (1), pp. 97–117.

_____ 2002. 'The Scandinavian Party Model at the Crossroads.' In: Paul Webb, David Farrell, and Ian Holliday (eds.), *Political Parties in Advanced Industrial Democracies*. Oxford: Oxford University Press.

Suri, K. C. 2007. *Political Parties in South Asia: The Challenge of Change*. Stockholm: International Institute for Democracy and Electoral Assistance.

Szabo, Stephen F. 1977. *Party Recruitment in the Federal Republic of Germany: Candidate Selection in a West German State*. Ph.D. dissertation. Washington, DC: Georgetown University.

Taagepera, Rein and Matthew S. Shugart. 1989. *Seats and Votes: The Effects and Determinants of Electoral Systems*. New Haven, CT: Yale University Press.

Tan, Alexander C. 1998. 'The Impact of Party Membership Size: A Cross-National Analysis.' *Journal of Politics*, 60 (1), pp. 188–98.

Taylor-Robinson, Michelle M. 2001. 'Candidate Selection in Costa Rica.' Paper presented at the International Congress of the Latin American Studies Association, Washington, DC.

Teorell, Jan. 1999. 'A Deliberative Defense of Intra-Party Democracy.' *Party Politics*, 5 (3), pp. 363–82.

Thiébault, Jean-Louis.1988. 'France: The Impact of Electoral System Change.' In: Michael Gallagher and Michael Marsh (eds.), *Candidate Selection in Comparative Perspective: The Secret Garden of Politics*. London: Sage.

Tremblay, Manon (ed.). 2008. *Women and Legislative Representation: Electoral Systems, Political Parties, and Sex Quotas*. New York: Palgrave Macmillan.

Turner, Julius. 1953. 'Primary Elections as the Alternative to Party Competition in "Safe" Districts.' *Journal of Politics*, 15 (2), pp. 197–210.

Valen, Henry. 1988. 'Norway: Decentralization and Group Representation.' In: Michael Gallagher and Michael Marsh (eds.), *Candidate Selection in Comparative Perspective: The Secret Garden of Politics*. London: Sage.

_____ Hanne Marthe Narud, and Audun Skare. 2002. 'Norway: Party Dominance and Decentralized Decision-Making.' In: Hanne Marthe Narud, Mogens N. Pedersen, and Henry Valen (eds.), *Party Sovereignty and Citizen Control: Selecting Candidates for Parliamentary Elections in Denmark, Finland, Iceland and Norway*. Odense:

University Press of Southern Denmark.

Vanhanen, Tatu. 1990. *The Process of Democratization: A Comparative Study of 147 States 1980–1988*. New York: Crane Russak.

Von Beyme, Klaus. 1996. 'Party Leadership and Change in Party Systems: Towards a Postmodern Party State?' *Government and Opposition*, 31 (2), pp. 135–59.

Vowels, Jack. 2002. 'Parties and Society in New Zealand.' In: Paul Webb, David Farrell, and Ian Holliday (eds.), *Political Parties in Advanced Industrial Democracies*. Oxford: Oxford University Press.

Ware, Alan. 1987. *Citizens, Parties, and the State: A Reappraisal*. Cambridge: Polity Press.

_____ 1996. *Political Parties and Party Systems*. Oxford: Oxford University Press.

_____ 2002. *The American Direct Primary: Party Institutionalization and Transformation in the North*. Cambridge: Cambridge University Press.

Wattenberg, Martin P. 1991. *The Rise of Candidate-Centered Politics*. Cambridge, MA: Harvard University Press.

Webb, Paul. 2002. 'Political Parties in Britain: Secular Decline or Adaptive Resilience?' In: Paul Webb, David Farrell, and Ian Holliday (eds.), *Political Parties in Advanced Industrial Democracies*. Oxford: Oxford University Press.

Weeks, Liam. 2007. 'Candidate Selection: Democratic Centralism or Managed Democracy?' In: Michael Gallagher and Michael Marsh (eds.), *How Ireland Voted 2007*. London: Palgrave.

Weldon, Steven. 2006. 'Downsize My Polity? The Impact of Size on Party Membership and Member Activism.' *Party Politics*, 12 (4), pp. 467–81.

Wertman, Douglas. 1977. 'The Italian Electoral Process: The Election of June 1976.' In: Howard R. Penniman (ed.), *Italy at the Polls: The Parliamentary Elections of 1976*. Washington, DC: American Enterprise Institute.

Wertman, Douglas. 1981. 'The Christian Democrats: Masters of Survival.' In: Howard R. Penniman (ed.), *Italy at the Polls, 1979: A Study of the Parliamentary Elections*. Washington, DC: American Enterprise Institute.

_____ 1988. 'Italy: Local Involvement, Central Control.' In: Michael Gallagher and Michael Marsh (eds.), *Candidate Selection in Comparative Perspective: The Secret Garden of Politics*. London: Sage.

Wessels, Bernhard. 1997. 'Germany.' In: Pippa Norris (ed.), *Passages to Power: Legislative Recruitment in Advanced Democracies*. Cambridge: Cambridge University Press.

Whiteley, Paul F. and Patrick Seyd. 1999. 'Discipline in the British Conservative Party: The Attitudes of Party Activists Toward the Role of their Members of Parliament.' In: Shaun Bowler, David M. Farrell, and Richard S. Katz (eds.), *Party Discipline and Parliamentary Government.* Columbus, OH: Ohio State University Press.

Williams, R. J. 1981. 'Candidate Selection.' In: Howard R. Penniman (ed.), *Canada at the Polls 1979 and 1980.* Washington, DC: American Enterprise Institute.

Wright, William E. 1971. 'Recruitment.' In: William E. Wright (ed.), *A Comparative Study of Party Organization.* Columbus, OH: Charles E. Merrill.

Wu, Chung-Li. 2001. 'The Transformation of the Kuomintang's Candidate Selection System.' *Party Politics*, 7 (1), pp. 103‒18.

_____ and Dafydd Fell. 2001. 'Taiwan's Party Primaries in Comparative Perspective.' *Japanese Journal of Political Science*, 2 (1), pp. 23‒45.

Wuhs, Steven T. 2006. 'Democratization and the Dynamics of Candidate Selection Rule Change in Mexico, 1991‒2003.' *Mexican Studies*, 22 (1), pp. 33‒55.

Youn, Jung-Suk. 1977. *Recruitment of Political Leadership in Postwar Japan, 1958‒1972.* Ph.D. dissertation. Ann Arbor: University of Michigan.

Young, Alison. 1983. *The Reselection of MPs.* London: Heinemann Educational.

Young, Lisa and William Cross. 2002. 'The Rise of Plebiscitary Democracy in Canadian Political Parties.' *Party Politics*, 8 (6), pp. 673‒99.

〈인터넷 자료〉

Arizona Constitution. Article 7, Chapter 10. Direct Primary election law. www.azleg.gov/const/7/10.htm [accessed February 24, 2010].

California Secretary of State. Election and Voter Information. www.sos.ca.gov/elections/elections_decline.htm [accessed February 24, 2010].

Conservative Party of Canada. 2009. Candidate Nomination Rules and Procedures. www.conservative.ca/media/NominationRules2009.pdf [accessed February 24, 2010].

Constitution of the Swedish Social Democratic Party. 2001. www.socialdemokraterna.se/upload/Internationellt/Other%20Languages/SAPconstitution_eng.pdf [accessed February 24, 2010].

Finland, Ministry of Justice, Election Act. 1998. www.finlex.fi/en/laki/kaannokset/1998/en19980714.pdf [accessed February 24, 2010].

Florida Department of State, Division of Elections. 2008. A Compilation of the Election Laws of the State of Florida. http://election.dos.state.fl.us/publications/pdf/2008‒2009/08‒09ElectionLaw.pdf [accessed February 24, 2010].

Global Database of Quotas for Women. 2009. International Institute for Democracy and Electoral Assistance. www.quotaproject.org/index.cfm [accessed February 24, 2010].

Idaho Secretary of State. Idaho Blue Book. Chapter 1: Profile. http://www.sos.idaho.gov/elect/BLUEBOOK.HTM [accessed February 24, 2010].

Israel Parties Law. 1992. [in Hebrew]. www.knesset.gov.il/laws/special/heb/knesset_laws.pdf [accessed February 24, 2010].

Liberal Party of Canada. 2009. National Rules for the Selection of Candidates for the Liberal Partyof Canada. www.liberal.ca/pdf/docs/national-nomination-rules.pdf [accessed February 24, 2010].

Netherlands Institute for Multiparty Democracy (NIMD). 2007. Report Expert Meeting Intra-party Democracy. www.nimd.org/documents/R/report20nimd20expert20meeting20intra-party20democracy201220april202007.pdf [accessed February 24, 2010].

Worldwide Political Science Abstracts. http://csaweb105v.csa.com/factsheets/polsci-set-c.php [accessed February 24, 2010].

부록: 이스라엘의 정당 소개[*]

이스라엘은 종교, 민족, 좌우, 주변국과의 관계 등 다양한 측면에서 정치·사회적 균열축이 형성되어 있으며, 선거제도는 정당명부식 비례대표제(봉쇄조항은 2% 이상)를 채택하고 있다. 이로 인해, 매 선거에 20개 내외의 정당이 참가하여 10개 내외의 정당이 1개 이상의 의석을 확보하고 있으며, 정당들이 다당제를 형성하고 있다. 1949년 제1대 총선 이래로 단일 정당이 총 120석의 의석 중 단독과반을 구성한 경우는 단 한 번도 없으며, 좌파 계열의 마파이당-노동당과 우파 계열의 하리쿠드당이 각각 주축이 되어 군소정당들과 함께 연립정부를 구성하고 있다.

마파이당(Mapai: 이스라엘 노동자들의 땅) 이스라엘의 좌파 정당이다. 1930년 창당되어 1968년에 하아보다당으로 재편되었다. 제1당, 제2당의 지위를 누리며 내각 구성의 주축으로 활동했다.

하아보다당(Mifleget HaAvoda HaYisrelit: 이스라엘 노동당) 1968년에 창당된 중도 좌파 정당이다. 1967년 거국연립정부가 구성되면서 좌파 정당들의 합당 분위기가 조성되었고 1968년 총선 직전에 마파이당, 아흐둣-하아보다당, 라피당 등 좌파, 중도 좌파 정당들의 합당으로 창당되었다. 시장경제를 수용하면서도 복지 확대에 초점을 맞추고 있으며, 이스라엘-팔레스타인의 평화를 지향한다. 대부분의 시기에 제1당, 제2당의 지위를 누린 이스라엘의 주요 정당 중 하나이다.

길당(Gil: 이스라엘의 연금대상자) 1990년대에 하아보다당의 일부세력들이 창당한 정당이다. 연금, 의료보험 등 사회적 기본권의 확충을 주장했다. 2013년에는 도르당(Dor)으로 당명을 바꾸어 총선에 임했지만 봉쇄조항을 넘지 못하였다.

---

[*] 이 부록은 원서에는 없는 것으로서 역자가 이스라엘의 정치와 정당들에 친숙하지 않은 독자들의 이해를 돕기 위해 각 정당의 홈페이지와 이강근의 『이스라엘 정치사』(2008)를 참고하여 간략히 정리한 것임

하다쉬당(Hadash: 평화와 평등을 지향하는 민주전선) 공산주의를 주장하는 좌파 정당으로 1977년에 창당되었다. 동시에 아랍민족주의도 지향하여 2015년 총선에서는 이를 내세우는 다른 정당들과 선거연대를 하였다.

쉬누이(Shinui: 변화) 중산층, 화이트칼라 등이 중심이 되어 1974년에 창당한 중도파 정당이다. 자유주의, 시장경제, 세속화 등을 강조하였으며 종교정당들과 대립각을 세우기도 했다.

메레츠당(Meretz: 활력) 1992년에 쉬누이당, 라츠당, 마팜당의 연합으로 출범하여 1997년에 통합 정당이 되었다. 사회민주주의, 세속주의, 환경 등을 추구한다.

헤루트당(Herut: 자유) 헤루트당의 사상적 기원은 1920년대에 형성된 수정시온주의운동이며, 이 운동에서는 팔레스타인 전역에 걸친 유대인 국가의 수립을 주장했다. 1948년에 창당되어, 보수주의, 민족주의, 세속주의, 시장경제 등을 지향하는 우파 정당이었다. 이후 1988년에 하리쿠드당으로 흡수되었다.

자유당(Miflaga Libralit Yisraelit) 시온주의와 중도 우파를 지향하는 정당이다. 하리쿠드당과 협력하여 연립정부를 구성하기도 하였으며 1988년 총선을 치르기 전에 헤루트당과 함께 하리쿠드당에 합당되었다.

하리쿠드당(Likud: 연합) 1973년 아리엘 샤론이 자유당, 헤루트당, 이외의 소규모 정당들을 결집하여 만든 연합으로, 이후 1988년에 통합 정당으로 발돋움하였다. 보수주의, 자유주의, 시장경제 등을 지향하는 우파 정당이며, 창당 이후로 지금까지 제1당, 제2당의 지위를 유지하고 있는 이스라엘의 주요 정당 중 하나이다.

카디마당(Kadima: 전진) 샤론 수상이 2005년 하리쿠드당을 탈당한 후 새롭게 좌우파를 규합하여 창당한 정당이다. 샤론 수상은 특히 가자지구 철수를 주장하며 하리쿠드당 내 우파 성향의 인사들과 대립각을 세웠다. 2005년 12월 선거 준비 과정 중에 샤론이 뇌졸중으로 쓰러지면서 에후드 올메르트가 계승하여 당을 이끌었다.

초메트당(Tzomet: 교차로) 장성 출신의 라파엘 이탄이 큰 영향력을 행사한 정당이다. 전역 후에 그는 농업에 종사하다가 트히야당 소속으로 정계에 투신했는데, 1983년 트히야당에서 나와 초메트당을 창당했다. 하리쿠드당의 연립정부에 참여하여 농림부장관을 지냈으며 1996년에는 하리쿠드당과 선거연대를 하기도 했다. 초메트당은 대통령제, 시장주의, 정교분리 등을 추구하는 우파 정당이다.

이스라엘-베이테누당(Yisrael Beiteinu: 이스라엘은 우리의 집) 1999년에 창당되어 구소련 출신의 이민자들로부터 지지를 받고 있으며, 보수주의, 시장경제, 세속주의 등을 표방하는 정당이다.

마프달당(Mafdal; National Religious Party) 유대교의 전통과 교육을 지향하는 종교정당으로 시온주의를 주창했다.

아구닷-이스라엘당(Agudath Israel: 이스라엘의 연합) 1912년 독일 프랑크푸르트에서 유대교 지도자들이 모여 토라(모세오경)의 규율 준수를 주창하며 창설했다. 반시온주의를 주장하며, 당의 주요 의사결정은 원로 랍비들로 구성되는 현인회에 의해 이루어진다.

샤스당(Shas: 스파라디의 수호자) 아구닷-이스라엘당에서 합당한 대우를 받고 있지 않다고 생각한 스파라디 랍비들이 독자적으로 1984년에 창당한 종교정당이다. 창당 이후로 하아보다당, 하리쿠드당을 가리지 않고 연립정부의 한 축을 구성했다.

데겔-하토라당(Degel Hatorah: 토라의 깃발) 유대교를 지향하는 종교정당이다. 1988년 아구닷-이스라엘당의 현인회와 사이가 틀어진 랍비 샤흐가 창당하였으며, 샤흐는 샤스당도 동시에 지도하였다.

저자 소개

르우벤 하잔(Reuven Y. Hazan)

이스라엘 히브리대학교(The Hebrew University of Jerusalem) 정치외교학부 교수. 히브리대 정치외교학부를 졸업하고 미국 컬럼비아대학교에서 정치학 박사학위를 취득하였다. 2005년부터 히브리대 정치외교학부 교수로 재직하고 있다. 연구분야는 정당, 선거, 의회, 비교정치이다. 현재 *Party Politics, International Political Science Review, Journal of Legislative Studies*의 편집위원과 ECPR의 집행위원으로 활동하고 있다. *Cohesion and discipline in legislatures: Political parties, party leadership, parliamentary committees and governance* (2013) 외 다수의 저서 및 논문이 있다.

기드온 라핫(Gideon Rahat)

이스라엘 히브리대학교(The Hebrew University of Jerusalem) 정치외교학부 교수. 히브리대 정치외교학부를 졸업하고 동대학원에서 정치학 박사학위를 취득하였다. 미국 스탠포드대학교 후버연구소에서 박사후과정을 거친 후 2010년부터 히브리대 정치외교학부 교수로 재직 중이다. 연구분야는 정당, 선거, 의회, 비교정치이다. *From Party Politics to Personalized Politics?: Party Change and Political Personalization in Democracies* (2018년, 공저) 외 다수의 저서 및 논문이 있다.

감수자 소개

강원택

서울대학교 정치외교학부 교수. 서울대 지리학과를 졸업하고 동대학원에서 정치학 석사과정과 박사과정을 수료한 후, 영국 런던정경대학교(LSE)에서 정치학 박사학위를 취득하였다. 연구분야는 한국정치, 의회, 선거, 정당이다. 한국정당학회 회장, 한국정치학회 회장을 역임했다. 『정당론』(2022), 『한국정치론』(2018), 『한국 선거정치의 변화와 지속: 이념, 이슈, 캠페인과 투표참여』(2010), "당내 공직 후보 선출 과정에서 여론조사 활용의 문제점"(2009) 외 다수의 저서 및 논문이 있다.

역자 소개

김인균　서울대학교 정치외교학부 박사수료

길정아　고려대학교 정부학연구소 연구교수(정치학 박사)

성예진　서울대학교 정치외교학부 박사수료

윤영관　오하이오주립대학교 정치학과 박사과정

윤왕희　서울대학교 한국정치연구소 연구원(정치학 박사)

공천과 정당정치
DEMOCRACY WITHIN PARTIES

초판발행	2019년 3월 20일
초판2쇄발행	2022년 11월 15일
공저자	Reuven Y. Hazan and Gideon Rahat
공역자	김인균·길정아·성예진·윤영관·윤왕희
감수자	강원택
펴낸이	안종만·안상준
편 집	조보나
기획/마케팅	이영조
표지디자인	박현정
제 작	고철민·조영환
펴낸곳	(주) **박영사**
	서울특별시 금천구 가산디지털2로 53, 210호(가산동, 한라시그마밸리)
	등록 1959. 3. 11. 제300-1959-1호(倫)
전 화	02)733-6771
f a x	02)736-4818
e-mail	pys@pybook.co.kr
homepage	www.pybook.co.kr
ISBN	979-11-303-0708-4 93340

정 가   22,000원